Ideas para profesionales que piensan

Empresa y talento

Biografía

Edward De Bono, (Malta, 19 de mayo de 1933) es licenciado en Medicina con especialidad en Psicología y Fisiología en Oxford y Cambridge. Fundador y director del Cognitive Research Trust (1969) y del Centre for the pranational Independent Thinking Organization, ha escrito 68 libros traducidos a 37 idiomas y ha dirigido dos series de televisión.

Es un prolífico escritor, psicólogo, entrenador e instructor en el tema del pensamiento y la creatividad y es el padre del concepto "pensamiento lateral", habilidad adquirida para hacer que el pensamiento escape a la rigidez y se convierta en creativo.

De Bono ha creado varias herramientas para mejorar las habilidades y actitudes de exploración, como son el P.N.I (Positivo, Negativo, Interesante), CTF (Considerar todos los Factores) y CyS (Consecuencias y Secuelas); muchas de ellas basadas en la premisa de que debe enseñarse a pensar explícitamente.

Edward De Bono
Ideas para profesionales que piensan
*Nuevas consideraciones sobre el
pensamiento lateral aplicadas
a la empresa*

PAIDÓS
Barcelona • Buenos Aires • México

Obra editada en colaboración con Espasa Libros, S.L.U. – España

Título original: *Letters to Thinkers*, de Edward de Bono
Publicado en inglés por Harrap, Londres

© 1982, 1983, 1984, 1987, Thinkers Publications Limited
Todos los derechos reservados
© Maricel Ford, de la traducción

De todas las ediciones en castellano,
© 1990, Espasa Libros, S.L.U. – Barcelona España

Derechos reservados

© 2016, Ediciones Culturales Paidós, S.A. de C.V.
Bajo el sello editorial BOOKET M.R.
Avenida Presidente Masarik núm. 111, Piso 2
Colonia Polanco V Sección
Deleg. Miguel Hidalgo
C.P. 11560, Ciudad de México
www.planetadelibros.com.mx
www.paidos.com.mx

Diseño de la portada: Idee

Primera edición impresa en España en esta presentación: abril de 2012
ISBN: 978-84-493-2578-6

Primera edición impresa en México en Booket: abril de 2016
ISBN: 978-607-747-170-7

No se permite la reproducción total o parcial de este libro ni su incorporación a un sistema informático, ni su transmisión en cualquier forma o por cualquier medio, sea este electrónico, mecánico, por fotocopia, por grabación u otros métodos, sin el permiso previo y por escrito de los titulares del *copyright*.
La infracción de los derechos mencionados puede ser constitutiva de delito contra la propiedad intelectual (Arts. 229 y siguientes de la Ley Federal de Derechos de Autor y Arts. 424 y siguientes del Código Penal).

Impreso en los talleres de Litográfica Ingramex, S.A. de C.V.
Centeno núm. 162-1, colonia Granjas Esmeralda, Ciudad de México.
Impreso en México – *Printed in Mexico*

Sumario

Prefacio 9
Introducción. El horror a lo simple......................... 11
Un nuevo concepto de la democracia 19
1. Reflexiones acerca del pensamiento sobre el pensamiento 23
2. Pensamiento e información 35
3. ¿Es suficiente la solución de problemas?...... 46
4. Tiempo para pensar 58
5. Pensar lentamente 71
6. Niveles de alternativas................................... 83
7. La actitud negativa... 94
8. El PMI.. 105
9. ¿Cuál sería la diferencia? 119
10. El futuro del pensamiento 134
11. Conceptos de función..................................... 151
12. Conceptos nuevos: ¿evolución o creación?.... 164
13. El centro de atención de las áreas generales.. 184
14. Un ocho en razonamiento.............................. 197
15. "Lo mismo que..." 211
16. Interesante... 225
17. El sabor de una idea 237
18. El gran dilema de la creatividad 250

19.	El idioma de la creatividad	264
20.	Escape	278
21.	Creatividad de fondo	295
22.	Carbón, conflicto y conceptos	308
23.	¿Funciona el pensamiento lateral?	322
24.	Si el gobierno no es culpable del desempleo, tendría que hacer mucho más al respecto	331
25.	¿Por qué los bancos son obsoletos?	343
26.	¿Qué es lo que realmente queremos?	356
27.	Carta abierta a Reagan y Gorbachov. Tema: Reunión cumbre de noviembre de 1985	367
28.	Cómo introducir la creatividad en una organización	378
29.	¿Qué espera que la creatividad haga por usted?	390
30.	Disciplina, estructura y control	404

Prefacio

Este libro se basa en material extraído de una serie de cartas que se publicaron periódicamente entre 1982 y 1984. Estas cartas fueron escritas para personas interesadas en los aspectos prácticos del pensamiento y, en especial, del pensamiento creativo. No pretendían ser cartas filosóficas, sino de naturaleza práctica. Supongo que la mayoría de los lectores procedían del área de los negocios, pues, según mi experiencia, éste ha sido siempre el sector de la sociedad más interesado en el pensamiento que produce resultados. En otros campos, el tipo de pensamiento defensivo (le voy a demostrar que yo tengo razón y usted está equivocado) es suficiente.

No se ha reproducido aquí todo el material de las cartas. Aquellos que se suscribieron a las cartas han tenido también la ventaja de poseer el material algunos años antes de la publicación actual.

Es posible volver a empezar con las cartas. Los que estén interesados, pueden escribirme a través de los editores.

Edward de Bono

Introducción
El horror a lo simple

A través de los años, he descubierto que para las mentes mediocres existe el horror a lo simple. No quiero decir una leve inquietud, una molestia o un desagrado cuando se enfrentan con algo simple, sino un absoluto horror.

No sé con seguridad por qué sucede esto. Puede que la mente mediocre considere una amenaza la incapacidad para distinguir entre algo que es simple porque no hay nada detrás, y algo que es simple porque hay mucho detrás. Esta puede resultar una situación preocupante. Dado que la mente mediocre no puede ver más allá de los límites de su visión, deberá insistir vehementemente en que no puede haber nada detrás de la simple apariencia: si no puedo ver nada, entonces nada puede haber allí. La inquietud ante la sensación de que pueda haber algo oculto allí, pero invisible, es un componente común del horror.

La inesperada orden que se da a un adolescente para que escriba una redacción de cinco páginas sobre un caracol vacío, suele producirle terror. El (o ella) preferiría escribir una redacción más sencilla sobre los divertidos acontecimientos de las últimas vacaciones.

Las mentes mediocres tienden más hacia formas o comportamientos conservadores, que a aceptar la actividad renovadora. Prefieren reaccionar ante lo que se les expone. Son descriptivos y necesitan algo para poderlo describir. Cuanto más rica sea la escena que se les presente, más rica será su reacción y mayor la sensación de éxito. Esas mentes se sienten más cómodas ante una prosa (complicada) y pomposa, llena de múltiples referencias —tan obvias como oscuras— a personalidades sobresalientes. Para ellos debe haber modificaciones que se basen en modificaciones y matices que se transformen en nuevos matices. Entonces, éste es un material serio, porque éste es el idioma tradicional de la seriedad. Si algo puede ser entendido por la mayoría de la gente, ¿cómo puede ser serio? Si usted no tiene mucho que decir, entonces dígalo de la forma más complicada e impresionante que pueda. Encontrará fácilmente a quienes se dejen impresionar más por la forma que por la esencia.

El ruego casi convertido en grito de la mente mediocre es: "Por favor, hágalo tan complicado que yo me sienta impresionado pero incapaz de comprenderlo". Ser totalmente incapaz de comprender algo constituye la mayor seguridad para la mente mediocre. Verse frente a algo que parezca demasiado simple le produce la mayor inseguridad.

Daré ahora un ejemplo bastante claro sobre lo que quiero decir con la expresión "horror a la simplicidad". Compararé dos reacciones frente a una idea aparentemente simple.

El tema de mi libro *Six Thinking Hats* es simple. Hay el sombrero blanco para los hechos neutrales, las cifras y la información. El rojo para permitir que una persona exponga sentimientos, previsiones e intuiciones, sin ninguna necesidad de justificarlos. El sombrero negro es para las negativas lógicas y el amarillo para las afirmaciones lógicas. Para la creatividad está el sombrero verde. El azul es el sombrero del control y atiende más al pensamiento mismo que al sujeto, como un director de orquesta que dirige la orquesta. El objetivo es proporcionar un medio para conseguir que los que piensan pasen rápidamente de un modo a otro, sin causar irritación. Se puede decir: "Ese es un importante pensamiento de sombrero negro; ahora pasemos a algún pensamiento de sombrero amarillo". Al comienzo de la reunión, el organizador puede decir: "Pongámonos todos el sombrero rojo por un momento y digamos lo que realmente sentimos acerca de este proyecto". Como en la mayoría de los libros que valen la pena, el tema es tan simple que puede resumirse en una tarjeta postal.

En Tokio, en diciembre de 1986, me pidieron que hablara en un desayuno de trabajo de muy alto nivel, al cual habían asistido los directivos de muchas de esas empresas japonesas de nombres muy bien conocidos en Occidente. A mí me habían invitado a hablar acerca de la reciente edición japonesa de *Six Thinking Hats*. La charla duró treinta minutos, y los invitados permanecieron sentados allí, muy cortésmente (dos de ellos parecían dormidos), y formularon unas pocas preguntas al final.

Tres meses más tarde me encontraba de nuevo en Tokio y asistí a una reunión con el señor Hisashi Shinto, que acababa de ser elegido por sus colegas como el Empresario Japonés del Año. El señor Shinto dirige NTT (Nippon Telephone & Telegraph), que en ese momento tenía 350.000 empleados, por lo que resultaba más grande que cualquier empresa de Europa, con la posible excepción de Siemens. Durante noventa años, NTT había sido una empresa del gobierno, y el señor Shinto se había encargado de la tarea de pasar a NTT al sector privado. Tuvo tanto éxito que las cotizaciones en la bolsa de Tokio experimentaron el increíble aumento de 250 puntos (el promedio en Tokio es de 50, y en Nueva York es de 17).

El señor Shinto me comentó que había asistido al desayuno de trabajo de diciembre y que le había gustado la idea de los seis sombreros. Después de oír mi exposición había comprado varios cientos de ejemplares del libro y los había repartido entre los ejecutivos de mayor nivel. Me dijo que el efecto había sido notable. Los ejecutivos que hasta entonces se habían mantenido en silencio en las reuniones, por temor a cometer un error o a ofender a alguien, estaban ahora utilizando el ritual de los seis sombreros para hacer sus comentarios, o criticar o exponer ideas creativas. Me explicó que él creía que el libro le había ayudado en su más difícil tarea: lograr que los empleados estatales pensaran como ejecutivos del sector privado.

Hay muchos otros ejemplos similares sobre el uso del concepto, en Canadá y en los Estados Unidos. El punto esencial es que el señor Shinto y los otros que utilizaron la idea se sintieron atraídos por la particular simplicidad del concepto, pues eso significaba que podía ponerse en funcionamiento de forma efectiva. Ahora quiero mostrar la reacción opuesta, en la cual la simplicidad del concepto se presenta como la causa de una aguda disconformidad.

Exactamente dos semanas antes de que el señor Shinto asistiera al desayuno de trabajo en Tokio, el señor Adam Mars-Jones revisó el libro, para su comentario en el periódico *Independent*. Y aquí tenemos a alguien que prefiere describir antes que pasar a la acción, alguien tan horrorizado por la simplicidad del concepto que se vio asaltado por una furia casi pueril (dirigida tanto a mí como al libro):

"Toda la obra apesta a autobombo americano de la peor especie".

"Quizás haya algunas cosas de valor aquí, si alguien quiere molestarse en buscarlas. Pero es tan irritante su continua repetición, que uno está tentado de considerar *Six Thinking Hats* como un libro para niños disfrazado. Una mirada al mundo de los negocios que se diría escrita por el doctor Seuss". (Casi considero esto como un cumplido, puesto que yo trabajo mucho con niños y admiro su forma de pensar y también admiro al doctor Seuss.)

"Con su brillante presentación y su generalmente insustancial contenido, se revela como la víctima más trágica de la actual producción de libros: un artículo de revista metido en el cuerpo de un libro."

Y podría seguir con este tipo de cosas. Lo interesante es que no hay, prácticamente, crítica alguna del concepto del libro que se base en su inutilidad o en su falta de sentido. Todo el irascible esfuerzo está dedicado a expresar el disgusto del crítico por la simplicidad, el estilo y el autor. El hecho desafortunado, para el señor Mars-Jones, es que el concepto surte efecto y funciona muy bien. Me siento más inclinado a aceptar la opinión del señor Shinto, que dirige la que hoy es, con diferencia, la mayor empresa del mundo (NTT, actualmente, es tres veces y media más grande, en valores de mercado, que la empresa que le sigue en tamaño, IBM, y cinco veces mayor que EXXON), que la opinión del señor Mars-Jones, cuya experiencia en los negocios debe de ser, posiblemente, más limitada.

Debo añadir que en el mismo comentario aparece una verdadera joya de información errónea, que prefiero atesorar como tal antes que considerarla una maliciosa deshonestidad:

"El (de Bono) se atribuye más o menos modestamente el éxito financiero de los Juegos Olímpicos de 1984, basándose en que su organizador asistió a una conferencia que él pronunció en 1975."

Esto sugiere una absurda reclamación por mi parte, en el sentido de que por haber asistido a una conferencia mía años atrás, parte del éxito de Peter Ueberroth se debería a mí.

¿Tendría yo, entonces, que expresar esa pretensión acerca de cualquier otro que hubiera asistido a una de mis conferencias? Realmente absurdo.

La verdad es notablemente diferente. En una entrevista en el *Washington Post*, el 30 de septiembre de 1984, se le preguntó a Peter Ueberroth cómo había resuelto los problemas y desarrollado los nuevos conceptos que habían logrado que los Juegos fueran un éxito. Contestó, concretamente, que había utilizado el "pensamiento lateral". El título de la entrevista y todo el texto se referían al pensamiento lateral con algún detalle. Alguien me envió este recorte, y yo escribí al señor Ueberroth, quien me recordó que él era quien me había recibido en la facultad, con ocasión de unas charlas que di en la Young President's Organisation, en Florida, en 1975. Por cierto, después de la primera charla, me pidió que considerara la posibilidad de tratar el tema del pensamiento lateral para la compañía de viajes que dirigía entonces.

De modo que fue el propio señor Ueberroth quien afirmó (en una publicación) que había usado las técnicas del pensamiento lateral. Esto lo ha señalado muy claramente el editor, en la presentación del libro. Que el señor Mars-Jones haya decidido distorsionar esa manifestación, convirtiéndola en una reclamación absurda es un flagrante abuso de las prerrogativas de un crítico.

El uso deliberado del pensamiento lateral por parte de Peter Ueberroth, y con éxito, ilustra por sí mismo cómo las técnicas simples pueden tener resultados poderosos.

Esto me recuerda un serio problema, del cual Gran Bretaña parece sufrir más que muchos otros países. Existen los que actúan y existen los que describen. Los que actúan gustan de la simplicidad porque significa efectividad. Una descripción compleja puede ser buena como descripción, pero falla en la acción.

Los seres descriptivos se horrorizan ante la simplicidad, y sólo pueden ejercitar su ego siendo negativos y pseudointeligentes, porque ser positivo frente a la simplicidad requiere mucho más talento. Los que actúan están demasiado ocupados realizando cosas como para perder el tiempo en escribir, y hasta puede suceder que no tengan dotes en ese sentido. Por consiguiente, las comunicaciones están dominadas por los que describen, con sus peligrosas limitaciones. Esto no es así en Japón, Alemania o los Estados Unidos. La situación en Gran Bretaña es una especie de dominación "literaria", con un efecto negativo y amortiguador, que desvía la atención hacia temas periféricos (pero sin olvidar nunca al grupo de Bloomsbury). El vigor de una nación se mide por aquellos que hacen cosas y no por los que las describen.

Es un hecho curioso, pero cuanto más simple sea el concepto que yo exponga, más furia parece provocar. Me inclinaría a adjudicar esto a la simple envidia: "¿Por qué no se me ocurrió esto a mí?" "¿Por qué ha de triunfar ése con algo tan obvio?" Es probable que la envidia desempeñe un pequeño papel, pero realmente creo que es el horror a lo simple lo que perturba de esta manera a la mente mediocre.

Hay tres cosas que pueden ponerse de manifiesto respecto de lo simple. La primera es que las cosas simples pueden ser muy efectivas en la acción (aunque muy difíciles de enseñar, precisamente a causa de su simplicidad). La segunda, que cualquier cosa que merezca decirse, puede expresarse, generalmente, de forma simple, como resumir un libro en una tarjeta postal. La tercera es que algo que resulta obvio una vez que se ha dicho, puede no haberlo sido tanto antes.

Resolví escribir sobre este tema como introducción de este libro, porque precisamente el material de la obra ha sido deliberadamente diseñado para que sea simple y manejable. El material fue escrito para los que hacen cosas, no para los que las describen.

No sé si alguno de los que analizan mis libros se ha molestado en comprender lo que está detrás de ellos. En 1969 escribí un libro titulado *The Mechanism of Mind*. En ese libro explicaba cómo las redes de nervios del cerebro forman una clase especial de superficie informativa. Esta superficie permite que la información que entra se organice a sí misma en modelos y secuencias. Este tipo de superficie autoorganizadora es muy diferente del acostumbrado sistema pasivo, en el cual la información se almacena pasivamente, hasta que algún operador lógico actúa sobre la información (como en un ordenador normal). El modelo que yo presenté fue simulado en un ordenador (por M. H. Lee) y demostró comportarse como se había previsto. Estos conceptos sobre sistemas autoorganizadores fueron luego descritos como sistemas termodinámicos por Ilya Prigogine (que obtuvo un premio Nobel) y Eric Jantsch los llamó "sistemas de dispersión". Se está abriendo un nuevo e importante camino en este tema, aunque sólo se han dado unos pocos primeros pasos.

En los tres últimos años (1984-1987), los conceptos que di a conocer en 1969 han constituido la base de lo que ahora se conoce como neuroordenadores, máquinas de neurorredes, máquinas de Boltzmann, etc. Todo este campo es el que se conoce, algo indefinidamente, como "conexionismo". No estoy pretendiendo que exista una relación directa entre mi libro de 1969 y estas ideas, porque otros han estado trabajando en este terreno y en temas relacionados con él. Sin embargo, John Hopfield (del California Institute of Technology, y uno de los pioneros en este campo) sigue con atención mi trabajo, al igual que el Premio Nobel de física Murray Gell-Mann (también del mencionado Instituto de California).

A diferencia de otros, no me interesó construir "máquinas pensantes", sino comprender la lógica y el comportamiento de esos sistemas autoorganizados de modelos. El propósito de ese conocimiento es idear instrumentos del pensamiento que se puedan usar prácticamente. Por ejemplo, el concepto de "po", que es una parte esencial del aspecto provocador del pensamiento lateral, surge directamente de la comprensión del sistema (y lo mismo puede decirse de la técnica de las palabras al azar). En efecto, el hecho de la necesidad matemática de la provocación en esos sistemas fue descubierto por los investigadores de IBM, y con mucho bombo y platillo en 1983, más de diez años después de que yo hubiera inventado el "po".

La lógica de los sistemas autoorganizados es la lógica de la percepción. Nuestra lógica (y simbólica) del lenguaje es la lógica de sistemas pasivos, no de la percepción. Muchos de nuestros problemas surgen de la aplicación a la percepción de esta lógica inapropiada.

Existen muchos aspectos interesantes de la lógica de la percepción. Por ejemplo, la ley de la contradicción no se aplica. Además, toda idea creativa de valor debe siempre ser lógica en un análisis retrospectivo. Sin embargo, si creemos que esas ideas deben alcanzarse mediante la lógica ordinaria, estamos cometiendo el mismo error que venimos cometiendo desde hace dos mil años. En los sistemas de pautas también existe el efecto poderoso del contexto. Es precisamente este efecto del contexto el que sostiene el valor que posee el concepto de los seis sombreros.

Podemos llegar a un punto crítico cuando, al actuar como filósofos, tengamos la necesidad de comprender el comportamiento de los sistemas autoorganizados en lo que atañe a la información. El lenguaje común puede que no sea suficiente. En efecto, el lenguaje es una enciclopedia de la ignorancia, puesto que los conceptos que surgen en una cierta etapa de la ignorancia se congelan y se convierten en permanentes, limitando así nuestro pensamiento.

Yo no abordo estos temas en mis libros, porque los conceptos y los instrumentos que presento deben sostenerse por su propia cuenta. Deben tener sentido para que funcionen bien. Esa es la prueba máxima de realidad. Sin embargo, detrás de la simplicidad de la superficie, puede haber mucho más, incluso años de experiencia en el campo del pensamiento.

Unicamente las mentes simples se sienten perturbadas por lo simple.

Un nuevo concepto de la democracia

A menudo nos parece que un concepto que ha resistido la prueba del tiempo, o que ha evolucionado con los años, está más allá de la posibilidad de mejorar. Solemos olvidar que un concepto que se formó para un cierto conjunto de circunstancias puede que no se ajuste con tanta perfección a otras circunstancias.

Una de las principales ventajas operativas del sistema democrático es su modo simple y definido de tomar decisiones. En lugar de la fuerza existe la fuerza del "número de cabezas". No puede haber error en la cuenta, y la mayoría siempre prevalecerá.

Hay veces, sin embargo, en que este concepto, un tanto tosco, del "número de cabezas" puede conducir a injusticias y resentimientos. Una mayoría por un escaño, en una legislatura, puede otorgar el poder absoluto al partido gobernante, por todo el tiempo que duren esos mandatos (en Malta, el partido laborista tenía mayoría por un voto y gobernaba con poder absoluto). El desarrollo normal de las elecciones puede equilibrar esta aparente injusticia, en la mayoría de los casos. Pero cuando existe una minoría significativa permanente (a menudo debido a razones étnicas), entonces la minoría no tiene posibilidad alguna de alcanzar el poder y está siempre bajo la imposición de la mayoría, por pequeño que pueda ser el margen. Fiji es un clásico ejemplo de este problema, pues el 49 por ciento de la población desciende de indios que fueron conducidos a Fiji por los británicos, para trabajar en la caña de azúcar, mientras que el 47 por ciento son melanesios. Donde una minoría se siente permanentemente frustrada, estalla la violencia sectaria y la exigencia de un Estado independiente, en el cual la minoría pueda gobernar. Sri Lanka, Chipre e Irlanda del Norte pueden considerarse ejemplos de este problema. En el Reino Unido, los conservadores obtuvieron, en las elecciones de 1987, alrededor del 43 por ciento de los votos, pero una amplia mayoría de escaños, como consecuencia de una oposición dividida. Esto puede convertirse en un problema de una clase muy distinta.

Sin realizar ningún cambio de la base democrática de "una persona, un voto", y sin modificar los sistemas electorales (aunque esto podría ser, a veces, una buena idea), es posible introducir un nuevo concepto que permitiría que el funcionamiento de las legislaturas fuera más justo y más constructivo allá donde existiera una minoría permanente.

Cada miembro electo de la legislatura debería recibir un cierto capital de unidades legislativas (*legus*). Estas unidades deberían utilizarse durante el año, y al año siguiente se produciría una nueva adjudicación.

Tanto el gobierno como la oposición (o cualquier otro partido) puede presentar un proyecto de ley. Cada presentación (teniendo en cuenta lo dicho en el párrafo anterior) tendría un precio en *legus*. Este se podría determinar por el número de miembros de la Cámara o por el número de temas que abarque el proyecto. Este precio de presentación constituye la oferta de apertura de la "subasta de temas" que tendrá lugar después.

Los que se oponen al proyecto harían ahora su oferta (en *legus*). Las ofertas continuarían, de uno y otro lado. Si una oferta final de los que se oponen al proyecto igualara la oferta final de los que lo apoyan, el proyecto quedaría bloqueado. Si la oferta final de la oposición superara a la de quienes lo han propuesto, entonces la versión de la oposición se convertiría en ley. Por el contrario, si la oferta final de los que propician el proyecto resultara superior, sería el proyecto original el que pasaría a ser ley. En cualquier caso, las unidades de la oferta final de ambas partes resultarían consumidas o perdidas.

Cada nueva oferta debería superar a la existente en un 50 por ciento (o tal vez en un 100 por ciento).

Para evitar ciertas tácticas legislativas, debería disponerse que una vez aprobado un proyecto no se pudiera revisar ni derogar durante tres años. De forma similar, un proyecto rechazado no debería poder presentarse nuevamente durante tres años.

Con un sistema como éste, la mayoría tendría poder absoluto sólo hasta cierto punto. Habría una ventaja inicial en "legus", pero esta ventaja se iría agotando ante la presentación de más proyectos. Al llegar a ese punto extremo, la oposición podría comenzar a lograr la aprobación de proyectos.

En contraste con la habitual mayoría absoluta y permanente (incluso sobre la base de un solo escaño), aquí el poder de la mayoría se iría consumiendo a medida que se utilizara.

Además, existe la ventaja de que si hay un proyecto que no goce de las simpatías de la oposición, al partido gobernante le resultará muy costoso presionar excesivamente para lograr su aprobación (alto costo en *legus*). Existiría más bien una tendencia a llegar a un acuerdo o negociar la aprobación.

Teóricamente, existirían tres fases. La primera, o fase de "ajuste", la llevaría a cabo una comisión bipartidista (no muy distinta de las comisiones del Congreso de los Estados Unidos). Esta comisión analizaría el propósito del proyecto presentado e intentaría darle una forma tal que le permitiera contar con la mayor aprobación.

La segunda fase sería la de "negociación", en la cual ambas partes negociarían como en cualquier otra situación en la que surgen conflictos de intereses. Finalmente, se produciría la fase de "cierre", en la que se desarrollaría la subasta mencionada. La naturaleza decisiva de esta fase final conduciría a una negociación más seria (podría tener un límite de tiempo).

Con este concepto, el poder absoluto y permanente de la mayoría se convierte en limitado y agotable. Sin embargo, en cada situación las decisiones se toman sobre la simple y limitada base del número. Pero ahora el número consiste en unidades legislativas y no en cabezas.

Teóricamente, no habría necesidad de partido gubernamental y partido de la oposición, puesto que los proyectos pueden ser presentados por cualquier partido.

1
Reflexiones acerca del pensamiento sobre el pensamiento

A veces me he preguntado si la capacidad del hombre para pensar no tendrá su origen en una etapa de retroceso evolutivo. En lugar del directo, incisivo y rígido cerebro de un animal, algún gen defectuoso produjo un cerebro confuso y turbiamente indeciso, que está siempre cometiendo errores. El cerebro rígido tiene una capacidad de reconocimiento instantánea y precisa, seguida siempre por la acción apropiada. La abeja, el halcón y el ciervo han construido circuitos especiales que les permiten reconocer la situación y poner en marcha la acción apropiada. Un cerebro confuso y torpe necesita mucho más tiempo para reconocer algo. Tiene que aprender de la experiencia e idear imágenes y un cierto tipo de lenguaje, con el fin de repetir la experiencia en el momento de la acción. El cerebro confuso puede incluso cometer errores que le obligan a realizar acciones inapropiadas y le provocan el cruce de líneas que conducen a la creatividad. La incapacidad del niño, comparada con la eficiencia operativa del ciervo recién nacido, es notable.

La relativa estupidez del hombre es, probablemente, su más importante recurso. Creo que en los próximos 50 años se van a producir más cambios que los han tenido lugar en los últimos 2000. Existen campos en los cuales el pensamiento humano ha alcanzado extraordinarios progresos. Viajando un día en el Concorde, pensaba que la cucharada de puré que estaba a punto de introducirme en la boca se estaba moviendo a mayor velocidad que una bala de fusil. Se afirma que el misil antimisil "sea-wolf" es tan preciso que puede interceptar y destruir una bomba en vuelo de 11,5 centímetros de diámetro. Los alunizajes fueron notables no sólo por el hecho de que los astronautas llegaran allá y volvieran a salvo, sino también porque millones de personas en la Tierra pudieron observar con todo detalle el paseo de los astronautas en la superficie de la luna y en el preciso momento en que lo estaban realizando. Consideramos como algo natural la existencia del teléfono y sus cables de conexión; sin embargo, es algo maravilloso que alguien en Londres pueda levantar el auricular del teléfono y, en unos pocos segundos, pueda hablar con una determinada persona de entre los muchos millones que viven a casi 20.000 kilómetros, en Australia. En cuanto a la energía nuclear, constituye, posiblemente, la conquista técnica más notable del hombre.

¿Por qué, entonces, si disponemos de un razonamiento tan efectivo para los aspectos técnicos, parece que realizamos tan pocos progresos en las áreas más humanísticas? Aún estamos rodeados de guerras, crímenes y comportamientos inhumanos; todavía no nos hemos desembarazado de la pobreza y la ignorancia. ¿Son éstas las áreas que no le interesan al pensamiento? ¿Acaso en estos campos sólo un gran incremento de la riqueza humana podría satisfacer a todo el mundo, de modo que se resolvieran todos los problemas? ¿O acaso estas áreas son únicamente susceptibles de soluciones emocionales, mediante ideologías religiosas o cambios de valores? ¿U ocurrre, simplemente, que el tipo de razonamiento tan fructífero en el área técnica no se utiliza tanto en el área humanística? La exploración espacial es relativamente fácil de afrontar porque nada cambia. La fuerza de la gravedad en Marte puede calcularse con siglos de anticipación, y no se habrá alterado en absoluto cuando una nave espacial llegue allá. Es como si los problemas humanos fueran tan complicados (debido a los cambios de interacción y los circuitos de realimentación) que nuestro común pensamiento lineal fuera incapaz de hacerles frente.

La publicidad es una profesión creativa, porque su objetivo son las ideas nuevas. Cada producto es una creación. En cierto sentido, esto también puede decirse respecto de la televisión. Y sin embargo, según mi experiencia, algunas de las personas menos creativas que he conocido han trabajado en la publicidad y en la televisión. Esta aparente paradoja es fácil de explicar. En física y en ingeniería mecánica existen leyes físicas. De este modo, el que piensa es libre, mientras tenga en cuenta estas leyes y las maneje para lograr una solución o una explicación.

Pero en las "áreas de la programación" publicitaria o televisiva no existen estas leyes. Por consiguiente, en estos campos, la gente tiene que *crear* estas leyes. Crean ortodoxias rígidas para proporcionarse a sí mismos algo en qué pensar. Entonces se quedan encerrados en esas ortodoxias. Cuando un magnate de la televisión dijo que lo que se necesitaba eran "algunos nuevos chiches", estaba demostrando ser práctico y perceptivo. Quería algo nuevo dentro de la ortodoxia aceptada.

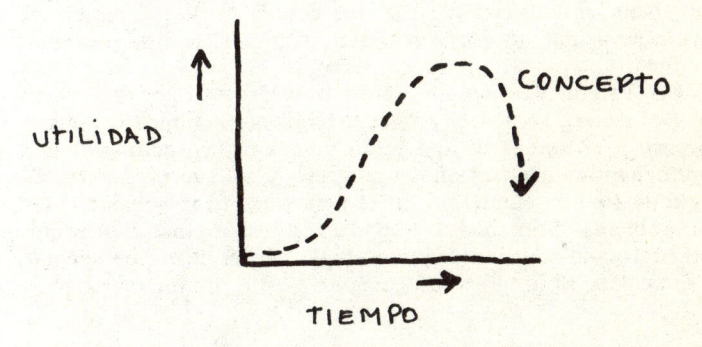

[Gráfico: eje vertical UTILIDAD, eje horizontal TIEMPO, curva punteada etiquetada CONCEPTO]

Así pues, es posible, que el pensamiento humano haya evolucionado de manera similar. Con el fin de darle sentido a la complejidad del mundo, el pensamiento humano puede haber desarrollado algunos hábitos y ortodoxias que hayan sido de cierta utilidad al principio, pero que luego hayan impedido su posterior progreso. Es posible que ciertos conceptos básicos como verdad, significado, identidad y contradicción sean ejemplos de esto. Los he elegido porque constituyen la base de muchos de nuestros pensamientos, y no porque yo esté dispuesto a cuestionarlos en su totalidad.

Es posible que la evolución desarrolle un proceso antievolutivo. Supongamos que se produce una transformación genética en una bacteria, cuya velocidad de multiplicación consiga que la probabilidad de mutación sea varios millones de veces mayor que la que existiría para los animales. Estos experimentos genéticos podrían transferirse al animal huésped (sabemos que existe la transferencia de material genético). Supongamos ahora que con el paso del tiempo los animales huéspedes desarrollaran sistemas de inmunidad especial y de protección que mataran la bacteria. En estas circunstancias, la evolución habría sido la causa de que se detuviera permanentemente la propia evolución.

Es evidente que el mismo fenómeno se produce en la sociedad. Las instituciones evolucionan con el fin de servir a un determinado propósito, pero luego alcanzan un punto en el que impiden una evolución posterior. *Las ideas y los conceptos no son más que organizaciones de la experiencia.* También evolucionan hacia una situación en la que canalizan de tal manera el futuro pensamiento que convierten en imposible una posterior evolución.

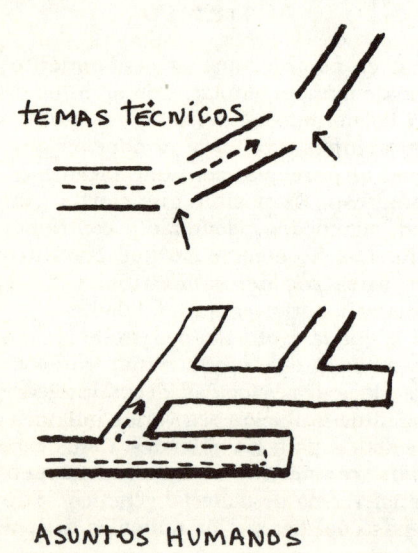

En el siguiente diagrama se ilustran los dos tipos de progreso. El primero señala el progreso técnico: seguimos un cierto camino y entonces la aparición de un nuevo conocimiento conduce a una aceleración del progreso, y así sucesivamente. El segundo tipo se encuentra en el pensamiento relacionado con los problemas humanos. Los modelos y los caminos tienen que estar formados en una primera etapa, con el objeto de señalar la dirección. El progreso únicamente puede producirse cuando abandonamos el camino y escapamos del concepto establecido, para poder encontrar otro nuevo. Esto tiene que suceder una y otra vez. Esta es la razón por la cual el progreso es tan lento.

Por ello necesitamos meditar sobre nuestro pensamiento. En estas *Ideas para profesionales* voy a pensar acerca del pensamiento sobre el pensamiento que necesitamos desarrollar. El pensamiento lateral es solamente uno de los aspectos del pensamiento que me preocupan. Entre otras cosas, también dirijo lo que constituye el programa más amplio del mundo para la enseñanza del pensamiento como materia del plan de estudios de los colegios. Varios millones de niños la reciben. En Venezuela, se han especializado en este método unos 100.000 docentes.

(*Nota*: Varios países más se están ocupando ahora del tema.)

LA OBSERVACIÓN DE PÁJAROS COMO ESPEJO

La tarea de observar los pájaros puede parecer aburrida e incomprensible para los que no son observadores de pájaros. Como ocurre con el hábito de coleccionar sellos, llega un momento en el que se ha acumulado una cantidad crítica de experiencia y, de pronto, todo se hace fascinante. Los pájaros raros se pueden reconocer y valorar. Ciertos comportamientos casuales que no habían despertado interés súbitamente se reconocen como relacionados con la exhibición, la protección, las pautas alimentarias, etc. En resumen, se han formado pautas de reconocimiento. Cuando ha ocurrido esto, ha quedado asegurado el interés. Ya se refiera a la observación de los pájaros, la colección de sellos o la música folclórica, el ojo o el oído entrenado no solamente acumula más experiencia, sino que, al mismo tiempo, se siente cada vez más fascinado.

Resultaría muy beneficioso que sintiéramos lo mismo acerca del pensamiento.

¿Podríamos empezar a reconocer las pautas, los hábitos, las estructuras y las estrategias del pensamiento? ¿Podríamos comenzar a reconocerlos en los demás y también en nosotros mismos? Esta es la razón por la cual el título de esta parte incluye la frase "como espejo".

No es fácil ser a la vez actor y observador de una acción. No es sencillo estar implicado en el pensamiento acerca de algo y al mismo tiempo observar el estilo de ese pensamiento.

El límite entre observación e introspección es muy sutil. Con introspección quiero decir una exagerada autoconciencia que inhibe la acción. Esta es exactamente la clase de introspección que inmovilizaba al ciempiés, aturdido en la zanja mientras pensaba qué pata precedía a cuál. Esto *no* es lo que yo sugiero. *No* estoy sugiriendo un extremo estado de alerta que en cada momento analice el paso que acaba de dar y el que está a punto de llevar a cabo. El pájaro observado no está influido por el observador, que está lejos, detrás de un par de gemelos.

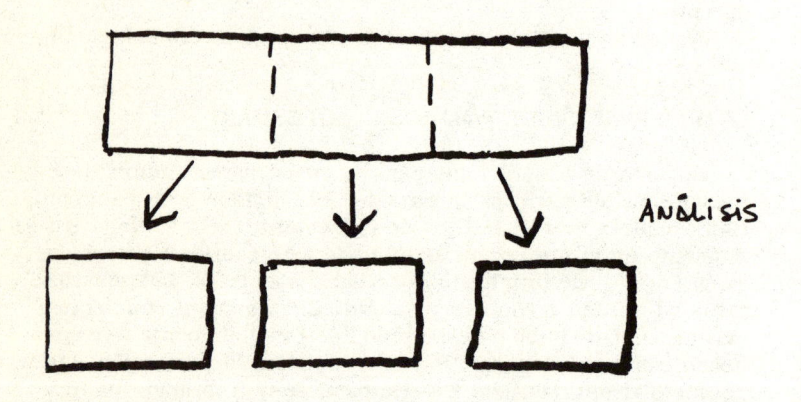

ANÁLISIS

El modelo que yo sugiero es casi como si una persona pudiera grabar en una cinta la observación. Y esto es algo que podría probarse, pero yo no lo recomiendo especialmente. La razón de que no lo aconseje es que al principio no habrá suficientes modelos disponibles para el reconocimiento por parte del observador. En ausencia de esos modelos, la observación tenderá a convertirse en análisis, y eso es una cosa diferente.

El reconocimiento del modelo y el análisis son cosas distintas. Se puede analizar un mosaico respecto de las piedras que forman parte de él y no ver el diseño. O reconocer el modelo o diseño y no tener en cuenta las piedras individualmente. En el pasado, gran parte de nuestro pensamiento estaba relacionada con el análisis. Esto se ha justificado por dos razones. La primera es que, si se extraen los elementos fundamentales, entonces los modelos más importantes pueden volver a construirse a partir de aquéllos. La segunda es que los elementos que se extraen mediante el análisis son, en efecto, los "modelos" importantes. Ambas razones son inoperantes cuando nos estamos refiriendo a sistemas complejos. Esto está muy bien explicitado en la sentencia popular acerca de que "los árboles no dejan ver el bosque".

De modo que es mejor no grabar la cinta para analizar un pensamiento. Es mejor no intentarlo para extraer todos los modelos que existen en un pensamiento. Los modelos no se pueden reconocer sólo con diligencia o esfuerzo analítico. Necesitan evolucionar mediante la observación continua, apoyados por alguna pequeña ayuda externa. Es mejor observar apenas uno o dos puntos importantes y no preocuparse por el resto.

Temas y pautas

No voy a agotar el tema acerca de la clase de características que pueden observarse en el pensamiento. Volveré sobre ello una y otra vez en estas *Ideas para profesionales*. Por el momento me limitaré a dar algunos ejemplos, a modo ilustrativo.

Los trabajos que poseen cierto valor son fáciles de reconocer, una vez que han sido descubiertos. En otros tiempos, iban introduciéndose gradualmente y así parecía que se les aceptaba. Una vez sostuve una discusión con un psiquiatra de California acerca de la tendencia de la moderna psicología a indagar profundamente para encontrar el verdadero yo y el significado real de la acción y de la neurosis. Esto se ha convertido en un lenguaje en continuo desarrollo, desde que Freud sugirió que el comportamiento superficial estaba dirigido por las frustraciones subconscientes. Yo expresé la idea de que tal vez el yo o la máscara aparente es la persona real, y que al indagar en profundidad, lo único que se descubre son los desechos que siempre pueden encontrarse cuando uno observa con demasiado rigor. Resultaba fascinante comprobar que las palabras que él podía usar tenían siempre valor positivo, como "verdad", "naturaleza real", "yo profundo", "sentimientos naturales" y "sondear". Las palabras que me permitían utilizar estaban siempre marcadas por valores negativos: "máscara", "apariencia", "artificial", "superficial" y "defensivo". Resulta inquietante pensar que hay áreas en las que nunca se puede discutir objetivamente, porque el idioma de la sociedad ya ha asignado valor negativo a las palabras que deben usarse. Por ejemplo, la frase "política cosmética" adquiere inmediatamente un significado desagradable relacionado con el engaño y el intento de hacer aparecer las cosas de una manera diferente a cómo son en la realidad. Sin embargo, podría argüirse que uno de los principales propósitos de la política es precisamente ser "cosmética", y de este modo, conducir la percepción de los que escuchan hacia modos que podrían ser tanto buenos como malos.

Un estilo que resulta interesante observar es el que yo he denominado "exactitud del pequeño círculo". El que razona está apoyado en una pequeña zona de base firme, que no puede ser objeto de refutación. Desde ahí se introduce en todas direcciones, usando la base inicial como justificación. Si alguna objeción en su contra tiene éxito, retrocede. Muy a menudo, este estilo de pensamiento recurre a "principios incontrovertibles"

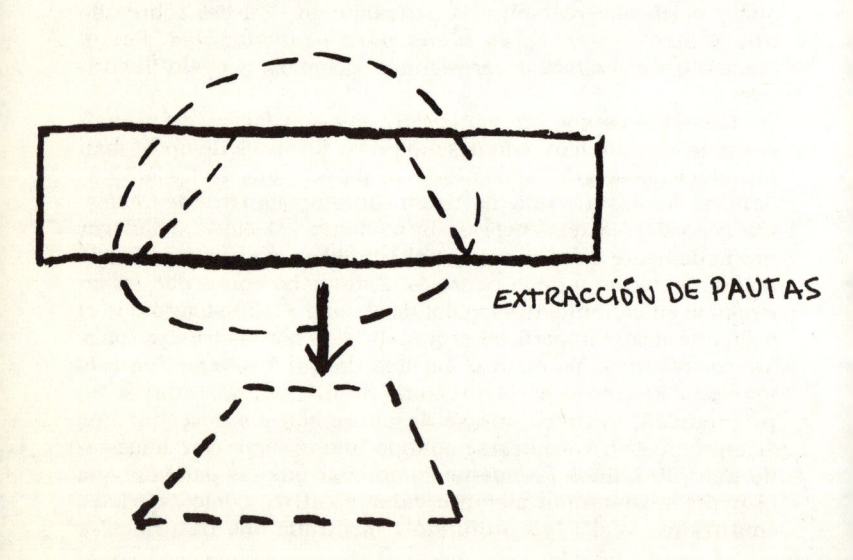

EXTRACCIÓN DE PAUTAS

que son universalmente aceptados, simplemente a causa del caos que se originaría (o que dicen que se originaría) si no se sostuvieran esos principios. Algunas veces, el uso de estos principios es evidente. Otras veces, es encubierto, incluso para el que lo está utilizando. Tratar de describir el principio oculto puede ser un ejercicio fascinante para ambas partes. Palabras y principios con valor asignado pueden combinarse, por ejemplo, en el principio que sostiene que "la agresión es un hecho nocivo, que no puede permitirse". No es cuestión de estar en desacuerdo con ese principio, sino *observar* su efecto.

El ejemplo, la circunstancia y la anécdota requieren que se les dedique toda una carta, una serie de cartas o incluso un libro, ya que constituyen un aspecto fundamental del pensamiento. Las menciono aquí, pero volveré sobre ellas, más extensamente, en otras cartas. El uso más apreciable de un ejemplo es el de exponer un proceso o función verosímil exactamente como una fórmula matemática desarrolla un proceso. *Una vez que se ha demostrado que un proceso o una idea es posible, ya no se puede desechar.* En la búsqueda de una explicación, la sugerencia "esto podría haber sucedido de esta manera" introduce una nueva idea. Se puede dar un ejemplo para demostrar que una generalización absoluta no es absoluta ("He visto un cisne negro; por lo tanto, todos los cisnes no son blancos"). Esto nos retrotrae al absolutismo de la filosofía escolástica medieval, y en términos prácticos tiene relativamente poco valor. En la práctica, podemos utilizar la expresión "en general", que significa que las excepciones no invalidan lo dicho. Por ejemplo, podríamos decir: "En general, en Inglaterra los cisnes son blancos". La observación de un cisne negro ya no contradice lo que se había dicho. Se pueden, pues, usar ejemplos para apoyar el desarrollo de algo. Aquí entramos en dificultades estadísticas. Ninguna cantidad de ejemplos puede sumarse a la relevancia estadística, a menos que el universo de posibilidades sea realmente muy pequeño. El hecho de que todas las personas con las que usted haya conversado expresen que les desagrada cierto político, probablemente será menos significativo que si sólo dos tercios de la gente con la que haya hablado manifestara ese desagrado. La razón es que el primer caso sugiere que usted ha estado hablando solamente con cierto tipo de personas, mientras que la segunda circunstancia sugiere que la consulta se ha realizado a través de diferentes sectores de gente. Una vez más, la observación precisa de cómo se usa un ejemplo *no* debe considerarse como un tema de discusión. Es parte de la fenomenología del pensamiento.

Si usted tuviera que observar a un pájaro que se encontrara desarrollando un minucioso ritual de apareamiento podría considerar, personalmente, que eso era una pérdida de tiempo por parte del pájaro (pues ser un buen bailarín no asegura tener otras virtudes). *Pero lo que se requiere es su observación y no su evaluación.* Es absolutamente imprescindible que se haga esta distinción cuando se trata de "observar el pensamiento". No es nada fácil realizar esta distinción entre observación y evaluación. Es muy tentador hacer uso de debilidades u omisiones, en lugar de observarlas. Pero quiero subrayar que esta clase de disciplina es la que permite diferenciar entre alguien que está interesado en pensar y alguien que sólo se preocupa por ganar una discusión.

El lugar para pensar

Este apartado pretende desempeñar la misma función que un campo de golf, una pista de tenis o un gimnasio. Todos ellos constituyen lugares formales, con reglamentaciones formales, para desarrollar alguna actividad gratificante. Cuando se desarrolla esa actividad se mezclan el placer con la práctica, y tal vez, con el tiempo, un perfeccionamiento de la habilidad. Es precisamente esta actitud la que quiero tratar en este apartado de la carta. Es verdad que podemos reflexionar sobre cualquier cosa, en cualquier momento y en cualquier lugar. A menudo lo hacemos. Pero además existe el hecho de pensar acerca de algo de una forma determinada y en un momento determinado. Esa es precisamente la finalidad de este "lugar para pensar".

No creo que pensar durante un tiempo prolongado sea mejor que pensar durante un tiempo breve. En términos de la práctica de pensar, un esfuerzo, si dura un corto espacio de tiempo, es más agradable que si dura un tiempo prolongado. Devanarse los sesos durante un largo período convierte el placer en tortura, para muchos (pero no todos). Lo importante, sin embargo, es hacer un esfuerzo definido para conducir nuestro pensamiento en una cierta dirección y durante un determinado tiempo. En otras palabras, la aplicación deliberada del pensamiento es importante si va acompañada del orgullo de considerarlo una habilidad utilizable.

El ejercicio que sugerimos aquí consta de dos partes.

Primera parte

La tarea consiste en encontrar una fuente de razonamiento. Esto no es tan sencillo como parece. Hay restricciones prácticas. Podría leer obras tradicionales sobre filósofos consagrados. Pero eso sería una tarea muy larga, y el pensamiento utilizado en ellas casi nunca resulta práctico ni interesante. Gran parte del pensamiento que encontramos a nuestro alrededor es puramente descriptivo con, tal vez, algún pequeño elemento de interpretación.

La tarea es encontrar ejemplos de razonamiento que sean breves y tengan un propósito. Dos ejemplos de esto podrían ser las cartas de los lectores de un periódico, o un artículo editorial (aunque esto último suele ser muy impersonal).

Segunda parte

La segunda parte de la tarea consiste en llevar a cabo el ejercicio de observación mencionado en otra parte de esta carta (sobre la "observación de un pájaro"). La observación debe desarrollarse sobre el material elegido en la primera parte del ejercicio. La observación debe hacerse de manera formal. Como ya hemos dicho, *no* debe ser un intento de analizar totalmente el pensamiento que se está observando. Ni debe tratarse de catalogar el material por las características que revela.

La observación debe realizarse en dos niveles. En el primer nivel se extraerán, según un plan previamente trazado, las pautas mencionadas en los párrafos dedicados a la "observación del pájaro" en esta carta. Limítese a estas tres áreas: palabras con cierto valor; exactitud del pequeño círculo o principio oculto; uso de ejemplos. En el segundo nivel, realice cualquier otra observación que se le ocurra como observador. No trate de ser demasiado riguroso. No analice. Simplemente observe y vea qué pautas surgen. Puede que no haya ninguna, en cuyo caso inténtelo de nuevo en otra ocasión.

Recuerde que la observación está dirigida a encontrar *pautas*, no a descubrir defectos en la discusión.

2
Pensamiento e información

Una vez escandalicé a todo un auditorio de directores de escuela, en la República de Eire, al sugerir que Dios no puede pensar. Aceptamos que pensar es algo bueno, y negarle a Dios esta actividad beneficiosa suena como un insulto a la perfección de Dios. Pero esa perfección implica un completo saber. El pensamiento es nuestra forma de pasar de un estado de conocimiento a otro mejor. Un ser con saber perfecto ya lo posee. No podría haber, pues, diferencia entre la posición inicial y la final. De este modo, debemos considerar que aunque el pensamiento es beneficioso para nosotros, sería un insulto para Dios.

Si tuviéramos información completa acerca de una situación cualquiera, no necesitaríamos pensar. Cada información que adquirimos nos conduce hacia ese estado de información completa, y de ello se infiere que toda información es valiosa. Obviamente, en cualquier situación, cuanta más información obtengamos, mejor será para nuestras decisiones y acciones. Siempre he afirmado que la magnitud de una decisión es proporcional a la insuficiencia de razones para llevarla a cabo. Si la información es más o menos completa (circunstancias, prioridades, consecuencias, recursos), entonces existirá un fluir natural hacia la decisión o la acción, sin que se produzca esa interrupción para que tenga lugar la decisión humana. Cuanto mayor sea la responsabilidad sobre la decisión humana, mayor será la falta de información. Todo diseñador de sistemas lucha por eliminar la necesidad de la decisión humana, y al mismo tiempo se lamenta por hacerlo.

Resulta tan obvio que lo mejor es una gran cantidad de información, que difícilmente valdrá la pena escribir sobre ello.

Sin embargo, todo esto no es tan concluyente como parece, y hay ciertos peligros en seguir este "obvio" precepto de que la mayor información trae mayores beneficios.

Clive Sinclair —el brillante genio de la electrónica y empresario, quizás el mayor vendedor de ordenadores del mundo— me dijo una vez que cuando quiere desarrollar algunas ideas en un determinado campo, lee lo suficiente para familiarizarse con el lenguaje y las reglas fundamentales, y luego ya no lee nada más. Esto es algo que yo siempre he hecho y que sospecho que hace mucha gente dedicada a la innovación, ya sea conscientemente o por la impaciencia y la urgencia de realizar las cosas. Si dejamos de lado lo de la impaciencia, subsiste una razón lógica para ese comportamiento. En un sistema creador de pautas, sentimos que nuestras percepciones se contaminarían con las percepciones establecidas en ese terreno. Si se establece una pauta —como si fuera un río en un paisaje— no podemos presentar otra pauta que se cruce con aquélla. Nuestras percepciones resultan absorbidas por el sistema de flujo existente.

En otro lugar de estas cartas escribiré acerca de la mente como un sistema creador de pautas autoorganizado. Los lectores que deseen explorar el fundamento de todo esto podrían leer mi libro *The Mechanism of Mind*, que se publicó en 1969.

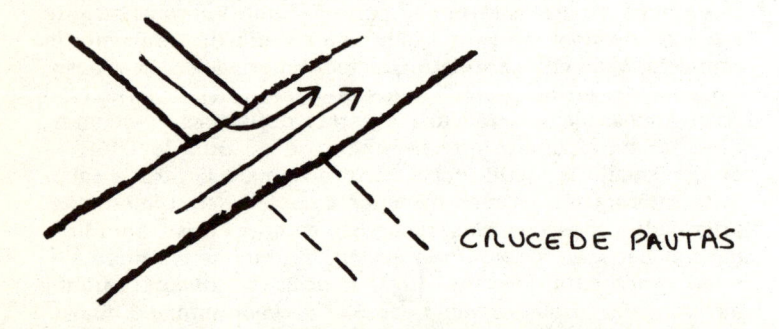

CRUCE DE PAUTAS

Si en nuestras lecturas bibliográficas nos encontramos con una idea establecida o forma de realizar cosas, es probable que adoptemos ese método —aun sin reflexionar sobre él—, aunque también podemos rebelarnos contra él y optar por un enfoque totalmente distinto. Lo que es casi imposible es adoptar un enfoque que sea apenas diferente. Recuerdo una investigación que realicé una vez sobre la función renal. Los resultados fueron positivos y llegué a esbozar un principio importante. Siempre que comentaba los resultados, me preguntaban cómo había llegado a hacer la investigación de esa manera, pues un fisiólogo muy conocido había desarrollado una investigación similar, obteniendo resultados negativos. La verdad de la historia era que yo no tenía conocimiento de dicha investigación, y esa ignorancia me permitió llevar a cabo mi trabajo de forma ligeramente distinta.

La situación puede ser todavía peor de lo que he sugerido más arriba. No se trata simplemente de la posibilidad de contaminarse con la teoría y el sistema existentes en su totalidad. Si aceptamos un solo concepto básico, esto podría determinar con antelación la forma en que forzosamente consideraremos el tema.

El dilema es evidente. Por una parte, no podemos comenzar si no aprendemos el lenguaje y el conocimiento básicos en ese terreno. Gastaríamos mucho esfuerzo redescubriendo lo que ya es bien sabido. No podríamos apoyarnos en otros para poder ir más allá. Tendríamos que arriesgar tiempo, gastos y motivaciones en encontrar cosas que ya sabe todo el mundo. Por otra parte, si tuviéramos la frescura y la inocencia de un niño en ese terreno, podríamos mirar las cosas de forma diferente. Sería posible crear algún concepto básico nuevo para que se interpusiera entre los conceptos existentes. Podríamos ensayar y expe-

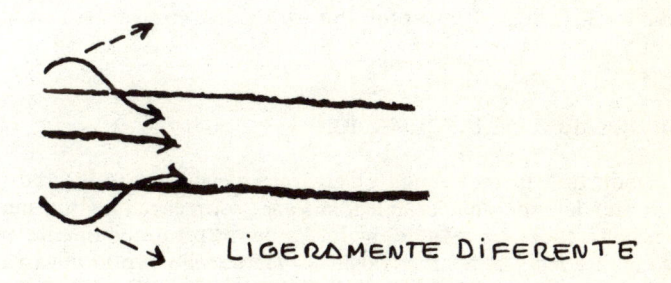

LIGERAMENTE DIFERENTE

rimentar de manera ligeramente diferente. Podríamos considerar los resultados mediante una hipótesis de observación distinta.

Culturalmente, hace mucho tiempo que tomamos nuestra decisión. Veneramos la erudición y el juicio crítico. Se supone que el que trabaja en determinado campo está familiarizado con lo que se ha establecido en él y que coincide con lo que ya se ha hecho. En los laboratorios de investigación industrial existe también la necesidad de conocer lo que ya se ha hecho, con el objeto de construir sobre esa base. Sin ese conocimiento, cualquier trabajo puede considerarse demasiado aventurero, con todo el gasto que implica. En la industria química, muchos departamentos de investigación y desarrollo emplean gran parte de su tiempo tratando de poner en práctica las patentes de otros, lo que constituye un evidente esfuerzo para aprovechar el trabajo de los demás.

Los riesgos que implica abandonar la noción de que cuanta más información obtengamos más beneficios tendremos es demasiado grande. *No obstante, si realmente aceptamos el comportamiento de sistemas de creación de pautas para la percepción, el conocimiento de la información no supondrá que estemos haciendo el mejor uso posible de la misma.*

Esto suena como una paradoja extraordinaria: podemos hacer mejor uso de la información no conociéndola. La explicación es simple. Si primero podemos desarrollar algunos conceptos e ideas, luego podremos considerar de otra manera la información existente. Si, en cambio, consideramos primero la información, estamos inevitablemente analizándola sobre la base de los viejos conceptos dentro de los cuales está organizada.

SOBRECARGA DE INFORMACIÓN

Dado que la tecnología electrónica permite que los datos sean más fácilmente accesibles, la frase "sobrecarga de información" está cada vez más de moda. Ya se utiliza ampliamente en las conferencias sobre tecnología. Como sucede con la devastadora palabra "patrocinado", no hay defensa posible contra ella. Aun cuando una información sea simple en sí misma, puede resultar demasiada. Puede ser la gota que colme el vaso de agua. Puede ser como un pequeño objeto fuera de lugar, que resulta insignificante por sí mismo, mientras no se junte con muchos otros pequeños objetos en desorden. Son muy importantes estas "palabras de la conciencia", porque guían nuestros designios y nuestro comportamiento. Pero existe también un peligro en su fácil aplicación en momentos inapropiados.

Cuando estuve en Harvard, la biblioteca médica era tan fantástica que resultaba posible encontrar cualquier referencia que uno pudiera necesitar. Fue una gran alegría, después de los frustrados esfuerzos de búsqueda en las bibliotecas universitarias británicas (un grupo de revistas estaba en un departamento, otro grupo en otro departamento, etcétera). Leer los artículos importantes sobre un tema exigía tanto tiempo, que para entonces ya se había publicado suficiente material nuevo, como para empezar otra lectura. En lugar de ser el preludio de una actividad de investigación, la lectura se convertía en una ocupación por sí misma, sin que pudiera verse su fin. Creo que hay unas 33.000 revistas médicas que se publican en todo el mundo. La mala distribución ha "protegido" a los investigadores de esta divulgación, pero los adelantos en materia de almacenamiento de datos y en la transmisión (vía satélite o mediante máquinas de facsímiles) están eliminando esta protección. Resultaba casi groseramente injusto que el trabajo de un científico francés o polaco pasara inadvertido por estar publicado en una revista no traducida.

En términos de sistemas, la frase "sobrecarga de información" tiene un significado particular. Un exceso de entrada de información puede dar como resultado que el sistema se descomponga y se paralice, o que adquiera un comportamiento más simple e inapropiado. Hay quienes creen que esto también puede estar sucediéndole a la sociedad, siendo así la causa de la violencia, los estereotipos y la delincuencia organizada en bandas. La banda es una forma de simplificar el medio y las decisiones que requiere. En esta carta, no estoy refiriéndome a este tipo de sobrecarga sino simplemente a la cantidad de tiempo necesario para ocuparse de la información disponible y relevante.

Tradicionalmente hemos confiado en los clasificadores, los críticos y la ósmosis. Se supone que el clasificador o el bibliotecario experto ordenan la información de tal manera que quede indicada su relevancia. Por definición, ésta es una tarea imposible, aunque el autor del material ayude tanto como sea posible con palabras de identificación. La relevancia es materia de percepción y la percepción depende de la necesidad individual. Muchas innovaciones y descubrimientos se han debido a cortes transversales de las clasificaciones, que han convertido todo esto en una tosca (aunque valiosa) herramienta. El otro método está constituido por críticas eruditas, especialmente comentarios realizados por aquellos, más ancianos y más sabios, que consideran esto como la contribución más duradera que han podido llevar a cabo en su campo, aun cuando la investigación activa haya cesado. Estas críticas son muy valiosas por lo que incluyen, pero muy peligrosas por lo que dejan de lado, pues —como algo mal archivado— esto puede perderse para siempre.

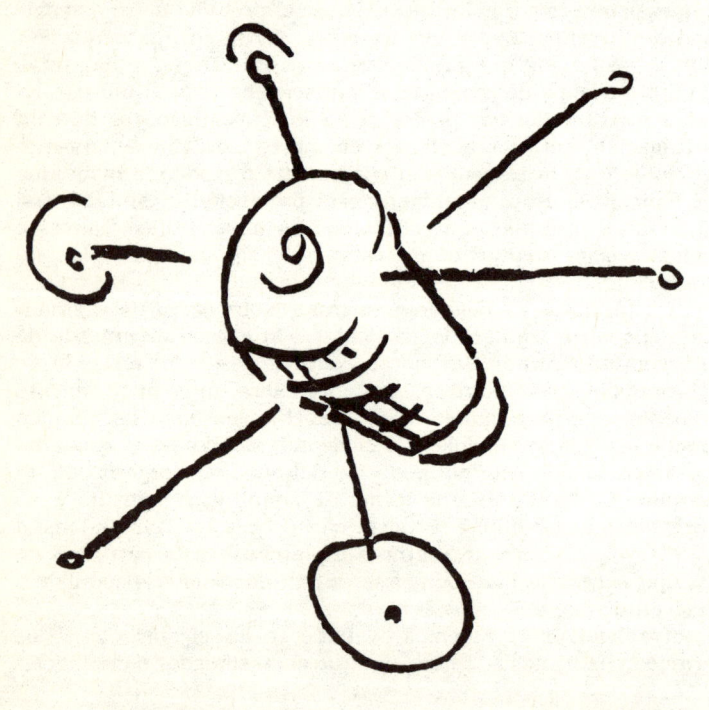

También son peligrosas por la estructura que usan, puesto que a menudo se basa más en una necesidad de precisión que en la naturaleza del material. La ósmosis significa simplemente que si una idea o una parte determinada de un trabajo es lo suficientemente significativa emergerá poco a poco y llegará a aquellos que la necesitan. Puede ser un proceso muy lento, aun cuando las conversaciones (no los artículos) en las conferencias internacionales tienden a acelerarlo.

Existen muchos intermediarios en la información. Bibliotecarios, investigadores, periodistas, consultores y escritores de informes. En otros tiempos, todos estos intermediarios eran a menudo los únicos canales mediante los cuales se podía disponer de una cierta información. Por ejemplo, una revista era el medio físico para distribuir información, y el papel del editor como intermediario era imprescindible. Actualmente, las posibilidades que ofrece la electrónica nos permiten llegar directamente a las fuentes de información, mediante microfilms o discos de datos.

¿Elegiremos volver al editor para simplificarnos la vida? Yo preveo que van a surgir dos nuevas profesiones. Una será el "corredor de información". Este corredor actuaría en todos los niveles: recopilación, clasificación, búsqueda, síntesis o comentario. La segunda profesión sería la del diseñador de información. Aquí, la tarea consistirá en diseñar la información, de modo que resulte autoorganizada, o que pueda captarse con una mirada. Posiblemente el mejor ejemplo de diseño de información sea el gráfico, pues nos permite percibir con una mirada lo que podría ser un conjunto de relaciones complejas. Los histogramas y los gráficos de varios colores son útiles —aunque primitivos— pasos en esta dirección. También imagino el diseño de lenguajes de orden superior, y en ello estoy trabajando. Desde el principio, será necesario diseñarlos de modo que resulte sencillo comprenderlos; que puedan cruzar las barreras de los lenguajes existentes; que permitan que la información se organice por sí misma...

Hasta que alcancemos esta etapa, debemos continuar efectuando lecturas directas; elegir un intermediario cuya percepción valoremos y también embarcarnos ocasionalmente en alguna lectura al azar. Para algunos, la idea de la lectura al azar puede parecer contradictoria, cuando ni siquiera hay tiempo suficiente para cubrir el campo de nuestro interés en el nivel de la lectura de comentarios. Pero tiene sentido tanto en su aspecto estimulante como en lo que supone de enfrentamiento con los intermediarios de la información.

El lugar para pensar

Un amigo mío posee una variedad de patos exóticos en estado salvaje. Fotografiar un pato en el nido, desde una distancia corta, es un problema, pues el pato huye al primer signo de intromisión. La construcción de un escondite no resulta efectiva, pues parece que el pato presiente que el escondite está ahí con algún propósito desagradable. Aparentemente hay una solución simple para el problema. El fotógrafo se acerca al nido con un acompañante. El pato huye. Después de un cierto tiempo, el acompañante se va, tras lo cual el pato regresa y se acomoda en el nido, aun cuando el fotógrafo está a la vista, a pocos pasos.

Las conclusiones de esta historia son numerosas. Después de todo, podría decirse que ésta es la forma en que actúa el mercado de valores: no interesa el valor intrínseco, simplemente se reacciona ante los cambios. Hay muchas otras conclusiones que se pueden extraer.

Menciono esta historia para ilustrar un tipo de lectura. Podemos encontrarnos con algo que nos obligue a detenernos, reflexionar y tratar de desentrañar las posibles relaciones. Probablemente sea mejor hacer esto en el mismo momento de la lectura y no dejarlo para una consideración posterior. Si podemos, al menos, echar una mirada a alguna de las relaciones, nos resultará más fácil el tema. Puede suceder que en el curso de la lectura nos encontremos con ciertas informaciones sorprendentes, o también que sea nuestra mente la que esté dispuesta a encontrar cosas fascinantes o interesantes, no importa lo que estemos leyendo, en lugar de permanecer a la espera de temas que atraigan nuestra atención. Este es el tipo de lectura "densa". Leemos con el propósito de extraer todas las relaciones de lo que leemos. No tenemos prisa. No necesitamos descubrir lo que sucede después. No queremos llegar al final.

Como si estuviéramos recogiendo flores silvestres en un sendero, tratamos cada fuente potencial de interés con total atención y la pausa necesaria para considerarla. Esta clase de lectura no es fácil, porque debemos tener muchos alicientes en la mente, con el objeto de encontrar interés en muchas cosas comunes. El tipo de preguntas que podemos formular es: ¿Qué implica todo esto? ¿Con qué se relaciona? ¿Qué ejemplifica? ¿Qué está produciéndose? ¿Es esto lo que me esperaba, o es diferente? Este primer tipo de "lectura densa" es para el interés. El segundo tipo de lectura densa es para la información.

Una vez fui invitado a dar una charla en una numerosa reunión de profesores de idiomas, en Barcelona. En cierto momento, expuse la siguiente oración: "Parece haber muchas zapaterías en Barcelona". Invité a la audiencia a decirme toda la información que pudieran extraer de esa simple expresión. Hay mucho que se puede inferir respecto de mí, de Barcelona, del precio del cuero, de la estructura de la ciudad, de la estructura del comercio al detalle, etc. Es un ejercicio interesante trabajar sobre esta oración y extraer todas las relaciones posibles. En la mayoría de los casos, lo que se infiera serán simplemente suposiciones (por ejemplo: los negocios pueden ser atendidos por una familia y por lo tanto los gastos de personal serán mínimos; o los zapatos son de mala calidad y, en consecuencia, se gastan enseguida). Algunas veces, se pueden presentar grupos de posibilidades diferentes, como: los márgenes son lo suficientemente altos como para cubrir los gastos; o: la gente compra muchos zapatos; o: los impuestos sobre la propiedad son bajos.

Hay muchos niveles diferentes de lectura, aparte de la capacidad que tengamos para leer más o menos velozmente. Existe la lectura "defensiva", según la cual hojeamos un libro para verificar que todo es como suponíamos que debería ser, y con la esperanza de no encontrar nada en la lectura que nos haga cambiar de opinión. También podemos leer un material por si acaso encontramos en él algo de interés. Existe lo que podríamos denominar la lectura "de fondo", en la cual tratamos de poner en práctica el rasgo más notable de lo que estamos leyendo. Nos gusta que esto pueda estar expresado con detalle, pero en realidad estamos interesados en la descripción de los puntos esenciales de la conclusión final. Está la lectura de "atmósfera", en la cual leemos un trabajo para captar su sentido general o la actitud predominante de la obra, aun cuando no estemos interesados en los detalles o ni siquiera en sus temas esenciales. Por ejemplo, podemos leer los comentarios de un periodista sobre temas financieros con el objeto de conocer las tendencias del mercado.

Finalmente, existe la lectura de "información", la cual ha sido preparada para proporcionarnos la información que necesitamos. Aquí puede tratarse de discernir entre el material que relaciona los hechos y el material que establece el tono de la información. Es perfectamente legítimo que los hechos se enmarquen en ciertas perspectivas. Después de todo, un conjunto de datos sobre ventas puede analizarse con respecto a distintos marcos de referencia: respecto de un cuadro de recesión; de una reorganización de departamento; en comparación con las ventas de los competidores; en comparación con ventas ideales... Sería más sencillo si el que escribe indicara formalmente el marco apropiado, y no de forma indirecta, lo que siempre suena como una excusa. El informante debe establecer claramente: "Estos son los hechos" y "Estos son los marcos de referencia".

A causa de la inmensa cantidad de información disponible y de la considerable cantidad de información que hay que leer, resulta de gran ayuda ser muy claro acerca del modo apropiado de leer. La lectura puede ser densa en lo que se refiere a las relaciones de lo que leemos, densa por las conclusiones extraídas, defensiva, interesada en la descripción general, interesada en la atmósfera creada, para obtener información...

Hay una gran diferencia entre interés momentáneo e interés en profundidad. Existen los conferenciantes de sobremesa, que se dedican a entretener durante unos instantes; la audiencia los sigue atentamente y disfruta escuchándolos. Pero es muy posible que al final alguno de los presentes se dirija a su vecino y diga "Me he divertido mucho, pero... ¿qué ha dicho?". Lo mismo sucede con los programas de televisión que pueden mantener la atención de los televidentes por un cierto tiempo, pero que al final no dejan nada grabado en la mente de ninguno de ellos. Existe un peligro equivalente en la lectura. Podemos leer algo que sea interesante, pero al final, lo único que nos queda es la noción de que era interesante. No siempre necesitamos hacer una pausa al final de nuestra lectura para analizar lo que hemos aprendido, pero sería un hábito muy conveniente. A modo de ejercicio, elija un artículo de un periódico y léalo completamente. Al final, trate de determinar lo que ha aprendido. Esto no es un ejercicio de memorización, y no es necesario que trate de recordar el mayor número posible de puntos tratados. Tampoco se trata de hacer un resumen del artículo. Debe ser simplemente un esfuerzo consciente para extraer tres o cuatro puntos significativos. El escritor del artículo puede haber tenido intenciones totalmente distintas en cuanto a cuáles eran los temas principales. Pero es el lector quien elige los puntos para recordar. Algunos de estos puntos pueden haber sido añadidos en el texto a modo de temas menores; sin embargo, tienen su significado.

3
¿Es suficiente la solución de problemas?

Hay ciertos temas sobre los que volveré una y otra vez, en estas *Ideas para profesionales*. Es el propósito de este estilo informal de comunicación. Que un determinado tema haya sido tratado en una carta no significa que esté terminado y agotado, ni que todo lo que sea necesario escribir sobre él ya haya sido escrito. El tema sobre el cual estoy escribiendo ahora es uno de esos temas básicos que merecen mucha atención. Es también un tema que está muy relacionado con mis intereses, en lo que respecta al pensamiento.

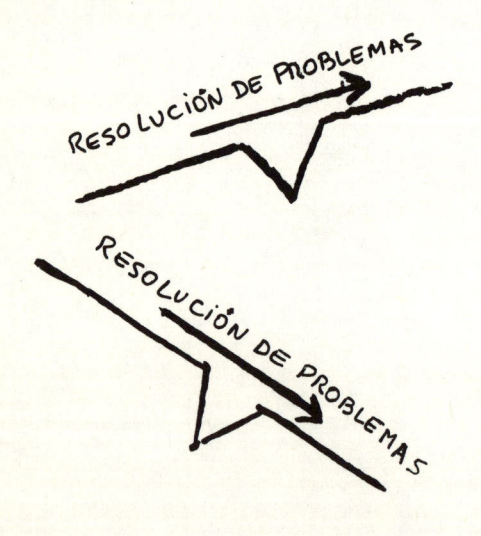

El lenguaje y el estilo empleados en muchas escuelas empresariales se estableció en los años 50 y 60, aunque algunas escuelas se hayan fundado antes o después de esas fechas. El idioma establecido en aquellos días sigue siendo el que domina hoy. Lamentablemente, el lenguaje en cuestión es peligroso. Es particularmente peligroso porque considera como válido hoy el lenguaje que era válido en los años 50 y 60. Me refiero al lenguaje de la "solución de problemas". Se considera que el pensamiento es un ejercicio en la solución de problemas. Se define el problema y luego uno se dedica a resolverlo.

En los años 50 y 60, el lenguaje de la solución de problemas era, en efecto, el lenguaje del pensamiento suficiente. En una economía en crecimiento, la solución de problemas es suficiente. El camino es claro y el mercado está en desarrollo. Siempre que usted administre sus recursos eficientemente (definición de administración de empresas), todo lo que necesita hacer es resolver problemas. Cuando surge un problema, usted lo define, lo resuelve y vuelve a sus tareas normales. Si tiene dificultades para resolverlo por sí solo, puede llamar a su consultor externo que tenga práctica y experiencia en la solución de problemas. La combinación de eficiencia y capacidad para resolver problemas significa negocios sanos y en desarrollo. De este modo, resultaba perfectamente razonable que las escuelas empresariales formaran personas capaces de resolver problemas y que las empresas las buscaran con avidez. Muchos de los que así fueron adiestrados, conservan aún su puesto en aquellas organizaciones. De cualquier modo, el lenguaje no ha cambiado y la formación empresarial sigue produciendo gente capacitada para resolver problemas.

La solución de problemas sigue siendo tan vital como lo fue siempre y ninguna organización podrá sobrevivir a menos que emplee algunos funcionarios eficientes en la solución de problemas, en todos los niveles. Puesto que la solución de problemas es tan necesaria como siempre lo fue, no hay posibilidad de que yo —ni ningún otro— puede atacar la validez de ese lenguaje. Lamentablemente, la solución de problemas ya no es suficiente. *Fue* suficiente en las décadas de los 50 y de los 60, porque existía una línea de base económica en crecimiento. Ese no es el caso hoy, en la mayoría de las industrias.

Así como las técnicas para resolver problemas mantenían a

una empresa en una dirección constante, cuando existía una línea de base en crecimiento, así también esas mismas técnicas la mantendrán en la misma dirección cuando haya una línea de base en declive. Y el declive continuará.

En un sentido muy amplio, la solución de problemas puede aplicarse a "cualquier cosa que se quiera lograr" o a "cualquier cosa en la que necesitemos pensar". Al igual que sucede con muchos otros aspectos del pensamiento, existe tanto una falta de términos adecuados como una gran dificultad para introducir otros nuevos (porque parecen encubiertos y artificiales). Hablamos de problemas "cerrados", cuando sabemos lo que queremos alcanzar. Por ejemplo, puede que deseemos resolver una ecuación matemática, o una disputa sobre relaciones industriales, o decidir el precio correcto para un producto. Si estamos en condiciones de definir el punto final al que queremos llegar, tendremos un problema cerrado. Es como un viaje a un destino acordado. Tratar las desviaciones que se producen en la marcha normal de una organización proporciona problemas de este tipo. Por definición, el regreso a esa marcha normal indica la solución del problema.

Decimos, en cambio, que hay problemas "abiertos" cuando sabemos sólo vagamente adónde queremos llegar. Puede ser un producto mejor, o un nuevo producto, o una oportunidad aún no vislumbrada. Una vez reconocida la existencia de este tipo totalmente diferente de problema, procedemos a tratarlos con los mismos métodos y la misma habilidad que utilizamos para los problemas cerrados. Naturalmente, esto no da resultado. Los problemas "abiertos" no deberían nunca llamarse problemas, porque de esa manera se tratan como los problemas "cerrados". Esta es la razón por la cual el lenguaje de la solución de problemas ha sido —y continúa siendo— tan peligroso. *Los problemas abiertos requieren un pensamiento conceptual, creativo y constructivo*. Generalmente, la práctica de solución de problemas no ha incluido estos conceptos. Por eso, el lenguaje de los años 50 y 60 se ha vuelto tan peligroso.

En mi libro *Future Positive*, presento algo que llamo la "trampa 24". Establece que para que una persona alcance la posición más alta en una organización debe mantener ocultas —o carecer de— precisamente aquellas condiciones que necesitará cuando alcance aquel cargo. En el camino de los ascensos,

CONCEPTUAL

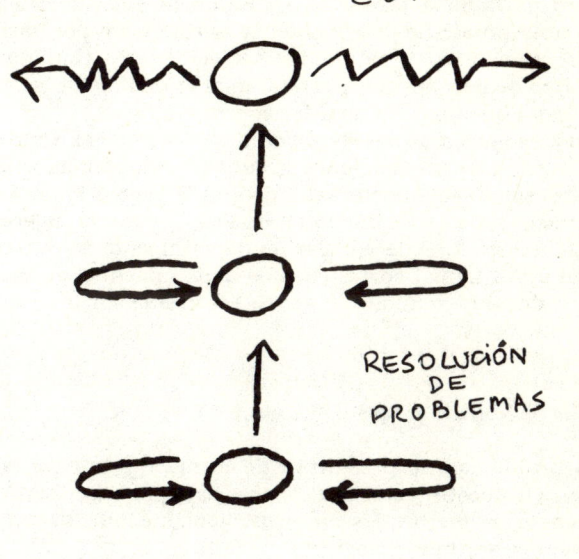

RESOLUCIÓN DE PROBLEMAS

TRAMPA-24

la capacidad para resolver problemas se evalúa, se tiene en cuenta y se premia. Sin una solución fructífera de los problemas, se produce el fracaso, tanto por parte del individuo como finalmente de la organización. La solución de problemas es un lenguaje de acción. Se presenta un problema. Se exige acción. Se afronta el problema y se resuelve. Hay un resultado. Se logra el objetivo. Luego se plantea el próximo problema y el próximo desafío. Cuando una persona llega a una posición importante, puede delegar la solución de problemas de este tipo: en el personal existente, en el nuevo personal o en los asesores. Ahora, lo que necesita es pensamiento conceptual y estratégico. Pero el director ejecutivo no ha sido escogido para esto. No ha tenido oportunidad para demostrarlo ni practicarlo. ¿No podría delegar esta clase de pensamiento como delegó la solución de problemas? La solución de problemas se puede delegar en todos aquellos subordinados que se han preocupado por demostrar su habilidad para dicha tarea. Pero, ¿en quién delegar el pensamiento conceptual? Se puede obtener cierta ayuda por parte de los asesores externos que pueden ser verdaderos especialistas en este tipo de pensamiento, pero al final es el director ejecutivo quien tendrá que juzgar y usar los conceptos.

¿Existe solución para esta dificultad? Creo que sí. Creo que, en el futuro, las organizaciones llegarán a comprender que los conceptos son exactamente tan importantes como los desarrollos técnicos y los procedimientos legales. En varios lugares he sugerido la necesidad de instalar un departamento de conceptos de manera tan formal como tenemos departamentos de investigación y desarrollo. Volveré sobre este tema en una futura carta.

EL ÁREA SENSIBLE A LAS IDEAS (A.S.I.)

Los problemas se presentan de forma totalmente obvia. Aterrizan en nuestro escritorio. Y algo hay que hacer con ellos. Un incendio de matorrales es, evidentemente, un incendio de matorrales, y hay que extinguirlo.

La solución de problemas es mucho más fácil que el descubrimiento de problemas. Si existe un problema, usted puede definirlo y ocuparse de él. Puede echar una mirada a su alrededor para buscar una solución clásica, o reunir elementos conocidos para lograr una nueva solución, o incluso ser creativo. En el descubrimiento de problemas, usted debe disponerse a encontrar un problema. No es algo obvio, ni señala su presencia en la forma en que lo hace un incendio de matorrales.

En colaboración con la Perstorp Company de Suecia, organicé una vez un concurso de inventos. Hubo más de 5000 participantes. Los criterios presentados para la solución de problemas eran elevados. Los criterios para el descubrimiento de problemas eran muy pobres. La mayor parte de la inventiva técnica estaba dirigida hacia cosas que no se necesitaban. Sospecho que ésta debe ser la experiencia de cualquiera que haya participado en situaciones similares.

¿Qué significa descubrimiento de problemas? Denota la definición de un área en la cual la aplicación del pensamiento puede constituir una diferencia significativa. Es definir un área de perfeccionamiento o de cambio. Como en muchos otros casos, la palabra "problema" es inapropiada. Pido disculpas por usarla. Y lo hago con el objeto de señalar la distinción entre solución de problemas y descubrimiento de problemas.

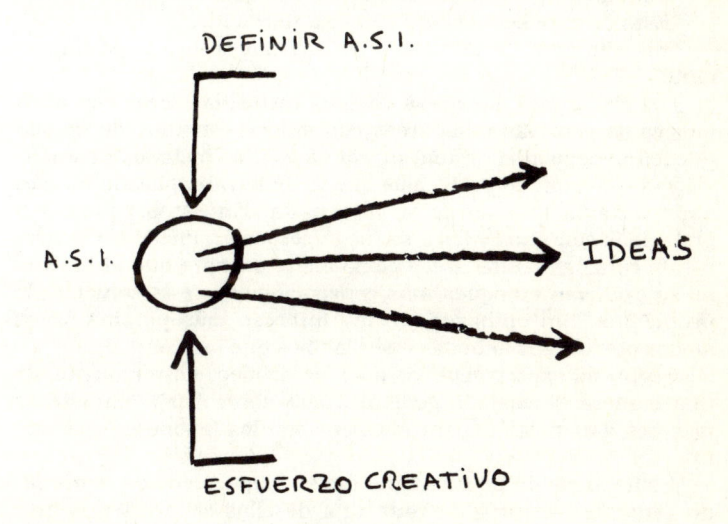

En la enseñanza del pensamiento lateral a un gran número de personas y a lo largo de muchos años, he descubierto que lo más difícil de enseñar es el área sensible a las ideas. Pedirle a una persona que defina un área sensible a las ideas (a.s.i.) significa pedirle que determine un área que —según su opinión— se beneficiaría significativamente con la aplicación del pensamiento lateral. La palabra "sensible" se emplea aquí con el mismo sentido con que se usaría respecto de la conducción de un automóvil: conducción sensible significa que un ligero giro del volante puede dar como resultado una variación significativa en la dirección. Es también el mismo valor que se le da en la expresión "una persona sensible" o "una película fotográfica sensible". En resumen, un área sensible a las ideas es un área definida en la cual el que piensa cree que una nueva idea podría originar una diferencia significativa.

Siempre que en el curso de un seminario le pido a los asistentes que definan algunas a.s.i. en el terreno de sus propios negocios, el resultado es bastante pobre. En parte esto puede deberse a la novedad del concepto. Y en parte a la forma más común de la solución de problemas, en la cual se entiende que los problemas no hay que buscarlos, sino que se presentan solos. También, en cierta medida, se debe a que el ejercicio es mucho más difícil de lo que parece.

Cuando estamos pensando en el sentido de "analizar", resulta una buena ocasión para centrar la atención en cualquier parte de una operación y tratar de hacerlo de la forma más efectiva, más simple o más económica. En este caso, todo puede convertirse legítimamente en un área para la atención creativa. Un a.s.i. es algo diferente. Un a.s.i. es un área en la que sentimos que una idea nueva puede crear una diferencia apreciable. Debemos tener esa sensación antes de que podamos definir el área como un a.s.i. En efecto, nos estamos diciendo:

"Esta área necesita urgentemente una idea nueva".

"Esta área se beneficiaría con una nueva idea".

"En esta área, la influencia de una nueva idea sería importante".

Los obstáculos, las áreas de altos costos, las áreas con altos índices de pérdidas y las áreas con mucho consumo de tiempo pueden beneficiarse de una nueva idea si los métodos de análisis y de solución de problemas que ya se hayan aplicado no han dado todavía una solución adecuada. En estos casos, los problemas genuinos y las a.s.i. se superponen. Puede ser conveniente catalogar estas áreas como a.s.i., siempre que al hacerlo no se excluyan enfoques más convencionales de la solución de problemas. Sin embargo, yo me intereso más por las áreas menos obvias, por aquellas que tenemos que buscar y definir.

Según mi experiencia, las a.s.i. se definen, normalmente, de una manera demasiado general: "para sobrevivir"; "para tener mayores ganancias"; "para competir con los japoneses", etcétera.

Estas áreas de pensamiento tienen valor, pero son demasiado generales. Dentro de cada una de ellas se pueden definir unas cuantas a.s.i. más restringidas.

En el curso de mis seminarios, suelo proponer la siguiente tarea: pido a los participantes que definan algunas a.s.i. en la siguiente situación: "Un hotel de veraneo, con un 85% de su capacidad ocupada como promedio anual. La intención es mantener el negocio de hostelería y mejorar la rentabilidad". Generalmente recibo una cantidad de sugerencias bastante sensatas que suponen análisis de información disponible y acciones apropiadas, pero no exponen ninguna idea nueva. También recibo ciertas ideas específicas (como "instalar un casino"). Pero una idea específica no es un a.s.i. Muchas sugerencias son muy generales, como "reducir gastos". Parece difícil hacer comprender la idea de que estoy buscando áreas en las cuales sería útil plantear la búsqueda de conceptos nuevos. Menciono algunos de los que considero buenos ejemplos de a.s.i.:

"Medios para lograr que la gente que está alojada en el hotel gaste más dinero en el propio local (en lugar de gastarlo en bares o restaurantes del exterior)".

"Formas de conseguir algún beneficio de las habitaciones que se encuentran desocupadas a las 18 hs., a causa de cancelaciones o reservas no reclamadas. Posibilidad de un sistema sustitutivo".

"Formas de conseguir alguna ganancia adicional de las habitaciones, aparte de la tarifa establecida".

"Formas de reducir las expectativas de los residentes del hotel respecto de los servicios que recibirán".

"Maneras de lograr que los clientes que han quedado satisfechos recomienden el hotel a otros".

"Medios de activar el mercado, sin perder ganancias en el período de transición".

"Formas de conseguir que gente que no está alojada en el hotel contribuya a proporcionar ganancias".

"Formas de utilizar las habitaciones que están comprometidas, pero vacías durante el día".

Puede observarse que estas propuestas varían desde la rutina y la sensatez (formas de conseguir ganancias a través de gente que no está alojada en el hotel) hasta algunas más bien imposibles (formas de utilizar habitaciones comprometidas pero vacías durante el día). Evidentemente, un a.s.i. puede ser un área en la que sea poco probable presentar una idea aceptable.

Puede observarse que, en general, el a.s.i. define lo que se supone que la nueva idea puede hacer. En otras circunstancias, el a.s.i. puede simplemente definir un punto de partida. Por ejemplo: "Formas de conseguir ganancias alojando a grupos".

Es difícil definir un a.s.i. con total exactitud, puesto que abarca un amplio espectro, desde problemas hasta oportunidades, de lo general a lo particular, de lo posible a lo improbable.

¿Por qué es importante definir un a.s.i.? Una de las razones es que si definimos la necesidad de la creatividad, es mucho más probable que utilicemos la creatividad. Otra razón reside en que así centramos la atención en áreas de oportunidad potenciales, que puedan no haberse presentado nunca como áreas de problemas.

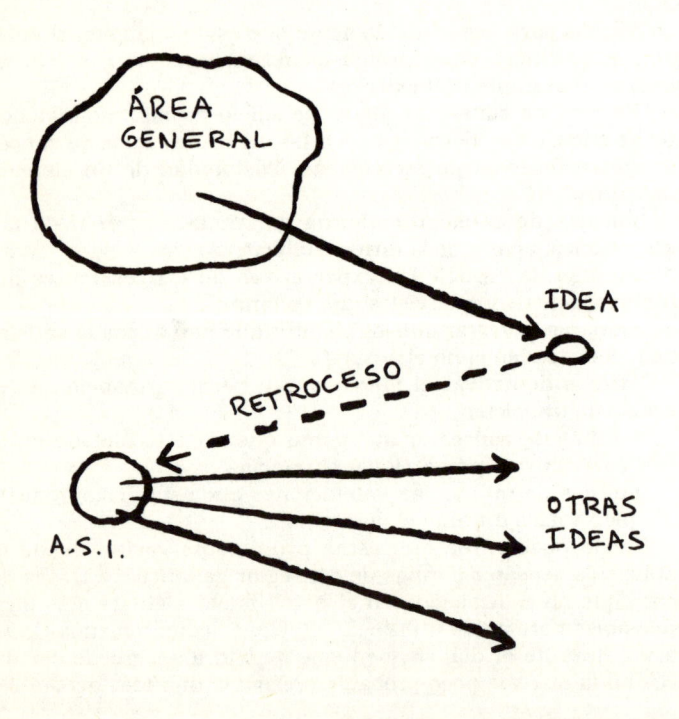

Retroceso

En el ejemplo del hotel, alguien podría haber dicho "instalar un casino". Aunque ésta pueda ser una idea sensata, es más una idea que un a.s.i. Puede ser un ejercicio conveniente retroceder desde una idea específica como ésta, con el objeto de definir la posible a.s.i. de la cual puede provenir, si es que ha seguido ese camino. Por ejemplo, podemos retroceder hasta las a.s.i. siguientes: "Formas de lograr beneficios de los que no se alojan en el hotel", "Actividades específicas para que la gente se aloje en el hotel", "Modos de obtener ganancias sobre la base de los intereses humanos básicos", "Uso de las instalaciones y de la estructura administrativa para otros negocios".

A partir de estas a.s.i. podemos desarrollar nuevas ideas. El movimiento desde una idea específica hasta una categoría general, y luego nuevamente hacia ideas específicas, es una operación básica del pensamiento.

Reserva

Un individuo o una organización debe poseer una reserva de a.s.i. bien definidas. De vez en cuando, la atención creativa se dirigirá hacia algún ítem de esa lista. Una persona puede hacer esto utilizando su propio tiempo disponible, como por ejemplo, mientras viaja en avión. También pueden "convocarse" sesiones creativas especiales. La reserva puede incrementarse permanentemente, gracias a las nuevas sugerencias aportadas. Hay que tener siempre en cuenta que un a.s.i. no es, en sí misma, una idea, sino un área en la cual deben buscarse las ideas.

El lugar para pensar

¿Qué es un concepto? Centraré la atención más directamente en este tema en futuras *ideas para profesionales*. Lo que ahora pretendo hacer es explorar diferentes niveles de definición. Por ejemplo, si yo pidiera una definición del concepto de "seguro", podría enumerar los siguientes niveles:

"Administración del riesgo".

"Extensión del riesgo".

"Un cierto número de personas pagan por adelantado una parte del costo de un riesgo que podría afectar a solamente uno (o algunos) de ellos".

"El pago de primas a una compañía de seguros, que luego servirán para pagar las necesidades de los asegurados".

El primer nivel es muy general, puesto que la administración del riesgo puede también incluir algún medio de eludir el riesgo. La extensión del riesgo parece ser el nivel más útil. Los niveles más detallados explican un mecanismo particular mediante el cual eso se lleva a cabo. Si centramos nuestra atención en el nivel de "extensión del riesgo", podemos idear otros métodos para extenderlo. Si descendemos hasta el próximo nivel, estaremos limitando nuestro pensamiento a aquellos que están incluidos en el seguro de riesgo. Por ejemplo, el concepto de Lloyd's de Londres es, precisamente, extender el riesgo a aquellos que no tienen probabilidad de sufrirlo directamente.

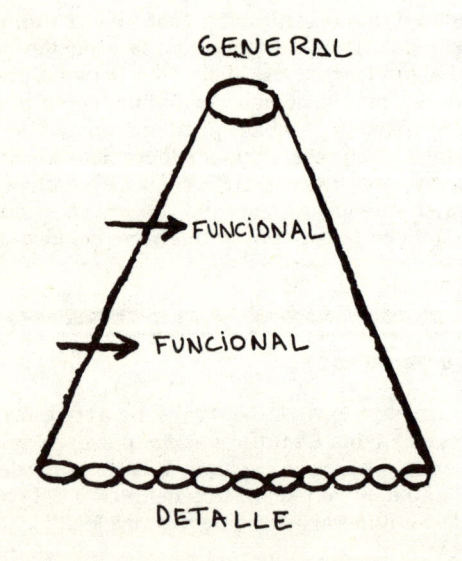

GENERAL

→ FUNCIONAL

→ FUNCIONAL

DETALLE

Cualquier asegurado en el Lloyd's está teóricamente incluido en el riesgo cuando se hunde un barco, aun cuando no tenga ninguna participación en la posesión del buque.

Como ya he mencionado en alguna parte de esta *Carta*, el nivel de generalización en el que trabajamos puede crear una gran diferencia en la efectividad del pensamiento. Un nivel demasiado detallado encierra al que piensa dentro de ciertos límites. Un nivel demasiado general no le ofrece al que razona suficientes elementos para trabajar. No existe una respuesta sencilla que yo pueda dar a los lectores para definir el nivel más apropiado. Todo lo que puedo hacer es decirles que hay un espectro que se extiende desde lo muy general hasta lo detallado. El que piensa debe situarse en la mitad del espectro. En la práctica, esto significa tomar conciencia de la situación y formularse dos preguntas:

"¿Este concepto es demasiado general?"

"¿Este concepto es demasiado detallado?

Lógicamente, el concepto más general incluye todos los otros. Es muy fácil ir desde conceptos particulares hasta uno general y asegurarse de que todos están incluidos ahí. Es mucho más difícil, en cambio, retroceder del concepto general a los particulares. Muchas veces he asistido a sesiones creativas en las que el que tomaba notas había incluido una gran variedad de ideas, bajo un título amplio. Cuando se vuelven a leer esos títulos tan generales, la naturaleza de las ideas particulares y su sabor especial a menudo se han perdido por completo. En una ocasión, alguien sugirió que los agentes de policía usaran gorras de distintos colores, según la actividad del momento: patrullaje rutinario, persecución activa, investigación, etc. Esto se puso bajo el título general: "Las actividades de los policías deben diferenciarse". El que leyera el informe de esa reunión, difícilmente podría ir desde el título amplio hasta la idea particular.

Como ejercicio, trate de escribir en cuatro niveles la definición del concepto de las siguientes expresiones:

vacaciones programadas

supermercados (o hipermercados)

hospitales.

4
Tiempo para pensar

En la edición del 20 de diciembre de 1982, el *Forbes* (Estados Unidos) publicó una nota sobre mí y el pensamiento lateral. Dado que es un tema que conozco razonablemente bien, lo que más me interesó fue la segunda parte del artículo, en la cual se consultaba a varias personalidades de los negocios, acerca de su actitud para pensar. Entre otras cosas, se les preguntaba cuándo se dedicaban a pensar. George Ball (funcionario ejecutivo de Prudential-Bache Securities) dijo que dedicaba de 10 a 15 minutos diarios a esa tarea. Philip Knight (director de Nike Inc.) manifestó que trataba de dedicar al pensamiento una hora por día, tres o cuatro días a la semana. Robert O. Anderson (director de Atlantic Richfield) afirmó no dedicar un tiempo regular a esa actividad, pero había descubierto que viajar solo en su avión privado le proporcionaba una buena oportunidad para pensar. Había numerosos comentarios y resultaba interesante comprobar que muchos de esos importantes ejecutivos eran capaces de fijar momentos específicamente dedicados a pensar. Sería muy fácil afirmar que esto no significa asignar un momento específico para pensar, puesto que se está pensando a cada instante (mientras se observan figuras, mientras se escucha a alguien, mientras se habla por teléfono, etcétera).

Posiblemente, el encuestador había formulado la pregunta de tal manera que los que respondieron sabían que se les preguntaba acerca del tiempo dedicado "solamente a pensar". O puede ser que los consultados establecieran una distinción natural entre el pensamiento exigido por hechos que suceden y el que se produce como reacción frente al medio y que exige, ya sea un esfuerzo de voluntad deliberado, o la prosecución de un hábito. Dado que todo hábito requiere cierta fuerza de voluntad en las etapas iniciales, y posteriores esfuerzos para su mantenimiento, ese tipo de distinción puede que no sea tan importante.

Tenemos una actitud curiosamente ambivalente hacia el pensamiento. El "pensamiento" es algo muy valioso. Tener capacidad para razonar es muy bueno. No obstante, el empleo actual del pensamiento parece, a veces, un signo de debilidad. Tener que reflexionar sobre algo implica falta de decisión. Un profesor preferiría a veces que el alumno tuviera la respuesta inmediata, en vez de tomarse su tiempo para pensarla. Un político que hiciera una pausa para meditar acerca de algún tema sería acusado de ignorar la política de su partido en esa materia. *Hay circunstancias en las que sentimos menos respeto por un hombre que piensa que por uno que parece conocer todas las respuestas.* Después de todo, si piensa puede equivocarse. Hay otros momentos en que un hombre que no piensa puede (o debería) asustarnos.

La manifestación "necesito pensarlo" se considera a menudo un signo de debilidad o de simulación. Tal vez estemos otorgando el sentido de: "No necesito pensarlo, pero quiero hacerlo y lo voy a hacer". Esto conduce a la idea de que el razonamiento continúa aun después de haber encontrado la "solución".

Podríamos, probablemente, identificar tres clases de pensamiento (en términos muy generales).

1. Pensar con un propósito determinado. Este es el caso clásico de solución de un problema, ya sea del tipo abierto o cerrado. Hay un punto final: el que piensa está tratando de alcanzar un objetivo.

2. Pensar para lograr un perfeccionamiento. Ya se ha alcanzado la solución. Existe una respuesta. Las cosas se están desarrollando bien. El que piensa quiere, simplemente, hacerlas mejor.

3. Vueltas y vueltas alrededor de un tema. Implica contemplar, proceder de manera totalmente libre y sin formalidades, preparar el terreno, establecer el contexto, explorar la situación. Es exactamente como quien intenta comprar una casa y se pasea alrededor de ella; así también, el que piensa se pasea alrededor de la situación. No hay un punto definido sobre el cual enfocar el razonamiento.

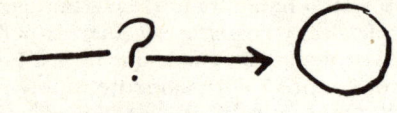

1. PROPÓSITO

2. PERFECCIONAMIENTO

3. VUELTAS Y VUELTAS

No es una práctica normal continuar con la reflexión después de haber encontrado la solución adecuada. Sin embargo, pueden señalarse muchas razones prácticas para esa actitud: el problema que acaba de resolverse puede ser solamente uno de toda una cadena de problemas. El que piensa en ello está ansioso por pasar al próximo problema. Si no aceptamos que la primera solución sea la adecuada, ¿por qué deberíamos aceptar la segunda? Esto podría conducirnos a seguir pensando sin llegar a sentirnos satisfechos. Sir Robert Watson-Watt, que tenía fama de "radar", decía siempre: "Uno tiene una buena idea hoy, otra mejor mañana, y la mejor de todas... nunca". Indudablemente, hay que establecer un corte: tiene que haber un congelamiento del proyecto, de modo que los elementos de la acción (producción, etc.) puedan ponerse a trabajar. Si sospechamos que puede existir una solución mejor, entonces, ¿cómo podemos confiar en la que acabamos de encontrar? Si no poseemos total confianza, ¿cómo podemos inspirar ese sentimiento en las personas a las que estamos animando a llevar a la práctica la solución? Nosotros también sospechamos que un gran esfuerzo del pensamiento puede producir otra solución, pero que será apenas algo mejor que la primera. Finalmente, también podemos creer con sinceridad que no puede haber una solución mejor.

Todas estas razones para no seguir pensando después de

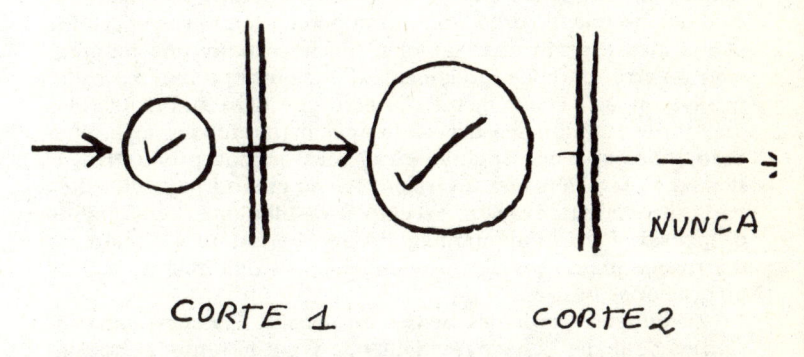

CORTE 1   CORTE 2   NUNCA

lograr la primera solución son prácticas y realistas. No obstante, no hay ninguna razón para suponer que la primera solución a la que hemos llegado deba ser la mejor. Razonar para resolver un problema (el primer tipo mencionado al principio de esta parte) no requiere un esfuerzo de voluntad especial, puesto que el problema está presente como un dolor, una molestia o una necesidad, y nos sentimos naturalmente inclinados a tomar alguna medida. Seguir pensando después de la primera solución adecuada, sí requiere un esfuerzo de voluntad, pues ya no es un comportamiento natural. La forma más simple de realizar este esfuerzo es haber establecido el hábito de disponer de cierto tiempo específico para pensar. Cuando se ha establecido como un hábito ese "tiempo para pensar", surge fácilmente el plan para ese momento de reflexión. Aquí en esta agenda, puede encontrar su lugar el pensamiento posterior a una solución aparentemente satisfactoria. Después de todo, el tiempo para pensar está ahí, disponible, para ser usado.

El otro uso importante de un tiempo para pensar especificado es el tercer tipo de pensamiento: las idas y venidas del razonamiento acerca de una situación o de un tema. En realidad, esto es lo que la mayor parte de la gente entendería como "tiempo para pensar", porque la solución de un problema del tipo común se consideraría como parte integrante del trabajo normal. El tiempo para la contemplación tiene lugar cuando el que piensa se aparta de lo que está sucediendo para tener una visión desde un ángulo diferente o con una perspectiva más amplia. El tiempo así empleado se considera una inversión. De este tiempo puede surgir una nueva percepción muy importante o una idea específica. O también puede resultar una preparación general sobre los fundamentos, que quizá no parezca significativa en un primer momento, pero que dará sus dividendos más tarde, cuando sea necesario aplicar un enfoque más ajustado sobre el tema. Incluso en el nivel menos productivo, el tiempo es también una inversión. Puede que no haya sucedido nada útil en esta ocasión, excepto el mantenimiento del hábito de pensar. Pero el mantenimiento de este hábito y el ejercicio del razonamiento pueden proporcionar un rendimiento valioso en ocasiones futuras.

¿Realmente perdemos tiempo en pensar? Podemos vanagloriarnos de poder pensar rápidamente, y por lo tanto, el razonamiento lento puede parecer una pérdida de tiempo. Pero el pensamiento lento, a menudo, es más valioso, puesto que evita los evidentes clichés que acompañan al pensamiento rápido. Lo que tememos en realidad no es la pérdida de tiempo sino algunas otras cosas: la falta de voluntad para tomar una decisión que es necesario adoptar; ese pensamiento que se convierte en una excusa para la inacción; ese pensamiento posterior que puede nublar la agradable certeza de nuestras primeras reacciones... Todos estos temores son válidos, y reconocer esta validez es muy útil para evitar aquellos peligros. No estoy en absoluto en contra de que seamos rigurosos, exigentes y sumamente prácticos respecto de lo que le pedimos a nuestro pensamiento. El pensamiento es un instrumento, y necesitamos dos niveles de capacidad: la capacidad que reside en el instrumento mismo (los actuales procesos y técnicas del razonamiento) y la capacidad que está relacionada con el cómo y el dónde se utiliza la herramienta. Sobre este último tipo de capacidad estoy escribiendo este artículo. Disponer de un tiempo definido para pensar es parte de esta capacidad.

EL EFECTO DEL BORDE

Imagínese la tragedia del asalto a un banco, en el que fueron asesinados tres policías. El 5 de enero de 1983, en Blackpool, tres policías (dos hombres y una mujer) murieron, al parecer a causa de un perro. El dueño del perro y el propio perro se supone que murieron ahogados. Se cree que el perro cayó al mar. El dueño trató de rescatarlo y se vio en serias dificultades. El primer policía trató de rescatar al hombre, sin poder lograrlo, y así sucesivamente.

La presión que debió de sentir el hombre, y que lo incitaba a saltar al agua para rescatar a su perro que luchaba a pocos metros de la costa, tuvo que ser insostenible. Y saltó. Esto es lo que podemos denominar el "efecto del borde", término que usé por primera vez en mi libro *Future Positive*. El efecto del borde surge de las circunstancias precisas de un momento, no importa si abarca un período de tiempo relativamente largo o si existen otras consideraciones generales. Una barra de hielo se funde por el borde, independientemente del frío que se mantenga en el centro. Acciones que se consideran irracionales pueden tener lugar en cierto momento, porque en ese momento parecen razonables.

El efecto del borde puede, naturalmente, actuar en ambos sentidos. Puede actuar para hacer que algo suceda o para que no suceda. Por ahora, podemos considerar cómo actúa para que algo suceda. Supongamos una bola de acero pesada, colocada sobre una capa de espuma de goma, como se muestra en la figura. Si con un dedo se aplasta la espuma de goma (figura de pág. siguiente), formando una depresión frente a la bola, ésta se moverá hacia la depresión. Poco a poco, la bola rodará hacia el hueco. No existe razón alguna para que la bola ruede por la capa de espuma de goma. Pero a cada momento aparece una razón para que la bola ruede un poco más hacia el hueco que se ha creado frente a ella. Los marinos y los hombres de negocios conocen muy bien el poder del efecto del borde. Una persona que al principio no tenía la menor intención de adquirir una carísima póliza de seguro de vida, termina comprando una. El habilidoso vendedor ha ido empujando poco a poco al cliente hacia adelante, creando frente a él una situación atrayente. Exactamente de la misma manera en que se impulsó a la bola de acero a moverse sobre la gomaespuma, así también se incitó al cliente a adelantarse hasta completar la compra final. En cualquier negociación, se trata de encontrar las atracciones "locales" que conduzcan a la otra parte hacia una nueva posición.

ESPUMA DE GOMA

En las negociaciones se presenta una especie de dilema. Al final, lo que importa es el valor total del producto en venta. Esto es especialmente cierto cuando el negociador tiene que presentar el resultado final a otros (un dirigente sindical a sus hombres, un presidente de administración a los demás accionistas). Sin embargo, durante el proceso de las negociaciones, el énfasis se pone en la actividad del tipo de efecto del borde de cada momento. Un negociador poco hábil puede resultar empujado él mismo y tener la impresión de que lo está haciendo bastante bien. Al final, sin embargo, se quedará con el artículo en venta, que ya no parecerá tan bueno cuando se hayan olvidado sus atractivos momentáneos. Un negociador de este tipo necesita recordarse a sí mismo: "¿Cómo se va a presentar esto en la etapa final?".

En general, el efecto del borde significa que la lógica del próximo paso puede no ser la lógica de la situación, sino la lógica del paso inmediatamente precedente. En todo conflicto, una vez que se ha dado el paso inicial, la lógica del conflicto surge de la lógica de la situación. Cuando se inició el conflicto de las Islas Malvinas, ya no se trató de la lógica de la crisis de las Malvinas (o de la difícil situación de las islas), sino simplemente de la lógica de la difícil operación. Más adelante, en otra carta, escribiré sobre los sistemas de información "autoorganizados", pero es conveniente observar que la organización o la coherencia de la situación puede cambiar profundamente. La historia está llena de casos en los que sucesos importantes sufrieron la influencia de la lógica particular correspondiente al mutuo desagrado que sentían entre sí dos negociadores, en un determinado momento y lugar. La coherencia (o lógica) de esa animosidad creó una situación local especial, y la circunstancia principal (de la cual se ocupaban los negociadores) pasó a un segundo término.

Un viaje hacia una maravillosa utopía puede fracasar totalmente por un profundo foso que impida dar el primer paso. Este es un ejercicio negativo del efecto del borde. Un dirigente sindical puede estar de acuerdo, en principio, con un modo de acción particular, pero no puede imaginarse a sí mismo explicándole ese modo de acción al ejecutivo de la empresa. Una esposa puede realmente querer abandonar a su marido, pero no se imagina dando el primer paso para decirle a él o a sus hijos que quiere irse.

El aspecto negativo del efecto del borde se puede considerar de dos maneras. La primera se refiere al sentido de la barrera local. Esa barrera o foso debe cruzarse y, si hay dificultades para cruzarla, entonces nada puede suceder, no importa cuán poderosa pueda ser la atracción que está más allá. La segunda manera consiste en considerarlo en términos de la lógica de la situación (como ya dijimos antes, en esta misma carta). Una persona actúa de acuerdo con la lógica de la situación inmediata. Pero si logra salir de ella, puede entrar en la lógica de una situación diferente. Sin embargo, hasta que logre salir, se sentirá atraído por la situación existente. Por ejemplo, una compañía orientada hacia la producción puede tener considerables dificultades para pasar a ser una empresa orientada hacia la comercialización, porque la gente, la cultura y las bases para las decisiones se asientan sobre la lógica anterior.

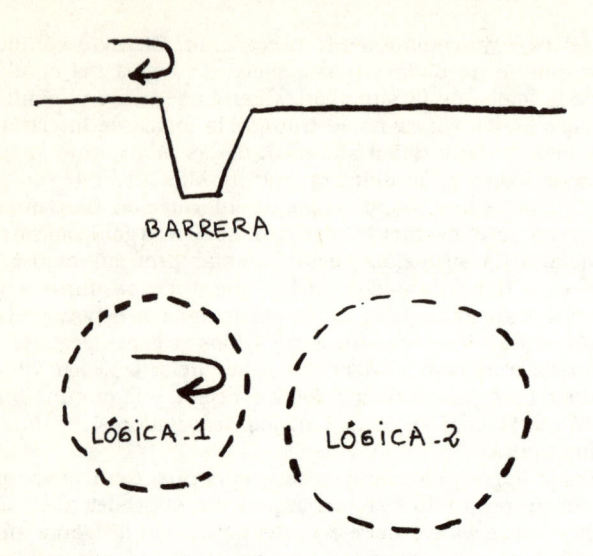

Es siempre difícil que una persona crea que si escapa de la lógica actual de una situación se va a introducir inmediatamente en la lógica de otra situación. Siempre parece que al escapar de una lógica actual, el actor se va a encontrar en la nada y debatiéndose en un caos. Esta convicción es una barrera que crea un poderoso efecto del borde negativo.

¿Cuál es el valor práctico de tener conciencia del "efecto del borde"?

1. Supongamos que se desea que algo se realice, y de alguna manera resulta que no se hace, aun cuando todos estén de acuerdo en ello. Entonces, conviene buscar cuáles son los efectos del borde negativos: las barreras y dificultades de cada momento que pueden estar ocasionando el bloqueo. Al proyectar las opciones, es bueno concederle alguna atención a los efectos del borde.

2. Cuando se trata de lograr que se realice algo que inicialmente no es atractivo, o en el mejor de los casos es neutro, se puede alcanzar el resultado deseado mediante una cuidadosa serie de efectos del borde. La atención que se ponga en estos

efectos puede ser una buena inversión que tratar de mejorar la atracción total.

3. Otro resultado práctico es poder tener conciencia, constantemente, de la diferencia entre la lógica local del momento y la lógica de la situación total. El momento pasará, pero la situación total permanecerá.

4. Y, finalmente, poder tener conciencia de que dando cierto paso se puede cambiar totalmente la lógica de la situación y crear una lógica diferente (como cuando se pasa de una lógica de negociación a una lógica de conflicto). Obsérvese que este punto parece contradecir al anterior, pero en realidad no es así. Hay veces que un paso tiene solamente valor transitorio. Existen otras circunstancias en las que un paso lleva al que razona a una situación totalmente diferente.

Con demasiada frecuencia suponemos que si algo es bueno es deseable, y que si es malo, entonces es indeseable. Olvidamos que la lógica de un momento (en forma de efecto del borde) puede revertir completamente los valores fundamentales,

En este momento no estoy escribiendo acerca de las consideraciones morales de si el fin justifica los medios. Esa es otra historia en sí misma, y las conclusiones generales parecen demostrar que una de las bases de la civilización es que el fin no justifica los medios. Hay muchos que han afirmado lo contrario, y procedimientos como los de la Inquisición española tuvieron sin duda una lógica local que justificaba un comportamiento que, de otra manera, hubiera parecido inhumano. De lo que estoy escribiendo es del borde de la acción, del efecto del borde. Qué pasa después, cuando ese "después" es el preciso momento que sigue.

El lugar para pensar

"No necesito un abrigo de piel, ni jamás he deseado realmente tener uno, pero ver un abrigo de piel rebajado a un tercio de su valor es algo irresistible." Ninguna mujer se muestra tan sincera durante las rebajas de invierno, pero así es la lógica de esas ventas y la lógica del buscador de gangas. Es un clásico ejemplo del efecto del borde. La lógica inmediata supera a la lógica total. Un tercio del valor sigue siendo una suma considerable y si no se necesita un abrigo de piel, significa que se ha malgastado esa cantidad. La lógica del momento está considerablemente modificada por la certeza de que si uno no aprovecha esa oportunidad inmediatamente, algún otro lo hará, con el resultado de haber desaprovechado el negocio y con la sensación de haber dejado pasar una oportunidad magnífica.

La comodidad es uno de los más poderosos efectos del borde. Algún artículo de menor valor puede tener mayores ventas que otro, porque resulta más cómodo usarlo o comprarlo. La comodidad es la cualidad más vendible. Muy pocas personas están preparadas para soportar controversias e inconvenientes. Las ventas por inercia tienen muy en cuenta que la molestia de devolver algo puede ser de tal calibre que la persona conserva y paga algo que jamás habría ido a comprar. Este es otro ejemplo clásico del efecto del borde. Hacer el paquete y llevarlo a Correos es una molestia demasiado grande, en cualquier momento.

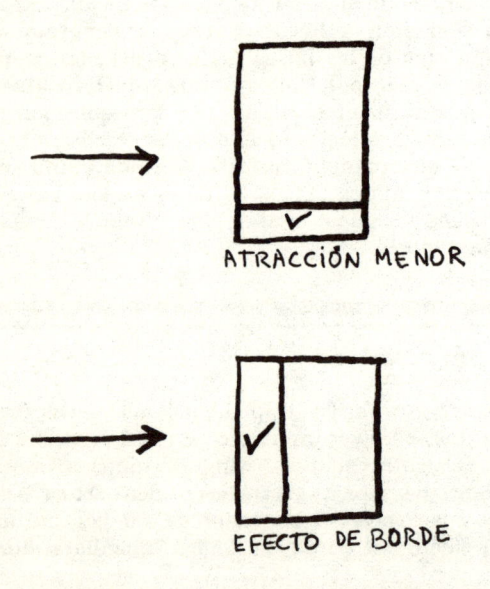

ATRACCIÓN MENOR

EFECTO DE BORDE

Las disposiciones gubernamentales pueden ser objeto de resistencia no porque sean rigurosas o injustas, sino porque son incómodas. A la inversa, la incomodidad deliberada puede ser un modo efectivo de inhibir la acción.

En muchos países del bloque del Este, hay que hacer colas para pagar una compra, y luego otra cola para recibir el artículo comprado. Antes de eso, tal vez se haya tenido que hacer una cola para recibir un *ticket* con el precio del artículo, para poder pasar a la cola del pago.

Como ejercicio, es bueno mirar a nuestro alrededor y buscar ejemplos del efecto del borde. Una versión sencilla de este ejercicio sería buscar ejemplos de incomodidad. ¿Qué ocurriría si la gasolina se vendiera solamente de cuatro en cuatro litros? ¿Qué pasaría si la gasolina se pudiera comprar solamente de veinticinco en veinticinco litros?

Los títulos de los anuncios comerciales en un periódico y los anuncios en la portada de algunas revistas para mujeres son buenos ejemplos del efecto del borde. Siempre parecen más interesantes de lo que realmente son. Sin embargo, el lector o la lectora no se sienten defraudados. Ha disfrutado momentos de ilusión. El envoltorio constituye otro ejemplo clásico, aunque no es puro. El envoltorio ofrece *status*, credibilidad y valor que puede durar a lo largo de todo el período de tiempo de uso del artículo. La imagen de un cigarrillo, un perfume o un producto de confitería participa tanto de su valor como los ingredientes que contiene. Dado que el envoltorio constituye la primera indicación de valor, interviene en el efecto del borde; pero no se mantiene como lo hace el valor.

Las madres que tratan de que sus hijos pequeños hagan algo que no quieren hacer, a menudo usan el efecto del borde, expresándose de forma imperiosa: "¡Ven aquí, tengo algo para ti!" (cuando el niño trata de escapar).

Las líneas aéreas operan en un mercado altamente competitivo, y su publicidad está siempre dirigida a algún pequeño detalle que las distinga de la competencia: una carne de mejor calidad, un poco más de espacio para las piernas, azafatas más guapas, etcétera. Esto no significa aplicar el efecto del borde, aun cuando estos detalles impulsen a un pasajero a elegir esa línea aérea. Sin embargo, si una empresa le ofrece compensaciones por cada momento que ha tenido que perder mientras esperaba el turno para comprar el pasaje o para pasar el control, o si asegura que tiene más empleados para contestar a los teléfonos que cualquier otra empresa rival, eso sí sería emplear efectos del borde genuinos (estos actúan en el momento de realizar la compra del pasaje). Una línea aérea podría ofrecer una ventaja (como por ejemplo, un gran espacio para el equipaje de mano) que constituyera realmente un efecto del borde cuando un pasajero tratara de situar su equipaje de mano en un espacio normalmente insuficiente.

Las máquinas de escribir con autocorrección ofrecen un ejemplo de gran comodidad y de efecto del borde; ¿qué sucede inmediatamente después de que usted ha cometido un error?

Trate de encontrar otros efectos del borde, observando a su alrededor.

5
Pensar lentamente

En estas *ideas para profesionales*, quiero volver a dos temas que ya mencioné de forma breve en la *Carta* precedente: el razonamiento lento y el estado de satisfacción. Existen pocas recompensas para la lentitud. En realidad, no tengo presente que haya ninguna. Pero si yo afirmara que no hay *ningún* premio para la lentitud, estoy seguro de que algún lector me escribiría señalándome que he pasado por alto alguna situación especial en la cual existe, en efecto, una recompensa para la morosidad (como por ejemplo, una carrera para bicicletas lentas). Hay en cambio, muchos premios para la velocidad. Llegar más rápidamente es importante para caballos, atletas, corredores del Grand Prix y diseñadores de ordenadores. En cierto modo, velocidad es casi un sinónimo de productividad: si la misma cosa se hace en menos tiempo, parece evidente que hay una ganancia en la productividad. En la práctica, esto no siempre es así; por ejemplo, conduciendo a alta velocidad, puede consumirse mayor cantidad de combustible que a menor velocidad, para recorrer la misma distancia.

En general, "rápido" es una buena palabra y "lento" es una mala palabra. En especial cuando se trata de actividades mentales. Tenemos el que "reacciona mentalmente con lentitud" y el que "aprende con lentitud". Al que es lento para razonar se le juzga pesado y torpe. Rápido y lento son ejemplos clásicos de palabras que contienen un significado particular. Existen ocasiones en las que apreciamos la lentitud más que la velocidad. Nos sentiríamos felices si el Partenón se deteriorara a menor velocidad; preferiríamos un incremento más lento de la delincuencia callejera; posiblemente elegiríamos pinchar lentamente y no de una manera brusca. Estos ejemplos solamente sirven para reforzar el valor negativo del término "lento". Lo apreciamos únicamente cuando lo usamos en una situación doblemente negativa: hacer más lento un proceso negativo.

Abogar por el pensamiento lento parece impropio y absurdo. Se supone que las personas más brillantes piensan rápidamente. Las expresiones "de rápida percepción" y "lento en comprender", son muy significativas. Hay emergencias en las que suponemos que sólo un rápido razonamiento puede salvarnos la vida. Existen negociaciones con trampas que únicamente los que piensan con rapidez pueden soslayar. El pensamiento rápido, seguido por una rápida respuesta, puede darle la vuelta a la situación en el curso de una confrontación. Un problema puede convertirse en una oportunidad, gracias a un razonamiento rápido.

Podríamos mencionar muchas situaciones en las cuales un razonamiento veloz parece constituir una ventaja evidente. Algunas de éstas no son tan evidentes. Se estima que en los incendios de hoteles son más los que mueren como resultado de las reacciones de pánico que a causa del fuego, ¿Es esto un ejemplo de la conveniencia del pensamiento rápido?

Tal vez deberíamos distinguir entre aquel que sólo puede pensar lentamente y el que puede pensar con rapidez pero elige, a veces, razonar con más lentitud. Posiblemente debería haber una palabra diferente para cada una de esas dos formas de pensar lentamente. Existen los términos "cuidadoso" y "cauto", y tal vez yo debería usar estas palabras en vez de "lento". Pero cuidadoso está relacionado con la idea de estar libre de todo riesgo. También cauto implica pasos firmes y definidos, y eso no es a lo que quiero referirme ahora. Yo quiero decir pensar "lentamente".

Podemos suponer que se presentan situaciones en que disponemos de una cantidad limitada de tiempo y debemos desarrollar una determinada cantidad de razonamiento. Si no pensamos velozmente, sentimos que no vamos a lograr nuestros propósitos. Esto no es un problema, pues incluso el pensamiento lento puede tener lugar a gran velocidad. Es bien sabido que algunos sueños que parecen durar mucho tiempo, en realidad suceden en no más de unos pocos segundos. Bajo hipnosis, una persona puede experimentar en pocos segundos una serie de hechos que luego puede necesitar hasta media hora para relatar.

Pensar lentamente no se refiere al tiempo exterior. Es, en realidad, una actitud. La primera parte de esta actitud es abandonar la idea de que pensar rápidamente o precipitarse constituye una ventaja. Cuando un niño está aprendiendo a atrapar una pelota, moverá las manos hacia el lugar donde piensa que llegará la pelota inmediatamente después de que su compañero la haya arrojado. Posiblemente deba corregir la posición de las manos antes de que la pelota llegue a su destino. Algún tiempo después, no hará movimiento alguno hasta que la pelota esté cerca, y entonces realizará el mínimo esfuerzo necesario. En el juego de béisbol, el buen bateador parece disponer de mucho tiempo. El bateador torpe se caracteriza por precipitarse violentamente.

Esta clase de lentitud es la que yo recomiendo. Supongamos que usted ve una forma indefinida a lo lejos. Puede suceder que inmediatamente crea haber reconocido algo. O también que analice los rasgos que ve, casi pausadamente, y entonces admita las diferentes posibilidades. El joven estudiante de medicina quiere dar precipitadamente el diagnóstico y saborear la sensación de triunfo que ello comporta. El médico experimentado reúne los signos y los síntomas y trabaja más lentamente hacia el diagnóstico.

La exhortación a pensar lentamente, ¿es algo más que una prevención contra la precipitación hacia las conclusiones? Creo que sí. Pensar lentamente significa hacer una pausa para contemplar lo que ya se ha hecho, en lugar de mirar únicamente hacia adelante, en dirección al objetivo. Pensar lentamente implica extraer el máximo rendimiento de nuestro propio razonamiento y del de los demás. No difiere de la lectura densa que mencioné en una carta anterior.

Razonar lentamente significa detenerse en muchos puntos para mirar alrededor y observar cuáles son las opciones disponibles. Si usted conduce su automóvil a gran velocidad, no podrá leer las distintas señales. Cuando usted conduce, necesita leer las señales, para conocer las instrucciones que, de lo contrario, pasaría por alto. Llegar a nuestro destino es importante, pero llegar a nuestro destino y tener un buen mapa de la región es aun mejor.

El pensamiento lento ¿puede ser firme, claro y decisivo, o es simplemente algo forzado y sin sentido? Observemos a un cirujano operando. El buen cirujano parece actuar lentamente, pero en realidad no se toma más tiempo que el cirujano que actúa precipitadamente. Hay restaurantes donde unos pocos camareros parecen estar siempre corriendo de un lado a otro para atender las mesas. Y existen otros restaurantes donde un solo camarero parece atender con calma el mismo número de mesas.

Consideramos uno de mis problemas favoritos. Es el que utilicé en el primer programa de la serie de la BBC "de Bono's Thinking Course".

En un tanque de agua hay una bandeja metálica que flota. Sobre la bandeja hay una botella de vidrio llena de agua. Alguien viene y cambia la disposición de las cosas. Ahora, la botella de vidrio y la bandeja están totalmente sumergidas en el agua. Este cambio ¿hace que el nivel del agua del tanque, medido sobre la pared lateral del mismo, suba o baje, o permanezca inalterado?

Respuesta del que piensa rápidamente: Dado que ésta es una pregunta capciosa y de Bono me la está formulando a mí, me imagino que quiere hacerme aparecer como un estúpido que diga que el nivel sube. Yo digo que no cambia. Esto parece razonable, puesto que la botella y la bandeja, cuando flotaban sobre el agua, debieron de haber empujado el nivel de agua hacia arriba.

Respuesta del que piensa lentamente: Después del cambio, la botella, el agua que contiene y la bandeja está desplazando agua, de modo que se podría suponer que el nivel ha subido. Pero, ¿qué pasaba cuando estaban flotando? Debieron de desplazar agua también. ¿Era la misma cantidad de agua? Cuando flotaban, lo que desplazaba agua era el "peso" de la botella, del agua contenida en ella y de la bandeja. Después del cambio, es el volumen de la botella, del agua contenida y de la bandeja lo que desplaza agua. Puesto que la botella y la bandeja se hundieron, deben de ser más pesadas que el agua. De modo que su peso desplaza más agua que su volumen. Así que el nivel del agua baja. El agua contenida en la botella no cuenta, porque el desplazamiento por el peso y el desplazamiento por el volumen son exactamente iguales.

Si sólo hubieran existido dos opciones, el que pensó rápidamente habría estado en lo cierto. Como hay una tercera opción, los que piensan velozmente tienden a equivocarse. Este es el inconveniente del razonamiento apresurado. Es mucho más difícil ver las opciones.

ESTADO DE SATISFACCIÓN

¿Por qué el que piensa deja de pensar? En algunas ocasiones, esto es obvio. Si a un escolar se le pide que resuelva un problema de matemática y logra hacerlo, entonces es evidente que hay un estado de satisfacción. Pero esta "evidencia" no siempre es tan evidente como parece. Si a usted se le pide que se imagine una manera de ir desde A hasta B, ¿deja de pensar tan pronto como ha imaginado cuál es la manera?

Una vez, yo debía ir a St. Tropez para una reunión. Todos los vuelos a Niza estaban completos. La gente inteligente pensó en itinerarios inteligentes, como ir a Niza vía París, Amsterdam,

Zurich o incluso Roma. Pero también estos vuelos estaban completos. La solución fue simple: volar desde Londres hasta Marsella. En este vuelo había lugar, y la distancia no era mucho mayor. El problema residía en que Niza y St. Tropez se consideran puntos de la Riviera. Marsella, en cambio, se considera un puerto, sin ninguna relación con la Riviera. En este caso, la percepción y la geografía no sintonizaban entre sí.

Lamentablemente, la vida no consiste en problemas matemáticos, expuestos como en un texto escolar. Puede presentarse un problema muy bien definido, pero esto no significa que la primera solución que surja sea la mejor. Lógicamente, no hay razón alguna para suponer que la primera solución deba ser la mejor. En la práctica, nos inclinamos a aceptar esta primera solución, por toda una serie de razones prácticas:

- Hay una lista de otros problemas que aguardan nuestra atención.
- Existe una presión —por razones de tiempo— para encontrar una solución cualquiera.
- Sospechamos que otras posibles soluciones puedan ser sólo marginalmente mejores y, sin embargo, necesitar mucho esfuerzo para encontrarlas.
- Para conseguir que otros trabajen en la solución, debemos tener total confianza en que es la mejor. Suponer que pueda haber otra mejor destruye nuestra confianza y no proporciona nada a cambio, si no llegamos a otra solución mejor.
- Encontrar otra solución puede llevarnos demasiado tiempo.
- Si no nos sentimos satisfechos con la primera solución, ¿por qué deberíamos sentirnos contentos con la próxima? ¿Continuaríamos siempre así?

Es necesario reconocer que estas actitudes son muy prácticas. Hay situaciones de urgencia en las que una solución inmediata es mejor que otra diferida. A veces es necesario "congelar" el proyecto, para poder empezar a llevarlo a cabo.

Sin embargo, no debemos sentirnos satisfechos con demasiada facilidad.

En la solución de problemas, tendemos a pensar en términos del objetivo principal. Tendemos a imaginar la solución que queremos encontrar. Todo lo demás es cuestión de factores, restricciones y consideraciones. Cuando hemos encontrado la solución que queremos, tendemos a tratar de adaptar dicha solución a los otros factores. Muy a menudo, esto resulta un ajuste forzado. Hemos encontrado, como jefe de ventas, a un hombre con la debida experiencia y un buen conocimiento del mercado. Es una lástima que sea difícil entenderse con él y que quiera más sueldo que el que habíamos considerado, pero podemos convivir con estos inconvenientes.

OBJETIVO PRINCIPAL

El dibujo sugiere dos posibles enfoques. En el primero, tratamos de llegar al objetivo principal de nuestro pensamiento, y entonces analizamos si resultará factible la convivencia con un ajuste de este tipo (más bien débil) en relación a los factores del ambiente. En la segunda alternativa, todos los factores se han convertido en objetivos, y nuestra solución debe alcanzar un ajuste total. Evidentemente, esta segunda versión es, tal vez, demasiado idealista. ¿Es posible que encontremos a un jefe de ventas con experiencia, una maravillosa personalidad y al precio que hemos pensado?

El próximo punto se refiere a si estamos preparados para buscar ese modelo o nos conformamos con algo menos. Existe otra alternativa y es remodelar nuestras exigencias, de modo que reduzcamos el número de factores que debemos ajustar, y seguir buscando un ajuste total.

Las negociaciones son una parte inevitable del "estado de satisfacción". ¿Debemos negociar después de haber encontrado una solución más o menos adecuada? Esta es una manera de ajustar nuestro problema a la solución disponible. ¿O debemos

AJUSTE TOTAL

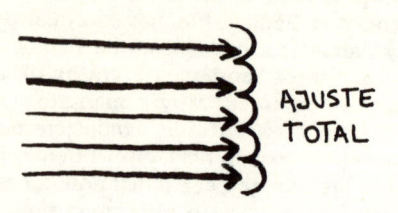

negociar respecto de las exigencias de la solución, cuando nuestra primera serie de exigencias ha demostrado ser demasiado idealista? Este segundo enfoque me parece que tiene más sentido. El maravilloso jefe de ventas, con el que es imposible armonizar, puede muy bien llegar a destruir todo el departamento de ventas.

Existe una cualidad casi estética en lo referente al "estado de satisfacción". Un científico busca una explicación elegante. Un matemático busca un método elegante. Se tiene la sensación de que la simplicidad es un objetivo valioso, de que esos procesos son, en el fondo, simples, y que a medida que nos aproximamos a la verdad, las cosas se hacen cada vez más sencillas. La famosa fórmula de Einstein que relaciona masa y energía tiene ese toque de profunda simplicidad.

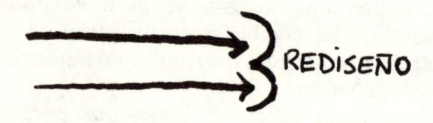

REDISEÑO

Es fácil apreciar el interés por la simplicidad en cuanto a las ciencias o a la matemática se refiere, pero ¿se encuentra también en otras áreas, por ejemplo, en el campo de los negocios? En los negocios, las fuerzas subyacentes pueden ser más bien altamente complejas que simples. Por eso, en este tema, no hay equivalencia con la situación de la ciencia. Sin embargo, la simplicidad implica firmeza, facilidad de comprensión, facilidad de realización, pocas cosas que puedan salir mal. Todo esto es muy atrayente, sobre todo si es mucha la gente que deberá trabajar con la idea.

Sospecho, no obstante, que el interés intelectual por la simplicidad puede ser, a veces, engañoso. Sería más satisfactorio, estéticamente, tener un automóvil que funcionara totalmente con electricidad. Pero en la práctica, es posible que no suceda nunca, salvo que pudiéramos tener primero un coche "híbrido", que funcionara con combustible y electricidad a la vez. Este camino sería más práctico, y una vez que se hubiera desarrollado el mercado en este último aspecto, el esfuerzo de la investigación dedicada al perfeccionamiento de baterías y otros elementos del coche eléctrico podrían ser suficientes como para producir la versión pura.

A nadie le agradan los proyectos confusos o complejos, y éstos suelen ser ejemplos de mala arquitectura o mala ingeniería. No hay razón, sin embargo, para que el mismo lenguaje deba aplicarse a los asuntos humanos. En efecto, puede haber una diferencia fundamental. En ingeniería y en arquitectura, tenemos que resolver un problema. En las cuestiones humanas tenemos que solucionar el problema fundamental, pero también resolver una situación. La situación es el estado de las partes que consideran el problema, y esto puede convertirse en un duro enfrentamiento. De modo que la solución tiene que servir a ambos propósitos. Una solución que sólo resuelva el problema de base puede que no tenga aceptación. Para poder resolver el aspecto de la "situación", se tienen que prever concesiones que sirvan para guardar las apariencias o que permitan alguna ganancia, y esto conduce a la complejidad.

Esta dificultad para distinguir diferentes tipos de situación puede ser la razón por la cual los ejecutivos de empresas, los científicos y los ingenieros no han coincidido, tradicionalmente, en su política. En uno de los lenguajes hay una búsqueda de lo directo, lo simple y efectivo, mientras que en el otro, lo que se busca es lo aceptable (de acuerdo con el antiguo dicho de que la política es el arte de lo posible).

En la práctica existe un cierto número de cuestiones que el que razona puede considerar apropiado plantear.

¿Con qué me sentiría satisfecho? (Incluido el remodelamiento de las exigencias.)

¿Estoy satisfecho con esto?
¿Por qué esto no me satisface?
¿En cuántos niveles tiene que actuar la solución?

El lugar para pensar

Hemos desarrollado un programa piloto en San Francisco para el entrenamiento de 5000 docentes en la utilización de las lecciones del Cognitive Research Trust Thinking, que actualmente constituye el mayor programa del mundo para la enseñanza directa del proceso del pensamiento en las escuelas. En una próxima *Carta* comentaré lo que sucedió. En Venezuela, por ejemplo, se han adiestrado en este tema 106.000 docentes, y, según la ley, todos los alumnos del país deben dedicar dos horas por semana a esta disciplina. En San Francisco, el proyecto piloto implicaba inicialmente a un cierto número de docentes. Estuve en San Francisco conversando con la persona que había tenido a su cargo la organización del adiestramiento de los docentes y que había asistido a las clases. Me contó que había escuchado una charla radiofónica acerca del problema de proporcionar fondos al sistema de la seguridad social. Oyó decir al ponente: "Solamente pueden existir dos formas de llevar esto a cabo..." Inmediatamente, el radioescucha se dijo: "¡Un momento! ¿Realmente hay sólo dos formas, o es que él sólo puede pensar en dos formas?" Y me manifestó que atribuía su actitud al efecto que le habían producido las lecciones sobre pensamiento.

En cierta oportunidad, yo estaba dirigiendo un seminario de dos días en Sidney, Australia. Asistía una persona (del mundo del procesamiento de datos) que pertenecía al grupo de los que creen que las ideas realmente no importan, pues si uno reúne todos los datos y los procesa con el análisis de computación adecuado, puede obtener todas las decisiones y los proyectos que necesite. Al final de la segunda mañana, durante el descanso para el café, esta persona vino hacia mí con una actitud totalmente distinta. La historia que me contó es la siguiente:

"Hace 35 años que tomo café. Siempre puse dos sobrecitos de azúcar en cada tacita de café. Esta mañana, sin ni siquiera pensar en lo que hacía, me encontré colocando un sobrecito sobre el otro y abriéndolos simultáneamente con un solo movimiento. Esto es mucho más eficiente que mi costumbre anterior de abrirlos uno después del otro. Si el pensamiento lateral me conduce a realizar mejor algo que había estado haciendo de la misma manera durante 35 años (a pesar de que no estoy centrando mi atención en ese punto, e incluso a pesar de que me resisto al ideal del pensamiento lateral) debe ser porque algo hay en él".

Estos son dos ejemplos de lo que yo denomino el efecto de fondo del interés por el pensamiento como proceso. Se producen cambios en la actitud y cambios en el comportamiento, *aun cuando el que razona no esté aplicando conscientemente ninguna técnica, ni siga conscientemente precepto alguno.*

El pensamiento es un conjunto de habilidades, hábitos, actitudes, intenciones, percepciones, técnicas, etc. El gran cambio se produce cuando dejamos de considerarlo como parte de nuestra inteligencia y pasamos a juzgarlo como una cuestión de habilidad, hábito, actitud, etc. En una próxima *Carta* voy a tratar los problemas de la "trampa de la inteligencia", que yo considero la falacia más peligrosa y perjudicial de la educación.

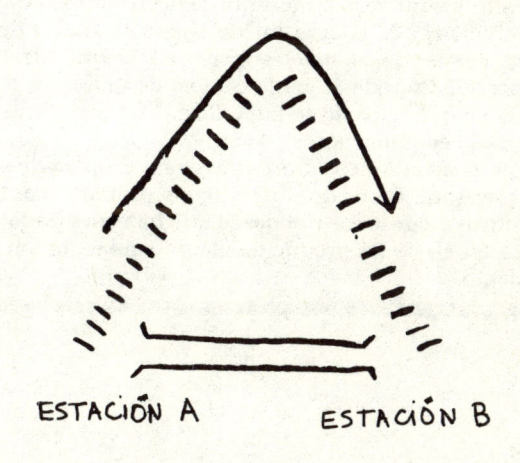

ESTACIÓN A   ESTACIÓN B

Lo que estoy buscando no es una vehemente condena a nuestras aptitudes en el terreno del pensamiento: "¡Qué estúpido he sido!"; "¿Por qué no busqué una alternativa?", etc. Preferiría una observación más serena y afectuosa sobre nuestro propio pensamiento: "Es curioso que yo haya llegado a esta conclusión"; "Es notable que me haya sido tan difícil entender su lógica excitación"; "Esto resulta evidente ahora que ya ha sucedido, ¿qué es lo que me impidió verlo antes?".

Hace poco, yo estaba esperando en el andén de una estación del metro; un aviso por un altavoz nos informó de que esa línea quedaba momentáneamente fuera de servicio, y que los pasajeros debíamos buscar una combinación alternativa para llegar a nuestro destino. Subí las escaleras hasta el nivel superior y busqué las escaleras para bajar hasta una estación de otra línea, con la que podía realizar un trasbordo adecuado. Entonces me di cuenta de que podía haber hecho esa combinación directamente, sin subir ni bajar escaleras. No se me había ocurrido. Dado que tenía que cambiar mi itinerario, me pareció natural volver al punto de partida. No me sentí tonto, sino simplemente un observador curioso de la naturaleza imitativa de la mente. Si hubiera seguido mi propio precepto de razonar "lentamente", podría haber realizado el siguiente proceso:

"Necesito seguir otro itinerario. ¿Puedo hacerlo desde esta misma estación? Sí. ¿Cómo puedo llegar al andén de la otra estación? Volviendo al nivel superior. ¿De qué otra manera puedo hacerlo? Cuando la gente cambia de una línea a otra, no siempre tiene que ir hasta la superficie. Veamos si existe algún pasillo para la combinación".

En este apartado de la *Carta* me gusta proponerles tareas a los que piensan. Trate de observar su propio razonamiento. Trate también de descubrir si desde que ha comenzado a interesarse más en él, se ha producido algún cambio de fondo en su razonamiento.

6
Niveles de alternativas

Si usted le pidiera a alguien que estuviera un poco familiarizado con la creatividad que perfeccionara un paraguas, es posible que le respondiera: "¿Para qué necesitamos mejorar el paraguas? ¿Existe acaso alguna otra forma de protegernos de la lluvia?" Esta respuesta tiene sentido, pero solamente en un nivel. Si uno pertenece al negocio de fabricar paraguas y quiere continuar en él, es posible que quiera realizar mejoras dentro del concepto general de lo que es un paraguas y no desentenderse del tema. También es posible que uno quiera emplear parte de su capacidad de razonar para encontrar un enfoque totalmente diferente para protegerse de la lluvia, pero usar el resto de su capacidad reflexiva para mejorar el paraguas clásico. Consideremos los siguientes niveles de alternativas:

- Un cierto perfeccionamiento en el diseño de las junturas.
- Una manera de reducir el número de varillas.
- Un sistema para extender la cubierta de tela, sin utilizar varillas.
- Un concepto totalmente diferente de paraguas.
- Protección de la lluvia sin usar paraguas.

La creatividad puede aplicarse en cualquiera de estos niveles. Es un error suponer que la creatividad sólo puede aplicarse en el nivel más importante.

TRES NIVELES BÁSICOS

Imaginemos que estamos analizando el problema de la congestión del tráfico en las ciudades. Una de las formas de tratar de resolverlo podría ser intentar la reducción del número de vehículos en circulación, lo cual, se supone, reduciría la congestión. Con el fin de lograr esa reducción podríamos pensar en aconsejar a los conductores que no entraran en la ciudad. Tenemos, pues, nuestro punto de partida (el problema definido); tenemos el objetivo (reducción del número de coches en la ciudad) y disponemos también de los medios para pasar del uno al otro. Ahora buscamos formas alternativas de llevar a cabo el planteamiento elegido.

Podríamos permitir la entrada de los automóviles con matrícula par un día, y con matrícula impar el día siguiente, y así sucesivamente (como se hace en Lagos). Otra forma podría ser cobrar un peaje especial para entrar en la ciudad antes de cierta hora (como hacen en Singapur). Un tercer medio podría ser disponer pocos lugares para el estacionamiento de vehículos, con la esperanza de desanimar a los conductores, que quizá de este modo ya no entrarían en la ciudad (como hacen en algunas ciudades de los EE.UU.). Podría haber también otras alternativas.

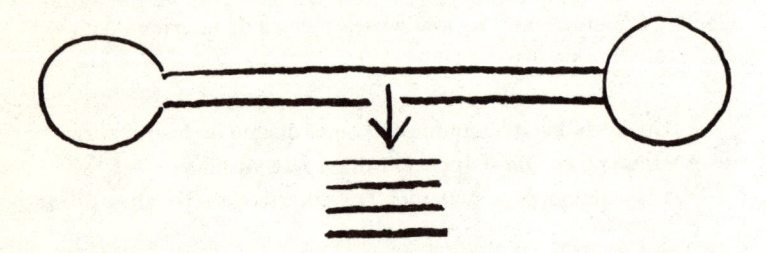

En el próximo nivel de alternativas, el punto de partida y el objetivo podrían ser los mismos. Pero esta vez hay una elección de los caminos para llegar. Nuestra intención sigue siendo reducir el tráfico. Una manera de lograrlo es desanimar a los conductores (como ya hemos visto). Otra podría ser tratar de que la gente compartiera el automóvil. Una vez sugerí que cada conductor tuviera, como parte de la documentación de su coche, una licencia semanal especial. Ese día gozaría de privilegios en la ciudad. Podría aparcar frente a los contadores, sin pagar; si tuviera que pagar una multa por cuestiones de tráfico, sería reducida, y podrían existir zonas de estacionamiento gratis para los beneficiarios de esa licencia semanal. La idea es que uno de estos beneficiarios gozaría del privilegio, por ejemplo, el lunes, su vecino el martes, otro vecino el miércoles, etc. Esto constituiría un incentivo para compartir el automóvil, y así el tráfico se reduciría. Otra alternativa podría ser realizar una campaña de educación para demostrar lo rápido y económico que resulta el transporte público. Otra forma podría ser emplear el "efecto del borde" para ofrecer incentivos a los conductores, de modo que por lo menos probaran el transporte público (sobre la base de que, en ese caso, podrían llegar a considerarlo conveniente). Estos son métodos alternativos para reducir el tráfico, muy distintos, sin duda, del que prefiere "desanimar a los conductores".

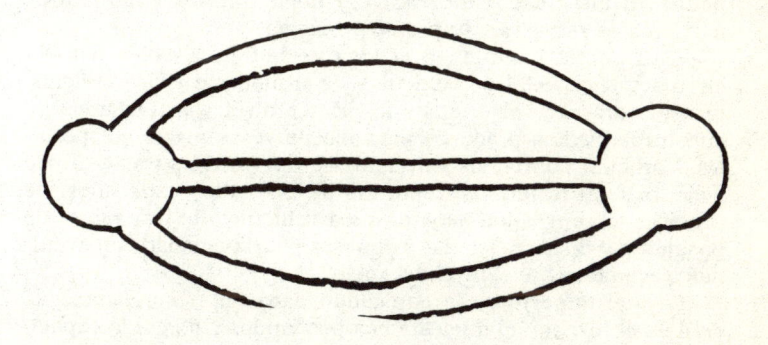

El tercer nivel de alternativa es modificar el objetivo en sí. En los dos casos anteriores, el objetivo era el mismo: la reducción del tráfico. En este tercer nivel, podríamos intentar algún otro objetivo alternativo. Podríamos establecer una reflexión de este tipo: cómo podremos conseguir que la congestión sea más tolerable. O plantearnos cómo asegurar que el transporte público y los vehículos de servicios esenciales no se vean atrapados en los atascos de tráfico, y dejar que los conductores particulares resuelvan su propio problema.

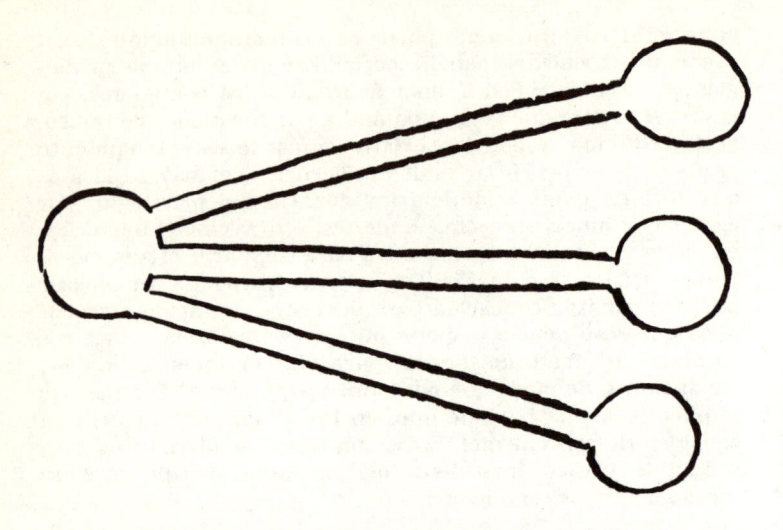

Esto podría conducir a la idea de habilitar calles para la circulación especial de vehículos de transporte y de servicios. Inmediatamente volveríamos al primer nivel y trataríamos de encontrar medios prácticos para diseñar esas arterias especiales. También podríamos volver al segundo nivel para tratar de descubrir otras formas (distintas de las calles especiales) de proteger la congestión general a los vehículos de transporte de pasajeros y de servicios. La respuesta podría consistir en avenidas elevadas sobre el nivel del suelo.

Lo que importa es la capacidad para tener conciencia de cuál es el nivel en el que estamos pensando. Y luego, la capacidad para pasar rápidamente de un nivel a otro, a voluntad. Los niveles pueden resumirse de la siguiente manera:

Nivel 3: selección de objetivos o destinos alternativos.
Nivel 2: determinación del objetivo; elección de caminos alternativos para llegar a él.
Nivel 1: se han determinado objetivo y camino, eligiendo medios alternativos para utilizar el camino (medios

alternativos de poner en marcha el enfoque propuesto).

ESTILOS DE PROYECTO

Imagínese que usted debe realizar la tarea de proyectar una campaña publicitaria para un nuevo tipo de chicle. Supongamos que este chicle es nuevo en cierta forma, pero no en algún aspecto que pudiera servir de base para la campaña publicitaria. El estilo de su enfoque para este proyecto puede asumir alguna de las formas básicas que se describen aquí.

El asiento de mando

Usted tiene mucha experiencia en el mundo de la publicidad, y tal vez una experiencia especial en el terreno de la venta de comestibles. Aun cuando nunca haya realizado una campaña sobre chicles, tiene conocimiento de cómo lo han hecho otros antes y probablemente conoce bien las campañas que han tenido éxito. También es posible que piense que los fabricantes de chicles más importantes siguen llevando adelante ese negocio y, por lo tanto, lo que estén haciendo no puede ser tan malo. Seguramente usted apelará a su experiencia general para controlar la situación. No intentará, conscientemente, resolver las cosas de inmediato, sino que se sumergirá en la tarea y esperará que las ideas empiecen a surgir. Algo así como esa sensación que se tiene al pilotar un avión y actuar de acuerdo con las reacciones del propio avión, que se perciben a través del asiento de mando. Esto es lo que suele denominarse corazonada o intuición. En todo caso, significa reunir experiencia, sensaciones y juicios, que pueden ser combinaciones demasiado vagas o demasiado complejas como para expresarlas verbalmente. Cuando reconocemos a un amigo en el aeropuerto, no lo hacemos midiendo la distancia entre los ojos de esa persona y la longitud de la nariz. El reconocimiento se basa en una impresión general que tiene en cuenta todos esos rasgos y muchos más, de forma totalizadora (elegantemente denominada "cerebral"). La gente se enorgullece de este tipo de actitud y a menudo la consideran equivalente al talento. Probablemente es cierto que el aspecto reflexivo de esta corazonada o intuición es incalculable. Tal vez no haya otra manera de saber que algo va a dar resultado. Tal vez sea la única forma de asegurar cómo va a responder la gente a un anuncio publicitario. Pero esta cualidad de "juicio" puede no ser igual a la calidad del "diseño". Los proyectos basados en la intuición pueden ser excelentes o desastrosos.

Comparaciones

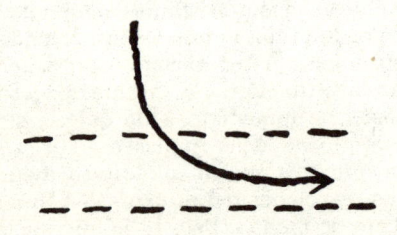

Ahora, el diseñador mira a su alrededor —consciente o inconscientemente— en busca de una campaña publicitaria de algún producto similar, pero no demasiado similar. Se trata de buscar un tipo de propuesta que pueda aplicarse al chicle en cuestión, sin temor a que se considere un plagio. Supongamos que se utiliza el "anzuelo del pedigrí". Habrá que buscar testimonios de gente muy conocida. Debe resultar creíble, por lo tanto, que esa gente sea consumidora de chicles. Esto resultará difícil con la introducción de un chicle nuevo, a menos que se use el efecto de las pruebas o de la degustación. Esta búsqueda de un enfoque básico afín es el fundamento de la mayor parte de las soluciones de problemas. Esta es la razón por la cual aplicamos conscientemente la experiencia adquirida a una nueva situación. Nos guste o no, la mayor parte del tiempo estamos buscando comparaciones. En el mundo de la publicidad, el talento puede residir en el reconocimiento de una comparación apropiada —aunque remota— y la respectiva transferencia. En otros terrenos, lo que importa es emprender de forma efectiva el problema del proyecto. En el mundo de la publicidad existe la necesidad adicional de demostrar originalidad y un yo creativo. El hecho de que esto tenga o no un poder de venta especial es ya materia de discusión.

Areas de atención

Esto también podría llamarse método del inventario. El diseñador debe disponer de una lista o inventario de temas a los que debe prestar atención. En el diseño de objetos tangibles, esa lista debe incluir conveniencia de los materiales, costos, métodos de producción, etc. Aunque se trata de criterios de juicio, es necesario tenerlos en cuenta en la etapa del proyecto. Uno de los principios fundamentales del diseño es considerar las restricciones y las especificaciones, y entonces proyectar algo que se ajuste a eso. En el mundo de la publicidad, unos pocos títulos generales pueden bastar. Cada individuo tiene su propia lista de temas. Una lista posible podría incluir los siguientes títulos generales:

Visibilidad: que llame la atención y sea observado.
Deseabilidad: que provoque sentimientos de bienestar y justifique por qué todo el mundo debiera desearlo.
Credibilidad: que lo que se afirme sea verdad y no hipocresía.

En una *Carta* posterior volveré sobre estos enunciados y analizaré la importancia de cada uno. Por ahora, los uso como ejemplo de una simple lista de temas. Este método de la lista supone una investigación más cuidadosa que cualquiera de los otros enfoques. Sin embargo, aún puede quedar mucho trabajo creativo por hacer. Prestar atención a estas áreas no impide la creatividad en las mismas. La cuestión, pues, se plantea en el sentido de saber hasta qué punto la lista debe ser detallada. Si es muy detallada, el resultado obtenido puede parecer artificial y arbitrario, de la misma manera que de un camello se dice que es un caballo diseñado por una comisión con una lista de indicaciones (en realidad, un camello es un buen diseño, como lo fue el dinosaurio, que duró 40 millones de años).

La lista o inventario puede, naturalmente, aplicarse después de que alguna de las otras propuestas se haya convertido en un proyecto preliminar. Se usa entonces como una estrategia para juzgar o perfeccionar.

Una línea particular

Esto podría denominarse el enfoque de "inspiración". Es también la forma en que actúa el pensamiento lateral. Existe algún concepto particular que se utiliza para este "valor de movimiento". Por ejemplo, para el chicle, ese concepto particular podría ser que el chicle puede impedir que la gente hable. Indudablemente, esta interrupción del habla podría considerarse humorística o beneficiosa (para algunos). La investigación podría ahora dirigirse a la búsqueda de esas situaciones. Podría ser un marido que está a punto de quejarse de su mujer como cocinera. Podría ser un atracador que va a exigir dinero. Podría ser un juez a punto de dictar sentencia en un tribunal. En todos estos casos, aparece como sugerida la "fuerza" del chicle por su condición de "goma", y con ello, ciertas connotaciones de buen material. El problema siguiente sería lograr introducir la goma en las bocas apropiadas, en el momento oportuno. Esto puede conducir a un concepto de "arma de goma", que sería un dispositivo mágico especial que dispararía la goma hacia la boca abierta, con propósitos mortíferos.

De esta manera, el tema básico podría extenderse cada vez más. Cuando hubiera alcanzado un punto que pareciera interesante, la tarea consistiría entonces en volver con la idea a la realidad, de modo que sirviera para una publicidad útil.

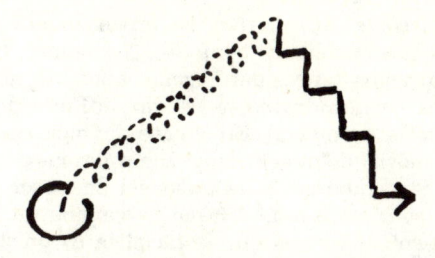

Es perfectamente posibile utilizar combinaciones de estos diferentes estilos. Algunos puede que deseen usarlos todos a la vez. También puede ser que situaciones diferentes exijan enfoques distintos. Sin embargo, es conveniente tener presentes los cuatro estilos fundamentales, y observar cuál es el estilo que uno mismo utiliza.

El lugar para pensar

Alternativas

Como ejercicio, escriba en un papel alternativas para cada una de las palabras de la lista siguiente:

PASTEL	DINERO	ARAÑA
ROJO	VACACIONES	EMPLEO
BICICLETA	SUAVE	CLARO
PARAGUAS	MARTILLO	

Sugerimos no seguir leyendo hasta no haber por lo menos intentado anotar algunas alternativas para las palabras dadas. Cuando usted relea las palabras que ha escrito descubrirá que, aunque las indicaciones para buscar alternativas son bien claras, el resultado parece abarcar muchas cosas. Como alternativa de "suave", mucha gente pone "áspero". En cierto sentido éste es un término opuesto, aunque se podría decir que es un "tipo de superficie" alternativa. Lo mismo puede suceder con "claro" (podemos encontrar "confuso", "nublado", "turbio"). Para "pastel" podríamos tener "pan", como miembro alternativo del grupo de los carbohidratos (y tal vez influido por el famoso cuento de María Antonieta). En el caso de "bicicleta", podríamos hallar "automóvil" o "motocicleta" como formas alternativas de transporte. Sin embargo, si la ausencia de motor se considera importante, podríamos tener "paseo" o "caminata". Y podemos ir más allá: si consideramos que la bicicleta es un dispositivo de transporte que usa medios mecánicos simples para incrementar la capacidad de movimiento del hombre, entonces la alternativa puede ser un par de patines con ruedas. Para "dinero", podemos pensar en "tarjetas de crédito" como una forma de desempeñar la función del dinero, sin usarlo realmente. El uso de alguna otra cosa para lograr el mismo propósito es una de las maneras más fáciles de elegir una alternativa. Respecto de "martillo", podemos encontrar "ladrillo" o "piedra", como elemento para clavar clavos. Por otra parte, a alguien se le puede haber ocurrido poner "destornillador", como miembro alternativo de la clase de "herramientas de carpintero". Lo mismo se aplica a la palabra "rojo". La alternativa más usual es otro color primario, como el "azul". Ciertas personas consideran que el "rojo" desempeña funciones de prevención del peligro, y entonces sugieren un sonido de timbre u otra forma de señal de alarma. "Vacaciones" y "empleo" son bastante difíciles. Mucha gente suele considerar un solo aspecto. Por ejemplo, "trabajo voluntario" se ve como una alternativa, ya que es trabajo, pero sin remuneración. Encontramos a veces "viaje de negocios" como alternativa de "vacaciones", porque está el elemento de "viaje", pero no el disfrute. Para "araña" podemos encontrar algún otro tipo de alimaña, o también "víbora".

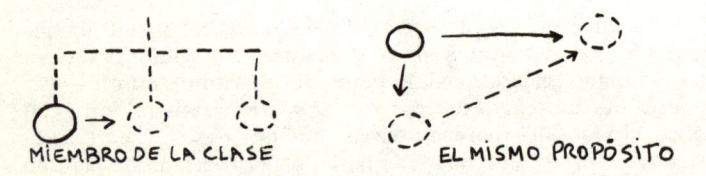

MIEMBRO DE LA CLASE   EL MISMO PROPÓSITO

En este tema no existe, realmente, una respuesta "correcta" ni "equivocada". Todo es cuestión de cómo se considera. Cuando se nos pide una alternativa, delimitamos mentalmente un campo; éste podría incluir "una alternativa que realice la misma función", o bien "un miembro alternativo de esta misma clase". Se puede argüir que las dos posibilidades son la misma cosa, puesto que puede suponerse que un miembro de la misma clase realiza la misma función. Puede ser así, pero el camino mentalmente recorrido es distinto, puesto que en el segundo caso es necesario definir la función (¿cuál es la función de un color primario?). Los términos opuestos parecen constituir un caso especial, aunque podemos construir una oración en la cual un opuesto se presente como una cualidad alternativa.

7
La actitud negativa

Los lectores de esta *Carta* pueden suponer que estas líneas promenten ser negativas acerca de la actitud negativa. En muchos de mis libros he escrito contra la negatividad. Por eso, aquí trataré de ser ecuánime.

Si aceptamos un cierto tipo darwiniano de evolución de las ideas, entonces la actitud negativa ocupa un importante lugar.

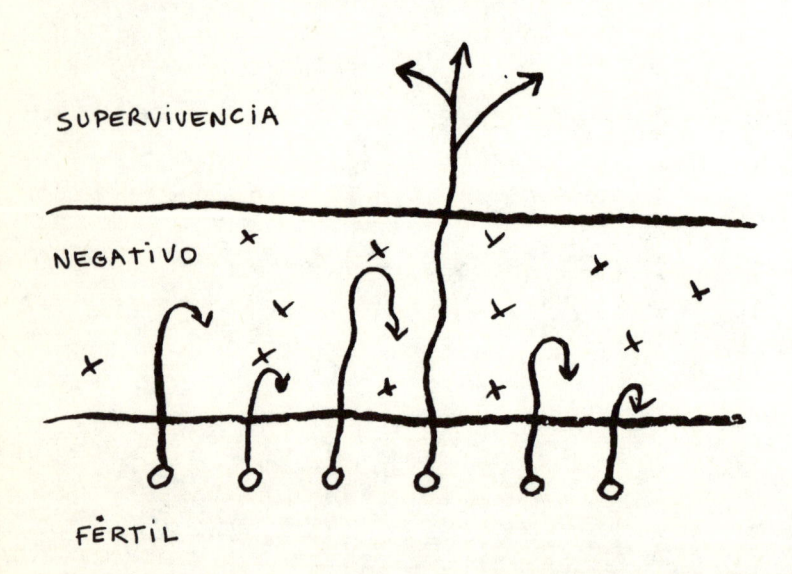

SUPERVIVENCIA

NEGATIVO

FÉRTIL

La negatividad proporcionaría, así, el medio hostil en el cual solamente sobrevivirían las ideas más aptas. De aquí se desprende que estas ideas se adaptarían mejor al medio, exactamente como los animales supervivientes se adaptan mejor a su medio. Aquí llegamos a un punto interesante. ¿A qué medio se adaptan mejor las ideas que sobreviven? Si es el medio hostil de la negatividad, entonces sólo las ideas menos vigorosas tienen probabilidad de sobrevivir. Estar al lado de la maternidad y de los ángeles constituye una protección razonable contra la crítica. Si la actitud negativa se dirige contra los cambios, entonces las ideas que sobrevivan se adaptarán a las estructuras existentes. Por definición, estas ideas no tienen probabilidades de cambiar las estructuras.

De modo que la actitud negativa podría tener como propósito proporcionar el medio hostil que permitiera asegurar la evolución darwiniana de las mejores ideas. Existe otro objetivo de la actitud negativa. Es el propósito positivo de tratar de mejorar la idea mediante la eliminación de su debilidad, o por lo menos, de atraer la atención hacia este punto, de modo que quien esté dando forma a la idea perfeccione estos aspectos. Pero la actitud negativa no tiene esta intención constructiva muy a menudo. No importa, sin embargo, cuál pueda ser la intención, siempre que la persona que recibe la actitud negativa opte por tratarla como si fuera constructiva. Siempre he creído que la actitud negativa de este tipo es una especie de voto de confianza para el que piensa, del mismo modo que el hecho de pedir un aumento de sueldo excesivo es un voto de confianza para el directivo de la empresa, del que se espera que produzca las suficientes ganancias como para poder pagar esos salarios.

También existe la óptica hegeliana. Del choque entre tesis y antítesis, se supone que puede surgir una maravillosa idea nueva, a través de un proceso de síntesis. No está claro si esta síntesis combina los mejores elementos de ambas ideas, o si, en el caos que sigue al choque, las dos ideas se desintegran en sus elementos básicos y de este caótico puré se forma una nueva idea por sí misma. En términos prácticos, un choque de esta clase parece congelar y cristalizar las ideas opuestas, en vez de aflojar su coherencia.

Desde hace mucho, el objetivo de la educación ha sido promover la inteligencia crítica. Se alienta el debate y la discusión. Lograr puntos a favor y acumular victorias es el objetivo del debate. Se sostiene que el punto de vista triunfante es la posición correcta. Esto es así porque está, lógicamente, más de acuerdo tanto con las sensaciones como con los conocimientos. También se espera que el punto de vista triunfante ofrezca a la audiencia los elementos de discernimiento que le permitan aplicar las emociones que ya están listas para ser aplicadas. Así, subsiste la duda acerca de si el debate es un ejercicio de habilidad antes que intelectual, si el resultado debe estar determinado por los que escuchan. La atracción que sentimos por el sistema del debate tiene parcialmente origen histórico. En la Edad Media, todos los pensadores que existían en el mundo eran pensadores de la Iglesia. Todos los hombres cultos estaban educados por la Iglesia, y los mejores de ellos se convertían en pensadores al servicio de la Iglesia. Los propósitos del pensamiento eclesiástico eran —muy lógicamente— preservar la doctrina y la teología de la Iglesia, frente a los innovadores, a los que generalmente se calificaba de herejes.

Demostrar un error herético era demostrar la verdad de la Iglesia. Teóricamente, esto sólo se aplicaría cuando existieran dos hipótesis que se excluyeran mutuamente, de modo que desaprobar una aseguraría la validez de la otra (suponiendo también que una u otra fueran necesarias). Habla mucho en favor de la inteligencia de los herejes el hecho de que obligaran a la Iglesia a realizar cambios radicales en su modo de pensar. San Agustín soportó el ataque de los donatistas, que le obligaron a abandonar una posición tras otra. A menudo, apenas pudo sortear la cuestión inventando alguna nueva entidad teológica. Así fue como surgieron la "gracia divina" y la "predestinación". También se ha dicho que en esos casos, los herejes forzaron un análisis profundo mediante el recurso de centrar la atención en áreas que el pensamiento no había abordado hasta aquel momento. Como en muchas otras circunstancias, aquí vemos la actitud negativa en defensa del *statu quo*. "Si deseas que yo cambie, demuéstrame que lo que estoy haciendo necesita cambiar".

En la práctica, estas justificaciones intelectuales para la actitud negativa tienden a ser menos importantes que los justificativos emocionales. Demostrar un error significa que uno es superior a la otra persona. Estar de acuerdo con otra persona

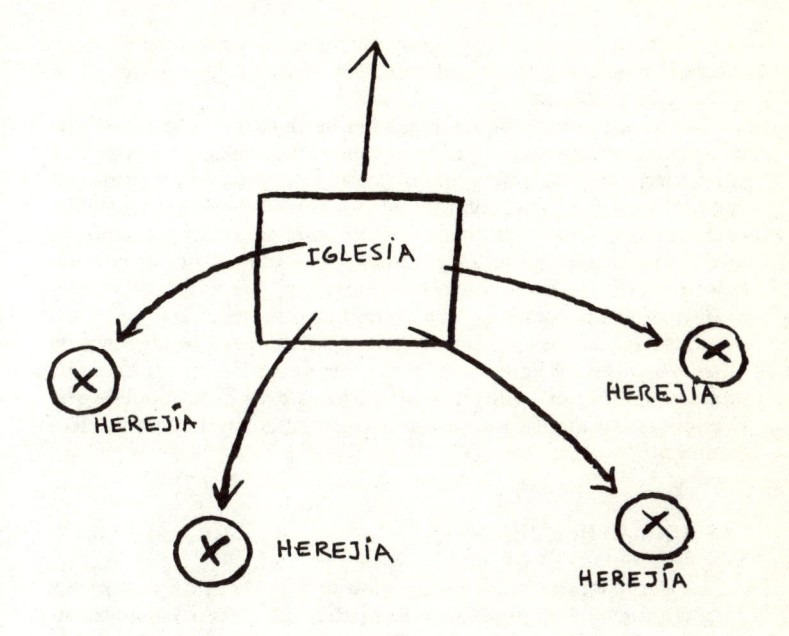

Diagrama: IGLESIA en el centro, con flechas que apuntan hacia afuera a cuatro HEREJÍA marcadas con X.

hace que nuestra individualidad parezca superflua. Incluso nos convierte en partidarios del otro. Tener una actitud negativa proporciona un sentido intelectual de realización que no puede lograrse con actitudes más constructivas. Si se tiene éxito en demostrar que algo está equivocado, surge inmediatamente una sensación total de triunfo. Esto contrasta con la actitud de impulsar una idea constructiva. En este caso, existen dos posibilidades. La primera es que uno debe demostrar que la idea propuesta va a dar resultado. La prueba inmediata generalmente sólo es posible en matemáticas. En otros casos, pueden pasar semanas o años antes de que la idea sugerida llegue a aplicarse. Si el valor de la idea no puede demostrarse inmediatamente, entonces la persona que la propone tiene que esperar que a su interlocutor le agrade la idea. Es casi como contar un chiste: si el que escucha no lo encuentra gracioso, entonces no se ha contado chiste alguno. Esta es una posición débil en la que uno puede encontrarse. *Así como un delincuente no quiere depender del mercado ni de los inversores para su propio éxito, así también muchas mentes brillantes no disfrutan con los riesgos de ser constructivas.*

Fuera del mundo de los negocios, la defensa es la estrategia más consistente para la supervivencia. En la religión, la ciencia, la política y el arte, puede bastar con la defensa de un punto de vista existente contra todo ataque. En el mundo de los negocios, la realidad del mercado convierte la defensa en una estrategia intelectual inadecuada. Este puede ser el motivo por el cual he considerado de más interés explorar el pensamiento en el mundo de los negocios que en cualquier otro sector.

Existen virtudes en la actitud negativa, pero la mayoría de ellas se pueden lograr de otras maneras. A quienes debe animarse para que utilicen la actitud negativa es a aquellos que la encuentran menos interesante, tanto emocional como intelectualmente.

LAS REGLAS DEL JUEGO

La gente aprende pasos de baile y se precia de realizarlos correctamente. Los jugadores de ajedrez no hacen jamás movimientos que en cambio sí están permitidos en el juego de damas. Un niño puede observar a otros niños que desarrollan en la calle un juego complicado y, si luego se une a ellos, sigue las mismas reglas. La gente suele aprender bien las reglas y luego las cumple. Desempeñar un determinado rol puede ser cuestión de aprender las reglas para una situación especial y luego cumplirlas asiduamente.

Es probablemente cierto que si se logra cambiar la actitud de una persona, ésta se convertirá en alguien capaz de razonar mejor. Es probablemente cierto que si se puede hacer modificar el carácter de una persona, ésta se comportará de forma diferente (en su manera de pensar y en cualquier otro aspecto). Es probablemente cierto que si se incrementan la confianza y las motivaciones de una persona, ésta observará una actitud menos negativa en su pensamiento. Hace algún tiempo, existían personas y cursos de adiestramiento que se proponían acciones de esta naturaleza (los grupos "T" y el adiestramiento de la sensibilidad), y hay actualmente propuestas de adiestramiento que persiguen esta misma línea. Probablemente alcancen algún tipo de éxito cuando puedan modificar la cultura total de una organización, y tangan menos resultados cuando sólo puedan modificar a un pequeño grupo de personas (que volverán a recuperar su primitivo yo cuando vuelvan a su medio anterior).

Existe otra forma de lograr un cambio. Es crear unas nuevas reglas del juego (o incluso nuevos juegos), en vez de tratar de modificar la naturaleza del que actúa. Las reglas pueden ser un tanto mecánicas e incluso arbitrarias. A un estudiante de arquitectura se le puede aconsejar que mire primero la puerta de un edificio, de modo que sus ojos puedan luego trasladarse desde ese detalle hasta la forma total. Esta regla puede aceptarse y practicarse como regla arbitraria. Con el tiempo se convertirá en un hábito.

Uno de los lenguajes fundamentales del pensamiento lateral es el lenguaje del "movimiento". Me ocuparé de él, en muchas ocasiones, en futuras cartas. Por el momento, quiero usarlo simplemente como un ejemplo de cómo un cambio de "reglas"

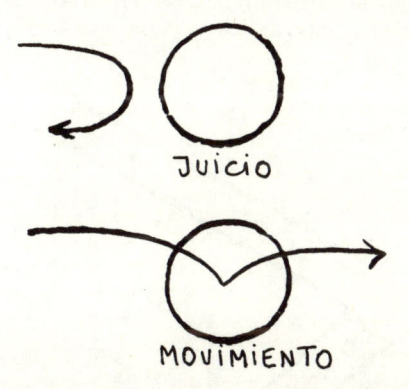

puede producir una diferencia en el razonamiento de una persona. El lenguaje del "movimiento" se define en oposición al lenguaje del "juicio". *El juicio es siempre la primera etapa de la percepción: ¿puedo identificar el modelo? ¿Corresponde a una pauta existente?* Hay varios enfoques de la creatividad que se refieren al "juicio suspendido" o "juicio diferido". Creo que este enfoque es demasiado débil. Decirle a alguien que no haga algo es una actitud débil. Es mucho mejor darle al que piensa alguna otra cosa que hacer y no usar el juicio. Aquí es donde entra en acción el "movimiento".

Se utiliza el juicio para decidir si una idea se ajusta a la experiencia: si esa idea es correcta o equivocada. Si es errónea, la clasificamos como tal y se rechaza o se trata de modificar. Con el lenguaje del movimiento, operamos fuera del sistema de juicio. Usamos una idea por su "valor de movimiento": usamos la idea para ver a dónde nos lleva. No es que utilicemos ideas malas como si fueran buenas. Ni siquiera nos molestamos en juzgar si una idea es buena o mala; simplemente utilizamos el valor de movimiento de la idea. Si no podemos abstenernos de juzgar, entonces podemos calificar la idea de mala, pero decidir, sin embargo, el uso de la idea por su valor de movimiento.

Alguien puede comunicarnos una idea que no nos guste.

Podemos, no obstante, usar la idea por su valor de movimiento. Podemos, incluso, tratar una idea deliberadamente provocativa por su valor de movimiento. La expresión "Po, los aviones deberían aterrizar invertidos" en una provocación deliberada. (La palabra «po» indica ya una operación provocativa).

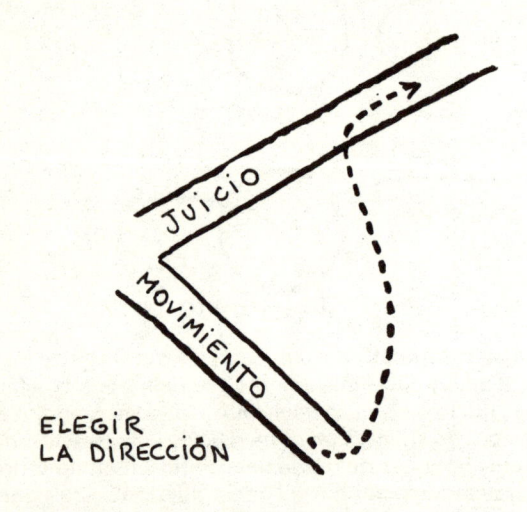

ELEGIR LA DIRECCIÓN

Cuando se produjo esta provocación, alguien comentó inmediatamente que "el piloto tendría una visibilidad más perfecta". Esto condujo a la consideración de cuál era la posición óptima para el piloto. ¿Se habían mantenido los pilotos en la misma posición relativa al avión desde que los aparatos eran muy pequeños (y el piloto, naturalmente, iba sentado en la parte superior)? La misma provocación condujo también a la noción de "aterrizaje positivo", por medio de un ala invertida, retráctil, que proporcionara una "fuerza de sustentación" descendente hacia el suelo (lográndose, tal vez, un aterrizaje más sensible). Otras ideas surgieron también de esta provocación.

No es mi intención abordar aquí la naturaleza de la provocación o del lenguaje del movimiento. Lo que sí quiero hacer es demostrar que cuando el lenguaje del "movimiento" se ha constituido como "regla", se le puede pedir al que razona que utilice una idea por su valor de movimiento. No es necesario modificar en modo alguno la personalidad del que piensa. Exactamente del mismo modo en que el estudiante de arquitectura puede adquirir el hábito de mirar primero a la puerta principal, también el que razona puede adquirir la costumbre de optar por el uso del lenguaje del movimiento, en lugar del lenguaje del juicio, cuando parece ser necesaria la creatividad.

Cuando conducimos un automóvil, elegimos el cambio de marcha (si el coche tiene cambio manual y no automático). Hay dos etapas en el aprendizaje. Tenemos que saber cómo se usan los cambios. También tenemos que saber *cuándo* se usan. Este último aprendizaje es muy similar al aprendizaje de las reglas de un juego. Las reglas exigen un ejercicio de voluntad (por lo menos hasta que se convierten en rutina). *Usar una idea por su valor de movimiento no es un comportamiento natural, hasta que no se haya convertido en una conducta natural.* El juicio es una conducta natural. Así como un automovilista sabe que puede elegir la marcha, así también el que piensa tiene conocimiento de que puede optar por un lenguaje: el del juicio o del movimiento. Algunas veces, la propia situación señala cuál es el lenguaje que debe usarse. Cuando una provocación es tan evidente como la de un avión que aterriza invertido, entonces está claro que se necesita el lenguaje del movimiento y no el del juicio. Sin embargo, si la idea sugerida fuera: "Deberíamos reducir las tarifas aéreas con el objeto de promocionar los viajes de negocios por avión", el que escucha podría muy bien haber entrado rápidamente en el tipo de lenguaje del juicio. Por otra parte, también podría haberse ejercitado para reaccionar primero con el lenguaje del movimiento.

En los amplios programas escolares que yo dirijo, la primera lección centra el interés en un instrumento que introduciré más adelante en estas *Cartas*. Se trata del PMI, que lleva a los niños a fijarse primero en los temas P (de "plus", o sea los temas de mayor importancia), luego en los M (de "minus", los de menor valor) y finalmente en los I (los temas "interesantes"). Los niños aprenden las reglas de este juego del mismo modo en que lo hacen con otros juegos.

El lugar para pensar

Hace poco me encontraba almorzando en Montecito (parte de Santa Bárbara, California), cuando Bob Fitzgerald me contó la siguiente historia: él cultiva aguacates y también tiene dos perros. Uno de los perros se aficionó a las peras de aguacate y adquirió el hábito de comerlas cuando nadie lo observaba. El otro perro no demostró el menor interés por esa fruta. Un día, una de estas frutas, generosamente salpicaba con pimentón, se dejó donde pudiera encontrarla el perro aficionado a las peras de aguacate. En efecto, el perro encontró la fruta y le dio un mordisco. No le gustó en absoluto el sabor que tenía y abandonó el resto. Luego llegó el otro perro y también le dio un mordisco a lo que quedaba. Lo encontró delicioso y se lo tragó todo de un solo bocado. En resumen, Bob Fitzgerald tiene ahora dos perros adictos al aguacate.

¿Cuál es la moraleja que puede extraerse de esta historia?

1. Que estrategias simples pueden volverse contraproducentes.

2. Que los perros, al igual que la gente, tienen reacciones imprevisibles.

3. Que si usted prepara algo lo suficientemente condimentado, puede, con el primer bocado, atraer a un comprador (el

efecto del borde que he mencionado en estas *Ideas para profesionales*).

Los cuentos y las metáforas son muy útiles para desarrollar una clase o inculcar un principio. Su influencia es mucho mayor que la de una simple exposición de un tema abstracto. Un cuento es mucho más fácil de recordar. Las metáforas no necesitan ser extensas ni abundar en detalles. Una vez que se ha presentado el tema, éste fluye libremente, y debe discutirse como tal. La metáfora es únicamente el "medio de transporte". Destruir la metáfora no destruye el principio. Algunas veces se siente un verdadero placer cuando la misma historia puede servir para ilustrar dos principios opuestos. Piense si se puede hacer esto con el cuento de los aguacates.

Un buen cuento —no importa si es divertido o no— nunca demuestra un hecho en una discusión. Sin embargo, un cuento puede demostrar un tipo de relación o de proceso, que entonces se convierte en una posibilidad. Una vez que se ha construido un pensamiento, no puede "despensarse".

El lenguaje común es más bien pobre para describir procesos y relaciones complejos. Es mucho más apto para describir cosas. Estamos comenzando a inyectar en el lenguaje palabras "funcionales", que poseen la capacidad de dar a entender funciones. Expresiones tales como "efecto umbral", "punto de partida", "situación límite", constituyen pasos en esa dirección. Algunos se sienten inclinados a rechazar esas palabras, calificándolas de "jerga" —y en algunos casos pueden serlo—, pero hay una cierta ventaja en la utilización de un lenguaje de orden superior que nos permita tratar con procesos tanto como con cosas. Como ya dije antes, una vez que se ha establecido la posibilidad de cierto tipo de interacción, esa posibilidad debe tenerse en cuenta.

Decir que "éste es un tipo de inversión umbral" significa que nada puede suceder durante un cierto tiempo; no hay nada que esperar; luego —cuando el umbral se ha sobrepasado— todo empieza a suceder. En otros tipos de situación se puede expresar el mismo pensamiento con la expresión "masa crítica" (esto sugiere que nada va a suceder hasta que haya las suficientes interacciones como para que tenga lugar un efecto explosivo).

En resumen, hay un espectro que va de las palabras a las

palabras funcionales, a las metáforas, a las historias o cuentos. Lo que yo pretendo respecto de los cuentos, es que quien escucha pueda ver no solamente el significado obvio, sino también otros niveles de significado.

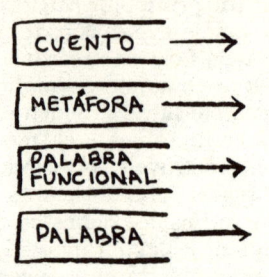

```
┌──────────────┐
│   CUENTO     │ ──→
└──────────────┘

┌──────────────┐
│  METÁFORA    │ ──→
└──────────────┘

┌──────────────┐
│  PALABRA     │ ──→
│  FUNCIONAL   │
└──────────────┘

┌──────────────┐
│  PALABRA     │ ──→
└──────────────┘
```

8
El PMI

Voy a describir las consecuencias del PMI, antes de explicar lo que representan las iniciales. El PMI es un instrumento deliberado del pensamiento. Quiero subrayar este punto. El perfeccionamiento de la capacidad de pensar se puede lograr mediante cambios en la actitud: por ejemplo, el hábito de considerar cada problema como una oportunidad. También las mejoras pueden provenir de evitar los errores, cuando ya se ha señalado algún tipo de error. Por ejemplo, en uno de mis libros (*Practical Thinking*), describo el efecto de "la Venus del pueblo": los habitantes de un pueblo remoto no podían concebir que existiera una muchacha más hermosa que su Venus local (los conceptos y las alternativas están limitados por nuestra falta de imaginación). El PMI representa un instrumento que se puede utilizar deliberadamente. El que piensa puede dedicarse al uso de esta herramienta. También puede pedirle a otro que la utilice. El PMI es una tarea bien definida. Así, tenemos el tema que debe considerarse y la operación del pensamiento que debe realizarse. Por ejemplo, el lector puede dedicarse a emplear el PMI sobre la sugerencia de que debería haber cierto impuesto de cantidad fija, sin excepciones ni concesiones.

El pensamiento en dos etapas

Con este método, el pensamiento se convierte en un proceso en dos etapas.

SUJETO PENSANTE

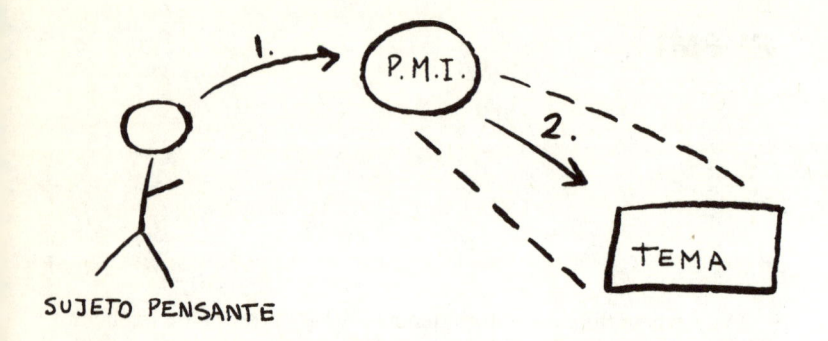

La primera etapa es la decisión de usar el PMI. La segunda es llevar a cabo el procedimiento correspondiente. Se requiere habilidad para elegir una herramienta apropiada. Y también para utilizar esa herramienta eficazmente. El que reflexiona, en lugar de pensar simplemente en el tema, tiene, en cambio, que realizar una tarea.

Cuando el proceso del pensamiento tiene lugar en el seno de un grupo, uno de los participantes puede pedir a otro que "use un PMI sobre este o aquel tema".

Al participante que recibe esta petición deberá controlárselo para ver cómo se desenvuelve en esa tarea de pensar. Ya no se trata de "dime qué piensas", pues ahora la cuestión es "veamos si puedes hacerlo bien".

La "trampa de la inteligencia"

Ya me he referido a la "trampa de la inteligencia" en *Cartas* anteriores. Una persona con un alto coeficiente intelectual (C.I.) no es necesariamente alguien que piensa correctamente. El acto de pensar es la "habilidad" mediante la cual se utiliza la inteligencia innata, y no simplemente el funcionamiento de la inteligencia innata. La trampa de la inteligencia posee muchos componentes. Uno de los más comunes es la manera en que una persona muy inteligente utiliza su inteligencia para defender un punto de vista. Cuanto más hábil es el que piensa en defensa de ese punto de vista, menos necesaria parece la exploración del tema. Así, un preconcepto bien defendido puede reemplazar a una exploración apropiada seguida de un juicio (o una decisión). Las decisiones que se olvidan de la exploración están, generalmente, apoyadas en lo emocional: "Esto no me gusta... y te voy a decir por qué"; "Esta idea no va a dar resultado... y le voy a demostrar las razones"; "Esta es la actitud que hay que tomar... y la explicación es la siguiente".

A causa de esta tendencia natural de los que razonan en cualquiera de los niveles, el PMI figura en la primera lección que dicto en las escuelas. Una vez recibí una invitación para dar una clase demostrativa en una escuela de Sidney, Australia. La clase estaba constituida por 30 chicos de entre 11 y 12 años de edad. Tenía que enseñar el uso del PMI como "instrumento para pensar". Les pregunté a los alumnos a cuántos de ellos les gustaría la idea de que "cada escolar recibiera cinco dólares semanales por ir a la escuela": una especie de salario educativo. Los 30 muchachos levantaron la mano en señal afirmativa. Calcularon que podrían comprar caramelos, chicles, tebeos y todas las demás cosas que les interesan a los niños de esa edad. Como era de esperar, la aprobación de la propuesta fue inmediata. Esa sugerencia provocó una reacción emotiva que determinó el punto de vista señalado. Entonces apliqué el proceso del PMI, para lo cual utilicé unos tres minutos, aproximadamente. Los niños se dividieron en grupos de cinco y se dedicaron a la tarea de aplicar el procedimiento del PMI. Quiero dejar bien claro que yo no participé en absoluto en ese proceso de razonamiento. No ofrecí sugerencias. Ni les llamé la atención sobre las consecuencias de su decisión. Unicamente expliqué cómo era el "instrumento" y permanecí apartado de ellos mientras trabajaban. A los cuatro minutos, me presentaron el resultado de sus reflexiones. Una de las ideas que habían surgido era que los chicos mayores podrían llegar a golpear a los más pequeños para cogerles su dinero. Se temió que la escuela aumentara el precio de las comidas o de otras cosas. Hubo una duda acerca de si los padres continuarían haciéndoles regalos a los hijos que recibían un salario. También se planteó la preocupación por el origen de ese dinero ("Habría menos dinero para los maestros"; "No llegaría el dinero para comprar el microbús a la escuela"). Al final de este ejercicio, volví a pedir a los alumnos que expusieran su opinión sobre la idea. Veintinueve de los treinta habían cambiado completamente de opinión y modificado su "primera reacción". Veintinueve de los treinta decidieron que cinco dólares semanales para ir a la escuela no era una buena idea. Descubrimos luego que el niño que no había variado de modo de pensar no recibía dinero alguno para sus gastos, de modo que cinco dólares valían la pena, cualquiera que fuera la complicación que pudieran ocasionar.

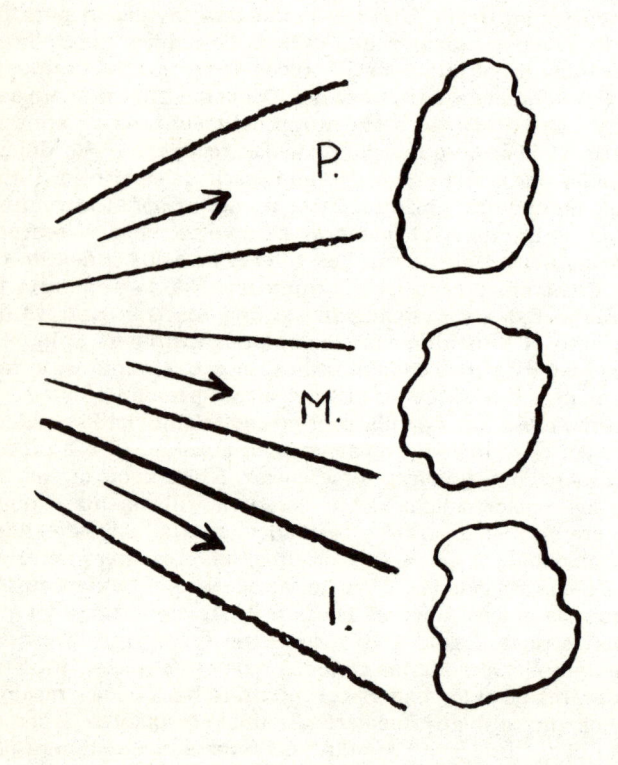

El examen

El PMI es un procedimiento de examen detallado muy simple. La "P" significa "Plus", o sea, lo más importante. Al que está pensando se le pide que realice el examen en la dirección de los plus, aun cuando le desagrade el tema sugerido. ¿Qué es lo que se puede ver en esa dirección? ¿Hay algunos puntos de cierto valor? Al principio, la persona a quien le desagrada el tema dirá, posiblemente, que no hay nada digno de verse. Después de un cierto tiempo, sin embargo, aparece la influencia del propio ego, que quiere realizar la operación correctamente y obtener resultados, y entonces esa persona empieza a admitir que puede ver algunos detalles que merecen atención, cuando se mira en la dirección sugerida. La próxima dirección para el examen es hacia los "Minus" (o "M"), o sea los de menor importancia. ¿Cuáles son los detalles negativos? ¿Cuáles son los aspectos reprobables del tema? El análisis final se dirige hacia los puntos Interesantes ("I"). Estos puntos interesantes incluyen aquellos que no son ni buenos ni malos, pero que merecen tenerse en cuenta. La frase "sería interesante considerarlo siempre y cuando...", o alguna expresión similar, puede usarse para destacar dichos detalles. Las direcciones hacia "P", "M" e "I" representan para el que razona lo mismo que la brújula para el topógrafo. Este puede dirigir deliberadamente su observación hacia el norte o hacia el este, etc. De esta manera, su atención examina todo el campo, en lugar de pasar de un punto de interés a otro. De la misma manera en que al topógrafo se le puede pedir que mire hacia el norte, al que piensa se le puede solicitar que mire en la dirección de los "plus".

Instrumento simple

El procedimiento del PMI parece tan simple y tan obvio que se puede suponer que tiene poco valor. Sin embargo, es fácil de comprender y no tan fácil de utilizar. Esto es así porque va en contra de nuestros hábitos naturales en lo referente a la forma de pensar. *Preferimos usar nuestro pensamiento para apoyar nuestros juicios, antes que explorar las situaciones.* Cometemos un grave error si creemos que porque algo es simple de entender debe ser fácil de usar. Cometemos un error más grave todavía si estamos convencidos de actuar así habitualmente.

EL INSTRUMENTO

El PMI, ¿es algo más que una exhortación a mirar todos los aspectos de un hecho, para tener una visión equilibrada? En la práctica hay una gran diferencia, por razones que voy a explicar aquí. La exhortación tiene poco efecto residual. Aquellos a quienes se exhorta admiten estar de acuerdo, pero pronto siguen con su criterio, como antes. No retienen nada que les pueda ser útil.

Las letras "P", "M" e "I" se han elegido deliberadamente para que resulten raras. Se eligieron también para que formen en conjunto un sonido fácil de recordar y de pronunciar. Los niños y los adultos se acostumbran a decir "PMI". Aunque al comienzo suena artificial, como si se tratara de una jerga, pronto se convierte en parte natural del lenguaje. Se ha pretendido intencionadamente que parezca extraña al principio: de este modo, la atención se centrará en el instrumento. Y así, éste se utilizará directa y deliberadamente. En efecto, el método de enseñanza supone la práctica repetida con el mismo instrumento en una amplia variedad de "temas para pensar". Cada tema dura no más de cuatro minutos (o menos). De esta manera, lo único constante es el propio instrumento. La habilidad se adquiere con el uso deliberado del PMI. El PMI —y la habilidad inherente— se pueden ahora transferir a situaciones nuevas. Así, la principal dificultad en la práctica del pensamiento —la dificultad de transferir— se supera directamente.

Dos docentes de una escuela comenzaron a enseñar las "lecciones de pensamiento" del CoRT (Cognitive Research Trust). Uno de los maestros usó el término "PMI", pero el otro se negó por considerarlo "jerga", y simplemente invitó a sus alumnos a razonar de "forma equilibrada". Los maestros compararon sus resultados. En la mitad del primer semestre, el maestro que había rechazado el uso del término "PMI", cambió de opinión y comenzó a utilizarlo. Lo que hace el "PMI" es crear en la mente un "concepto operativo". Nuestra mente está llena de "conceptos descriptivos" como "silla", "reunión", "plan", etc. Pero hay escasez de conceptos concisos en términos de acción que nos lleven a actuar de determinada forma. El PMI (y los demás instrumentos CoRT) ha sido ideado para proporcionar esos "conceptos operativos". Así como reconocemos una "silla", así también deberíamos ser capaces de reconocer una situación que requiere un PMI. Otra forma de contemplar el PMI sería considerarlo casi como una "subrutina" en el procesamiento de datos. Un programador informático puede necesitar, en algún momento, cierto tipo de procesamiento de datos. De la misma forma, el que razona puede necesitar un PMI.

No es un juicio

El PMI no es un proceso de juicio sino de examen. Hay quienes preguntan si no se puede simplemente hacer una lista de temas y luego seleccionarlos para repartirlos en tres cajas: P, M e I. Este es un proceso totalmente diferente. Los temas se han presentado y ahora se clasifican. En el procedimiento PMI correcto, el que piensa hace un análisis en la dirección de los "P" y observa qué es lo que ve. En el clásico procedimiento de "pros y contras", el que razona hace la lista de los diferentes argumentos, y se supone que toma una decisión de acuerdo con los argumentos en pro o en contra que predominan. En el procedimiento de exploración del PMI puede haber un solo punto "P" y unos diez puntos "M", y sin embargo, el que piensa puede todavía optar por seguir adelante. El propósito de un procedimiento de exploración es dirigir la atención a todo el medio que le rodea, con el objeto de diseñar un buen mapa. El que razona encuentra, entonces, su camino en ese mapa, según el destino deseado y el sistema de valor en uso. Este proceso fue descrito bastante sutilmente por una niña de trece años, que afirmó que al principio pensó que el proceso PMI era una pérdida de tiempo, puesto que ella "sabía muy bien lo que pensaba sobre el tema". Y añadió que después de haber analizado los puntos "P", luego los "M" y finalmente los "I", se encontró reaccionando contra lo que había afirmado antes. Una vez que se ha dado forma al mapa, ya no puede dejar de verse. *La cuestión acerca de la parte perceptiva del pensamiento es que cuando se ha visto una situación de cierta manera, la existencia de esa visión ya no puede negarse.*

Lo subjetivo

Así como el topógrafo considera el valor de un estudio del terreno, también el que razona evalúa los resultados del proceso PMI. En un cierto ejercicio se pidió a los niños que consideraran la sugerencia de que todos los automóviles fueran amarillos. Uno de los niños dio, como valor positivo, la idea de que en ese caso los automóviles deberían mantenerse más limpios. Otro de

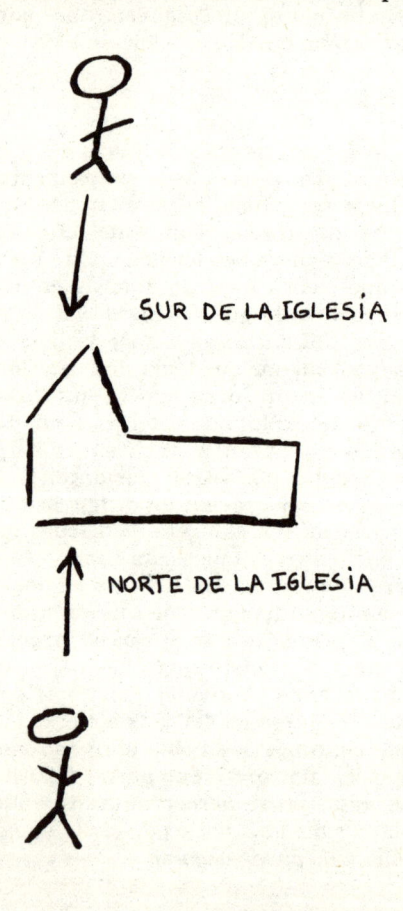

SUR DE LA IGLESIA

NORTE DE LA IGLESIA

los alumnos consideró que esa idea era un punto "M", porque él era el encargado de lavar el automóvil de su padre, y entonces lo iba a tener que hacer más frecuentemente. Ambos tenían razón. Una persona ve el chapitel de una iglesia al mirar hacia el norte. Otra persona ve el mismo chapitel cuando mira hacia el sur. Ambas están en lo cierto. El chapitel no está ni en el norte ni en el sur. En el PMI ningún punto es, por sí mismo, "P" o "M". Son únicamente direcciones hacia las cuales mira el que piensa.

Algunas veces he visto realizar un proceso PMI anotando tres títulos (P, M e I) en un cuadro e invitando a los participantes a escribir ítems debajo de algunos de los títulos, a medida que aparecían los temas. Este no es un buen método. Mirar en la dirección de "P" durante un determinado período de tiempo no es lo mismo que mirar en las tres direcciones durante ese mismo tiempo. Sospechamos, incluso, que la química del cerebro puede ser ligeramente diferente cuando el que piensa está mirando en la dirección de "P", que cuando está dirigiendo su mirada en la dirección "M". Existen consideraciones teóricas surgidas del comportamiento de los "sistemas de información autoorganizados" que vienen a confirmar todo esto.

Interés

Con sujetos muy pequeños (menores de nueve años), la dirección "I" no es muy importante. A medida que aumenta la edad y la complejidad intelectual, también se incrementa la importancia de la dirección "I" (Interés). Con el tiempo, la mente adquiere el hábito de ir más allá de los aspectos comunes del juicio y considerar los aspectos del interés. Estos aspectos interesantes enriquecen considerablemente el "mapa" de la situación. Cuando el que razona sabe que al final se va a manifestar un juicio, ya no es necesario que se adopte una actitud de juicio en cada paso. Existe, en cambio, la "actitud de exploración", y es aquí donde la dirección "I" adquiere todo su potencial. A la sombra de la dirección "I", el que piensa puede especular y explorar posibilidades: "Sería interesante ver lo que podría suceder..." y "Sería interesante ver si esto podría suceder..."; este tipo de investigación tiene mucho en común con el proceso de creatividad. Existe la misma exploración especulativa, como una especie de base sobre la cual pueden entonces desarrollarse las percepciones.

Dirección de la atención

Debe ya resultar evidente que el PMI no es otra cosa que un simple instrumento para dirigir la atención. El que razona usa el instrumento con el objeto de dirigir la atención hacia aquellos aspectos de la experiencia existente que, de otra manera, podrían ignorarse. Una de las mayores dificultades que afrontan ciertos aspectos del pensamiento es dirigir nuestra atención hacia áreas que se convierten en importantes solamente después de que les hayamos prestado atención.

El uso del PMI

He tenido dos propósitos al describir aquí el PMI. El primero es dar un ejemplo de un instrumento simple para el pensamiento que puede aprenderse, practicarse y usarse (a los efectos deseados). El segundo propósito es proporcionar al lector un conocimiento de las condiciones de este sencillo instrumento.

Puede que algunos lectores ya lo conozcan y lo estén utilizando. En este caso, las notas que se dan aquí deben considerarse como un repaso y una ampliación de esos conocimientos. No sería justo para los otros lectores suprimir tan importantes aspectos del pensamiento porque algunos otros ya los conozcan.

Cómo se usa el PMI

Cualquiera puede desarrollar y practicar el PMI para su propio uso. Puede que el lector desee también introducir a otros en esta práctica, de modo que, en adelante, pueda emplearse como parte de una "conversación razonada" normal. El PMI no es difícil de explicar. Un ejemplo tomado en la práctica tiene más valor que una explicación filosófica. Siempre es importante, cuando se practica con habilidad una acción del pensamiento, utilizar una mezcla de ítems indirectos (o humorísticos) e ítems serios. La habilidad se practica e ilustra más claramente con los giros indirectos (por ejemplo: "¿Podría usar cada uno un distintivo para indicar su estado de ánimo en un momento determinado?"). El instrumento se puede aplicar entonces a un tema serio. Un ejecutivo me contó cómo había introducido el PMI en una reunión de altos funcionarios de una de las mayores empresas de los Estados Unidos, y cómo su uso inmediato había resuelto un problema alrededor del cual se habían producido luchas y resentimientos durante meses. Este efecto no es sorprendente. La gente aprende las reglas del juego muy rápidamente. Y luego se enorgullece de lo bien que juega.

El PMI es un instrumento fundamental para el pensamiento porque *nuestra reacción natural a las ideas y sugerencias es emocional e incluye una rápida respuesta a los estímulos*. El PMI sirve como forma efectiva de sortear dificultades: "Yo sé que a usted no le gusta esta idea, pero a pesar de ello, aplique un PMI". Es fácil ver cómo el PMI puede convertirse en un instrumento fundamental de "círculos de calidad". Permite hacer sugerencias y luego explorarlas. Protege las sugerencias del rechazo inmediato, porque no apoya las experiencias o las ideas de nadie acerca de cómo deben hacerse las cosas. El PMI, aunque no hiciera otra cosa, tiene el valor de proporcionar un lenguaje o una notación común para el pensamiento. El valor de un seminario de práctica interno, en una empresa, está en que un cierto número de personas de esa organización se familiarizan con un lenguaje común, aunque no estén muy capacitados para el uso de los instrumentos. Existe una ventaja similar cuando un lector de esta *Carta* mantiene una discusión con otro lector.

Acción decisiva

Algunas veces me han preguntado si la capacidad de ver muchos aspectos de un hecho no resta capacidad de decisión. La respuesta es que cuando las decisiones se basan en la ceguera, cualquier cosa que aumente la capacidad de ver debe obstaculizar ese tipo de decisiones. Esto incluiría información, datos del mercado, consejos, el PMI o algo similar. El caso es semejante al del personaje mítico que se supone que dijo: "He tomado mi decisión; no me confundáis con hechos". Existen muchas circunstancias en las que las decisiones ciegas han tenido éxito y han resultado ser valiosas. Hay muchas más en las que han resultado ser desastrosas. Es quien piensa el que debe decidir: si quiere tomar una decisión ciega (en ese caso, ahorraría tiempo tirando al aire una moneda); una decisión parcialmente analizada (mirando solamente la parte agradable de los datos); o una decisión totalmente estudiada. ¿Ha hecho usted la mejor elección, en un restaurante, cuando no puede leer la carta? Mi respuesta corriente es que aquel a quien no le gusta tomar decisiones no debe estar en la dirección de una empresa.

El lugar para pensar

Mi definición de una persona hábil para pensar es la de alguien que puede dirigir su pensamiento a voluntad para llevar a cabo tareas que él mismo se ha propuesto, o que le han sido propuestas (por otros o por el medio que le rodea). Hay gente que es brillante para pensar, que tiene inspiración y que, en ocasiones, puede aportar ideas brillantes. Hay también personas que, en ciertas circunstancias y bajo presiones apropiadas, lograrán una buena actuación. Estoy dispuesto a considerar a todas esas personas como "brillantes pensadores", pero no estoy seguro de estar dispuesto a considerarlos como seres que "piensan hábilmente". Mi opinión sobre la habilidad es que en ella desempeñan importantes papeles el control y la dirección. El carpintero hábil sabe cuándo y cómo utilizar sus herramientas. Estos conocimientos no le impiden ser un genio. Al parecer, los más grandes pintores fueron, generalmente, hábiles artesanos cuando se trataba de aplicar pintura al lienzo.

Voy a darle al lector algunas tareas específicas para pensar. Quiero que aplique deliberadamente el proceso PMI. El propósito directo del ejercicio es, precisamente, que el lector utilice el PMI obligatoriamente. Además, debe observarse a sí mismo, para controlar cómo realiza la tarea encomendada.

Ejercicio 1

Observe un tiempo de dos minutos para cada caso, y anote sólo los puntos "P" para las dos sugerencias que vamos a proporcionar.

(a) Los seres humanos deberían tener narices en los tobillos (sugerencia de un niño para perfeccionar el cuerpo humano).
(b) Debería existir el mismo número de políticos masculinos y femeninos en las asambleas legislativas.

Ejercicio 2

Observe un tiempo límite de dos minutos para cada caso, y anote solamente los puntos "M" para cada una de las sugerencias que vamos a proporcionar.

(a) La edad para la jubilación debería disminuirse hasta los 55 años, tanto para los hombres como para las mujeres.
(b) Los ordenadores deberían estar diseñados para ser "amables con el usuario", de modo que la gente común pudiera utilizarlos sin temor.

Ejercicio 3

Realice un proceso PMI completo (primero P, luego M y después I) con cada una de las siguientes sugerencias. Conceda solamente un minuto a cada dirección.

(a) Cada paciente debería hacerse su propio seguro médico antes de consultar al facultativo o ingresar en el hospital. Si llegara a tener algún problema podría reclamar a la compañía de seguros, en vez de demandar al médico o al hospital.
(b) Las hamburguesas deberían tener forma cuadrada.

Variaciones

Los ejercicios que se acaban de proporcionar pueden desarrollarse en grupo (con la familia o los compañeros). Es importante cumplir estrictamente con los tiempos indicados. Cuando se trabaja en grupo, pueden doblarse los tiempos señalados para los ejercicios individuales (para dar tiempo al intercambio de opiniones).

Otra variación puede ser la realización de los ejercicios de forma individual, pero paralelamente, y luego comparar resultados. Esto exige escribir los resultados. Para que haya el suficiente tiempo, pueden doblarse los tiempos originalmente establecidos.

9
¿Cuál sería la diferencia?

En los Estados Unidos, el sueldo de un ejecutivo de primera categoría puede variar entre 30.000 dólares y más de un millón. ¿Qué diferencias de rendimiento o motivaciones podrían producirse si se añadiera un extra de 100 dólares al año? Una vez deducidos los impuestos, esa suma quedaría reducida a 50 dólares por año. En los niveles inferiores esto supondría un aumento de sueldo del 0,166 %.

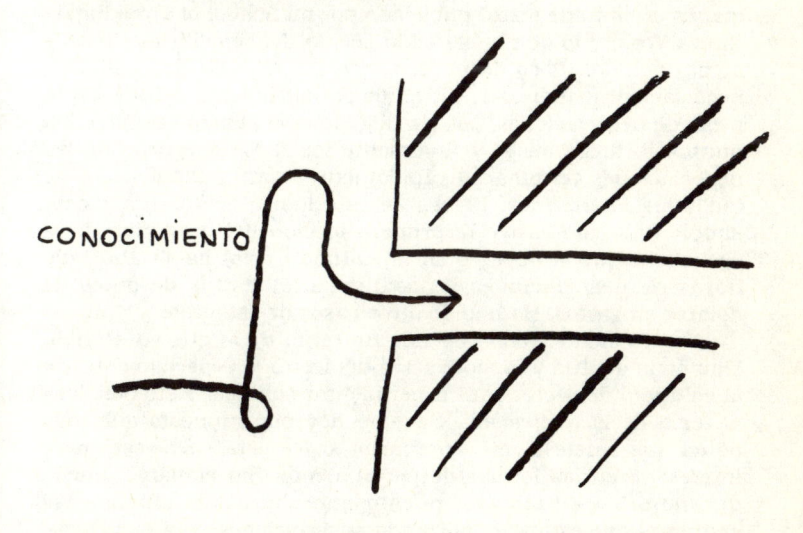

¿Qué diferencia habría si el extra de 100 dólares por año se otorgara en forma de una suscripción a esta *Carta*? Esto conduce al tema, mucho más amplio, de si prestar atención al pensamiento como una cuestión de habilidad puede, realmente y en la práctica, promover alguna diferencia en la capacidad de un lector para pensar.

Creo que sería de muchísimo valor que, de cada suscripción anual, un lector incorporara aunque fuera un solo punto a sus hábitos de pensamiento, ya se tratara de un conocimiento o de una verdadera herramienta. Algunas veces, incluso el tema más simple puede tener un efecto dramático.

Hace diez días (desde el momento en que estoy escribiendo esto), me encontraba hablando ante el Consejo de Presidentes de la General Foods, en White Plains, Nueva York. Estaban invitados a esta reunión los máximos ejecutivos de la General Foods y también los presidentes de las cadenas de grandes supermercados de todos los Estados Unidos. Cuando terminé de hablar, Bernie Paroly (presidente de la conocida cadena de supermercados Pathmark) me contó cómo había llegado a sus manos el "libro de texto" publicado por mi School of Thinking de Nueva York, y lo que había leído acerca del sencillísimo instrumento del PMI. Poco después, se vio envuelto en unas difíciles negociaciones sindicales. Introdujo el instrumento del PMI en la mesa de negociaciones. Los participantes analizaron primero los puntos P, luego los M y finalmente los I. Me aseguró que las negociaciones terminaron rápidamente, con la satisfacción de todos los interesados. El uso de este instrumento sumamente simple (que constituye la primera lección del programa de la escuela, y que se incluye en mi última *Carta*) había ahorrado horas de negociaciones y posiblemente cientos de miles de dólares en gastos. Ha habido otros casos de este tipo.

Naturalmente, todo depende no tanto de lo que yo escribo, sino de la actitud y la motivación del lector y, especialmente, de la voluntad del lector para experimentar con algo. Esto nos lleva al tema de la motivación. Siempre doy por supuesto que todo aquel que asiste a mis seminarios o lee esta carta está muy interesado en las formas de pensamiento. Sin embargo, puede que no sea éste el caso, puesto que ahora son muchas las empresas que están formalizando suscripciones para sus ejecutivos.

Convencer a alguien para que se interese en el pensamiento como habilidad es una ardua tarea, que no voy a tratar en esta *Carta*. Todo lo que voy a decir es que, en cuestión del pensamiento, las cosas más simples hechas conscientemente y con acierto resultan sorprendentemente distintas. Aquellos lectores que aseguren que lo saben todo y que lo hacen todo de una u otra manera, es muy posible que estén engañándose a sí mismos. Cuando comencé a escribir acerca de la creatividad (como pensamiento lateral), sospechaba en cierta medida que la gente realmente creativa me diría que lo sabía todo sobre el tema y que no necesitaba leer más al respecto. En realidad, sucedió todo lo contrario. Personas creativas tan bien conocidas como Henry Dreyfus, Milton Glaser, Misha Black, Alex Moulton o Paul MacCready estuvieron entre los primeros que consideraron valioso todo lo que se escribiera y leyera sobre esos temas. La gente que "lo sabe todo" generalmente sabe tan poco que no puede concebir que exista algo más allá de lo que sabe. Algo así como el hombre que declaró que no necesitaba comprar un libro porque ya tenía uno en casa.

Hay quienes desean una estructura elaborada para poder pensar: haga esto, luego lo otro y después lo de más allá... Algunas veces yo mismo ofrezco esas estructuras, como en el sistema TEC-PISCO. Puedo, incluso, ofrecerlas, de vez en cuando, en esta *Carta*.

Pero ése no es el único enfoque para pensar. Muchas estructuras detalladas resultan impresionantes cuando se las lee, y pueden también dar bastante buen resultado si se observan estrictamente. Sin embargo, con mucha frecuencia hay quienes pretenden pensar de esa manera, pero raramente lo hacen. El otro sistema es ofrecer herramientas individuales, agudeza en la comprensión, consideraciones y percepciones, con la esperanza de que de cuando en cuando se introduzcan en el razonamiento de la persona. Algunos de estos elementos (como el PMI y el concepto de "po") tienen valor, tanto en sí mismos —en el momento en que se usan— como por el efecto general que tienen sobre el pensamiento de la persona. Por ejemplo, el PMI promueve la disciplina del "examen". El concepto de "po" alienta la actitud de tratar las ideas como provocaciones, en lugar de considerarlas como posiciones de juicio.

Sospecho que es posible que de vez en cuando me repita en

estas *Cartas*. Esta es la mayor seguridad para el lector de que las *Cartas* se escriben directamente todos los meses y son recientes. Si yo las escribiera buscando material ya escrito anteriormente y catalogado, no podrían existir las repeticiones. Hay muchos temas que toleran repeticiones. Existen otros que necesitan ser examinados y observados desde diferentes perspectivas.

Lo opuesto a las estrategias efectivas para el pensamiento son aquellos puntos con dificultades especiales, que parecen no estar sometidos al pensamiento común; estos temas corresponden a las decisiones difíciles y a los dilemas.

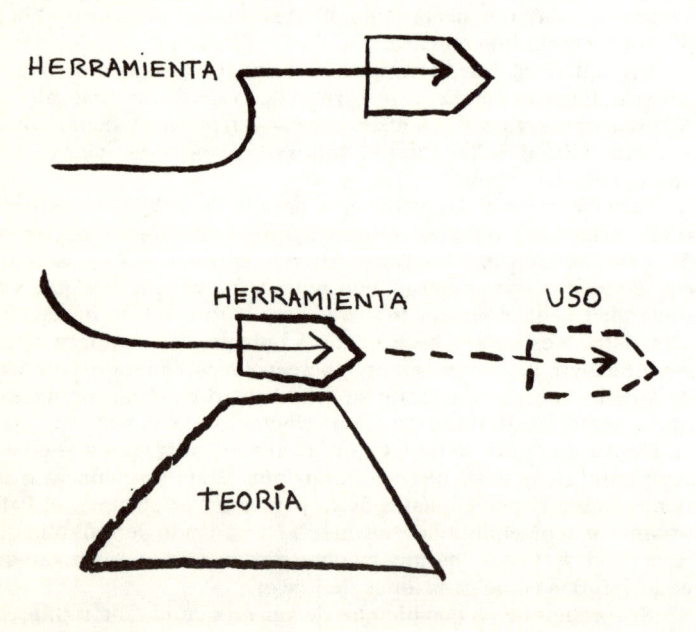

La técnica de la "palabra al azar" en el pensamiento lateral es bien conocida por los que han leído mis libros o asistido a alguno de mis seminarios. Me voy a referir a ella en otra parte de esta *Carta*. Constituye un ejemplo de una técnica extremadamente simple, que puede aprenderse en unos segundos y utilizarse inmediatamente. Sin embargo, parece algo tan imposible, que nadie cree que pueda dar resultado. La teoría en la que se basa la técnica de la "palabra al azar" es bastante complicada y está relacionada con la comprensión básica de los sistemas de autoorganización de pautas. No obstante, no es necesario comprender las bases teóricas para usar la técnica de forma efectiva. En una oportunidad, cuando estaba hablando en una reunión del Bank of America Far East, en 1983, alguien me manifestó que había utilizado deliberadamente la técnica de la "palabra al azar" para proyectar una inversión que se ajustara a las condiciones del mercado de Hong Kong. Este es otro ejemplo de uso deliberado de una técnica simple.

No desearía que el lector tratara de recordar todos los puntos que expongo en la *Carta*. Lo último que querría es crear confusión. Algunas cosas pueden leerse ligeramente, sólo para que logren su efecto residual; otros puntos pueden ser motivo de examen y recibir especial atención. También sugeriría revisar *Cartas* anteriores, para estudiar puntos que no se hubieran advertido en su momento. Por lo tanto, la respuesta al interrogante del título, "¿Cuál sería la diferencia?", es que la diferencia puede ser considerable.

EVALUACIÓN

La evaluación es un tema amplio que merece por sí mismo un libro completo. De modo que volveré sobre el tema una y otra vez. Lo que voy a exponer aquí trata solamente algunos aspectos de este campo.

Existen muchos métodos para realizar la evaluación financiera de un proyecto o de una inversión, y no me propongo entrar en ello aquí. Como siempre, me interesan más los aspectos conceptuales.

Usted puede encontrarse en la necesidad de elegir a alguien para ocupar un cargo; o debe seleccionar el tema para una campaña publicitaria. En cualquiera de estos casos, tendrá que tomar una decisión. La decisión de comprar un ordenador personal puede ser diferente: no necesita decidir; simplemente sigue adelante con la idea. El segundo tipo de actitud puede convertirse en el primero simplemente si se considera que la

TENER QUE

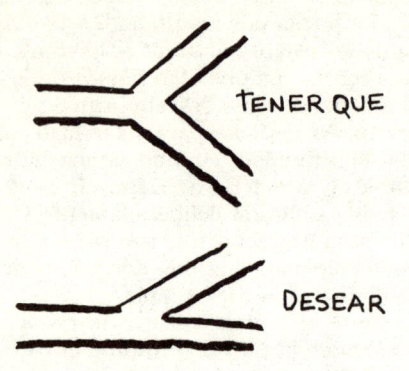

DESEAR

alternativa de "no hacer nada" es una alternativa real y elegida. En la práctica —y desde el punto de vista emocional— nunca parece ser tan simple, aunque lógicamente sí lo es.

Una señora va a comprar un vestido de fiesta para una ocasión muy especial. En la tienda del modisto observa una selección de vestidos. Se prueba algunos y examina si le quedan bien. Se mira en el espejo e incluso pide la opinión de otros. Aun así, la evaluación está lejos de ser completa. Tiene que imaginarse a sí misma en el baile: ¿qué aspecto va a tener? Tal vez piense a más largo plazo: ¿es la clase de vestido que podrá usar en ocasiones menos formales? ¿Puede gastarse tanto? Esta última pregunta tal vez haya surgido mucho antes, en términos generales. Pero si el vestido es lo suficientemente atractivo, es posible que se introduzca cierta flexibilidad en el criterio respecto del precio. Podemos usar esta situación como modelo para considerar algunos aspectos de la evaluación.

¿Dará resultado?

¿Es realmente una opción? ¿Sirve para lo que se supone que debe servir? ¿El mecanismo es seguro? ¿Está bien realizada la planta piloto? Esta clase de preguntas se refieren a la naturaleza de la opción. ¿El vestido es adecuado? ¿Es práctico?

¿Se venderá?

Tal vez sea difícil separar esta pregunta de la anterior, pues la eficiencia en el mercado puede ser la única forma de que algo dé resultado. También podemos imaginarnos un nuevo tipo de póliza de seguros. En este caso, "¿Dará resultado?" se refiere a los tecnicismos legales y estadísticos. "¿Se venderá?" se refiere al comportamiento del mercado, cuando todos los aspectos técnicos se hayan ajustado. Podemos, asimismo, suponer que se trata de un nuevo juego. "¿Dará resultado?" se refiere al posible éxito del juego en el mercado. Parece que la frase "¿Se venderá?" centra demasiado su atención en la comercialización de un producto como para que tenga una aplicación más general. El término "vender", sin embargo, puede tomarse en su aplicación más amplia. Si hay otra gente relacionada con el tema, ¿se le puede vender la idea? Hay pocas ocasiones en las que una opción no dependa de otras personas. La delincuencia es una de ellas. Los delincuentes podrían ser buenos empresarios (salvo por un detalle: no quieren depender ni de inversores ni del mercado). De modo que la expresión "¿Se venderá?" podría parafrasearse como: "Los que están comprometidos en esto para convertirlo en realidad, ¿querrán realmente hacerlo así?"

¿Puedo permitírmelo?

Como en el caso del precio del vestido de fiesta, aquí hay una cierta elasticidad. En cierto nivel, hay una supresión de aquellas cosas que están simplemente fuera de la cuestión. "Permitirse algo" no solamente se refiere a dinero, sino también a tiempo, esfuerzo, molestias, imagen y otros desgastes. Por debajo de esta eliminación absoluta, existe generalmente un equilibrio entre "atractivo" y "precio". Si el atractivo es importante, pueden hacerse sacrificios o correr un riesgo. Aquí surge un peligro: el de sobrepasar la flexibilidad respecto del precio, para apoyar una opción que es muy atrayente.

Existe otro aspecto de la cuestión "permitirse algo". Los recursos no suelen ser ilimitados. Poder permitirse algo significa que alguna otra no podrá realizarse con los mismos recursos, lo que inmediatamente conduce al concepto de la oportunidad del gasto. ¿Qué otra cosa podría hacerse con esos fondos? Esto puede llevarse demasiado lejos. Si todos hiciéramos un juicio sensato sobre "gastos oportunos", la mayoría de los restaurantes estarían vacíos. Hay muchísimas cosas más permanentes y más valiosas que pueden hacerse con el dinero que gastamos en una comida que se consume y se olvida. En este punto puede ser necesario introducir el concepto de acciones de valor estable. Esto significa que no siempre es necesario confrontar una opción con el mejor uso posible de los fondos. Por ejemplo, un gasto en publicidad puede resultar más efectivo que gastar dinero en investigación y desarrollo, en cuyo caso nunca se atendería a la investigación ni al desarrollo.

¿Cuál es el mejor valor?

Después de haber analizado los criterios absolutos, vamos ahora a considerar los relativos. Suponiendo que podamos permitirnos algo, y que dé resultado y que se venda, aún nos queda por elegir entre varias opciones. Hay muchas formas de llevar esto a cabo, y yo me voy a ocupar solamente de tres de ellas.

Prioridades, criterios y perfiles

Este es un método bien establecido. Se confecciona la lista de las prioridades, que se convierten en los criterios para la evaluación. Parece fácil, pero no lo es. Esto se debe a que una opción puede satisfacer varios criterios moderadamente, mientras que otra opción satisface un solo criterio, pero de forma espectacular. Por ejemplo, consideremos una casa verdaderamente hermosa, pero que está en realidad demasiado lejos del trabajo, de las escuelas y de los comercios, comparada con otra casa vulgar, pero que satisface todos los otros criterios. Trazar un perfil es algo similar. Puede significar establecer un estilo de selección, y luego analizar qué opción se adapta a ese estilo. Aquí, la palabra "estilo" abarca necesidades, estrategias y modo general de acción. ¿Esta opción se ajusta a nuestro (o a mi) estilo?

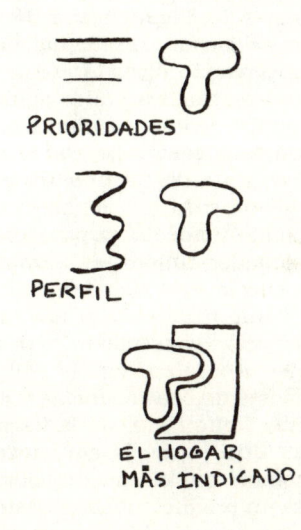

PRIORIDADES

PERFIL

EL HOGAR MÁS INDICADO

El PMI

Ya traté el PMI en mi *Carta* anterior, pero lo menciono aquí como un camino para la evaluación. "P" (Plus) representa los puntos que son atractivos. "M" representa los temas que no son realmente atractivos. "I" son los aspectos interesantes. El PMI es un procedimiento de análisis, no de juicio. Puede haber muchos más puntos M que P, y sin embargo, elegir esa opción. De forma similar, no es posible comparar los puntos PMI para diferentes opciones. Lo que es útil es la sensación general que se obtiene cuando se analiza un PMI. El método PMI simplemente obliga al que piensa a manifestar abiertamente los puntos atractivos, los no atractivos y los interesantes, de modo que a partir de entonces influyan más en el nivel consciente que en el inconsciente.

La mejor casa

Aquí, el énfasis se aparta de las opciones mismas y se pone en la "mejor casa" para cada opción.

Si volvemos a la analogía con la compra del vestido de fiesta, es posible imaginar a la dama en cuestión mirando una creación en particular y diciendo: "Ese le quedaría bien a una joven de 24 años", y observando otro: "Aquel le vendría bien a una mujer que fuera poco atractiva y algo gorda". En el tema de la casa, para cada opción se crea una imagen de la vivienda ideal. Luego, se compara cada casa ideal con la casa que existe realmente o con el conjunto de circunstancias. Un producto que podría ser conveniente para una organización de gran tamaño, podría ser totalmente inadecuado para una organización más pequeña. En los Estados Unidos, el lanzamiento al mercado de un nuevo cereal cuesta aproximadamente treinta millones de dólares, de modo que proyectar la elaboración de un nuevo cereal no es una opción conveniente para pequeñas empresas. Como en cualquier otra situación, es peligroso ser demasiado estricto en estos tests de conveniencia. ¿Quién habría pensado que IBM iba a tener tanto éxito con la introducción del ordenador personal? Por otra parte, la confianza que despertaba el muy respetado nombre de IBM puede haber convertido el ordenador personal en un producto ideal, puesto que muchas personas que confían en la seguridad pueden haberse decidido a comprar todos esos ordenadores.

Riesgo

Las cosas pueden salir mal. Los hechos puede que no se presenten como se esperaban. Pueden producirse desafortunadas interferencias que no se habían podido prever. El intento de De Lorean de construir un nuevo automóvil de lujo para el mercado de los Estados Unidos se encontró con un fuerte descenso en las ventas de automóviles, precisamente en el momento en que el *cash flow* pasaba por una situación crítica.

Confiar en que se mantenga el clima actual o la tendencia del mercado es una clase de riesgo muy diferente a esperar que se produzca cierta confluencia de circunstancias. Cualquier cosa que tenga que ver con el futuro entraña elementos de riesgo. Un buen ardid es poner al descubierto los riesgos posibles y saber cuáles son. Otra cosa necesaria es idear un concepto o un curso de acción que funcione en distintas circunstancias e incluso cuando la ideal no aparezca (o no persista). El peor tipo de riesgo es tener cierto número de "si sucede..." en serie: si esta tecnología da resultado, si conseguimos el precio adecuado, si la competencia no avanza, si el precio del petróleo se mantiene estable, etc.

La posición en retirada

Hay ciertos aspectos de las opciones que no tienen nada que ver con sus méritos intrínsecos, ni siquiera con su posibilidad de éxito. Por ejemplo, la facilidad de comprobar una opción es una parte importante de su valor. En educación, por ejemplo, una innovación cuyo efecto pueda comprobarse fácilmente será de mayor valor práctico que otra que sea más difícil de comprobar. La planificación de una posición en retirada también es parte del procedimiento de evaluación. Si las cosas no marchan de acuerdo con el plan, ¿cómo quedaremos? ¿Quedaremos expuestos a una posición de vulnerabilidad y peligro? ¿Conseguiremos "la mitad del premio", que es algo valioso, pero siempre menos sastisfactorio que el premio entero? ¿Ganaremos algo más que el beneficio de la experiencia adquirida? ¿Un fracaso significará simplemente "borrón y cuenta nueva"? ¿Tendremos el coraje de trazar una línea y aceptar el fracaso? Lamentablemente, la historia de los negocios está llena de casos en los que la persistencia y la determinación han dado sus réditos, pero también está repleta de ocasiones en las que la negación del fracaso ha conducido al desastre. Hay un dicho muy útil: "¿Qué es lo peor que pueda suceder"? Si la persona puede vivir con ese "peor", entonces el posible fracaso de la acción tendrá siempre algo de aceptable.

Percepción

Los rasgos y las cualidades que he discutido en este artículo rara vez son tan evidentes como la textura o el color de un vestido. Generalmente dependen de la percepción: la forma en que miramos las cosas; en qué centramos nuestro interés; los conceptos que utilizamos. Un fabricante que haya tenido un año extraordinariamente fructífero puede invertir en una nueva planta, en investigación y desarrollo, en una campaña de comercialización, en incrementar dividendos, etc. Un comerciante al por menor puede usar el excedente de las ganancias para rebajar los precios de algunos artículos (considerando esto como una inversión, como piensa el fabricante que compra una nueva planta). El valor está en el ojo del observador. Algunos están dispuestos a pagar mucho por una "experiencia de aprendizaje". Somos muy buenos para sacar conclusiones de los desastres, pero cuando se trata de evaluar opciones, en nuestro intento de limitar el campo, preferimos fijarnos en los aspectos negativos. Esto tiene sentido, ya que ningún nivel de aspectos positivos puede hacer realizable lo que no es factible. Pero una vez que algo ha dicho sí a esas pruebas preliminares (da resultado y podemos permitírnoslo), entonces es posible centrar la atención en los aspectos positivos.

El lugar para pensar

La solución rápida ideal

Una vez inventé un juego de palabras que denominé EVOL, que es simplemente una abreviatura de EVOLUCION. La tarea consiste en tomar una palabra de cuatro letras e ir modificándola hasta convertirla en otra palabra de cuatro letras, previamente elegida. Publiqué una serie de EVOLs en la revista del *Daily Telegraph*. Recibí un montón de cartas airadas, en las que me decían que yo no había inventado ese juego en absoluto, pues Lewis Carroll (que escribió *Alicia en el país de las maravillas*) lo había inventado el siglo pasado. Acepté el veredicto y me di cuenta de que había reinventado algo que ya se conocía. En este caso, el hecho de inventar interesa menos que el resultado.

Las reglas son simples. Sólo puede cambiarse una letra cada vez. En cada etapa, la palabra formada por el cambio de una letra debe ser una palabra real, con su significado propio. Consideremos los siguientes ejemplos:

Ejemplo 1. Transformar NUBE en LOCA
... NUBE
... SUBE
... SUBA
... SOBA
... TOBA
... TOCA
... LOCA

El desafío es, naturalmente, llevar a cabo la evolución en el menor número posible de movimientos. Sin duda, muchos lectores encontrarán caminos más cortos que los de estos ejemplos.

Ejemplo 2. Transformar DAME en LIRA
... DAME
... DAMA
... CAMA
... COMA
... LOMA
... LIMA
... LIRA

El ejercicio en sí es divertido. También es algo compulsivo. Hay siempre cierta urgencia por hacerlo de una manera más elegante. Nuevos caminos y nuevas líneas se insinúan continuamente. Es evidente que la conversión se puede realizar desde cualquier lugar de los dos extremos, o de ambos al mismo tiempo.

En resumen, este juego ofrece un buen modelo para analizar el lado emocional del pensamiento. Puede haber frustración y bloqueo. Entonces surge la esperanza, cuando se insinúa una nueva línea. La nueva línea avanza, probablemente durante varias etapas. Luego puede desaparecer.

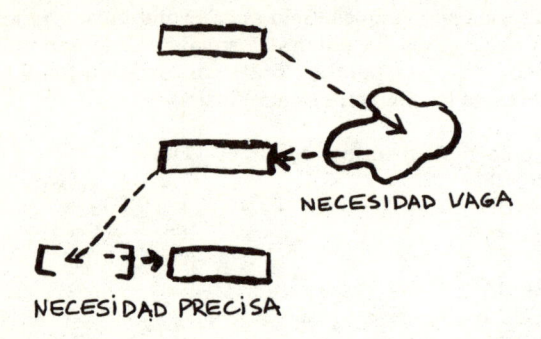

NECESIDAD VAGA

NECESIDAD PRECISA

Lo que resulta especialmente fascinante es la sensación que acompaña a la acción de "arrojarse" a una línea que se presiente que va a conducir directamente a la solución. Es como si se reconociera el camino aun cuando no se haya transitado anteriormente. Es la sensación tradicional de "eureka". El juego de EVOL podría, sin duda, constituir el modelo más simple para experimentar el sentimiento de "eureka". Por esa razón lo introduzco aquí. Quiero que mis lectores analicen sus emociones a medida que trabajan en el juego. No lo presento simplemente como una sección de juegos o acertijos.

Con un poco de práctica, se hace posible dar un salto y llenar el hueco vacío. Es posible armar una estrategia y definir lo que hace falta.

Trate de resolver los siguientes pares:

ROSA a POMO
LUTO a COSA
VASO a PILA

VELA a ROTO
SINO a HADA
PASO a RICA

Trate de hacerlo con el mínimo de movimientos en cada caso.

10
El futuro del pensamiento

Creo que dentro de 100 años, la gente mirará con incredulidad la naturaleza primitiva de nuestros actuales sistemas de pensamiento. Considerará sorprendente que la idea de enseñar en las escuelas la habilidad del razonamiento fuera siempre una idea de pioneros. Problemas como los de Irlanda del Norte, las Islas Malvinas y el desarme tendrán soluciones obvias. ¿Es esto una utopía de ciencia ficción?

¿Es ésta una perspectiva contraria a la naturaleza del sistema humano, con su cerebro al estilo antiguo (como Koestler habría pensado)? ¿Podría suceder únicamente en un mundo que se hubiera convertido en una gran organización con una centralización de hechos críticos en el terreno del pensamiento? ¿Podría surgir sin esa centralización, pero con un sistema mejor?

PENSAMIENTO TÉCNICO

Los ordenadores están perfeccionándose cada vez más. Los lenguajes informáticos también están mejorando continuamente. Estamos comenzando a crear *software* de "sistemas para expertos", que permiten que un experto transfiera sus conocimientos a una máquina y luego los use para resolver problemas. ¿Podrían los líderes del mundo hacer cola frente a un superordenador, alimentarlo con sus problemas y luego obedecer sus decisiones, como podrían haber hecho ante el oráculo de Delfos?

¿Y qué decir del pensamiento común? ¿Puede ser que el pensamiento más correcto sea siempre el de la mayoría, o deben decidirlo los expertos? ¿Llegaremos a conocer la química del cerebro de un modo tan perfecto como para estar en condiciones de distribuir píldoras para "actitudes positivas" y píldoras para "resolver problemas"? ¿Surgirán nuevos conceptos y nuevas ideologías que nos indiquen un camino para afrontar conflictos?

¿Puede ser tan deficiente nuestra forma de razonar si hemos podido ir a la luna y volver; cruzar el Atlántico a mayor velocidad que una bala de fusil; explorar la naturaleza íntima de la materia (en la física de las partículas); y vencer muchas de las enfermedades del hombre (una nueva vacuna contra la malaria está a punto de salir a la luz)? ¿Es posible que aquellas cosas que aún no ha podido doblegar este poder del pensamiento humano (problemas emocionales, políticos y relacionados con las creencias) deban su inmunidad a la naturaleza misma del hombre? ¿Qué otra razón hay para esta discrepancia entre el poder tecnológico y el fracaso social de nuestros hábitos de razonamiento?

¿Tal vez hemos adoptado un giro lógico equivocado en el desarrollo del pensamiento? La única forma de reencontrar el camino, ¿será mediante la aplicación de una lógica técnica al diseño de *hardware* y *software* que finalmente nos rescate de las limitaciones de esa misma lógica técnica? Nuestros sistemas de pensamiento, ¿han desarrollado hábitos e instituciones que en realidad impiden nuevas evoluciones de nuestros hábitos de pensamiento? El lenguaje y la imposibilidad de modificarlo, ¿nos encierran para siempre en conceptos y percepciones anticuados? Todo esfuerzo que se haga en favor de un cambio, ¿será considerado en un primer momento como algo francamente sorprendente (como los esfuerzos para reformar la ortografía)?

¿Hay alguna posibilidad de especulación, o debemos dejarlo

todo en manos de la evolución natural y confiar en que la atención del hombre en la cuestión del pensamiento nos proporcione finalmente mejores sistemas? ¿Tiene el razonamiento alguna importancia si no podemos modificar las emociones humanas, los valores y las creencias?

Bueno, yo tengo mis puntos de vista, como pueden suponer los lectores de esta *Carta* y de mis libros.

Yo creo que van a suceder muchas cosas en los próximos 50 años. Nos encontramos justamente en el límite de un avance explosivo en este terreno. Los avances no procederán de los filósofos ni del mundo literario, ni, sin duda, de nuestras instituciones académicas, o no por ahora, al menos. Todos ellos son los guardianes del pasado. *Las transformaciones procederán de los que exploran los sistemas, de aquellos que investigan críticamente la naturaleza de los universos de los sistemas.* De los que pueden recoger los resultados y trasladarlos a un lenguaje factible. Hay mucho trabajo por hacer. No se tratará de revelar la verdad y confiar en que todo lo demás surja por sí mismo. La verdad (como en economía) será demasiado compleja como para que todos la entiendan. Será cuestión de elaborar conceptos y herramientas que puedan tener sentido propio y signifiquen un progreso sobre hábitos existentes. El razonamiento tendrá que ampliarse. Pero el resultado final deberá ser simple, evidente y factible.

PENSAMIENTO SOCIAL

Dirigir la atención hacia el razonamiento

La primera etapa consiste en concentrar nuestro interés directamente en el pensamiento, como tema digno de atención por sí mismo. No se trata de considerarlo desde la filosofía, la semántica, la lingüística, el comportamiento de sistemas o la psicología, aunque esté incluido en todos estos terrenos. Esos campos poseen sus propios lenguajes y culturas. Acabo de dejar la Universidad de Cambridge precisamente porque ya no es posible armonizar el razonamiento con el Departamento de Medicina. Curiosamente, esta institución constituyó un hábitat apropiado, puesto que el pensamiento depende del comportamiento del sistema de una parte del cuerpo, y creo que el lenguaje biológico es un punto de entrada mucho más útil que la matemática, la filosofía o la informática. No es extraño, sin embargo, que un departamento de medicina considere que su rol es el cuidado práctico de los pacientes y no hechos conceptuales más amplios.

De modo que necesitamos centrar la atención sistemáticamente en el razonamiento. También precisamos un conjunto de personas que posean ese interés. Es imprescindible contar con recursos, porque muchas de las actividades necesarias no tendrán un valor comercial inmediato. Siempre me ha interesado el hecho de que la comunidad de los negocios haya demostrado mayor preocupación por el desarrollo del pensamiento que la mayoría de los otros sectores. La razón es evidente: en la mayoría de los terrenos es posible sobrevivir mediante una postura defensiva, defendiendo un punto de vista (en los ámbitos académico, político, religioso, cultural y científico). En los negocios, una defensa habilidosa no es útil, si el mercado piensa de otra manera. Para este grupo de gente interesada, y las instituciones que puedan surgir, existirá siempre el difícil problema de mantener un puente entre los desarrollos teóricos más profundos, por un lado, y la aplicación práctica por el otro. ¿Podemos lograr una mejor comprensión de lo que sucede en el pensamiento, y al mismo tiempo desarrollar métodos que pueda utilizar un niño de nueve años en la jungla venezolana? Esto es, más o menos, lo que yo he estado tratando de hacer.

Universos de la información

Consideremos tres personas que sostienen trozos de madera similares. La primera persona suelta el trozo de madera, que cae al suelo. La segunda persona suelta el trozo de madera y éste se mueve hacia arriba. La tercera también lo suelta, y el trozo de madera permanece exactamente en el mismo lugar. En el primer caso, el comportamiento es fácil de entender. El comportamiento en los otros dos casos es extraño y muy misterioso. Es extraño precisamente porque suponemos que los casos dos y tres tienen lugar en (exactamente) el mismo "universo" que el primero. En realidad, en el caso dos, la persona está debajo del agua, por lo cual el trozo de madera sube y flota (comportamiento natural y lógico). En el caso tres, la persona está en una nave espacial, en órbita alrededor de la tierra, de modo que la gravedad es nula y el trozo de madera permanece en el mismo lugar (nuevamente el comportamiento es natural y lógico). *El misterio se aclara en cuanto estamos en condiciones de especificar cuál es el universo en el cual tiene lugar la acción.*

Cuando nos referimos al pensamiento, siempre suponemos que estamos tratando con un sistema pasivo de información. Esto también se puede denominar sistema discreto. Se hacen ciertas marcas en un papel, y ahí se quedan. Se graban signos en un disco magnético, y los signos se quedan ahí. En esto se basan nuestros sistemas lógicos y de razonamiento. La noción misma de "análisis" y "verdad" depende de ese universo de información. *Pero la percepción y la creatividad no pueden entenderse como incluidas en ese universo, de modo que las consideramos misteriosas.*

Por este motivo, nuestros sistemas de razonamiento han resultado tan buenos para los temas técnicos y tan deficientes para las cuestiones sociales.

Existe otro tipo de universo de información. Se trata de la superficie de información activa. Es una superficie en la cual la información puede organizarse a sí misma en modelos. Es un sistema de autoorganización. Sobre esto escribí, en 1969, en mi libro *The Mechanism of Mind*. En aquel momento, no fueron muchos los que se tomaron en serio este libro. Ahora, se está convirtiendo de pronto en un objeto de culto entre aquellos que actúan en las fronteras del manejo de la información. Desde la época en que escribí ese libro, la noción de sistemas autoorganizados se han puesto muy de moda (gente como Prigogine y Jantsch han escrito extensamente sobre ese tema). Muchas de las cosas que expuse en aquel libro han sido redescubiertas.

Cuando podemos definir un universo de información, podemos, entonces, explorar lo que sucede en ese universo. Estas investigaciones pueden conducirnos a una mejor comprensión de ciertas cosas, tales como "sistemas de opinión", "creatividad", "introspección", "métodos de enseñanza", etc. La exploración también puede llevarnos al diseño preciso de herramientas para el pensamiento. Por ejemplo, la técnica de la palabra al azar del pensamiento lateral no tiene ningún valor en los sistemas pasivos de información del mundo corriente, pero es perfectamente lógica en el ámbito de los modelos de los sistemas autoorganizados.

No espero que todos los que utilicen la técnica de la palabra al azar o instrumentos como el PMI entiendan la teoría que las anima. Como ya he dicho antes, los instrumentos deben tener su propio valor y ser practicables y útiles.

Lo que estoy diciendo significa que una vez que hemos establecido un universo, estamos en condiciones de avanzar mucho más rápidamente. Ya no tenemos que limitarnos a utilizar descripciones empíricas sobre lo que parece suceder. Esta es la razón por la cual soy optimista acerca de lo que se puede hacer en este terreno.

SITO

Uno de los proyectos en los que estoy comprometido es el establecimiento de una Organización Supranacional del Pensamiento Independiente (Supranational Independent Thinking Organization: SITO). Esta actuaría fuera y a través de los límites nacionales, políticos, ideológicos o religiosos. Proporcionaría un sistema de referencias que las Naciones Unidas (por ser un cuerpo político representativo) no podría nunca ofrecer. Trataré de nuevo el tema de SITO en una *Carta* futura.

Carrera

La cuestión crucial es si nuestra capacidad tecnológica (en términos de armas nucleares) nos conducirá a la destrucción de la raza humana, antes que la humanidad haya tenido tiempo para desarrollar los lenguajes del razonamiento que la puedan salvar. Llegará un punto en el cual el lenguaje tecnológico (esencialmente uno mucho más simple) excederá al lenguaje social. Puesto que invertimos billones de dólares en desarrollo tecnológico, y prácticamente nada en el sentido del "pensamiento" social, tenemos razones para estar preocupados. Por el precio de un solo avión de caza F-11 sería posible cambiar el mundo.

INTUICIÓN, PRESENTIMIENTO E INSTINTO

Cuando desarrollo un seminario, es muy común que me pregunten qué pienso sobre la intuición. En esas circunstancias no suele haber tiempo para dar una respuesta completa, y generalmente distingo dos o tres procesos que pueden corresponder a ese título. El término intuición se aplica a una amplia gama de procesos mentales no conscientes, que incluyen: presentimiento, instinto, conocimiento anterior, actitud totalizadora, juicios combinados, estética, procesos internalizados, sentimientos y reacciones viscerales, estilo, imagen de sí mismo, soluciones durante el sueño y capacidad de penetración. Algunos de estos conceptos se superponen y describen el mismo proceso de forma ligeramente diferente.

Todos hemos oído comentarios acerca de presentimientos que han conducido a brillantes decisiones de inversión. Hemos sabido de empresarios que han amasado fortunas gracias a una corazonada. Hemos leído sobre ejecutivos que dan mucha importancia a sus presentimientos cuando deben tomar una decisión. Como sucede con muchos otros ejemplos de éxitos, no hemos oído hablar de las *débacles* que han seguido a otros presentimientos. Los fracasos nunca están a mano para que podamos observarlos.

Sabemos muy bien que en ciertas áreas, la intuición humana puede equivocarse con consecuencias desastrosas. Si

```
1. ---         ⎫      ┌──────┐
2. ---         ⎬      │ 1.   │
3. ---         ⎭      │ 2.   │
                      │ 3.   │
                      └──────┘
          INTERNALIZADO
```

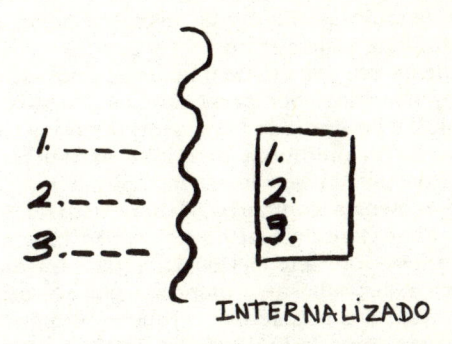

se produce una serie de ocho rojos en una ruleta, la intuición nos dice que el próximo posiblemente será negro. Sin embargo, cada juego es independiente del anterior, de modo que la probabilidad sigue siendo del 50%. Sabemos que los cálculos de la gente sobre sus probabilidades de ganar la lotería están mucho más allá de la realidad.

Sabemos que la intuición no es en modo alguno infalible. Sin embargo, constituye otro ejemplo del muy mencionado comentario de Lord Leverhulme sobre la publicidad: "Sé que la mitad de dinero que gastamos es en vano, pero, ¿qué mitad?". Sabemos que la intuición puede ser acertada o equivocada, pero no sabemos cuándo ocurrirá lo uno o lo otro.

Puesto que la intuición es inconsciente, está fuera de nuestro control y observación, de modo que no podemos verificar lo que está sucediendo. Y no confiamos en ella. Esto nos lleva a otra anécdota famosa: apoyado en manos y rodillas, el trasnochador, ligeramente ebrio, está buscando algo bajo el farol de la calle. Un policía le pregunta qué le sucede. "He perdido las llaves", contesta el hombre. "¿Dónde las perdió?", pregunta el policía. "Oh, allá, cerca de mi automóvil", dice el trasnochador. "Entonces, ¿por qué las está buscando aquí?" "Porque aquí hay más luz".

Este es un chiste ya clásico, que se ajusta muy bien a muchas investigaciones científicas. Siempre queremos mirar allí donde la luz es más potente. *Podemos ignorar áreas realmente importantes porque no tenemos instrumentos de medición para utilizar en esas áreas.* Existe la misma relación entre pensamiento consciente e inconsciente.

La medicina ortodoxa tiene una actitud sumamente escéptica hacia los remedios populares. Muchos de estos son considerados ejemplos de curanderismo y de historias de viejas. Los que practican la medicina ortodoxa saben muy bien que muchas medicinas famosas (como la aspirina y la digital) fueron alguna vez remedios populares y ahora son remedios básicos aceptados. Esos científicos ortodoxos saben también que todos los años se descubre que ciertos antiguos remedios populares tienen propiedades valiosas. Entonces, ¿por qué se resisten a la idea de los remedios populares? Porque esos remedios incluyen tanto lo valioso como lo inútil. La rauwolfia se usó en la India durante 2000 años. Dado que la planta se parecía a una víbora, se decía que era buena para curar la mordedura de víboras. También se usó para tratar la locura. El doctor Nathan Kline estudió la rauwolfia y descubrió que era una droga efectiva para la gente que sufría de ansiedad. Se encontró también que servía para tratar la presión sanguínea alta (como reserpina, y ahora reemplazada por drogas más seguras).

Acabo de terminar de escribir un libro sobre "el éxito" (el libro se ha publicado como *Tactics: the art and science of success* [Fontana]). Se basa en un cierto número de entrevistas con personas que han logrado el éxito de una u otra forma. Sus comentarios sobre la intuición y el instinto son muy interesantes. Por ejemplo, se podría suponer que el campeón del Grand Prix de automovilismo, Jackie Stewart, reaccionaría instintivamente, por el poco tiempo de que disponía para realizar decisiones conscientes, por el contrario, parece que piensa de forma fría, analítica, casi silogística, incluso en medio de emergencias que se producen en una fracción de segundo. Antonio Herrera, jugador de polo de alto nivel internacional, pone un énfasis similar en el razonamiento, incluso en medio de una acción confusa del juego. Y ahí está Jim Rogers, el empresario que convirtió 600 dólares en 14 millones. En sus decisiones pone "instinto", pero en realidad es un proceso de pensamiento racional que ha usado tan frecuentemente que se ha convertido en internalizado y automático. Esta es la forma en que él experimenta una "sensación" especial que lo lleva a realizar una inversión. Norman Lear, el famoso productor de televisión americano, tiene "una regla de cálculo" en el vientre, y confía en las sensaciones de sus entrañas para saber si algo va a dar resultado.

Ahora podemos echar un vistazo a algunos de esos procesos de razonamiento inconscientes, para tratar de determinar lo que sucede y qué valor tienen.

Proceso de internalización

Cierto proceso consciente, gradual, que se utiliza muy a menudo puede, como una subrutina de ordenador, necesitarse y usarse de forma totalmente inconsciente. Un administrador de propiedades ha repetido tantas veces las condiciones para una negociación, que ahora puede hacerlo automáticamente, y por lo tanto parece que actúa por "intuición". Lo mismo sucede con un científico, que mira unos datos y sabe que no están bien. Donde realmente se produce un proceso de internalización de este tipo, esta actitud es conveniente y fiable. El único problema es que la rutina no puede modificarse ni perfeccionarse, porque se ha transformado en una totalidad cerrada.

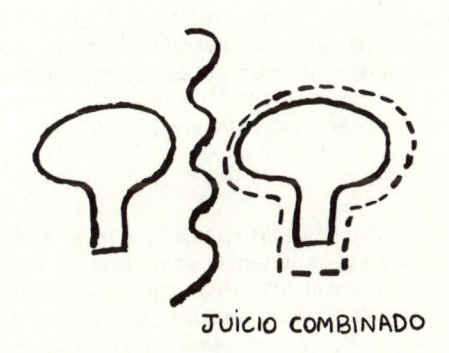

JUICIO COMBINADO

Juicio combinado

Bajo este título incluiré también el tipo de reacción holística (también denominada "cerebral").

Cuando uno se encuentra con un amigo en un aeropuerto, no lo reconoce analizando la distancia entre los ojos, la forma de la nariz y la situación de las orejas. Hay, en cambio, un juicio combinado o "totalizador". Cuando juzgamos algo concienzudamente, debemos atomizarlo o fraccionarlo en detalles analíticos. A menudo, las "cualidades del sistema", que solamente están presentes cuando el objeto es una unidad, se pierden durante este proceso analítico. Por consiguiente, el juicio combinado tiene verdadero valor. Un ejecutivo que toma una decisión "por una corazonada" puede estar ejercitando ese juicio combinado sobre todos los aspectos de una situación.

Conocimiento anterior

Este es un tipo especial de juicio combinado que origina reacciones y acciones basadas en la experiencia. Su debilidad evidente reside en que es un resumen del pasado. Cuando las cosas no han cambiado en absoluto, este tipo de juicio puede ser muy útil. Cuando sí han variado, puede ser desastroso, es como conducir un automóvil nuevo y más veloz con las reacciones que originaba un coche más lento. En la práctica, no necesitamos usar la experiencia pasada, de modo que la solución puede residir en comprobar si la nueva situación se puede transformar (perceptivamente) en una más conocida, de modo que se pueda aplicar la experiencia.

Estética

Esto es mucho más difícil. En un nivel simple, el "gusto" puede basarse en la experiencia y en el medio en que uno se ha educado. En un nivel artístico, ¿qué es la estética? ¿Es un juicio combinado? ¿O es más bien un instinto animal innato? Para un artista, trazar una línea equivocada en un dibujo es una cosa desagradable. Se guía por un sentido personal de lo que está bien. Lo mismo le sucede a un diseñador. ¿No pueden asegurar los hombres de negocios que ellos tienen esta "sensación" dentro de su propio lenguaje especial? Yo supongo que un artista tiene una imagen interna de cómo deben ser las cosas, y luego compara lo que ve con esa imagen. No veo razón alguna por la que un hombre de negocios no pueda actuar de la misma manera. Puede haber aspectos físicos en la percepción del color, de la línea y del sonido que sean distintos de los aspectos conceptuales, de modo que el artista puede ser diferente. Un punto clave de la diferencia es que el artista reacciona de acuerdo con su mundo interior, mientras que el hombre de negocios debe reaccionar —y vivir— en el mundo exterior. Y si hay una imagen interior que no se adapta a la realidad, el hombre de negocios puede ir a la quiebra (el artista se morirá de hambre en su buhardilla).

Sentimientos y reacciones viscerales

Algunas de estas reacciones se superponen con la estética. El resto está directamente relacionado con las emociones. Muchas de las decisiones tomadas en el conflicto de las Islas Malvinas (por ambas partes) se basaron en sentimientos intensos: un sentimiento acerca de lo que era "justo". Si una situación provoca ciertos sentimientos, ¿no vamos a dejar que esos sentimientos dicten nuestro juicio y nuestra acción en esa circunstancia? Frecuentemente he afirmado que los sentimientos deben ser el árbitro final de la acción y que el propósito del razonamiento es organizar el mundo de tal manera que podamos aplicar nuestros sentimientos de forma útil. La cuestión no es fácil. Pero hay una forma práctica de afrontar el dilema. Si nuestros sentimientos sobre el tema van a seguir siendo constantes, el pensamiento que se apoya en los sentimientos tendrá validez (siempre y cuando el sentimiento se aplique después de la etapa de percepción y no antes). Si hay posibilidad de que nuestros sentimientos se modifiquen (o se moderen poco a poco), entonces el efecto de los sentimientos sobre el pensamiento puede originar un error. *Es probable que los sentimientos modifiquen las bases químicas del cerebro, de modo que en realidad será un cerebro distinto el que está realizando el razonamiento.*

Estilo

Algunas personas tienen un fuerte sentido del estilo: su forma de pensar y su forma de hacer las cosas. Esto se superpone con el concepto de "imagen de sí mismo": cómo la gente se ve a sí misma en el espejo de la mente. En cualquier situación, este sentimiento o estilo puede actuar conscientemente para influir en una decisión. Un empresario puede sentir que correr riesgos está dentro de su estilo, de modo que la decisión de riesgo "le parece correcta". El estilo de otro empresario puede ser de cautela; por consiguiente, una acción como la mencionada antes le parecería "equivocada". El estilo, ¿es la consecuencia del tipo de decisión que la persona tomaría de todos modos, o es la causa que la impulsa a tomar dicha decisión? Probablemente hay un poco de ambas cosas. Cuando alguien es públicamente conocido por su estilo, es posible, entonces, que el sentido del estilo propio afecte las decisiones.

Soluciones durante el sueño

Muchos son los ejemplos de personas que se duermen con la preocupación de un problema y se despiertan por la mañana con la solución. En otras circunstancias, la persona se ha ido a jugar al golf, o a dar un paseo, o simplemente ha dejado de pensar en el problema. Hay muchas explicaciones posibles para este fenómeno observado. Una suposición es que el cerebro, en estos casos, está realizando un proceso inconsciente y alcanzando las soluciones. Cuando, de adolescente, fui a mi primer baile de etiqueta, aprendí a hacer el nudo de mi corbata de lazo en un sueño. Otra suposición de importancia, no al trabajo inconsciente del cerebro, sino al hecho de que se ha interrumpido el razonamiento consciente. *Si el cerebro ha estado siguiendo una y otra vez el mismo modelo de pensamiento, la interrupción le permite comenzar de nuevo en un punto diferente*. De manera similar, si las sugerencias emocionales han establecido un tipo de razonamiento, una atmósfera más relajada (paseo o golf) permitirá un tipo distinto de pensamiento; la cuestión se sitúa en una perspectiva más real. Finalmente, la preparación del cerebro respecto del problema puede proporcionar una información u observación casual que origine la solución. Es posible que haya algo de verdad en todas estas suposiciones. El hecho práctico es que existe la solución de problemas durante el sueño (o como consecuencia de dejar de pensar en ello). Pero no podemos delegar nuestro razonamiento en ese proceso y simplemente esperar los resultados.

Capacidad de penetración

No hay misterio alguno en esto. El proceso de cambiar modelos o planes está en la base tanto del pensamiento lateral como del humor. Si abordamos un plan en un determinado punto, vamos en cierta dirección. Si lo abordamos por otro punto, iremos en una dirección diferente. La capacidad de penetración implica esta rápida variación: de pronto, vemos algo de forma diferente, porque hemos cruzado el plan (o entrado en un punto distinto). He descrito este proceso en mi libro *The Mechanism of Mind* y en otros libros posteriores. El punto clave reside en que repentinamente vemos algo de forma diferente, y puesto que la transformación se produce súbitamente y no como resultado de un análisis cuidadoso, solemos denominarla intuición.

Presentimiento

Esta noción cubre cualquiera de los casos que he mencionado aquí. Pueden ser juicios combinados o procesos internalizados. Existe, sin embargo, otro aspecto. Una persona que puede imaginar una alternativa que otros no han podido ver, puede

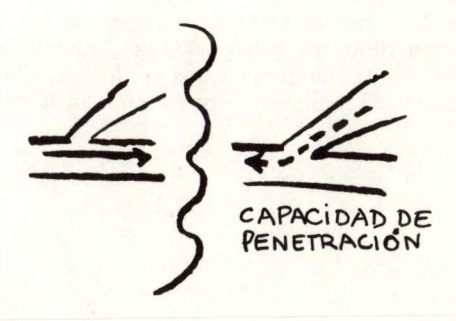

CAPACIDAD DE
PENETRACIÓN

darse cuenta de pronto de que la alternativa es apropiada. En cierta forma, esto constituye la penetración. Es la forma de prever, mediante la percepción, un resultado y su sensatez. La persona que tiene el presentimiento puede que no sea capaz de formular la alternativa (o no estar dispuesta a ello). Así, la formulación puede resultar algo confusa.

Sensibilidad

Alguien que sea muy sensible a los matices y a las tendencias puede integrar estas sensaciones en un juicio combinado que conduzca a la clase de intuición sobre la que se basa la moda. La sensibilidad al "clima", a la "atmósfera", es parte de esto. Un negociador sensible a la disposición imperante y a la dirección de las negociaciones puede sentir —"intuir"— cuál debe ser el próximo paso. En estos casos, una percepción agudizada está señalando un mundo diferente, y las reacciones en ese mundo son totalmente lógicas y directas. Si se siente que la gente quiere llegar a un acuerdo, es el momento de ofrecer una propuesta aceptable.

A menudo se asegura que las mujeres piensan intuitivamente. Esta es una afirmación hecha por los hombres en beneficio de las mujeres, y por las mujeres en beneficio de sí mismas (algunas mujeres). Tiene mucho que ver con la acción lenta y con el razonamiento sobre un plan detallado, antes que con la actitud silogística, paso a paso, que se supone propia de la modalidad masculina. La consideración de este tema merecerá un lugar destacado, y lo trataré más adelante. También me ocuparé del uso práctico de la intuición. Por el momento, sólo he querido clarificar qué se entiende usualmente por intuición, que en sí misma tiene un valor práctico: ¿debemos usar la intuición aquí? ¿Hasta dónde podemos confiar en ella? ¿Es un juicio combinado? ¿Se mantendrá constante la base emocional?

El lugar para pensar

Ejercicios sobre la intuición

En los ejercicios que presentamos, las respuestas deben darse tan rápidamente como sea posible. Después de contestar, el lector debe tratar de descubrir qué es lo que le ha llevado a dar esa respuesta. En todos los casos, la respuesta debe ser concreta. Por supuesto que el lector puede pensar que en ciertas circunstancias la respuesta puede seguir un camino, y en otras el sentido opuesto. En estos casos, aún puede aplicarse la intuición, pero debe estar de acuerdo con las circunstancias. La respuesta debe ser un sí o un no concretos (para los propósitos de este ejercicio).

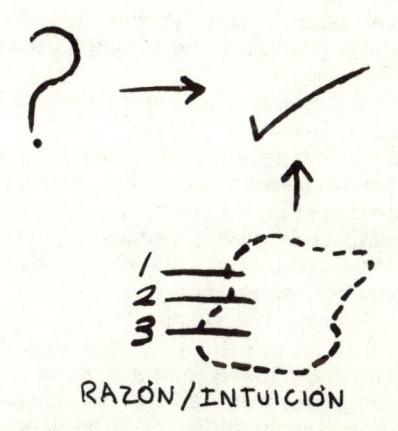

RAZÓN/INTUICIÓN

No quiero sugerir que las respuestas intuitivas sean iguales a las respuestas superficiales o emitidas rápidamente, sin pensar. Lo que deseo es que los lectores atiendan a sus "sentimientos intuitivos" sobre el tema.

Lea primero la lista y dé una respuesta para cada pregunta. Luego vuelva atrás y, en cada pregunta, trate de descubrir qué hay detrás de cada respuesta. En algunos casos, puede haber una respuesta racional bien explícita, o puede tratarse de algo que usted ha discutido con tanta frecuencia que tenga una opinión bien fundada sobre los argumentos. Sea honesto consigo mismo y trate de poner en evidencia el papel desempeñado por su intuición.

- ¿Continuarán prevaleciendo los altos índices de desempleo?
- ¿Habrá una guerra nuclear en este siglo?
- ¿Cuándo se producirá la próxima crisis del petróleo?
- ¿Algún país importante del tercer mundo dejará de pagar su deuda externa?
- ¿Llegará Japón a dominar el campo de la informática?
- ¿Volverá la inflación a presentar dos dígitos en 1992?
- ¿Seguirán aumentando los gastos del gobierno?
- ¿Qué pasará con el poder de los sindicatos?
- ¿Dejarán de estar de moda los *jeans*?
- ¿Cuál será la postura de los Estados Unidos en América Central?
- Los partidos ecologistas, ¿serán una fuerza importante en las próximas elecciones?
- ¿Es posible que haya un nuevo despertar religioso?
- ¿Podrá producirse un creciente proteccionismo en la industria europea?
- ¿Los programas de televisión serán mejores o peores?
- ¿Estará usted en el mismo empleo dentro de dos años?
- ¿Será crudo el invierno este año?
- ¿Mejorará la calidad de vida?

Según la técnica de Delphi, sería normal registrar sus respuestas y luego formularlas de nuevo, de modo que la tendencia del grupo resulte un factor de influencia. El propósito de este ejercicio es totalmente diferente. Lo importante no es la respuesta correcta, ni la mejor respuesta. Lo que interesa es su propia observación acerca de su intuición en acción. Si usted desea comparar sus respuestas con las de un amigo o un grupo de colegas, hágalo. Trate de que los otros analicen lo que está en la base de su intuición.

11
Conceptos de función

Hace años, me encontraba efectuando una investigación sobre la circulación y la sangre y tuve que usar una bomba especialmente diseñada, que impulsaba la sangre a través de los conductos sanguíneos con una presión que imitaba la función que normalmente desempeña el corazón. La bomba funcionaba bien, pero la mesa sobre la cual estaba apoyada vibraba de tal manera que prácticamente "caminaba" por la habitación. Se llamó a varios expertos para que resolvieran el problema de la bomba vibrante. Sugirieron utilizar bolsas de arena, y así se hizo, sin mucho éxito. Finalmente, recomendaron trasladar el equipo a la planta baja, donde las patas de la mesa debían empotrarse en hormigón. Esto llevaría algún tiempo y costaría cierta cantidad de dinero. Yo pensé en una solución diferente. Coloqué una esponja de baño sobre la mesa y encima puse un peso de dos kilogramos. Las vibraciones quedaron inmediatamente sofocadas y no hubo más problemas. Pude continuar con los experimentos. Esta solución podría haber sido obvia para cualquiera que estuviera familiarizado con las vibraciones (por esta razón, la huella de los neumáticos de automóvil no es uniforme). Me pareció que valía la pena intentarlo, ya que era tan sencillo hacerlo. Había una variación de conceptos entre "asegurar bien la mesa de modo que no vibrara" y "amortiguar la frecuencia de las vibraciones".

Si uno está inflando globos para una fiesta infantil, llega el momento en que es necesario atar el extremo del globo. Es mucho más simple hacer un nudo con el propio extremo del globo. El único problema es que en la mayoría de los globos el material no tiene la longitud suficiente como para hacer un nudo fácilmente. Un día, después de experimentar diversos fracasos, ideé un método para anudar los globos, utilizando un capuchón de bolígrafo. Enrollé el extremo del globo en el capuchón; luego hice deslizar el rollo de goma por encima de la punta, que había introducido previamente en la boca del capuchón. El resultado fue bueno y simple. La variación del concepto me fue sugerida por la bien conocida técnica médica de usar las pinzas Spencer-Wells para hacer nudos en las suturas. Tenemos la tendencia a pensar en un nudo como si fuera algo en lo que sólo interviene el material con el que se hace el nudo; la variación del concepto implica la introducción de un material intermediario que actúa como una especie de armazón para el nudo.

Conducía mi automóvil por una autopista, a unos 100 kilómetros por hora, cuando intenté encender las luces, accionando la llave de contacto. Me quedé con la llave en la mano y las luces siguieron apagadas. Pasó por mi mente la vaga idea de algo que "desempeñara la función que la llave había estado realizando". Tendría que haber un objeto que de alguna manera se adaptara a donde había estado la llave y pudiera presionar lo que fuera necesario". Recordé haber visto un palo de helado sobre el suelo del automóvil. Lo busqué y di con él. Lo introduje en el agujero de la llave y desempeñó tan bien la función de llave que pasaron varios días antes de que la hiciera reparar. Como en los ejemplos anteriores, hubo una noción vaga de "función" y luego una simple prueba.

Antes, la mayoría de los coches no tenían luces de retroceso. Yo debía entrar por una callejuela oscura para poder aparcar cerca de mi casa, en Cambridge. Era cuestión de entrar de frente y luego retroceder a oscuras, o bien entrar retrocediendo y luego salir con los faros delanteros encendidos. Dejar encendidas las luces de mi casa no ayudaba mucho. La solución estaba en utilizar una lámpara portátil como luz de retroceso.

En una prueba sobre las funciones pulmonares, se aplica una invención mía que utiliza un silbato. Cuando el paciente no puede hacer sonar el silbato, se determina la relación de flujo máximo de expiración (referido al estrechamiento bronquial). Aquí, el concepto de función general fue el de "encontrar un medio que dijera lo que los pulmones no podían hacer", y además, la vaga idea de usar el "sonido" como indicador.

Una vez les pedí a algunos niños que dibujaran un vehículo para "circular por un terreno irregular". Uno de los niños dibujó un vehículo que tenía un tubo delantero y un tubo posterior. El tubo delantero era para aplicar "material para alisar" el suelo, y el tubo posterior para extraerlo de nuevo, para su reutilización. Utilicé ese dibujo en uno de mis libros, y varias personas —incluido el difunto Sir Misha Black— lo consideraron un excelente ejemplo de un concepto de función ampliamente definido. El "material para alisar" no existe, por supuesto, pero como concepto de función sí puede existir.

MATERIAL PARA ALISAR

Todos los ejemplos que he usado aquí son muy simples y no requieren conocimientos especiales. Los he utilizado para ilustrar conceptos de función. Nuestro pensamiento generalmente se basa más en cosas que en funciones. Hay un famoso experimento en el cual se planteó a ciertos estudiantes la solución de un problema que exigía completar un circuito eléctrico. En una de estas oportunidades, solamente algunos alumnos pensaron en usar el metal del destornillador como un "cable" extra. En otro caso, unos pocos estudiantes pensaron utilizar el alambre con el que estaba colgado un cuadro en el salón. Tenemos tendencia a sentir que necesitamos ciertos objetos, cuando en realidad lo que necesitamos siempre es cierta función. *Pensar en términos de función es difícil, y los niños suelen hacerlo mejor que los adultos*. Una escalera no es una escalera, sino un medio de poder ascender hasta ciertos lugares. Al mismo tiempo, también puede ser un puente.

...necesito un trozo de cuerda.
...necesito algo para atar estas dos cosas.
...necesito algo que mantenga estas dos cosas juntas.

En este ejemplo apreciamos una aparente necesidad de un trozo de cuerda, que termina en un concepto de función mucho más amplio.

La clave está en definir una necesidad en términos amplios: "Necesito algo para hacer esto y aquello..." Si la definición es demasiado restringida, resulta casi lo mismo que definir un determinado objeto para realizar esa función. Si, por el contrario, es demasiado amplia, puede llegar a ser inoperante: "Quiero cualquier cosa que sea necesaria para resolver este problema". Imagínese que usted tiene que dejar caer un huevo, desde una altura de dos metros, sobre un felpudo que no tenga más de un centímetro y cuarto de espesor, y que debe servir para evitar que se rompa la cáscara del huevo. ¿Cómo definiría esa función? Si la define como "algo que amortigüe el impacto del huevo", la definición sería demasiado amplia. Si la define como "algo que pueda extenderse lentamente", podría pensarse en capas de hojas de papel de plata arrugadas, que pueden desempeñar la tarea bastante bien. Mermelada de fresa sobre un trozo de pan resulta algo bastante apropiado. También lo es una esponja mojada, no seca (una vez planteé este problema en un concurso). Evidentemente, no todas estas soluciones surgen de la misma función "necesitar". En efecto, la idea de la esponja mojada surgió probablemente en dos etapas. La primera idea fue usar una esponja, pero cuando se probó, cedió muy rápidamente y el huevo se rompió. De modo que se necesitaba "algo para retardar la compresión de la esponja", o disponer de una esponja empapada, lo que condujo a añadir agua a la esponja. La mermelada de fresa y el pan (propuestos por un cura) probablemente surgieron de la idea de "algo elástico, pero no demasiado". No estoy seguro de si la mermelada es estrictamente necesaria, aunque en realidad puede servir para evitar que el huevo rebote y se estrelle en algún otro lado.

Se afirma a menudo que definir el problema es el primer paso para resolverlo. Lamentablemente, y por lo general, sólo podemos definir correctamente un problema después de haberlo solucionado. Definir la función necesaria es algo similar. *Cuanto mejor definamos la función, más posibilidades tendre-*

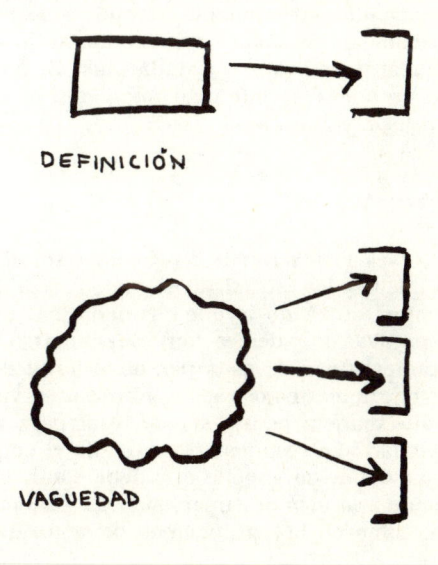

DEFINICIÓN

VAGUEDAD

mos de encontrar algo que desempeñe esa función. No hay que conformarse con una sola definición. Podemos probar varias definiciones que vayan desde las estrictas hasta las más amplias. Es un serio error suponer que sólo se necesita la definición más amplia, puesto que lógicamente incluye todas las otras. Todo esto significa que, *a posteriori* de los hechos, podemos señalar cómo puede clasificarse una solución lograda dentro de una definición amplia, pero esto no quiere decir que en un análisis anticipado la definición amplia nos conduzca necesariamente a la solución.

Los conceptos de función ofrecen una de las herramientas más poderosas para el razonamiento. Necesitamos, sin embargo, pensar en términos de función en todo momento, y no en términos de objetos, que pueden implicar una función u otra. Para construir este repertorio de funciones en la mente, debemos interesarnos por las funciones, y observarlas y comentarlas, aun cuando no las necesitemos de forma inmediata.

Lo interesante en el terreno de la definición de funciones es que la vaguedad es una ventaja evidente. Si consideramos la función del cerebro, esto resultará más comprensible, pues una cuestión demasiado estrictamente definida sólo reflejaría una respuesta particular. Si sabemos exactamente lo que estamos buscando, encontraremos eso y nada más. Si no lo sabemos exactamente, entonces, cuanto más amplio sea el espectro de la búsqueda, mejor resultará todo.

CONCEPTOS DE VALOR

Tal vez no sea fácil advertir a primera vista el valor de los parapléjicos (incluso los tetrapléjicos) como fuerza de trabajo. Si buscamos valor, quizá no lo encontremos (salvo, tal vez, en términos de motivación y dedicación). Sin embargo, si enumeramos las características de esas personas (falta de movilidad, etc.) podemos examinar estos rasgos y buscar su valor. ¿En qué casos y de qué manera podría ser de valor para un patrón la falta de movilidad? La respuesta es: cuando el empleado no se aleja del lugar donde se supone que debe estar. Esto conduce inmediatamente a la idea de supervisión y vigilancia por pantalla de video, como en las situaciones de seguridad y control.

Pero el campo es más amplio. La falta de movilidad significa que el empleado que está atendiendo el teléfono nunca se va a encontrar lejos del conmutador. De este modo, quienquiera que llame por teléfono sabe que la persona que atienda será siempre la misma. Esto puede tener considerables ventajas, por ejemplo en el negocio de venta de propiedades. Para el parapléjico existe la oportunidad de hacer contactos y amigos y disponer de una ventana abierta al mundo (además de sentirse útil y ganar dinero).

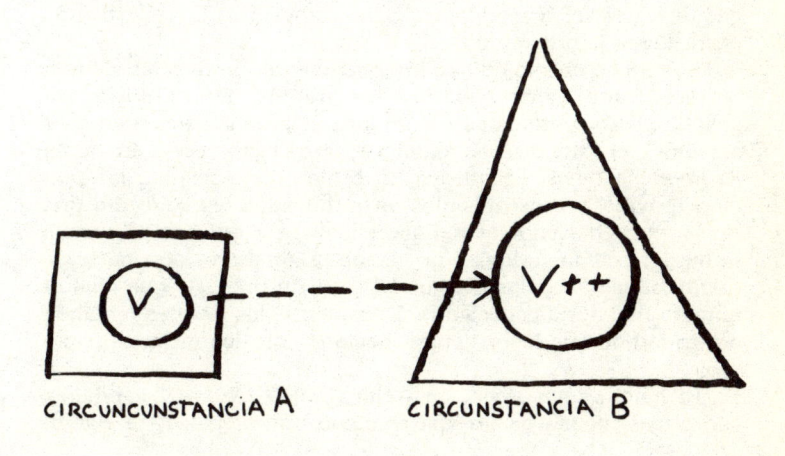

Siempre he pensado que una de las definiciones más perfectas de lo que significa el valor de los negocios reside en la historia del médico de la sociedad Montecarlo, que declaró haber perfeccionado un test que determinaba el sexo de los niños aún no nacidos. Para realizar este test cobraba sólo doscientos dólares. Ocasionalmente, admitía, el test podía fallar. En esos casos, no solamente devolvería la suma percibida, sino que —a modo de bonificación— pagaría un interés superior al que podría haber ganado esa cantidad en el mercado de valores. Naturalmente, hizo una fortuna, puesto que la mitad de las veces conservó lo cobrado y la otra mitad lo devolvió (más una pequeña parte por el interés mencionado). Pero todo el mundo quedó contento. Y él se sintió realmente feliz. Cuando el test acertaba, los nuevos padres se sentían felices. Cuando el test fallaba, los padres se veían compensados con la devolución del dinero y con un interés superior. Actualmente es muy fácil determinar el sexo de las criaturas aún no nacidas, mediante el examen de una célula del fluido de la matriz para ver si existe en ella el corpúsculo de Barr, que indica que el feto es femenino (así como su ausencia indica que es de sexo masculino). Esto ha creado un problema en la India, donde los padres realizan el test y luego tratan de recurrir al aborto si la criatura es una niña. Las mujeres pasan a pertenecer a la familia de su marido, de modo que no constituyen una inversión a largo plazo. Para colmo, en la India, una joven necesita disponer de una buena dote para poder casarse, por lo que, si hay muchas hijas, una familia puede llegar a arruinarse. Y así tenemos aquí otro concepto de valor.

Se dice que el gran reformador turco Kemal Ataturk decretó que todas las prostitutas debían usar velo en la calle. Su intención fue disuadir a las otras mujeres del uso del velo. en lugar de prohibir a las mujeres que lo usaran, arriesgando así su fuerte oposición y la de los miembros más conservadores de la población, Ataturk simplemente alteró el valor del uso del velo. Lo bueno del procedimiento fue que se invirtió el valor del uso del velo. Además, tan pronto como algunas mujeres decidieran no usar el velo, el cambio se extendería rápidamente, puesto que cuantas menos mujeres lo usaran, más posibilidades habría de que se las confundiera con aquellas que estaban obligadas a usarlo. En realidad, poco importa si las prostitutas obedecieron la orden o no.

Es mucho el trabajo que interviene en la producción de una revista. Cada escritor emplea un montón de energía en su artículo, pero cuando aparece en los quioscos la edición del mes siguiente, el valor de todo aquel esfuerzo desaparece al instante. El *Reader's Digest* constituyó un brillante ejercicio en la creación de valor. A los artículos ya publicados les concedió una nueva vida, haciéndolos así accesibles para quienes tal vez no hubieran podido verlos en la edición original. Por otra parte, la fuente de los artículos otorgó al *Digest* un prestigio que de otra manera no habría conseguido. Finalmente, los lectores tenían la seguridad de que los artículos elegidos eran los mejores disponibles.

El hotel James Cook, de Wellington, en Nueva Zelanda, se construyó encima de un aparcamiento municipal. Esto significaba que los pasajeros del hotel pagaban menos por una plaza en el aparcamiento que si el hotel se hubiera construido sobre un terreno de primera categoría, en el centro de la ciudad. Desde entonces, los derechos de "propiedad horizontal" se han puesto de moda en muchas ciudades.

Existen perfumes y relojes caros, que están diseñados para regalar. Quien hace el regalo compra lo que vale poder estar en condiciones de indicar el valor del regalo que está ofreciendo. Este es el verdadero valor para él. No puede haber nada peor que hacer un regalo caro y que no se aprecie su valor, de modo que cuanto más se conozca el valor, mayor valor tendrá (para el que lo regala y para el que lo recibe).

¿Valor para qué, para quién y en qué circunstancias?

Supongamos que hubiera ciertos teléfonos públicos pintados de un color distinto, en los que el usuario pagara el doble de lo que pagaría utilizando un teléfono común (para disponer exactamente del mismo servicio). Cuanto mayor fuera el rechazo que estos teléfonos provocaran, mayor sería su valor real, pues los utilizarían sólo aquellas personas que necesitaran hacer una llamada urgentemente y a quienes no les importara pagar la diferencia, con tal de encontrar una cabina telefónica vacía. Así, el valor corresponde a la posibilidad de efectuar una llamada en el momento en que se quiere hacerla. Un "fontanero de emergencia" puede cobrar lo suficiente como para estar disponible para las emergencias.

En el mundo de los ordenadores personales, el valor de la confianza en el logotipo de IBM le otorgó rápidamente a esta empresa la cuarta parte del mercado, durante el primer año del lanzamiento del producto. El famoso lema de Avis, "Nosotros lo intentamos con mayor empeño", convirtió claramente un segundo lugar en un capital. Parece un hecho curioso que, en el ámbito de los servicios, la noción de "intentar" tenga más éxito que la de "lograr". Una organización que proclama el ofrecimiento de servicios superlativos, inmediatamente sugiere arrogancia y poca responsabilidad (si no falsedad). Una organización que sugiere que trata con empeño de cumplir su cometido despierta la idea de mayor valor, porque su actitud implica que el nivel de servicios no se considera infalible. Un graduado de Harvard en relaciones comerciales está valorado no por lo que se le ha enseñado, sino porque probablemente tratará de vivir cuidando su propia imagen y porque debe ser lo bastante inteligente como para haber llegado a esa posición.

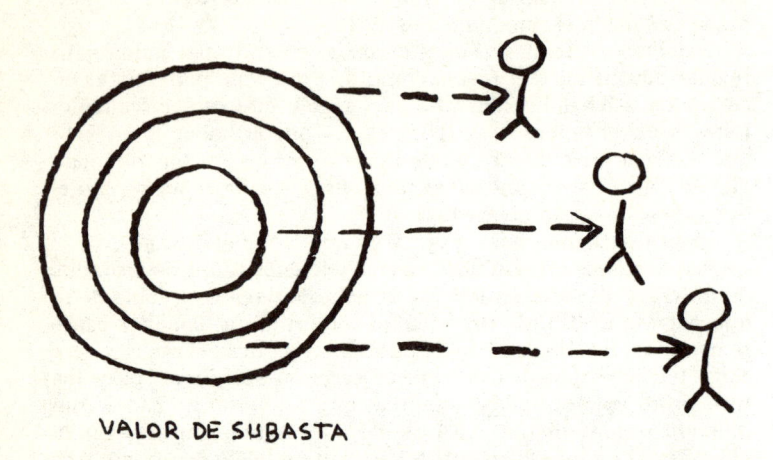

VALOR DE SUBASTA

El valor de pasatiempo de un producto generalmente es más importante que su valor real. Este ha sido, sin duda el caso de la venta de ordenadores personales. Como otras muchas personas, yo compré un considerable número de calculadoras de bolsillo, porque la más nueva parecía más estilizada o mejor diseñada, y todas desempeñaban la misma función. Esto es valor de pasatiempo. *En el mundo desarrollado, en el que ya están satisfechas muchas de las necesidades fundamentales, el valor de la moda y el valor de pasatiempo son las cosas que determinan el crecimiento industrial.* Si sólo compráramos lo que realmente necesitamos, seríamos mucho más cuidadosos con nuestros gastos.

Es muy conocido el chiste de un comerciante del mercado negro, en tiempos de guerra, que le vendió a un amigo unas latas de sardinas. Poco después, el amigo volvió muy enfadado. Al parecer, las sardinas estaban en malas condiciones. El vendedor no se sintió en absoluto desconcertado. "Deberías haberme dicho que las querías para comer", dijo, "yo pensé que sólo las querías para compra y venta". El valor de traspaso es tan real como cualquier otro. Los organizadores de conferencias no se preocupan mucho si la celebridad anunciada no se presenta. Es suficiente haber incluido su nombre en el programa y poder criticarla por no haber aparecido.

Valor de subasta

Cuando se han vendido todos los pasajes de un avión y hay más demanda, algunas líneas de los Estados Unidos ofrecen cierta suma de dinero para inducir a algunos pasajeros a que renuncien a su asiento. El precio de esa incitación aumenta hasta que hayan aceptado los pasajeros suficientes. Cuando un autocar de turistas está a punto de partir, el precio de las baratijas que se ofrecen a los viajeros desciende rápidamente. El pacto comercial es una forma evidente de valor de subasta.

Cuando el desempleo aumenta, debido a la automatización de la mayoría de los procesos industriales, surge la necesidad de más mano de obra en el ámbito de los servicios, con el objeto de distribuir los ingresos y elevar el nivel de vida. Puede ser necesario introducir algunos conceptos de subasta. La gente puede estar dispuesta a pagar cierto tipo de servicio a un precio determinado, pero no a un precio mayor. Así como hay quienes pagarán un alto precio por valores de emergencia, también querrán pagar poco, aunque pretendiendo grandes prestaciones, por servicios que no sean de emergencia.

La comodidad es un valor muy importante, pero es muy sensible al tema del precio. La confianza en el resultado y el precio son los dos factores determinantes del valor de un servicio. Este concepto se ha aplicado con éxito en el caso de las vacaciones en grupo, pero aún debe aplicarse en otros tipos de servicios. En esta área hay mucho espacio para el pensamiento conceptual.

El valor parece implicar una finalidad en sí mismo, y sin embargo siempre constituye únicamente un medio para llegar a un fin, o un camino para ello. El valor permite que algo suceda.

Las dos preguntas clave podrían ser:

1. ¿En qué circunstancias podría esto tener valor?
2. En estas circunstancias (o para este sector del mercado), ¿qué es lo que tendría valor?

El lugar para pensar

La expresión de los conceptos

¿Pueden los niños pensar cuando aún no tienen conocimiento de las palabras adecuadas para razonar? Muchas veces me han preguntado esto, y mi respuesta es que el razonamiento de los niños suele estar más avanzado que su capacidad para verbalizar su pensamiento. Esto resulta evidente cuando se les pide que hagan dibujos para mostrar diferentes diseños (una máquina para dormir; cómo pesar un elefante; una máquina para obligar a hacer gimnasia a un perro, etc). Los conceptos que expresan visualmente a menudo están mucho más allá de lo que pueden verbalizar.

Sin embargo, la capacidad para verbalizar o desarrollar un concepto es una parte importante del pensamiento. Es así porque sirve para centrar la atención en un área determinada. Es útil como ejercicio para considerar distintas situaciones y tratar de desarrollar los conceptos que se necesitan o determinar los que están implicados. Para cada una de las situaciones que se mencionan a continuación, trate de desarrollar los correspondientes conceptos.

LA EXPRESIÓN

1. Después de que se ha extraído el jugo de las naranjas, la piel es algo así como un producto de desecho. ¿Hay alguna manera de obtener algún valor de la piel, ya sea como esencia residual o como alguna otra cosa? (En Malta se elabora una bebida llamada "Kinnie", con la esencia extraída de la piel de

naranja; en Japón, la piel se ha convertido en combustible apto para los motores de automóvil).

2. La edad para obtener la jubilación es cada vez más baja. ¿Qué valor residual podría obtenerse de los abogados o policías que se jubilan tempranamente?

3. El concepto de miniparques implica la conversión de pequeñas áreas de la ciudad en jardines o zonas verdes.

4. Los asientos preferenciales en un avión ofrecen una oportunidad a aquellos para quienes el precio tiene menos importancia que el tiempo.

5. Existe una compañía suiza que logra sus ingresos controlando si las mercaderías que se supone han sido cargadas en un barco, se han cargado realmente en ese barco.

6. Si a los trabajadores se les proporciona más dinero, como una bonificación, suelen considerarlo como parte de su salario. Si, en cambio, se les da un papel llamado bono (que pueden cambiar por mercaderías en algunos comercios), lo consideran como una bonificación que pueden recibir en ciertas ocasiones, pero no en otras.

7. En los aeropuertos suelen utilizarse algunos corredores para la prueba o exhibición de alfombras.

8. Considere el caso de una pasta dentífrica que asegura no hacer nada más que limpiar los dientes.

9. *Jeans* de diseño.

10. Agua embotellada.

En cada uno de estos ejemplos se puede desarrollar más de un concepto. La tarea consiste en desarrollar un concepto para cada ítem, la primera vez, y luego volver sobre los ejemplos y tratar de desarrollar otro concepto. Al analizar los conceptos, tenga en cuenta la división entre conceptos de función y conceptos de valor.

12
Conceptos nuevos: ¿evolución o creación?

Si creemos firmemente en la evolución de los conceptos, sólo necesitamos esperar que el concepto se desarrolle y se manifieste. Entonces lo utilizamos y le sacamos provecho. Podríamos comparar esta situación con la creación deliberada de un concepto nuevo. Estos dos enfoques opuestos encuentran su perfecto ejemplo en el mundo de la alta costura. Hay una evolución gradual en una dirección determinada: tal vez hacia las faldas más largas y los vestidos más femeninos. Puede haber etapas intermedias, pero la dirección del concepto es bien clara. En otras oportunidades, aparece un innovador y establece directamente un concepto novedoso. Para los recién llegados, éste puede ser el único medio de atraer la atención.

La ventaja de un concepto evolucionado reside en que el mercado está listo para recibirlo y el riesgo es menor. El concepto de la quinta puerta trasera evolucionó lentamente, hasta llegar a dominar el campo de los coches pequeños. Para un fabricante de automóviles, resultaría muy arriesgado aplicar una idea radicalmente nueva. American Motors lo intentó con el "Pacer", y el resultado fue bastante desagradable.

Esperar la evolución de un concepto no significa cruzarse de brazos y luego irrumpir con un producto del tipo "yo también" (como hizo IBM con su ordenador personal). Significa, en cambio, observar cuidadosamente las tendencias hasta que parezcan fundirse en un concepto nuevo y entonces aplicar ese concepto. De este modo, seguimos la tendencia y, a la vez, nos situamos a la cabeza del campo. Los editores están siempre tratando de hacerlo porque saben que el primero que se destaque será probablemente el que obtenga más ganancias. La tendencia a pasar de los *jeans* a los pantalones blancos, anchos y ajustados en los tobillos, ¿es una tendencia real o simplemente un intento más por romper el monopolio de los *jeans*? ¿La tendencia hacia los alimentos sanos y la cerveza de baja graduación alcohólica se convertirá en un concepto dominante o quedará siempre limitada a cierto sector del mercado?

¿En qué punto las modificaciones de un concepto antiguo se convierten de pronto en un concepto nuevo? Esto constituye un tema de interés vital para un diseñador de servicios y productos. Si aún no es más que una variación del concepto antiguo, no queda mucho por hacer, salvo imitarla, o probar variaciones paralelas. Si, en cambio, es un nuevo concepto que está evolucionando, la habilidad para identificar ese concepto y perfeccionarlo puede significar la oportunidad para dominar ese campo.

A veces surge un concepto nuevo muy pronto, y durante un tiempo se establece una competencia entre el concepto nuevo y el establecido anteriormente. Otras veces, el antiguo se desvanece lentamente, y por un cierto tiempo, en su lugar sólo hay confusión. Poco a poco se va formando y emerge un concepto nuevo. El nuevo no debe ser necesariamente un perfeccionamiento del anterior. Puede incluso ser menos eficiente. Puede reflejar un cambio en el centro de interés (por ejemplo, de lo práctico a lo femenino). El aburrimiento puede desempeñar un papel significativo, y también los caprichos de alguien que lidere el mundo de la moda. Los intentos de propiciar un nuevo concepto mediante una intensa publicidad y comentarios en los periódicos no son, probablemente, suficientes por sí solos. Esto se debe a que ese tipo de atención no deja una impresión duradera. No hay, en la mente, lugar donde se pueda "enganchar" ese nuevo concepto. Un concepto no es un objeto que pueda diseñarse y venderse; es una autoorganización de la experiencia en un pensamiento coherente, que entonces adquiere vida e importancia propias.

Diseño deliberado

Sentarse y diseñar intencionadamente un concepto no es muy distinto a esperar a que un concepto evolucione (aunque a primera vista parezca un proceso totalmente opuesto). El diseño intencional de un concepto simplemente acelera el proceso de autoorganización. El que proyecta evalúa la viabilidad del concepto diseñado teniendo en cuenta cómo se adapta a las tendencias existentes. Así, este sentido del juicio realiza la misma función que la evolución. Sin embargo, existe una enorme diferencia entre un concepto evolucionado y uno creado. Normalmente, hay un solo concepto que proviene de la evolución, puesto que ésta procede en esta dirección. Con los conceptos creados —aun cuando deban adaptarse a las condiciones del medio— puede haber cierto número de conceptos alternativos que se ajusten a las tendencias. La actitud creativa observa las tendencias, tanto en términos de componentes (hacia la formación del concepto) como en términos de aceptación (el concepto debe tener beneficios aceptables).

El dilema de la diferencia

El dilema reside en que el nuevo concepto debe ser diferente y lo suficientemente claro para que sea tenido en cuenta y comentado; de lo contrario, difícilmente se podrá destacar. Sin embargo, si la diferencia es muy pronunciada puede significar que el concepto nunca logre imponerse, porque los que crean la moda no estén dispuestos a dar el primer paso. Un concepto lo suficientemente distinto forma a la larga su propio contexto de juicio. Es algo similar a lo que sucede en el mundo del arte. Un estilo distinto, como el de los impresionistas, resulta rechazado al principio, pero con el tiempo se convierte en el lenguaje dominante. No obstante, no podemos extraer demasiadas conclusiones a partir de esto. El mundo del arte dispone de un tipo de gente cuya profesión consiste en observar y escribir acerca de lo que sucede. Para este grupo, el rechazo es el primer comportamiento lógico. Pero si el fenómeno no desaparece (porque los artistas prefieren morirse de hambre y beber absenta antes que traicionar a sus ideas), el rechazo ya no es un comportamiento lógico para los críticos, que entonces dan un giro de 180 grados y se convierten en entusiastas de la nueva idea, racionalizando su comportamiento lo mejor que pueden. La mayoría de los conceptos, sin embargo, tienen que sobrevivir hasta su aceptación; de modo que un rechazo demasiado prolongado puede significar que nunca lleguen a imponerse. Los artistas pueden morirse de hambre por defender sus ideas, pero los hombres de negocios prefieren no morirse de hambre. De modo que los conceptos deben tener sentido para alguien más que para su diseñador.

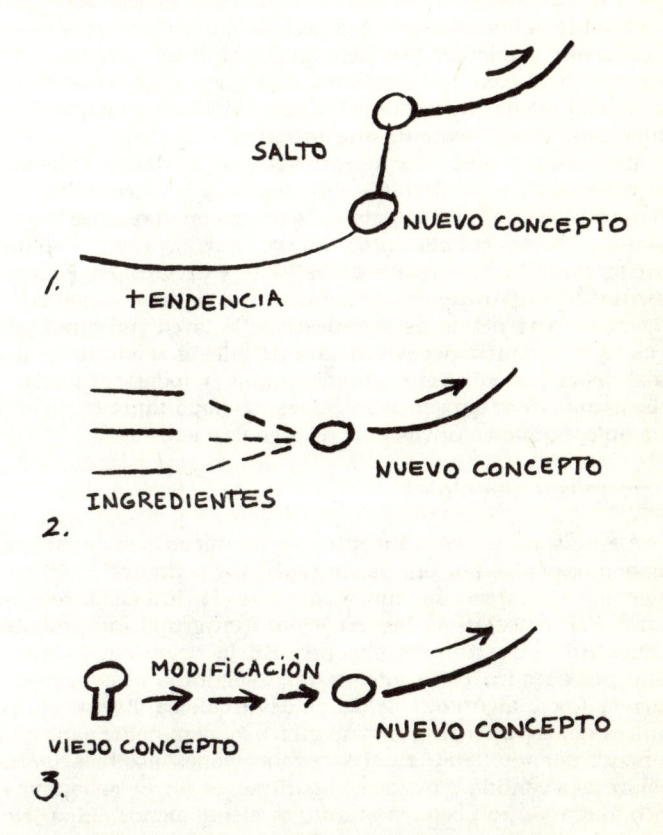

1. SALTO / NUEVO CONCEPTO / TENDENCIA

2. INGREDIENTES / NUEVO CONCEPTO

3. VIEJO CONCEPTO → MODIFICACIÓN → NUEVO CONCEPTO

¿De qué forma un concepto llega a tener sentido?

Podría parecer que se trata simplemente de confeccionar una lista de los beneficios, y si éstos son suficientes, entonces el concepto tiene sentido. Lamentablemente, las cosas no son tan fáciles. Un beneficio concreto puede ser de más peso que otros diez incluidos en una lista. No se trata de que el primero sea importante y los otros diez triviales, sino de que aquí interviene la percepción. La percepción es un sistema de organización y no una máquina de sumar. Si usted promociona un automóvil sobre la base de que es el más barato del mercado, éste es el concepto. Cualquier beneficio adicional disminuirá la ventaja principal, y el concepto resultará menos atractivo. Una lista de ventajas no tiene en cuenta el factor de organización, que es tan importante para el éxito de un concepto.

En consecuencia, un concepto adquiere sentido si "organiza" las expectativas, los hábitos, los deseos y las necesidades de manera eficiente. ¿Qué queremos decir con "organiza"? ¿Qué significa "de manera eficiente"? No creo que haya una respuesta satisfactoria para ninguna de estas dos preguntas. Podemos "sentir" la organización, lo mismo que podemos "sentir" la eficiencia, pero definirlas sólo describe la tarea con otras palabras, que también necesitan una definición. Podríamos usar palabras como: coherente, simple, juntos, y todas señalarían la misma dirección, sin ser definiciones. Lo importante es recordar que un concepto es un sistema de organización.

Conceptos accidentales

Algunas veces, los conceptos se producen por casualidad. Alguien hace algo por una razón especial y —sin que existiera la intención— aparece un nuevo concepto. La intención que hay detrás del concepto de las vacaciones en grupo fue probablemente una cuestión de precios. En la práctica, lo que el concepto asegura es lo mismo que aseguraba el concepto de Thomas Cook: algún otro se ocupa del problema. El concepto de "dulces en barras" tuvo un éxito inmenso, pero nadie sabe exactamente por qué. Hay muchas explicaciones posibles (parece incluir más cantidad, puede compartirse, se puede consumir un poco ahora y otro poco más tarde, se siente menos culpa, etc.), pero debe admitirse que el éxito del concepto probablemente fue accidental. Por el contrario, el concepto de los *jeans* de "diseño" fue un intento deliberado de añadir valor y sentido de la moda a lo que eran artículos utilitarios. La pizza congelada es una manera de dar a la gente algo así como *sandwiches* de un piso y a bajo precio.

Diferencia

Como es usual, la mejor forma de describir algo es señalar la magnitud de sus diferencias respecto de alguna otra cosa. Esto es especialmente así cuando se trata de los conceptos. *Si uno quiere indicar cómo está surgiendo un nuevo concepto es imprescindible compararlo con conceptos existentes.* "En vez de tratar de expresar su *status* mediante los automóviles, la gente está empezando a considerar éstos como mercaderías o medios de transporte." A veces puede ser suficiente definir lo que la gente está abandonando, sin que esté claro hacia dónde va. En otras ocasiones podemos definir hacia dónde se dirige la gente (por ejemplo, hacia una mayor conciencia respecto de la salud, tal y como se interpreta por el aspecto externo). El hábito de tomar leche ha ido declinando progresivamente en el Reino Unido, aunque la leche es, obviamente, un producto saludable. La gente posee tan buena salud con una figura muy delgada, como mala salud con más peso. Este es un concepto evidente que ha evolucionado. El concepto de "tener que hacer algo" para gozar de buena salud también ha evolucionado como resultado de las presiones comerciales para vender los libros sobre dietas y los programas para mantenerse en "forma". El pecado original ha tomado definitivamente forma de silueta. ¿Sería posible crear un concepto que se basara en la expresión "la gente gorda es divertida"? Probablemente no, a menos que se encontrara una nueva palabra en lugar de "gordo", porque este término abarca los extremos de obesidad y mala salud. En todo caso, ¿a quién beneficiaría semejante concepto?

Desarrollo

Quiero insistir sobre la importancia de desarrollar conceptos, si uno piensa que los ha identificado. Es posible que uno se equivoque, pero por lo menos puede fijarse en algo que ha desarrollado. De lo contrario, un concepto seguirá siendo únicamente una vaga noción de que algo está sucediendo. Resulta una práctica muy útil mirar alrededor y tratar de desarrollar los conceptos que uno ve actuar en los productos y en la publicidad.

LOS PELIGROS DE LA "EXPLOSIÓN IMAGINATIVA" (BRAINSTORMING)

Quiero ser justo con la "explosión de la imaginación", porque ha realizado una contribución importantísima a la noción de que las ideas creativas pueden buscarse deliberadamente. Esto lo damos por seguro en la actualidad, pero antes de este concepto la creatividad era una cuestión de casualidad, de talento individual y de un proceso un tanto místico. A la "explosión imaginativa" le debemos la noción de que un grupo de personas puede sentarse a una mesa con la deliberada intención de generar algunas ideas sobre un tema determinado.

Hoy, sin embargo, el concepto general de "explosión imaginativa" es demasiado débil y puede estar frenando la creatividad. En algunos sectores, incluso ha llegado a otorgar mala fama a la creatividad: un grupo de gente tratando temas disparatadamente y produciendo ideas alocadas e impracticables; muy tolerantes consigo mismos, etc. Hay también otras formas

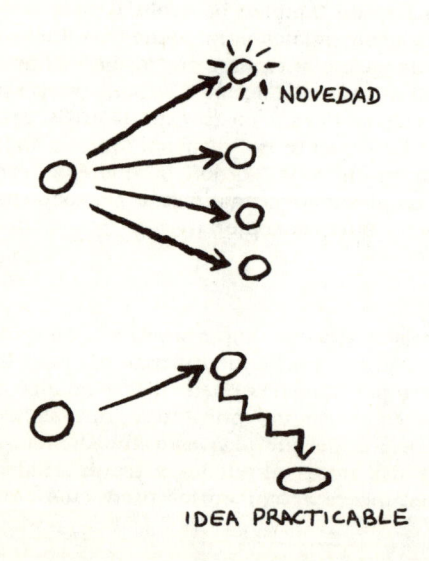

NOVEDAD

IDEA PRACTICABLE

—y mucho más peligrosas— mediante las cuales la "explosión imaginativa" está coartando el desarrollo de la creatividad. La gente ha llegado a pensar que con una "sesión de explosión imaginativa" de vez en cuando, no es necesario hacer nada más respecto de la creatividad. La "explosión imaginativa" también ha cultivado la idea de que la creatividad es un proceso de grupo. Creo que esto es muy perjudicial, pues pienso que la creatividad es una parte esencial del comportamiento del pensamiento de cada individuo pensante, y cada ser debe poder utilizar tanto las actitudes creativas como sus procesos específicos en tanto individuo. Nadie debe esperar que una sesión de "explosión imaginativa", programada para la creatividad, pueda resolver la situación que le preocupa.

Los valores en la publicidad

La "explosión imaginativa" se desarrolló a partir de la iniciativa vanguardista de Alex Osborne, que pertenecía al negocio de la publicidad. Su desarrollo debía satisfacer las necesidades del mundo de la publicidad. Y esto lo hizo razonablemente bien. Lamentablemente, las necesidades y los valores de la industria de la publicidad son diferentes de las necesidades y los valores de la mayor parte de los otros sectores. En algunos casos, sin duda, los valores son únicos. Por ejemplo, en el negocio de la publicidad, la novedad es un valor real. La novedad atrae la atención. Puede convertir un objeto vulgar en una publicidad interesante. La novedad puede proporcionar algo que resulte de gran atracción y que se recuerde durante mucho tiempo. La novedad puede indicar a otros clientes potenciales que la agencia es audaz y creativa. La novedad se observa y se habla de ella. En otras áreas la novedad no posee este valor: uno no cruzaría un puente sólo porque tuviera una forma novedosa; preferiría estar seguro acerca de su solidez. En el mundo de la publicidad, la realidad "surrealista" es tan aceptable como la normal. La visión de un caballo blanco que se destaca como fondo en una fiesta es mucho más aceptable en un anuncio publicitario de lo que lo podría ser en la vida real. En cierto modo, la publicidad admite la lógica de la esquizofrenia. Siempre que haya una conexión de algún tipo, el resultado puede ser una propaganda llamativa. Esto es algo parecido a los chistes de elefantes: "¿Cómo se puede saber que un elefante ha estado en la nevera? Si hay huellas de sus pisadas en la mantequilla." Igual que en los chistes, la publicidad puede crear el contexto dentro del cual lo que expresa es juzgado y aceptado. El estilo también es importante en la publicidad, y puede presentar propuestas extrañas. Gnomos de cara azul podrían resultar aburridos. Estos son valores reales en el mundo de la publicidad, pero no necesariamente deben aplicarse a otros sectores. La "explosión imaginativa" es muy buena para producir ideas con estos valores; en cambio, no es tan buena para crear ideas con valores más prácticos.

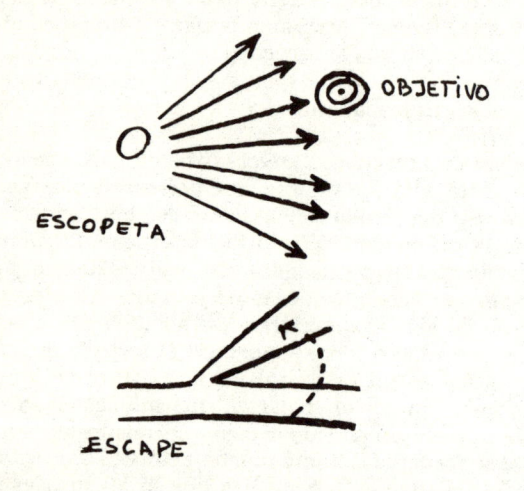

La escopeta

Al final de una sesión de este tipo puede haberse creado una lista de ideas. Estas se analizan y seleccionan para ver cuáles pueden ser practicables. La impresión es la de una escopeta cargada con perdigones: soltar un gran número de ideas y confiar en que alguna dé en el blanco. Esto es posible cuando el blanco es una novedad, pero no en la mayoría de los demás casos. Este aspecto de "acertar o errar" es el que ha desprestigiado la "explosión imaginativa". Resulta difícil creer que alguien que razona pueda acertar con una buena idea de esta manera más bien disparatada. Personalmente, comparto esta duda.

Este enfoque de la "escopeta" puede compararse con el lenguaje del pensamiento lateral. Como muchos lectores sabrán, el pensamiento lateral se basa en las propiedades de formación de modelos que poseen los sistemas de información autoorganizada. Estos modelos tienen una necesaria asimetría. Mientras nuestra percepción sigue el modelo principal, los caminos alternativos son inaccesibles. Si, en cambio, logramos escapar del camino principal, los otros caminos aparecen como factibles. De modo que el énfasis debe ponerse sobre el "escape". Esto significa que si realmente podemos escapar del camino principal tendremos bastantes posibilidades de encontrarnos en otro camino. Esto es muy distinto de la esperanza de acertar con la escopeta. Puede haber momentos, durante una "sesión imaginativa", en que el pensamiento se aproxime a los procedimientos del pensamiento lateral, pero será por casualidad y no mediante el uso de herramientas y estructuras pensadas *a priori*, como en el pensamiento lateral. También debe aclararse que no se trata de andar a la caza de esos otros caminos, cuando se ha abandonado el camino principal. El sistema de autoorganización del cerebro posibilita que *aparezcan* los otros caminos.

Transformación

En lugar de seleccionar entre un gran número de ideas, alguna que pueda utilizarse, el lenguaje del pensamiento lateral considera una idea como una provocación y usa el proceso de transformación para trabajar con ella, hasta que el que razona se encuentra dentro del campo de una idea útil. *El enfoque de la "escopeta" es algo así como estar tamizando arena para tratar de encontrar una pepita de oro. El lenguaje de la "transformación" se parece más al hecho de coger un fragmento de roca y, realizando una serie de pasos, convertirla en oro.*

Al terminar una "sesión imaginativa", habrá un cierto número de ideas. Este es el producto final. Con el pensamiento lateral, esto sería únicamente la primera etapa. Esas ideas se tratarían como "provocaciones" y no como ideas finales. La segunda etapa sería transformar estas provocaciones en una idea nueva. Entonces vendría la tercera etapa. Esta consistiría en dar "forma" a la nueva idea para convertirla en practicable. Los límites fijados serían los elementos que sirven para dar la "forma".

Existe una considerable diferencia entre tener la esperanza de acertar con una buena idea, y tomar una idea y transformarla gradualmente en una buena idea (mediante el proceso de modificarla y darle forma).

Es completamente cierto que la "explosión imaginativa" puede ser una fuente de "provocaciones", que constituye una parte esencial del pensamiento lateral, y éste puede ser la manera más útil de tratar el producto de una de esas sesiones. Sin embargo, hay muchos medios formales de crear provocaciones (por ejemplo, la "inversión"), sin confiar en la operación de "acertar o errar". En general, la "explosión imaginativa" implica un cierto desorden, con la esperanza de que aparezca algo útil. En el pensamiento lateral, el proceso es mucho más preciso y estructurado.

La formalidad

En mi opinión, la mayor ventaja de la "explosión imaginativa" ha sido su formalidad. Existe una hora, un lugar, una agenda y un grupo de personas que se han reunido con la expresa intención de ser creativas. Esto es mucho mejor que esperar a que la gente sea creativa por su cuenta. La mayor parte de las personas conoce el lenguaje de la "explosión imaginativa" de forma general. De modo que, durante el período de tiempo que dura la sesión, desempeñan el papel de pensadores creativos. Sin duda esto es beneficioso. Como ya he dicho antes —y estén convencidos de que volveré a decirlo— si usted actúa como un ser que piensa, se convertirá en un ser que piensa. De modo que la formalidad y el lenguaje de esas sesiones son útiles. Es posible decirle a un grupo de personas que estamos organizando una "sesión imaginativa" para generar ideas sobre un tema en particular. Esta es una declaración de principios. La sesión tendrá lugar y siempre habrá algún tipo de resultado. El resultado total es que de alguna manera se habrá aplicado el pensamiento creativo. Esto es mucho mejor que esperar a que se produzca por casualidad. La expresión "explosión imaginativa" proporciona una adecuada etiqueta para ese tipo de sesión generadora de ideas. El peligro reside en que en esas sesiones suelen aplicarse procesos un tanto débiles. Necesitamos crear una nueva palabra para esa clase de sesiones.

Durante esas sesiones, los que toman parte saben generalmente que no se espera de ellos que sean negativos o que emitan juicios. Puede suceder que en algún momento se digan a sí mismos: "Me parece que esto es demasiado negativo", o que alguien les reprenda durante la sesión. Esta especie de definición general del papel del pensamiento creativo resulta beneficiosa. Pienso que puede ajustarse de una manera aún más formal, y tengo un nuevo proyecto para concretarlo. Lo anunciaré en estas páginas, a su debido tiempo.

Creatividad individual

La "explosión imaginativa" es esencialmente un método de grupo. Se supone que las ideas de unos desencadenan las de los otros. La atmósfera creada por algunos debe conseguir que todo el mundo sea creativo. La mayoría de los enfoques de la creatividad ha seguido esta noción de grupo. Como resultado, mucha gente ha llegado a pensar que la creatividad sólo puede utilizarse como ejercicio de grupo. Esto es una necedad y una necedad peligrosa. *La creatividad es tan esencial para todo el que razona, como la habilidad para utilizar el embrague del automóvil para todo conductor*. Nadie puede considerarse conductor si no sabe usar el embrague. Nadie puede considerar que sabe razonar si no es capaz de usar tanto el lenguaje como el proceso real de la creatividad. A este respecto, el proceso particular del pensamiento lateral es mucho más útil que el lenguaje indefinido de la "explosión imaginativa". Un individuo debe ser capaz de sentarse y aplicar por su cuenta un instrumento creativo a un problema particular. No es necesario que intervenga nadie más. El proceso puede llevarse a cabo, de manera formal, paso a paso. Al final, se habrán producido algunas ideas nuevas.

La forma en que una persona reacciona ante una idea, la manera en que se dispone a buscar alternativas, el modo con que se enfrenta a una provocación, todo ello forma parte de su capacidad de pensamiento creativo. Es absurdo creer que una persona no puede ser creativa a menos que esté participando en una "sesión imaginativa".

Como consecuencia de la precisa manera en que la noción de "explosión imaginativa" ha acaparado el esfuerzo creativo, existe el peligro de que los individuos no sientan la obligación de ser creativos en sus actividades diarias, porque la creatividad ha sido asignada a las "sesiones imaginativas", exactamente como las provisiones de reserva se asignan al almacén. También existe el peligro de que los individuos se vuelvan perezosos para aprender y practicar habilidades creativas formales porque crean que puede bastarles con el lenguaje de las "sesiones imaginativas". El resultado es que nunca progresarán mucho en el terreno de la creatividad.

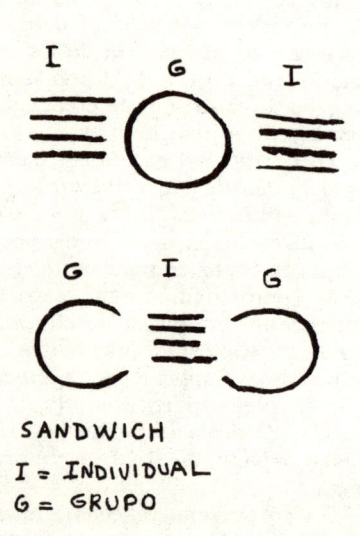

SANDWICH

I = INDIVIDUAL

G = GRUPO

Comportamiento del grupo

Una de las características más desafortunadas de las "sesiones imaginativas" es que muchos disfrutan haciendo reír a los demás con sus ideas estrafalarias. Hay quienes rivalizan entre sí para destacar como el bufón del grupo. Es muy satisfactorio que la gente se divierta con nuestra idea, como es halagador que la gente se ría del chiste que hemos contado. A menudo he observado que la gente que tiene alguna experiencia en "sesiones imaginativas" parece esperar que yo reciba con entusiasmo sus más alocadas ideas. Estoy totalmente a favor de las ideas fantásticas en la etapa de la provocación, pero luego me inclino por el desarrollo de ideas factibles. Ese tipo de personas siempre sugiere "helicópteros" o "pequeños aviones personales", cuando se trata el problema de la congestión del tráfico en las ciudades. Existen ideas más prácticas.

He asistido a muchas "sesiones imaginativas" en las que un individuo aprovechaba todas las oportunidades para tratar de imponer la misma idea, porque sentía que no había sido lo suficientemente apreciada por el resto del grupo. En estos casos, esa persona ha dejado de tomar parte en el proceso creativo y ha empezado a obsesionarse con vender algo. Está tratando de vender un rasgo dominante del comportamiento de todo el grupo.

Hay también ocasiones en que un individuo asume el control del grupo y organiza su pensamiento: "Analicemos esto de esta manera..." En estos casos, se desvanece la variedad de direcciones que los individuos podrían haber tomado.

El pensamiento individual

Me gusta que los individuos sean capaces de usar el pensamiento lateral como una habilidad personal para razonar. Reconozco que la formalidad y el efecto de centrar la atención que poseen las "sesiones imaginativas" tienen cierto valor. Yo prefiero un tipo de sistema "*sandwich*". Describiré este sistema con detalle más adelante, pero quiero esbozarlo aquí.

En el primer tipo de este sistema tenemos una sesión de discusión en grupo, que puede ser una sesión de "explosión imaginativa". En ciertos momentos, sin embargo, se pide a los participantes que desarrollen individualmente sus propias ideas sobre un tema determinado. En un lapso de tiempo que va de tres a cinco minutos, estas personas trabajan individualmente. Al final de ese período, cada uno presenta sus razonamientos al grupo. De esta manera, existe la posibilidad de analizar los enfoques individuales. Hay también períodos opcionales, en los cuales una persona puede separarse del grupo y sentarse en un rincón para seguir una línea de pensamiento que se le acaba de ocurrir. Es necesario, no obstante, que haya momentos en los que todos estén presentes y actúen como grupo. Así, en este tipo de sistema, el resultado es grupo/individuo/grupo.

En el segundo tipo de "*sandwich*" tenemos individuo/grupo /individuo. La tarea definida se presenta a los individuos —puede ser en forma de hoja para escribir— y cada uno tiene que trabajar con su propio pensamiento sobre el tema. Se organiza entonces una sesión de grupo, y cada uno viene a la sesión con sus ideas particulares. El propósito de la sesión grupal es mantener un intercambio de puntos de vista y también disponer de la oportunidad de poder analizar las ideas propuestas por otro. A continuación se realiza otra sesión individual, en la cual cada uno sigue las líneas de pensamiento que le interesan y también trata de resumir o "cosechar" lo que ha sucedido en la sesión grupal. Esta sesión individual puede tener lugar inmediatamente después de la sesión de grupo, o bien se puede fijar un plazo, al final del cual los participantes deberán presentar sus ideas.

Liberalidad y estructura

Mucha gente cree que la creatividad es sinónimo de libertad y que la estructura es lo opuesto a la libertad. Por consiguiente, piensan que el lenguaje liberal de la "explosión imaginativa" es totalmente suficiente y que todo intento de aplicar estructuras más definidas puede coartar la libertad creativa. Esto es una mala interpretación de la naturaleza de las estructuras. Existen estructuras restrictivas y estructuras liberadoras. Una vía de ferrocarril es una estructura restrictiva. Una bicicleta es una estructura liberadora, porque permite llegar más allá de lo que se podría hacer sin ella (en cierto modo, también es restrictiva, porque obliga a quien la usa a mantenerse en el camino, en vez de circular por el campo). Una taza es una estructura liberadora, porque facilita la acción de beber líquidos, especialmente si están calientes. Una escalera es una estructura liberadora, porque posibilita el ascenso a lugares más altos. La matemática es una estructura liberadora. El lenguaje puede ser tanto liberador como restrictivo. Es liberador porque nos permite comunicarnos y registrar hechos. Es restrictivo porque nos obliga a ver el mundo a través de ciertos conceptos tradicionales. *Una llave es una estructura liberadora si nos permite escapar de una prisión, y es restrictiva si nos encierra en una prisión.* Las estructuras del pensamiento lateral han sido diseñadas como liberadoras, puesto que aumentan las posibilidades de escapar de las vías establecidas (actúan como las llaves, las escaleras o las tazas).

La ventaja de una estructura es que permite al que razona realizar algo definido. Por ejemplo, puede añadir una palabra al azar. Entonces reacciona ante la situación producida por la estructura. Y en este punto interviene la imaginación libre y el espíritu creador. Extraer un principio (uno del proceso de "transformación" formal) es un proceso lógico deliberado, pero la incorporación de ese principio a una nueva idea requiere imaginación y creatividad.

La extrema libertad de las sesiones de "explosión imaginativa" tiene la ventaja de permitir a los que razonan abandonar un enfoque para afrontar otro. Esto es atractivo, pero conduce a "perder tiempo, esperando que surja algo". También significa que hay un menor esfuerzo para realizar un trabajo de provocación. En el pensamiento lateral, el que razona puede ocuparse de la provocación por un tiempo, para tratar de extraer algún resultado de esa tarea. A menos que se realice este esfuerzo, el que razona simplemente tomará el camino más fácil, lo que significa volver a las ideas tradicionales. Por ejemplo, con la técnica de la "palabra al azar", sería un gran error abandonar la primera palabra que haya surgido para buscar una mejor. Muy pronto, esto degeneraría en la espera de una palabra que se adaptara a las ideas existentes. Así, no habría elemento provocativo alguno.

Un elemento clave de la aplicación formal del pensamiento lateral es que debe procederse paso a paso. Por el momento, el que razona está centrando su atención en el paso que está dando. Cuando aparece una idea interesante puede explorarse, siempre y cuando se haya iniciado el paso correspondiente. Si no, se toma nota de la idea y se vuelve a ella más tarde. No existe contradicción alguna entre foco de atención y disciplina, por una parte, y creatividad por la otra.

Entre la espada y la pared

Cuando se me pide que desarrolle ideas con fines consultivos, a menudo me siento como "entre la espada y la pared", situación que en parte procede de las actitudes de la "explosión imaginativa". Si llego a una idea creativa que resulta práctica y lógica (percepción *a posteriori*) y que se puede aplicar de inmediato, se produce algo así como una sensación de desencanto. En cierto modo, eso no es lo que se esperaba. Si se concreta una idea fantástica e inútil, sí parece que se ha alcanzado lo que se esperaba de la creatividad. Sin embargo, la idea se considera impracticable. Se ha desarrollado así esa peligrosa expectativa acerca de que la creatividad debe producir ideas extravagantes y sin sentido, que resultan impracticables. La culpa es del lenguaje de la "explosión imaginativa", que no ha logrado distinguir entre ideas fantásticas como provocaciones e ideas fantásticas como productos finales. Por eso necesitamos reconocer la deuda que el pensamiento creativo tiene para con la "explosión imaginativa" y luego dirigirnos hacia procesos creativos más serios.

El lugar para pensar

¿Sobre qué tema vamos a pensar?

En una carta anterior me referí a las áreas sensibles a las ideas (a.s.i.) y sugerí la conveniencia de que cada uno de nosotros tuviera una lista de a.s.i. preferidas. Para los que puedan haberse olvidado, repetiré que un a.s.i. es un área definida en la cual el que razona cree importante el desarrollo de un nuevo concepto. En otras palabras, el área respondería bien (es decir, sería sensible) a un concepto nuevo. Ahora quiero analizar el tema más amplio de las áreas de focos de atención.

Si creemos en el poder del pensamiento, ¿dónde debemos aplicar nuestro pensamiento? ¿Qué queremos que haga por nosotros nuestro razonamiento? No es necesario creer que nuestro pensamiento nos va a proporcionar siempre una respuesta para sentir que puede valer la pena aplicar el pensamiento a un problema o área particular. La actitud opuesta es un cierto fatalismo que sostiene que no hay nada que hacer y que las cosas se resolverán por sí solas, con el paso del tiempo y el proceso de evolución que lo acompañe. De modo que los conflictos se resolverán a favor de una u otra de las partes, o se agotarán por cansancio. Puede haber algún mérito en esta actitud fatalista. Puede haber, en efecto, problemas que sólo se resuelvan con el paso del tiempo y por la acción de las presiones de los sistemas existentes. Podemos, no obstante, analizar esos problemas y llegar entonces a esta conclusión. Hay alguna diferencia entre esto y partir ya con una posición negativa sin preocuparse de aplicar grandes cantidades de razonamiento.

Es fácil suponer que si existen serios problemas que conciernen a mucha gente, ya suscitarán muchas reflexiones por sí mismos, siendo insignificantes de este modo los efectos adicionales que pudieran ejercer unos cuantos razonamientos más al respecto. Esto no es así cuando se trata del pensamiento creativo. Puede haber mil personas que piensen sobre el problema, siguiendo el camino que para ellas ha trazado el entorno y su propia posición frente al tema. Puede aparecer una persona más, con un nuevo enfoque conceptual. No es cuestión de número, sino de diferencias. Alguien que esté situado fuera del problema puede tener una perspectiva distinta de la que poseen los que están implicados en el tema, no importa cuántos sean estos últimos. Por esta razón me estoy dedicando a constituir una organización supranacional del pensamiento independiente (SITO). La fundación ya ha tenido lugar en La Haya, y las oficinas centrales funcionarán en el Palazzo Marnisi, en Malta (a causa de su neutralidad política y las buenas comunicaciones que presenta entre Oriente y Occidente y entre norte y sur). Existen muchas razones para creer que este organismo independiente puede resultar muy adecuado. Más adelante me referiré a este valor con más detalle.

Hay situaciones de reflexión que requieren una información más completa. Las hay que exigen un mejor análisis de la información existente. Y hay también situaciones de este tipo que necesitan una comprensión más profunda de los complejos sistemas implicados. Existen, asimismo, situaciones que necesitan planes de acción mejor diseñados. Y otras que esperan la aparición de opciones más creativas. ¿Qué más? Si se intentara clasificar la clase de pensamiento exigido por toda una variedad de situaciones, ¿cómo podría hacerse? Sería muy fácil decir que en todos los casos se requiere "el mejor pensamiento". Sería muy sencillo recurrir a una panacea como "la educación conveniente de todos los que están relacionados con el tema", o "el espíritu de la buena voluntad cristiana", etc. También se podría asegurar que lo que se requiere es "una buena lógica", olvidando que la lógica es solamente una herramienta útil que sirve para distintos valores y percepciones.

Para la segunda parte del ejercicio, confeccione una lista de todos los problemas y preocupaciones especiales que necesitan ser motivo de razonamiento. Puede haber algunos muy obvios, como la cura del cáncer, el desarrollo práctico de la energía procedente de la fusión nuclear o el fin de la carrera armamentista. Haga la lista de estos problemas tan evidentes, pero busque también otros menos manifiestos. ¿Queremos que haya trabajo para todos? ¿Queremos vivir hasta los 150 años? ¿Deseamos ser más inteligentes? ¿Ansiamos un mayor sentido de los valores espirituales? ¿Aspiramos a sistemas políticos más perfectos? ¿Queremos tener mejores medios para afrontar los problemas y pensar sobre ellos, cualesquiera que fueren?

Exprese alguna idea para establecer una "agenda del pensamiento". Además, indique los progresos que usted espera que tengan lugar en las distintas áreas, y la escala de tiempos de ese progreso (por ejemplo, puede suponer que se podrá curar el cáncer en el año 2020, o que se podrá lograr la fusión nuclear comercial en el año 2050).

Es posible que el perfeccionamiento de nuestros métodos y hábitos de pensamiento originen mayores transformaciones que cualquier otra cosa. Si es así, ¿por qué tenemos dudas acerca de si se puede hacer mucho en este sentido?

Usted también podría indicar cuál cree que será el origen del resultado de ese pensamiento (por ejemplo, la cura del cáncer puede provenir de la investigación y el desarrollo que están realizando las grandes compañías de productos medicinales).

13
El centro de atención de las áreas generales

¿Dónde nos disponemos a aplicar nuestra creatividad y nuestros instrumentos para el pensamiento lateral? Existen cuatro tipos de áreas focales: 1) área general; 2) problemas específicos; 3) crítica; y 4) área sensible a las ideas.

Yo propongo trabajar sobre el centro de atención de las áreas generales. Es, con mucho, el más simple y el que normalmente utilizo para la práctica del pensamiento lateral. Implica la amplia descripción de un área general, como hoteles, actividad bancaria, líneas aéreas, atención hospitalaria, tráfico en las ciudades, etc. Y aun es posible reducir más el campo. Por ejemplo: puede que deseemos ocuparnos de los restaurantes de los hoteles y no de los hoteles en general. Quizá prefiramos centrar nuestra atención en las instalaciones de los bancos, en vez de analizar los bancos en general. Sin embargo, éstos son todavía centros de áreas generales. Lo importante es que nunca debe usarse la especificación del objetivo. No debemos especificar que el propósito de nuestro esfuerzo creativo es "incrementar el beneficio de los restaurantes de los hoteles". Si ésta es la intención que nos guía, deberíamos utilizar el segundo tipo de área focal, que se refiere a los temas específicos. El centro de atención del área general debe ser general. La razón para esto es que deseamos proporcionarnos la posibilidad de dar forma a ideas en las que nunca habíamos pensado antes. También queremos tener oportunidades.

Hay una enorme diferencia entre un problema y una oportunidad. Un problema se presenta solo. No necesitamos salir a buscarlo. Como un dolor o una molestia, se hace sentir por su cuenta. Existe otro tipo de problema que toma la forma de un obstáculo o bache que nos encontramos en el camino que hemos tomado para lograr algo (como un ingeniero que necesita encontrar un metal que soporte el elevado calor que se producirá en una máquina que está diseñando). Una oportunidad no puede verse hasta después de haberla visto. Por eso, establecer una especificación precisa respecto del propósito de nuestro pensamiento creativo significa que sólo podemos afrontar problemas definidos. No es probable que se nos presenten oportunidades. Exactamente a esto se refiere el tema del centro de atención de las "áreas generales": "Estoy dispuesto a buscar oportunidades en esta área general".

Es completamente cierto que con el pensamiento común necesitamos ser muy precisos y centrar muy bien la atención en lo que estamos tratando de lograr con nuestro razonamiento. Estoy decididamente a favor de esta actitud. Hay mucha gente, en cambio, que se siente muy contrariada por la amplia vaguedad del foco de las "áreas generales". Esto se debe a que no se comprende que hay diferentes lenguajes para el pensamiento y distintos instrumentos para diferentes ocasiones. El lenguaje del "movimiento", por ejemplo, es totalmente diferente del lenguaje del "juicio". Cada uno debe usarse cuando corresponde. En un automóvil, el engranaje para la marcha atrás es muy diferente de los engranajes para la marcha hacia adelante. Un martillo es diferente de un serrucho. Empleamos cada instrumento de acuerdo con la circunstancia.

La dificultad surge con aquellas personas que creen que existe una técnica para "resolver problemas en general", y que debe usarse en cada ocasión en que se razona. Es posible definir y usar una técnica semejante, pero entonces tiene que definirse con tal amplitud que termina por carecer de sentido. Por ejemplo, si la primera etapa consiste en definir el objetivo, podría definirse como: "Tratar de llegar a nuevas ideas en el área general de los hoteles". Y es aquí donde todo se convierte en un juego de palabras. Terminamos por definir precisamente algo muy vago. Si esto es necesario para hacer feliz a alguien, no me opongo. Siempre y cuando, por supuesto, no se desvirtúe la naturaleza "general" del foco del área general.

Especificidad a posteriori

Nos disponemos, pues, a generar ideas en el área general que hemos definido. Aparecen algunas. Las anotamos todas. Entonces elaboramos algunas un poco más detalladamente. En este punto, la elaboración tiene un propósito definido. Nos fijamos en qué dirección la idea parece ofrecer más beneficios.

La palabra "beneficio" es la palabra clave para la búsqueda de la opotunidad. *Frente a un problema, buscamos una solución; cuando se trata de una oportunidad, lo que buscamos son beneficios.*

De modo que hay que examinar cada idea para ver en qué dirección esa idea particular puede ofrecernos beneficios. A continuación confeccionamos una lista de las direcciones más corrientes que siguen las ideas para ofrecer beneficios, pero cada uno puede ampliar o modificar la lista para que se adapte a sus exigencias.

Reducción de costos: Ahorros en general. Modos de reducir partes de una operación, o de hacer las cosas de una manera más simple. Diferentes fuentes de provisión. Diferentes servicios entre los que optar. En resumen: "¿Podrá servir esta idea para ahorrar dinero?"

Simplicidad: Esto se superpone con la "reducción de costos", pero en realidad no tiene por qué significar ahorro en los costos. Si algo se puede realizar de una manera más simple, puede reducir errores. También es posible que permita disponer de personal menos calificado (aun cuando se le pague igual, puede ser más fácil de conseguir). La simplicidad puede también significar menos tensiones por parte de los que intervienen en el tema.

Valor del producto: Tener un mejor producto (o servicio) para ofrecer. Disponer de un producto que atraiga la atención de un mayor número de personas. Tener una PUV (proposición única de venta) que permita al producto resistir la competencia.

Valor adicional: Añadir algo al producto o servicio que le dé un valor adicional para el consumidor o para el que lo produce.

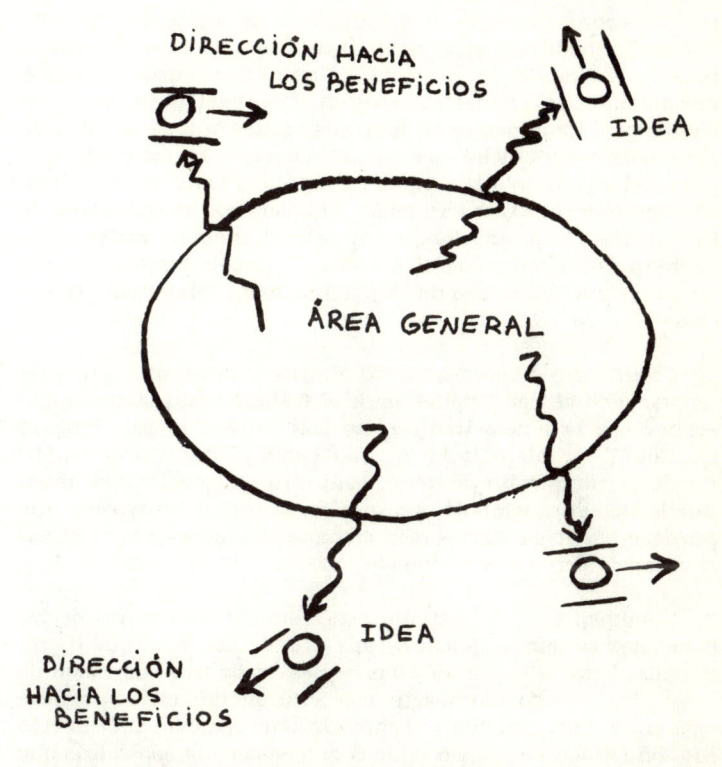

Mayor volumen: Algo que incremente las ventas. Un mayor número de personas quieren adquirir el producto. Un mayor número de personas está en condiciones de comprar el producto. Por ejemplo, si se encuentra la forma de reducir los precios, se conseguirá un mayor volumen de ventas (suponiendo que exista una cierta sensibilidad hacia los precios).

Mejores márgenes: Esto significa mejores márgenes de ganancias. Pueden provenir de precios más altos, de reducción de costos, de un valor adicional o de hacer las cosas de una manera diferente.

Promoción y publicidad: Esto abarca todos los factores que puedan conseguir que el producto o servicio resulte más "visible". Puede ser una cuestión de transmisión mediante la palabra (cuando la gente habla del producto). Puede ser algún mecanismo para llamar la atención. Una mejor promoción no significa automáticamente mayores ventas o más ganancias, pero ambas son mucho más difíciles de lograr si nadie sabe que ese producto se está fabricando. Existe, sin embargo, el peligro de creer que cualquier idea está justificada con el argumento de incrementar la promoción, y en realidad muchas malas ideas cuentan únicamente con este apoyo. De modo que hay que ser muy prudente en el uso de este ítem como sinónimo de beneficios.

Cualidades humanas: Esto abarca una amplia gama de temas. Incluye condiciones para el trabajo y satisfacción con respecto a la tarea. Incluye motivaciones y moral. Incluye lealtad. Y también "imagen". Así como el ítem "promoción" puede resultar sobrevalorado, este otro que nos ocupa ahora puede ser subestimado, porque en realidad no parece que pueda originar ganancias. Sin embargo, la moral y las motivaciones establecen una diferencia.

Finalmente, el análisis de esta lista de direcciones de los beneficios se puede aplicar a cada una de las ideas que hayan surgido. Para cada una de ellas se desarrolla una "dirección de beneficios". Luego se prosigue con aquellas que ofrecen beneficios en la dirección que nos interesa. Por ejemplo, si el interés está en reducir costos, se sigue el análisis de aquellas ideas que sugieren una manera de realizar esto. Y se archivan las ideas que ofrecen un incremento del valor del producto o una mejor promoción.

De este modo, el "blanco", o sea, el objetivo específico del pensamiento creativo, se aplica *después* de que haya tenido lugar el razonamiento.

Esta es la manera en que debe usarse el centro de atención del "área general".

Observación: El hecho de que una idea ofrezca beneficios en una dirección que tenga valor no significa que sea una buena idea, ni que sea factible. Esto aún debe averiguarse.

UN EJERCICIO DE ENSAYO

Con el objeto de ilustrar el centro de atención del "área general" que he descrito en la primera parte, voy a realizar un ejercicio creativo a modo de ensayo, utilizando este tipo de foco o centro de atención.

Centro de atención del área general: "Comidas rápidas".

Técnica del pensamiento lateral: Yuxtaposición al azar.

Determino (al azar) página 328 y posición 7. Abro un pequeño diccionario en esa página y busco la séptima palabra (contando desde la parte superior de la página). Si la palabra no es un sustantivo, sigo hacia abajo hasta encontrar un sustantivo, puesto que, en general, con este tipo de palabra es más fácil trabajar.

Palabra al azar: "Mazo" (descrito como martillo con cabeza de madera).

Ideas

1. Mazo sugiere carpintería y un tipo de operación "hágalo usted mismo". ¿Qué significado podría tener esto en el contexto de "comidas rápidas"? Una sugerencia sería que una parte de la venta de comidas rápidas se hicieran en locales que funcionaran como cocinas, donde los clientes se prepararan ellos mismos ciertas comidas simples (huevos, hamburguesas, etc.). Los ingredientes se adquirirían en el mismo comercio. El concepto de "hágalo usted mismo" podría extenderse a toda la operación, donde sólo se proporcionarían los ingredientes y el equipo para cocinar. Una versión simple de este concepto sugiere que los estudiantes prestaran ciertos servicios a cambio de comida (por ejemplo, trabajar durante una noche, a cambio de cierto número de comidas durante el resto de la semana).
2. Un mazo actúa mediante golpes repetidos, y así surge el concepto de "repetición". Cualquier local de comidas se alegrará de que se repitan las transacciones comerciales. Podría existir una simple tarjeta que se entregara a cada comensal, y en la

que figuraran escritos los días de una quincena (en dos columnas semanales). Presentando la tarjeta durante ese período, se disfrutaría de una rebaja del 20% en las comidas. Cada vez que se utilizara la tarjeta, se marcaría la fecha con caracteres perforados. Existiría, claro, el problema de la transferencia de la tarjeta de una persona a otra, pero eso no tiene por qué ser un inconveniente. En resumen, habrá siempre un incentivo para que alguien vuelva a comer por lo menos más de una vez durante una quincena. Otra sugerencia sería que existieran abonos para varias comidas, que se pudieran comprar anticipadamente, con cierto descuento. Esto permitiría al comerciante disponer de dinero adelantado.

3. Los mazos se usan para clavar las estacas de las tiendas de campaña. Esto conduce directamente a la noción de campamento. Podría significar la posibilidad de un vagón móvil que expendiera "comidas rápidas" en condiciones apropiadas y que podría aparcar en las zonas de campings y caravanas. Esto podría realizarse en el ámbito de una empresa privada. Utilizando su organización y su capacidad para comprar al por mayor, el negocio de las "comidas rápidas" puede también abarcar la preparación y empaquetado de "comida para camping", con alimentos que puedan durar una semana o un fin de semana.

4. Los mazos se usan en el *cricket* para construir los palos, lo cual crea una asociación con el deporte. Y esto, a su vez, sugiere comidas sencillas, empaquetadas, que se vendan a la entrada de campos de deportes o accesos a pistas de carreras. Las cajas serían similares a las que se usan para la comida que sirven las líneas aéreas (tal vez incluso fabricadas por la misma gente). Posiblemente, el interés podría pasar de las "comidas rápidas" a las "comidas empaquetadas". Tal vez, la idea de "comida empaquetada" muy distinta de la sugerencia de "para llevar", podría constituir un área de desarrollo en sí misma.

5. El mazo tiene cierta forma particular: hay una cabeza y un mango. Esto lleva a la idea de "algo así como una hamburguesa en un palo". En la práctica, ¿qué podría significar esto? Podría significar un cierto tipo de comida rápida que fuera fácil de sostener con una sola mano. Por ejemplo, algo que pudiera comerse mientras se conduce el automóvil. Nos viene a la mente cierta clase de comida india, como el *kebab*. Pero sería necesario un mecanismo que condujera cada trozo de comida hacia

arriba, a la posición adecuada. La comida clavada en un palito significaría ahorro en términos de platos, cubiertos y su correspondiente lavado.

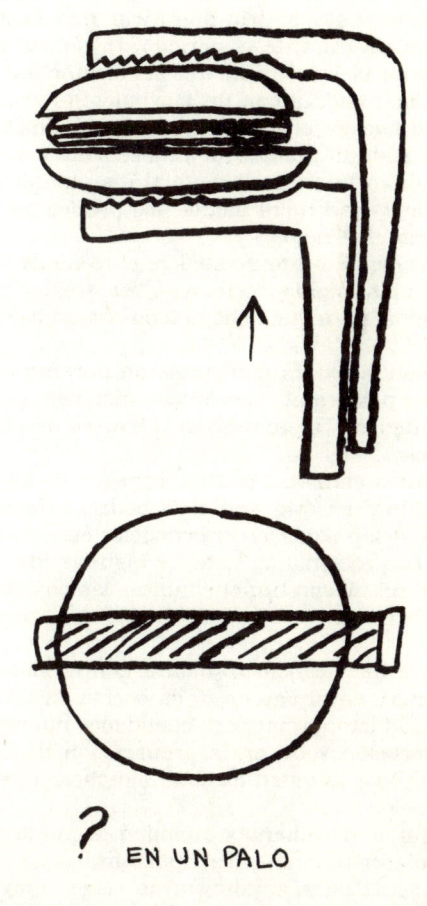

? EN UN PALO

6. Un martillo (o un mazo) es la aplicación controlada de la fuerza. Esto conduce al concepto general de "control". Evidentemente, el control deberá aplicarse a todos los aspectos de la

operación relacionada con la comida rápida (especialmente cuando esa actividad se ha beneficiado de algún tipo de exención), pero no origina ningún nuevo concepto en particular. Excepto, tal vez, períodos alternados de control rígido y control más relajado. Esto podría significar que la gente adquiere buenos hábitos durante el período de control rígido, y por lo tanto, los controles no tienen que ser siempre tan severos.

7. Un mazo actúa con un movimiento hacia arriba y hacia abajo. Esto sugiere el principio general de fluctuación. Tal vez los precios podrían fluctuar de una semana a otra. También los precios podrían fluctuar durante el día. Así, durante las horas en que la actividad fuera menor, los precios podrían ser considerablemente más bajos.

8. El golpe de un mazo sugiere el ritmo de los esclavos que remaban en las galeras y esto, a su vez, sugiere el adiestramiento del personal para que lo haga todo con un cierto ritmo.

Estas son las ideas que surgieron durante los tres minutos de uso de la palabra al azar. Mucho más tiempo llevó anotar las ideas, y mientras se anotaban, algunas de las ideas fueron elaborándose.

La próxima etapa del proceso consiste en analizar cada idea para descubrir en qué dirección podría ofrecer beneficios. A veces, una idea puede ofrecer beneficios en varias direcciones.

Voy a confeccionar la lista de algunas ideas (puede haber varias bajo un mismo título) e indicar los posibles beneficios de cada una de ellas.

1. Parte del negocio trabajará con el sistema de "hágalo usted mismo", en el ámbito de la cocina: reducción de costos; valor del producto; promoción; cualidades humanas.

2. Operación total en la preparación de comidas, con el sistema de "hágalo usted mismo": simplicidad; mayores márgenes; promoción.

3. Algunos estudiantes atienden al público: reducción de costos; promoción; cualidades humanas.

4. Tarjetas para acudir varias veces: mayor volumen de ventas.

5. Abono: mayor volumen de venta; valor adicional (por pago anticipado).

6. Atención en lugares de mucha concurrencia: mayor volumen de ventas; promoción.

7. Comida empaquetada para campings: mayores márgenes; más volumen de ventas; productos nuevos; promoción.

8. Comida empaquetada para consumir durante la práctica de deportes: simplicidad; promoción; mayores márgenes (posiblemente).

9. Comida empaquetada para llevar al trabajo: producto nuevo; mayor volumen de ventas; promoción; valor adicional (operaciones de compra de ingredientes).

10. Alimentos sostenidos por un palito: reducción de costos; simplicidad; valor adicional; mayor volumen de ventas, por ejemplo para uso de conductores.

11. Control alternativo: mayores márgenes; reducción de costos; cualidades humanas.

12. Fluctuaciones de precios: mayor volumen de ventas.

13. Práctica de ritmo de trabajo: cualidades humanas.

Muchas de estas ideas pueden aumentar el volumen de ventas. Sin entrar a fondo en un análisis específico de los precios, es difícil predecir si los márgenes aumentarán o no. Por ejemplo, en el caso de las comidas empaquetadas, no hace falta disponer de locales en calles importantes, ni personal para atender. Por otra parte, hay que considerar el precio de los paquetes y los desperdicios.

Si únicamente me interesara la reducción de costos, me dedicaría sólo a las ideas 1, 2, 10 y 11. Con un examen más detallado, podría descubrir que esas ideas no ofrecen realmente beneficios en el terreno de la reducción de costos, a causa de los costos ocultos, que solamente se hacen visibles después de un análisis más profundo (como la probabilidad de robo de utensilios o la necesidad de instalar extractores caros).

Las otras ideas pueden conservarse en fichas. Si algunas parecen lo suficientemente interesantes, pueden estudiarse por su valor intrínseco, aun cuando no se adapten a las exigencias definidas. Por ejemplo, el concepto de comida empaquetada para consumir mientras se practica deporte podría parecer digna de estudio.

De todo el ejercicio podría surgir una idea única. También podría suceder que la idea no pudiera utilizarse como se había previsto originalmente, pero que el concepto propuesto en la idea resultara aprovechable. Por ejemplo, quizá no fuera posible emplear la ayuda de los estudiantes (por disposiciones gremiales), pero sí tener aprendices o personal adiestrado.

El lugar para pensar

A veces resulta útil y divertido proponerse, como ejercicio de pensamiento, una tarea difícil. Debe ser una medida del éxito y constituir la evidencia de lo realizado. Lo mejor es poner realmente a prueba las ideas propias y ver cómo funcionan. Por esta razón, los problemas difíciles no resultan muy gratos, porque quizá los resolvamos, pero quizá no. Pueden ser frustrantes. Yo prefiero tareas físicas simples: hacer y lograr algo.

Por ejemplo, una vez me propuse la tarea de fabricar un objeto que pudiera trepar por una pared, circular por el techo y descender por la pared opuesta. Todo esto debía lograrlo con materiales disponibles a mi alrededor, en la cocina, en ese

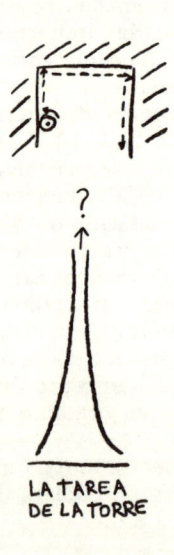

LA TAREA
DE LA TORRE

momento. No era cuestión de acudir a una tienda de aparatos mecánicos o eléctricos ni de buscar materiales especiales. En otra oportunidad, la tarea consistió en construir un cilindro que se cayera solo, después de 20 minutos (algunos lectores reconocerán este problema, que ya utilicé como base para los experimentos del libro *Practical Thinking*). También recuerdo el caso del cilindro que debía enderezarse por sí solo. En otra ocasión, se trataba de una pelota que rodaba por su cuenta y cuando llegaba a un rincón debía poder sortearlo por sí misma.

Existe también un ejercicio muy interesante, que se realiza con una tarjeta postal y un clip para papel. Se trata de dar forma a la tarjeta (se pueden utilizar tijeras, pero no pegamento), de modo que cuando se la deje caer (no arrojar) desde la altura del pecho, recorra la máxima distancia posible hacia adelante. La tarjeta entera debe recorrer esa distancia, todos y cada uno de sus recortes. Hay tres o cuatro diferentes principios de aeronáutica que pueden aplicarse en esta tarea.

El propósito de estas tareas es disfrutar realizándolas y disfrutar pensando en ellas. También puede uno divertirse analizando lo que pensaba en cada etapa. Esto debe verbalizarse y desarrollarse. ¿Tiene usted un problema? ¿Cuál es? ¿Piensa modificar la idea o va a tratar de llegar a un enfoque diferente? Se puede llevar algo así como un registro o diario de todo el proceso. Lograr la respuesta es mucho menos divertido que disfrutar del razonamiento que uno ha desarrollado durante todo ese tiempo.

Se puede hacer un análisis retrospectivo y localizar dónde apareció algún tipo de bloqueo. Puede observarse que definir un problema de cierta manera ha servido de ayuda. Es posible darse cuenta —a posteriori— de que de haber seguido cierto camino, ello le habría permitido evitar el problema, sin tener que resolverlo.

La tarea

Voy a sugerir una tarea que usted puede afrontar de esta manera. Tome una hoja de papel DIN-A4 (del tipo que pesa unos 70 gramos).

La tarea consiste en construir la más alta torre posible con esta hoja de papel. Tenga en cuenta que la torre debe ser muy estable y debe poder mantenerse en pie, por lo menos durante una hora.

Usted no está autorizado a hacer ninguna otra cosa: no puede utilizar tijeras ni instrumento alguno para cortar; tampoco puede usar pegamento, cinta adhesiva ni monedas; absolutamente nada.

Cuando propuse esta tarea en un seminario, solamente permití el uso de dos hojas de papel, una para practicar y otra para la ejecución definitiva. En esta ocasión, en cambio, usted puede usar tantas hojas de papel como quiera (una sola hoja para cada torre), para que pueda ensayar diferentes diseños.

¿Cuáles son las prioridades? ¿Cuáles son las acciones que deben realizarse primero y en qué direcciones conviene orientar el esfuerzo del razonamiento? Algunas cosas pueden resultar superfluas, si no hemos conseguido hacer otras correctamente.

También hay puntos sensibles en el sistema. Esto quiere decir que cualquier presión en esos puntos puede tener un efecto de generalización.

14
Un ocho en razonamiento

Hace algunos meses, en una reunión en Florida, pedí a los integrantes de un grupo de graduados de muy alto nivel cultural que se calificaran a sí mismos, dentro de una escala de diez puntos, respecto de su capacidad de razonamiento. Para mi sorpresa, la calificación media fue de 7,5. Muchos se calificaron con un ocho y hubo algunos que se asignaron un nueve.

LA VENUS DEL PUEBLO

No creo que esto se deba a arrogancia o amor propio, sino más bien a una cuestión de horizontes limitados. En *Practical Thinking*, escribí sobre los efectos de "La Venus del pueblo". El hecho debió tener lugar en tiempos pasados, antes de los días de la televisión y de las fotografías de chicas despampanantes publicadas por las revistas. Para la gente de aquel pueblo, la muchacha más hermosa del lugar tenía que ser la más hermosa del mundo. Si uno tiene horizontes limitados, sus descubrimientos y comparaciones también estarán restringidos dentro de esos horizontes.

Si usted no cree que haya que pensar en algo más que en lo que ya está usted pensando, es muy probable que se sienta inclinado a calificarse con un ocho. Si, en cambio, usted admite que el pensamiento es un campo amplio, del cual su experiencia constituye solamente una pequeña parte, es posible que se asigne una calificación algo menor. Es necesario ser consciente de lo que no hay o de lo que podría haber. Las Venus aparecen sin duda en los pueblos con tanta frecuencia como en cualquier otra parte, pero para estar seguro de que se posee una Venus local, se requiere una comparación más amplia.

Planteé este tema a algunos de los que habían otorgado altas calificaciones a su capacidad de razonamiento. Expresé mi sorpresa, porque para mí, nuestro pensamiento es, a lo sumo, una pequeña parte de lo que podría ser. La respuesta individual fue, en general, que esa persona había pertenecido al cinco por ciento de los elegidos, en el colegio o la universidad, y que por consiguiente consideraba justificado asignarse una puntuación alta que reflejara esta jerarquía social.

Actuando con total honestidad, esa persona podría haberme dicho: "Cuando usted nos pidió que nos calificáramos, debió haber especificado si quería una calificación sobre una base comparativa o una base absoluta". Aun con esa manifestación el tema no se habría agotado, pues otra persona explicó que había calificado su capacidad de pensamiento con relación a su capacidad potencial para razonar. Sentía que estaba operando al 80 por ciento de su capacidad. En términos industriales, consideraba que tenía un excedente de capacidad que no utilizaba; de este modo, lo que parecía ser una falta de humildad, podía resultar un ejercicio de humildad.

Aparte de ilustrar sobre las dificultades de la comunicación, el ejercicio pone de manifiesto el tema de lo que se espera del pensamiento.

¿Qué esperamos de nuestro propio pensamiento?

¿Qué esperamos del pensamiento de los demás?

¿Qué esperamos del pensamiento como operación en sí misma?

Existe un gran número de objetivos obvios en los cuales debemos pensar: soluciones de problemas, decisiones, proyectos, acuerdos negociados, etc. Pero no quiero ser tan concreto. Quiero analizar lo que esperamos de la "calidad" de nuestro pensamiento, independientemente del propósito al que se aplique.

¿Queremos que nuestro pensamiento sea directo, lineal y decisivo, sin conceptos superficiales y lleno de certidumbre?

¿Deseamos que nuestro razonamiento sea detallado, sutil y analítico, que vaya arrancando todas las "capas de la cebolla", para encontrar las más profundas?

Probablemente queremos ambas cosas. Un análisis rico y sensible del tema, que siga un camino bien definido hacia la decisión o la solución. Queremos ser capaces de generar alternativas y luego decidir fácilmente entre ellas.

Supongo que querríamos aproximadamente lo mismo que desea el carpintero de sus herramientas: poder usarlas con soltura y eficacia para el objetivo que se propone. Deben estar a sus órdenes y bajo su control. La certidumbre no es suficiente, pues una persona estúpida rara vez tiene falta de confianza en sus decisiones o en su comprensión.

¿Qué deberíamos esperar de la creatividad?

Si analizamos lo que esperamos de la creatividad, podemos sentirnos un poco "entre la espada y la pared". Si me encuentro en el terreno de las consultas y presento una idea simple que, observada *a posteriori*, resulta obvia y lógica, aunque haya surgido como consecuencia de un cuidadoso ejercicio de creatividad, esa idea se considera práctica pero no creativa. Si, por el contrario, ofrezco un maravilloso y extravagante concepto de mucho valor, pero muy difícil de ensayar o poner en práctica (estas ideas también tienen valor provocativo), se considerará magníficamente creativo, pero no práctico. Al parecer, las ocasiones en que la gente espera que una idea creativa sea factible son muy limitadas.

Existe la sensación de que ser creativo es algo así como jugar a los dados. De vez en cuando pueden aparecer dos "seis", y esto resulta magnífico (por lo menos en algunos juegos), pero no por eso debe suponerse que el jugador posea la habilidad de hacer que esto suceda.

Una idea cuya creación podría haber necesitado diez segun-

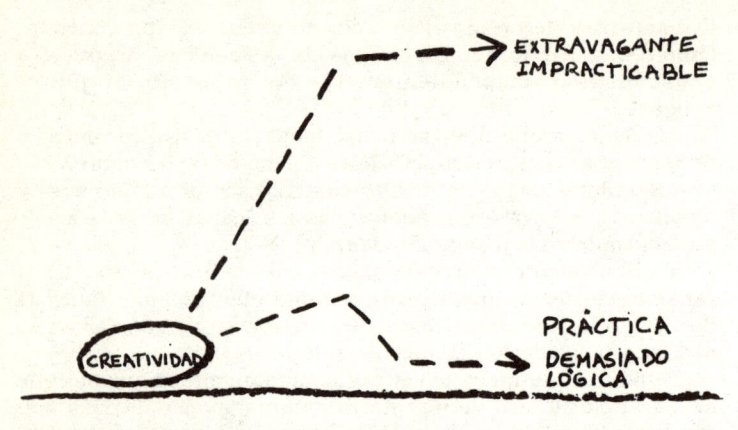

ENTRE LA ESPADA Y LA PARED

dos (y su expresión aun menos tiempo) puede originar ganancias de millones de dólares, pero tal vez nunca se valore apropiadamente ese esfuerzo creativo. Se cree que recompensar al creador sería como premiar al cubilete de los dados cuando alguien ha ganado un juego de *backgammon*. La analogía actúa en dos niveles. El cubilete de los dados es simplemente un receptáculo y, de manera similar, el cerebro del que crea es simplemente un recipiente gracias al cual algo sucede. En el otro nivel, el hecho de lanzar los dados no tiene valor en sí mismo, sino sólo cuando un jugador lo introduce en una estrategia del juego. *Así también, una idea carece de mérito hasta que el que la utiliza la pone en práctica.* Hay cierta verdad en esto. Un jugador habilidoso puede sacar mucho provecho de un mal lanzamiento de dados, mientras que un mal jugador puede desaprovechar un buen lanzamiento. Sin embargo, un buen jugador puede sacar mucha ventaja de una buena jugada y sería una tontería que no prestara atención al lanzamiento de dados.

La analogía entre los dados y la creatividad es, por supuesto, muy poco seria. Cuando algo sólo sucede ocasionalmente y parece estar fuera de nuestro control, tendemos a considerarlo una cuestión de suerte. Sin duda, la creatividad es una cuestión de suerte, pero únicamente hasta el momento en que comenzamos a hacer algo deliberado con respecto a ella. Si no hacemos nada acerca de ella, entonces sí resulta una cuestión de suerte.

He afirmado exactamente lo mismo sobre el pensamiento y la inteligencia. El pensamiento y la inteligencia son lo mismo, pero sólo hasta que comenzamos a desarrollar el pensamiento deliberadamente como una habilidad.

Que el uso que usted haga de su creatividad sea una cuestión de suerte no significa que mi uso de la creatividad también sea una cuestión de suerte.

El lenguaje americano proporciona algunas frases claras y útiles. Una de esas frases es "where he is coming from" (¿De dónde viene?) Esto es algo similar a la "burbuja lógica" que describí en uno de mis libros. Se refiere al conjunto de percepciones, conceptos, circunstancias, experiencias y expectativas que proporciona el medio "del cual proviene la persona". Por eso, para comprender por qué algunas personas se asignan una calificación de ocho en un escala de diez para su creatividad, necesitamos saber de dónde viene esa persona. *Para comprender lo que la gente espera de la creatividad, necesitamos también saber de dónde viene.*

Tarde o temprano

Como señalo a menudo en mis seminarios, cualquier idea creativa valiosa debe siempre parecer lógica cuando se analiza *a posteriori*. Esto es así porque el retroceso hacia donde nos encontramos resulta obvio *a posteriori* (la asimetría de los modelos). En cierto sentido, nuestro término "valioso" significa que podemos encontrar un valor en la idea, y esto representa una situación lógica de la idea. Pocas veces es posible, *a posteriori*, recordar lo inaccesible que era una idea cuando se analizaba con anticipación.

Así, si una idea es lógica cuando se considera *a posteriori*, podemos sin duda asegurar que tarde o temprano se nos habría ocurrido. Puede ser mañana, o dentro de una semana o de un año. O quizás algún otro pudo haber tenido la idea y nosotros podemos haberla copiado. Suponemos que debe haber algo de inevitable en lo que respecta a una idea lógica. Sin embargo, se tardó siglos en inventar el *hovercraft* (aerodeslizador) que, visto *a posteriori*, se basa en una idea tan simple como lógica.

NUEVAS DIRECCIONES

Existen muchos caminos por los cuales se puede llegar al norte. Una dirección no es una ruta detallada, sino una dirección que existe por contraste con otra dirección. Cuando usted está yendo hacia el norte, no se está yendo hacia el sur. Hay veces, sin embargo, en que uno puede estar dirigiéndose hacia el sur como parte de un plan general para ir hacia el norte (por ejemplo, siguiendo las curvas de un camino), pero lo que interesa es la dirección general.

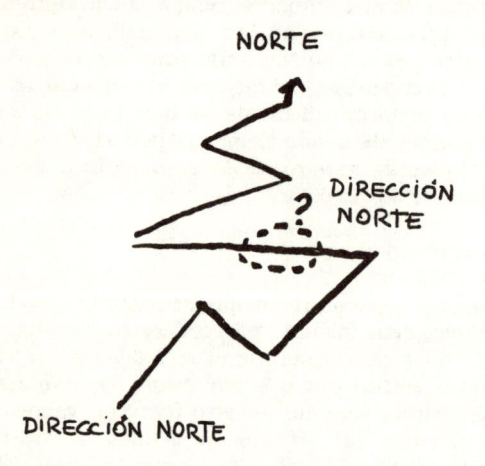

Como ocurre con las direcciones de la brújula, es mejor definir una dirección oponiéndola a otras direcciones: "Podríamos ir en esta dirección... o en aquélla... pero hemos elegido ir..." Esto tiene un valor especial cuando hay un cambio de dirección. A veces es difícil para algunos apreciar un cambio de dirección, salvo que la comparen con la dirección anterior. Cuando se viaja por caminos rurales, se puede llegar a decirle a un acompañante: "Antes el sol estaba frente a nosotros; observe que ahora está a nuestra izquierda". (En el hemisferio sur, esto podría ser síntoma de un largo viaje, más que de un cambio de dirección).

Por ejemplo, en una industria antigua e inmovilista puede haber un cambio consciente en la dirección, desde la "tecnología" hasta las "necesidades de los clientes". También podría producirse un cambio de dirección desde la "producción de mercaderías" hasta el "desarrollo de un producto con valor adicional".

Por supuesto, es esencial definir dónde se está en el momento presente para poder definir el cambio de dirección. Una visión burda y confusa de lo que está sucediendo en la actualidad hace que resulte difícil comprender por qué la nueva dirección es, en efecto, nueva o diferente. A menudo es posible señalar algún aspecto reducido de lo que se está haciendo ahora, para demostrar que la nueva dirección no es en absoluto nueva y, por lo tanto, no se necesita ningún cambio. En la definición de las direcciones, lo que importa es el impulso general y no los detalles. Como ya he dicho más arriba, a menos que el camino sea absolutamente recto, cuando uno se dirige hacia el norte, en ciertos momentos se encontrará viajando hacia el este, el oeste o incluso hacia el sur. Considerar especialmente estos segmentos del trayecto e insistir en que el viaje no se dirige realmente hacia el Norte, resulta absurdo.

Un banco puede decidir que va a dejar de prestar servicios a las grandes empresas (que a menudo pueden realizar su propia actividad bancaria) y en cambio prestar servicios a la mediana empresa. Esto constituiría un cambio consciente de dirección. Este cambio consciente de dirección difiere bastante del simple hecho de comprobar que el grueso de los negocios del momento actual se realizan con las empresas medianas, mientras los esfuerzos y las actividades siguen estando relacionadas con el servicio a las empresas de mayor tamaño. Descubrir que los platos de pescado del menú se venden mejor que los de carne no es un cambio consciente en la dirección culinaria.

Seguir direcciones o crearlas

Si usted descubre que los platos de pescado realmente se venden mejor en su restaurante, ¿cambiaría conscientemente de dirección, convirtiendo su negocio exclusivamente en un restaurante de pescado? Esto podría estar justificado, pero sería necesario realizar primero cuidadosas consideraciones sobre todos los aspectos implicados. El simple hecho de que los platos de pescado se venden mejor en su restaurante, significa simplemente que se prefieren a los otros del menú. Tal vez los de carne no resulten atrayentes, o no lo sean sus precios. Puede que los platos de pescado sean los únicos de comida "ligera", y los clientes se preocupen por su silueta (en cuyo caso usted podría obtener mayores márgenes preparando otros platos ligeros que ampliando los de pescado).

Ser impulsado hacia una dirección particular no es lo mismo que elegir conscientemente una dirección. Aquello es más fácil, porque suprime la responsabilidad de la opción. Uno puede elegir una dirección equivocada, pero el impulso siempre incluye en sí mismo la elección.

Definición de direcciones

Este es un proceso más creativo que analítico. Se necesita creatividad para definir las direcciones. El análisis nos dirá simplemente que hay más comensales que eligen pescado en vez de carne. La creatividad es necesaria para sugerir el cambio de dirección que justifica este desvío. La creatividad no puede probar nada, pero establece posibilidades que pueden confrontarse. Podría ser una dirección hacia la "comida sana", o hacia la "comida ligera". La dirección podría ser hacia el "precio". Podría, también, suceder que las mujeres prefirieran el pescado a la carne, y en este momento acudieran más mujeres que hombres al restaurante. Las causas podrían ser una mezcla de todas éstas. Se podría tratar de analizar lo que está sucediendo. Los otros platos más económicos, ¿están recibiendo más atención? Se podría hacer una prueba. Por ejemplo, crear algunos otros platos ligeros y ponerlos en una sección especial del menú. Podrían contarse cuántas mujeres acuden al restaurante, etc.

Como ya he dicho y escrito muy a menudo, existe una habilidad creativa en la definición de las direcciones que es a la vez amplia y suficientemente específica. Algunas definiciones pueden ser demasiado generales. Por ejemplo, en el caso del restaurante, la dirección de "darle al cliente lo que desea" puede ser demasiado amplia. Por otra parte, un cambio de dirección hacia "servir más pescado" puede ser demasiado específico. Un cambio hacia "una posibilidad más amplia de selección entre platos más ligeros", podría resultar lo suficientemente específica como para guiar la acción, sin ser tan detallada como para limitarla.

Cuando escribí sobre las áreas sensibles a las ideas (a.s.i.), en una carta anterior, dije que a menudo era conveniente utilizar un ejemplo detallado y luego trabajar volviendo hacia atrás, hasta una definición más amplia del área. Lo mismo, exactamente, puede aplicarse a las direcciones. La creatividad puede sugerir una idea específica (por ejemplo, consultar a los clientes sobre una segunda opción entre los platos del menú) y entonces se hace posible trabajar hacia atrás, hasta una definición más amplia (en este caso, considerar los medios para conseguir una modificación de actitud de los clientes). Un camino es solamente un camino, pero una vez que hemos establecido la dirección general, podemos diseñar muchos otros caminos.

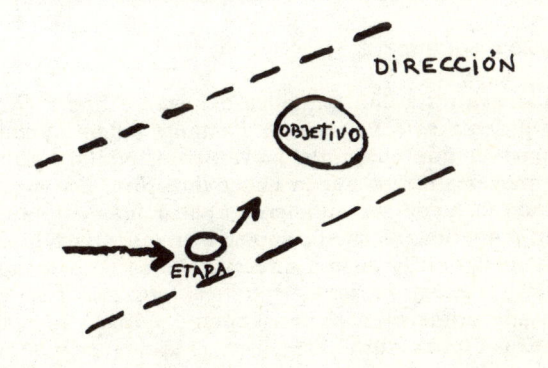

En un intento de reducir los gastos de un hospital, puede haber una decisión consciente de ir en la dirección de "segmentar las necesidades de los pacientes". Esto significa determinar exactamente qué nivel de cuidados y atención necesita cada paciente, en vez de proporcionar el máximo de cuidados a todos, cuando en realidad quienes los necesitan son una pequeña minoría de pacientes.

Objetivos y direcciones

¿Cuál es la diferencia entre objetivo y dirección? Se puede argüir que existe una gran diferencia, o que no hay ninguna. ¿Cuál es la diferencia entre el Polo Norte, el norte y dirigirse hacia el norte? *Un objetivo es, por lo general, un punto final o un estado alcanzado.* Una dirección es el tipo de acción que parece servir para conducirnos a ese objetivo. Por otra parte, se pueden establecer objetivos (o más bien sub-objetivos) que se conviertan en señales para asegurarnos que vamos en la dirección correcta (como los banderines en la ladera de una montaña). Yo tiendo a pensar en un objetivo. Una dirección podría ser "incorporar el uso de contenedores en el transporte marítimo", y un objetivo podría ser "tener una flota de cinco buques porta-contenedores dentro de cuatro años". Como de costumbre, no me preocupo demasiado por las definiciones justas, puesto que éstas tienen un valor más descriptivo que operativo.

Es suficiente que una persona sea capaz de decir: "¿En qué dirección estoy caminando?", o "¿Cuál es la diferencia entre la nueva dirección y la que estábamos siguiendo?"

¿Esfuerzo o cambio?

Una nueva dirección, ¿implica esfuerzo o implica cambio? Aunque parezca extraño, esto es bastante difícil de contestar. Puede parecer que cualquier movimiento implique cambio, y que sin movimiento no pueda haber dirección. En la práctica, sin embargo, puede ser suficiente aplicar más esfuerzo en la dirección requerida, algo así como alguien que arroja la jabalina con más fuerza en la misma dirección. *Si se va a producir un cambio de dirección, evidentemente tiene que existir un cambio.* Esto sucede primero en el pensamiento y luego se realiza de varias formas (estructural, etc.). Pero si la dirección se ha definido con claridad y se ha hecho el cambio de dirección, lo que tal vez se requiera entonces será más esfuerzo, efectividad y eficiencia en la persecución de la dirección establecida.

Aun así, puede necesitarse un cambio. Uno puede caminar por una calle, correr por la calle, ir en bicicleta, coger un autobús o conducir un automóvil. La calle (dirección, destino) no cambia en absoluto, pero sí han cambiado los medios para circular. Esto está relacionado con lo que escribí en cartas anteriores acerca de los niveles de alternativas. Aun cuando se haya decidido el destino y la ruta, hay todavía espacio para la creatividad en la generación de vías alternativas para la realización del movimiento y a lo largo de la ruta elegida para el destino elegido.

Observación, cambio gradual, por etapas o giro repentino

¿Debe ser muy rápido el cambio de dirección? Siempre es necesario que sea inmediato y completo en el nivel del pensamiento, pero no es necesario que sea tan rápido en el nivel de la acción.

El principal ejecutivo de la empresa puede hablar sobre el cambio de dirección. Incluso puede dar a ciertos empleados y analistas algún tema al respecto para que trabajen. Este nivel retórico tiene, en efecto, un valor práctico. La gente siente que algo está sucediendo. El impulso no es el mismo que antes. Aun cuando no se den pasos prácticos durante algún tiempo, el nivel de lo hablado tiene valor. Además, en todas las discusiones o decisiones, la nueva dirección ejercerá su influencia.

La realización gradual es difícil, porque significa mantener la antigua dirección aun cuando las cosas se estén encaminando hacia la nueva. Esto lleva a la confusión. Es mejor hablar en términos de nuevo énfasis, de modo que aun cuando las cosas de siempre se hagan de la forma antigua, haya una cierta sensación de que han cambiado. Así como el "énfasis" en el discurso significa que las mismas palabras se dicen de diferente manera, un nuevo énfasis puede implicar desvío, aunque la acción siga siendo la misma.

Los cambios graduales deben proyectarse de manera cuidadosa y programada. En algunos casos éste es el único modo factible. Desde el punto de vista de la motivación, aquellas cosas que están destinadas a modificarse pasan por un período depresivo, mientras esperan su turno para el cambio. Ciertas acciones simbólicas pueden convertir este intervalo estático en algo más dinámico. Aun cuando tales pasos no sean estrictamente necesarios, tienen un valor cosmético sumamente útil (y los valores cosméticos pueden ser reales desde el punto de vista de las motivaciones).

Muy raras veces puede llevarse a cabo un giro repentino. Puede realizarse mediante un golpe publicitario. También es posible realizarlo con una estrategia de comercialización (de ventas directas a distribuidores). Si el pensamiento y la acción (del cambio de dirección) se producen casi simultáneamente existe el peligro de que algunos se sientan confundidos y se queden atrás. Si transcurre demasiado tiempo entre el pensamiento y la acción, se pierde el impulso. La mejor estrategia está constituida por algunas acciones que demuestren la seriedad de lo expresado y luego por una secuencia de acciones que produzcan el giro total. Este giro total puede ser una mezcla de cambios de énfasis y cambios reales.

¿Quién debe tener conocimiento del cambio?
Todo el mundo.

El lugar para pensar

Elija una idea...

En una sesión creativa aparece gran cantidad de ideas muy débiles. Un montón de estas ideas proviene de gente que se cree mucho más creativa de lo que realmente es (esto debe aplicarse en especial a los que trabajan en publicidad, donde la confianza en la propia creatividad es generalmente más importante que la creatividad misma). Existe, asimismo, la tendencia a lo disparatado, originada por el lenguaje de la explosión imaginativa: diga algo sin sentido, que ya encontrará algún valor en sí mismo.

El propósito de este ejercicio es elegir una "idea débil" y usar el lenguaje de transformación para llegar hasta otras ideas.

El tema de la discusión es "los cepillos de dientes". Alguno

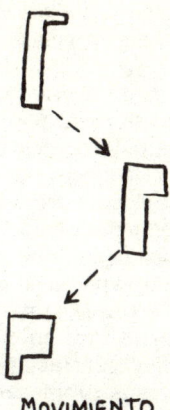

MOVIMIENTO

sugiere que el mango sea un bolígrafo. La relación es evidente: "Una aplicación para algo largo y estrecho, como el mango de un cepillo de dientes". Podría haber cierto mérito en la idea, si el bolígrafo contuviera tinta (lavable) con la cual uno pudiera escribir en el espejo del cuarto de baño. Entonces se podría comercializar el dispositivo como una forma de fijar aquellas ideas que se nos ocurren cuando nos estamos bañando o afeitando. De lo contrario, habría algo de absurdo en llevar un cepillo de dientes, cuando lo que uno necesita es un bolígrafo, o llevar un bolígrafo cuando uno precisa un cepillo de dientes.

En este punto, usted tendría que decidir si está realmente interesado en los cepillos de dientes como tales, o en la capacidad de fabricar cepillos de dientes o algún dispositivo comercializable de este tipo de precio y tamaño. Supongamos que usted no está dedicado exclusivamente a los cepillos de dientes.

La próxima pregunta podría ser: "¿Hay alguna razón para llevar consigo un cepillo de dientes?" La respuesta sería, tal vez: "Sí, para poder cepillarse los dientes después de las comidas, etc." Posiblemente podría diseñarse una cubierta perfecta que escondiera completamente la parte de las cerdas. Existe, sin embargo, otra clase de cepillo que sería necesario llevar. Se trata de un cepillo para la ropa, especialmente cuando se usa ropa oscura. Los cepillos de dientes pueden ser excelentes cepillos para la ropa. De modo que tal vez el dispositivo podría combinar la función de escribir con la posibilidad de cepillar la ropa.

Si nuestra atención se ha desviado ahora hacia la combinación de escribir y cepillar la ropa, podríamos echar una mirada a nuestro alrededor, tratando de descubrir otros métodos para cepillar la ropa. Existe el concepto del papel adhesivo, que es excelente para eliminar pelos de perro e hilos. Tal vez el bolígrafo podría contener un pequeño rollo de ese papel.

¿Por qué tiene que ser papel, que se gasta? ¿Por qué no un adhesivo lavable que se aplique a la superficie del bolígrafo, el cual se deslizaría luego sobre la superficie que deba cepillarse, para después lavar el dispositivo entero bajo un grifo y secarlo para una nueva utilización? A estas alturas, este tipo de adhesivo podría fabricarse por sus propiedades intrínsecas, sin referencia al bolígrafo o al cepillo de dientes.

Supongamos que nos interesan solamente los cepillos de dientes. ¿A dónde nos lleva la idea del bolígrafo? Podríamos pensar en una bolita plástica que pudiera girar, colocada en el extremo del mango de un cepillo de dientes, para masajear las encías. También podría servir al mismo tiempo para aplicar algún medicamento a las encías.

Como ejercicio, tome la siguiente idea débil y trabaje con ella de la misma manera como lo he hecho yo con el cepillo de dientes. Trate de verbalizar o escribir las diferentes etapas de su razonamiento: "Algunos sugieren que los platos para comer deberían tener una parte del borde achatada, en vez de ser circulares".

Tome esta idea y vea qué puede hacer con ella.

15
"Lo mismo que..."

La mayoría de la gente que no tiene nada que ver con la creatividad sabe que ésta es la peor frase de todas.

Si usted aporta una sugerencia y alguno de los presentes afirma que no va a funcionar o que no tiene valor, a usted le queda la posibilidad de argumentar sobre el tema. Puede tratar de demostrar por qué la idea sí va a funcionar. Puede señalar su valor y los beneficios que comportará. Existe, por lo menos, la base para una discusión. La idea recibe la atención de todas las partes: usted, el que objeta y los que escuchan. La atención es todo lo que merece una idea nueva. Durante esa oportunidad en que es objeto de atención, la idea tiene que demostrar que merece un posterior examen.

Pero si la idea se encuentra con la frase asesina "lo mismo que..." entonces no recibirá atención alguna. Se da por sentado que la idea no es nueva y que no merece que se le conceda tiempo. Esto sugiere incluso que ya se conoce el resultado que daría la idea y se ha demostrado que carece de valor.

Existen muchas variaciones de la frase mencionada:
"Esa no es una idea nueva..."
"Eso es exactamente lo que solíamos hacer años atrás..."
"No es distinto de lo que hacemos ahora..."
"Es una idea magnífica, pero ya la hemos estado utilizando."
"¿Qué tiene de novedoso?"
"Esto es lo mismo que..."
"Eso ya lo hemos hecho con nuestro sistema XXX."
"Eso lo hemos hecho siempre."
"Acostumbrábamos a aplicarlo hace años..."

"Ya lo probamos, y no sirve."
"Eso es lo que hacemos siempre."
"Es equivalente a lo que hacemos en XXX."
"Esa es una idea anticuada."

Podemos analizar las motivaciones que están detrás del uso de esta frase. Hay varios niveles de motivación.

Quién es el más inteligente

Si existen nuevas ideas en el ámbito de nuestro negocio, ya las hemos experimentado. No necesitamos que alguien de afuera venga a darnos más ideas. Por definición, cualquier idea útil que usted nos presente, ya la conocemos o la hemos estado usando.

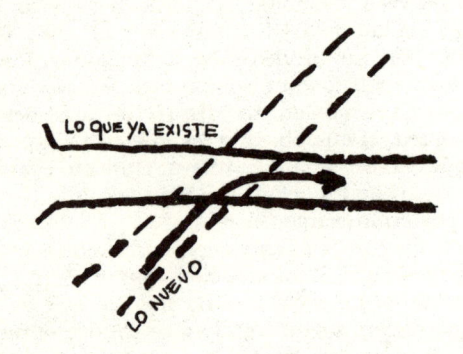

Usted no puede ganarle a la experiencia

Las ideas no importan. Cualquier idea válida surgirá oportunamente, cuando las condiciones sean propicias para ello. La idea procederá de los que tienen experiencia en el negocio y capacidad para dar forma a la idea y determinar su valor. Si esas personas no han producido ya la idea en cuestión es porque ésta no tiene valor: no habría posibilidad de que sirviera.

No hay nada nuevo

Todos los chistes nuevos sólo son, en realidad, una variedad de siete chistes básicos. Toda idea nueva es simplemente la remodelación de una vieja idea. No significa nada nuevo, sino la misma idea de antes, con un nuevo disfraz.

Las ideas nuevas producen confusión

Si podemos demostrar que una idea nueva es, en realidad, una idea vieja que ya conocemos o que ya se ha demostrado que no servía, entonces no tenemos nada que hacer. Ni siquiera es necesario que evaluemos esa idea, si podemos probar que es vieja y que ya fue experimentada o rechazada.

No se inventó aquí

Si aceptamos que una idea es nueva, quien la presenta querrá que se reconozca su autoría (y posiblemente, que se le pague). Si podemos demostrar que no es nueva, no podrá reclamar nada. Más adelante, tal vez podamos usar la idea de alguna manera. Después de todo, somos muy capaces de generar nuestras propias ideas.

Aparte de todas estas razones, existe una más (y perfectamente genuina). El interlocutor que dice la frase "es lo mismo que..." cree verdaderamente que es lo mismo. Muchas de las razones aquí expuestas sugieren el convencimiento de que el interlocutor no quiere ver ninguna novedad, y por lo tanto trata la idea como a un sombrero viejo. Lo que yo señalo en estos párrafos es que, aun con la mejor buena voluntad del mundo, el interlocutor puede que no sea capaz de ver la novedad.

Como ya he escrito en otras partes (particularmente en mi libro *The Mechanism of Mind*) *el cerebro actúa como un medio en el cual la información que llega se organiza en modelos*. Una vez formados, estos modelos se imponen o se reconocen en posteriores ocasiones. Esto nos permite sobrevivir en el mundo, en el verdadero sentido de la palabra. Si tuviéramos que resolver todas las cosas cada vez que se presentan, la vida sería imposible. A diferencia de los ordenadores el cerebro es capaz de generalizar los modelos. Esto significa que si no hay ningún modelo disponible, el cerebro proporcionará el más semejante. Esto permite que el cerebro reconozca cosas nuevas como si fueran viejas. Con el tiempo puede formarse un nuevo modelo.

La habilidad para ver cosas nuevas como si ya fueran conocidas es una maravillosa capacidad del cerebro. Pero tiene su contrapartida. Y ésta se produce cuando existe algo nuevo que puede considerarse como algo ya conocido (y esto último es lo que hace exactamente el cerebro). El resultado es la frase "lo mismo que..." El cerebro ve honestamente la nueva sugerencia como si fuera un viejo modelo. En estas circunstancias sin duda alguna resulta muy difícil para el que presenta la nueva idea ofrecerla como un modelo nuevo.

LO QUE YA EXISTE

LO NUEVO

Otro problema reside en el hecho de que algunas personas prefieren trabajar en un nivel de acción general. En este nivel, puede considerarse que las ideas nuevas se sitúan bajo el mismo título que las viejas. Imagínese que alguien está tratando de presentar la noción del Viajero Habitual de Pan-Am. El que escucha lo ve simplemente como otra propuesta de descuentos (y así es, en un sentido muy general). La idea se rechaza, con el argumento de que esos descuentos pueden conducir a pérdidas en todos los sectores. El punto clave de la novedad de la idea se ha perdido. El punto clave es, naturalmente, que en el caso de la rebaja de tarifas, la persona que compra un pasaje sale ganando, pero en la idea del Pasajero Habitual es la persona que está viajando quien se beneficia (y por lo tanto, hay más probabilidades de que elija Pan-Am).

En un nivel absurdo, podríamos imaginarnos a Christopher Cockerell, el inventor del *hovercraft* (aerodeslizador), tratando de persuadir a alguien para que se interesara por el vehículo:

"El vehículo no vuela, ¿no es así?"
"Así es, no vuela."
"¿Va por el suelo, como cualquier coche o camión?"
"Va por encima del suelo."
"Bueno, sí, pero eso es lo que hace un coche. Las ruedas lo levantan por encima del suelo. No hace falta jugar con las palabras."
"Puede ir por el agua."
"Eso pueden hacerlo los vehículos anfibios. No han servido mucho."

Lo que quiero poner de relieve es que, algunas veces, la táctica de "lo mismo que..." la usan aquellos que quieren resistirse a una idea nueva, pero otras veces la usan los que, honradamente, no pueden ver qué hay de nuevo en la idea.

En cierta oportunidad, me encontraba en una reunión de altos ejecutivos en Nueva York, y sugerí un producto que podría satisfacer las condiciones del mercado. "Es una espléndida idea, pero usted llega demasiado tarde, hace dos años que estamos utilizando esa idea." De modo que me callé. No tenía sentido impulsar una idea que ya estaba en uso. Después de la reunión, le pedí a uno de los que había estado presente que me describiera la idea "que estaba en uso". Así lo hizo. Era completamente diferente de la que yo había propuesto. De modo que esbocé mi idea nuevamente.

Cosas de este tipo suelen suceder. Durante un reciente seminario en Holanda, propuse, como provocación, lo siguiente: "Po, los seguros deberían ser transferibles entre clientes".

Uno de los personajes dijo: "Eso no es una novedad. En el negocio naviero siempre ha sido así". Se refería al seguro de la carga, que se convierte en transferible cuando la carga se transfiere. Técnicamente, era correcto, pero la idea de hacer que el seguro de vida u otros tipos de seguro sean transferibles, es realmente una provocación. Por eso, debemos estar atentos a

ATENDER A LA DIFERENCIA

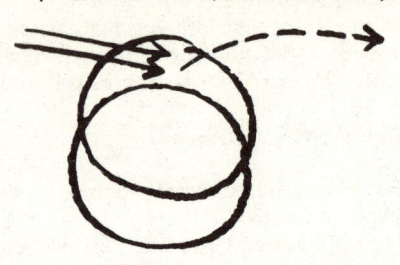

las ocasiones en que se realiza algo en circunstancias muy especiales, surgiendo de este modo el convencimiento de que así se hace siempre. Transferir un principio de un uso muy especial a uno más general puede ser una idea creativa.

Entrar en una discusión sobre "no es novedad/sí lo es" resulta un ejercicio degradante e inútil. Fundamentalmente, hay dos elementos implicados. El primero se refiere al hecho de si la idea es digna de ser utilizada o no lo es. A este respecto, la novedad significa simplemente que la organización en cuestión no está utilizando en la actualidad esa idea. La idea no necesita ser original en sí misma, y tampoco es necesario que sea original para esa institución (pueden haberse ocupado de ella con anterioridad). La pregunta directa es: "¿Estamos haciendo esto?" El segundo elemento está relacionado con la propiedad de la idea. Esto es mucho más complicado. Tiene que ver con aspectos emocionales y financieros. En el nivel emocional, existe el problema de "no se ha inventado aquí". En el financiero, está la cuestión de si la persona que sugiere la idea tiene algún derecho a extraer algún beneficio de ella. Algunas organizaciones realizan increíbles piruetas legales para sostener que una idea no es nueva. Sacan a relucir antiguos documentos que mencionan algo vagamente relacionado con la idea. Afirman que en alguna reunión alguien había mencionado algo referente al tema. La mayor parte de todas estas declaraciones es falsa. A mi entender, la conclusión es simple: si como resultado de la sugerencia de alguien, hay una organización que comienza a utilizar una idea que no estaba aplicándose, esa persona que aportó la idea ha realizado una contribución. Sería absurdo pretender lo contrario. Ni siquiera importa si la idea provenía de alguna otra parte.

La posición con respecto a la patente de una idea es, por supuesto, diferente. No tengo la intención de abordar ese tema aquí.

Atender a la diferencia

La respuesta al problema de "lo mismo que..." está en centrar la atención en la diferencia. Esta es una de las maneras fundamentales de transformar una idea o una provocación. Implica seleccionar los puntos en los que hay diferencias y realizar comparaciones entre lo que es y lo que está sugiriéndose. Presentar una idea como contraste o variación de los puntos de fundamental importancia es, antes que nada, una buena estrategia.

LOS LÍMITES DE LA IMAGINACIÓN

Tengo un recipiente y dentro de él coloco un objeto. El objeto está libre en el recipiente, no está unido a él ni sujeto de ninguna manera. Sin embargo, no puedo sacar el objeto del recipiente cuando éste permanece abierto, tampoco cuando está cerrado. El objeto no ha cambiado. ¿Cómo es posible?

Un objeto A descansa sobre un objeto B. El objeto B descansa sobre un objeto C. El objeto C descansa sobre el objeto A. El resultado es una estructura sólida.

Empiezo a trazar una línea en una hoja de papel, y sigo con la línea. En cierto momento me encuentro dibujando, en el reverso de la hoja de papel, una línea que continúa el trazo de la primera. Sin embargo, en ningún momento he cruzado ningún borde del papel. ¿Cómo es posible?

A primera vista, estas afirmaciones pueden parecer imposibles o ilógicas. Pero consideradas *a posteriori*, cada una de ellas resulta tan obvia que casi se convierten en triviales. La situación detallada en último término es tan bien conocida ahora que difícilmente puede calificarse de misteriosa. Evidentemente, se refiere a una "banda de Moebius". Comienzo la raya sobre una superficie y simplemente la continúo. En un momento dado estoy trazando la línea en la superficie opuesta del papel. Una vez que he imaginado la superficie de Moebius, todo se vuelve evidente. Pero a alguien que no ha podido imaginarse la superficie de Moebius la descripción puede parecerle imposible o ilógica.

A primera vista puede parecer absurdo que tres objetos se sostengan entre sí, descansando uno sobre otro. ¿Cómo puede un objeto descansar sobre otro que no tiene en qué apoyarse? Una vez que se comprueba su construcción, la estructura resulta lógica. Utilicé este problema en mi primer libro, *The five-day course in thinking*. Se colocan tres botellas separadas entre sí por distancias mayores que la longitud de un cuchillo. El objetivo es construir una plataforma lo suficientemente resistente como para sostener un vaso con agua. Se pueden utilizar cuatro cuchillos. En realidad, puede hacerse solamente con tres cuchillos (para desesperación de muchos lectores). Se lleva a cabo con un diseño de entrelazado en el cual el primer cuchillo descansa sobre el segundo, el segundo sobre el tercero y el tercero se apoya sobre el primero. No hay misterio alguno.

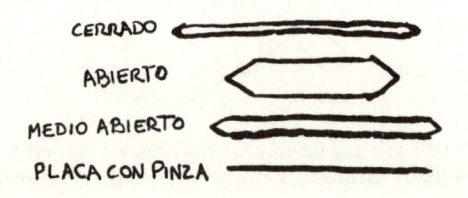

Vayamos ahora al recipiente misterioso. Sucede que es una especie de portafolios (de los que dan en las líneas aéreas británicas) cuya abertura tiene el borde elástico. El objeto que introduzco es una placa con pinza para sujetar papeles, que mantengo sobre las rodillas cuando doy una charla. La placa no entra en el sobre cuando éste está abierto (porque la abertura se estrecha), pero sí entra cuando está a medio abrir. Por la misma razón, no lo puedo sacar cuando el sobre está abierto del todo. Ni lo puedo sacar cuando está cerrado.

Estos ejemplos son triviales, pero sirven para establecer un principio: *no podemos aceptar una exposición a menos que podamos imaginar el mecanismo*. Y no hay razón alguna por la cual debamos ser capaces de imaginar su mecanismo.

La teoría de la evolución de Darwin no se puede probar, y puede, sin duda, estar equivocada en parte. Pero lo que hizo fue ofrecer un mecanismo factible para la variedad de las especies (todavía necesitamos un mecanismo factible que explique cómo los cambios al azar pueden haber dado origen a la variedad).

De la misma manera, tenemos dificultades a la hora de aceptar la teoría de la evolución de Lamarck, porque no podemos concebir cómo puede haber actuado. ¿Cómo pueden alterarse los genes por un comportamiento aprendido durante la vida? Podríamos concebir que los cambios químicos producidos en el cuerpo de la madre afectaran al feto (o a los genes del feto). Esto podría proporcionar el medio de originar los rasgos hereditarios.

Imaginemos una caja de cereales, vacía, apoyada en uno de sus ángulos, en el borde de una mesa. ¿Cómo puede lograrse esto, si no hay ningún soporte visible? Tal vez esté colgada de un hilo de *nylon* sujeto en el techo. Se puede comprobar que esto no es así pasando la mano por encima de la caja. En realidad, un simple alambre, con un peso en un extremo, permite esta disposición.

Cuando hablo de enseñar el pensamiento como una habilidad, los educadores no pueden concebir que se enseñe el "pensamiento" como tal. ¿Será que sólo podemos pensar en cosas? ¿Cómo se puede enseñar el pensamiento? No obstante, después de presenciar una simple lección, el tema se hace evidente para ellos. Los instrumentos que sirven para analizar el proceso de la atención, como los PMI (la primera lección, en la cual se enseña a los alumnos a examinar los aspectos Plus, Minus e Interesantes de un problema) son muy fáciles de enseñar y de trasladar a situaciones nuevas. Así, el problema de la transferencia se supera fácilmente.

Otras veces, *la gente no puede concebir cómo es posible intensificar la creatividad por medio de técnicas especiales.* Sin embargo, la técnica de la palabra al azar puede enseñarse, aprenderse y utilizarse de manera formal y expresa.

Si le hubiéramos pedido a un científico del siglo XVIII que creyera que una persona podría hablar en un lugar del mundo y ser escuchada en miles de diferentes sitios, sin ninguna conexión visible, lo habría considerado totalmente imposible. Ahora, sin embargo, damos por sentado que eso puede llevarse a cabo mediante la radio. Llegar a la luna y trasplantar un corazón no habrían parecido hechos tan increíbles si hubieran podido considerarse como extensiones de lo que podía concebirse.

Como los lectores pueden advertir, esta clase de argumentos son capaces de explicar la astrología, la telepatía y la percepción extrasensorial. Como no podemos, en este momento, concebir un mecanismo que los explique, ¿debemos rechazar estos fenómenos como totalmente imposibles? Tal vez la telepatía nos parezca hoy a nosotros tan imposible como pudo haberle parecido la radio al científico del siglo XVIII. Evidentemente, este argumento puede aplicarse a todo. No hay que despreciar nunca nada, simplemente porque no podamos imaginar el mecanismo. Lo contrario de despreciar no es, por supuesto, creer. La actitud de "no despreciar" se mantendrá inalterada hasta que surjan evidencias de que las cosas pueden ir más allá.

No podemos, realmente, comprender cómo actúa el hipnotismo. ¿Qué tipo de conexiones se producen en el terreno de la comunicación, que permiten que una palabra como "rígido" produzca un grado de control muscular, inalcanzable con meses de adiestramiento? Sin embargo, el fenómeno hipnótico puede repetirse a voluntad.

No voy a profundizar en este tema de la creencia y la prueba, porque no es el propósito de esta obra. Lo que me interesa es señalar que la imaginación es algo limitado y que siempre nos inclinamos a despreciar aquellos fenómenos que no vengan avalados por algún "tipo" de mecanismo.

En la práctica, nos valemos de metáforas para ilustrar esos tipos de mecanismos. Si quiero sugerir que una cierta cantidad de algo puede ser conveniente, pero que una mayor cantidad puede ser perjudicial, puedo recurrir a la metáfora de la sal. Un poco de sal es bueno, pero un poco más puede resultar malo. Esta analogía puede ser totalmente irrelevante para el tema que se está tratando, pero la demostración de un tipo de mecanismo nos permite comprender lo que se está sugiriendo. La metáfora de una marea alta que eleva todas las embarcaciones es una manera de demostrar cómo el desarrollo económico podría, presuntamente, beneficiar a todos.

Cuando escribo sobre el comportamiento de los sistemas autoorganizados "activos", suelo usar analogías (como la del modelo de la gelatina) para ilustrar tipos de procesos. Una vez que se ha mostrado el proceso, puede trasladarse al comportamiento del tejido nervioso. De esta manera, se convierte en un modelo conceptual para el mecanismo de la mente. Lo importante es que una vez que podemos concebir este tipo de comportamiento, estamos en condiciones de examinarlo, hacer predicciones y diseñar instrumentos. Estos deben, entonces, demostrar su valor práctico.

Sospecho que aún debe existir un considerable número de mecanismos y modelos de organización que todavía no podemos comprender. En un nivel más común tenemos que usar nuestra imaginación conceptual para esbozar posibles mecanismos y procesos. Cuando logramos captarlos, podemos explicarlos y llevar a cabo la acción.

Sin esta especie de juego conceptual, el análisis de datos se convierte en limitado y estéril.

El lugar para pensar

Es bien sabido que detectar un problema y resolverlo son cosas muy diferentes. Si se nos presenta un problema, nos disponemos a resolverlo. Tenemos la suficiente capacidad como para enfrentarnos a los problemas que se nos pongan delante. Detectar un problema es mucho más difícil. Tenemos que imaginar por qué cierta área necesita atención. Debemos deducir qué clase de atención podría ser. Finalmente, tenemos que suponer los posibles beneficios de esa atención. En cierto sentido, detectar un problema es como buscar una oportunidad.

1. ~~~~
2. ~~~~
3. ~~~~

Suponga que usted está escribiendo una carta a esta carta. Podría describir una dificultad o un problema concreto o imaginar un área que pudiera beneficiarse de una cierta atención. El *quid* de este ejercicio es que las cartas sean ficticias y no necesiten enviarse.

El propósito de este ejercicio es construir algunos modelos mentales para prestar atención al pensamiento que uno observa en sí mismo y en los demás. Es mucho más fácil reconocer una mariposa si alguna vez ya hemos visto alguna. Del mismo modo, resulta más fácil reconocer los fenómenos del pensamiento si uno ya ha tenido algún contacto con ellos, sean éstos reales o ficticios.

Una carta ficticia es una fórmula para crear tipos de área de atención.

Estimado señor:
Cuando alguien dice "existen tres razones para hacer esto", ¿tiene más fuerza que si dijera simplemente "existen estas importantes razones para hacer esto"? ¿El añadido de números significa mucho? ¿Es simplemente un medio de sugerirle al que piensa que busque otras razones y comunicarle de este modo

cuándo ha cubierto todas las posibilidades? ¿Es posible que desee hacerle saber al interlocutor que existen tres razones aceptadas y que no está buscando a su alrededor otras razones que le vengan a la mente? ¿O sería simplemente una cuestión de hábito, ya que cuando visualizamos las "razones" visualizadas en una hoja de papel no las encontramos generalmente numeradas? La numeración, ¿es conveniente para la referencia, de modo que el que escucha pueda decir "en lo referente a su segunda razón..."?
Atentamente,

Estimado señor:
Me parece que la mayoría de las discusiones surgen, no de un tratamiento equivocado de la lógica, sino del hecho de no comprender que cada parte está utilizando un conjunto diferente de percepciones. No creo que haya nada nuevo en esta observación, pero, ¿qué método efectivo existe para indicarle a la otra parte que está en lo cierto, dentro de "un marco particular de percepciones"? ¿Cómo puede conseguirse que quienes razonan se trasladen de un estilo tradicional de discusión a lo que podría denominarse estilo "cartográfico"?
Atentamente,

Estimado señor:
He descubierto que el uso más eficiente del pensamiento es simplemente la "racionalización". Haga lo que usted quiera hacer. Base sus decisiones en lo que considere más conveniente. Siga sus propias inclinaciones. Una vez hecho esto, dispón-

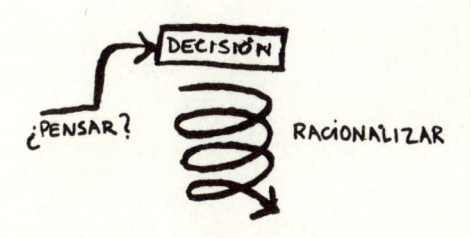

gase —con su razonamiento— a probarse a usted mismo y a demostrar a los que le rodean que está en lo cierto. Si estoy equivocado, ¿puede decirme por qué?
Atentamente,

Muy señor mío:

¿Tiene realmente algún valor "sentarse a pensar"? No me refiero a la postura física, sino a la definición de un período de tiempo dedicado a pensar. Comparo esto con el pensamiento *en passant* que tiene lugar mientras discutimos algo u observamos un informe. ¿Hay algún valor en colgarse un cartel en la mente que diga: "No molesten. Hombre pensando en este momento"?
Atentamente.

Señor:

¿Por qué el razonamiento no es más divertido?
Atentamente.

16
Interesante...

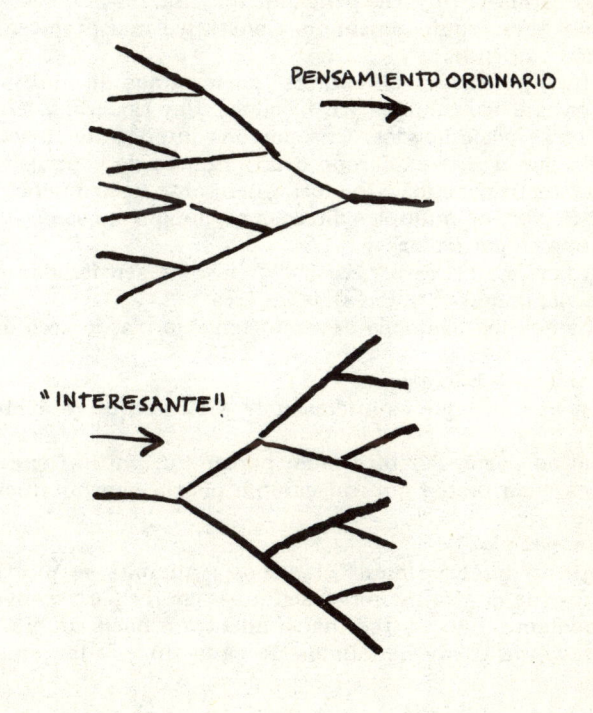

Para cualquiera que esté comprometido con la creatividad, la palabra "interesante" tiene una gran fuerza. Sin embargo, no se me ocurre ningún sinónimo apropiado. Existen palabras como "rico" o "fecundo", pero sólo cubren parte del significado. Sospecho que se debe a que el lenguaje corriente, como el pensamiento corriente, busca alcanzar la certeza lo antes posible. El propósito del pensamiento suele ser el reconocimiento. Queremos identificar una situación para saber qué hacer con ella. Buscamos encasillar y etiquetar las cosas. La palabra "interesante" implica la dirección exactamente opuesta: revela un panorama más amplio y desvirtúa los encasillamientos.

La palabra "interesante" es una señal hacia ninguna parte, pero también una señal hacia todas partes. "Interesante" representa la entrada al jardín de los misterios en el que podemos encontrar de todo, aunque no sabemos muy bien de qué puede tratarse. "Interesante" es una palabra que nos incita a la exploración y estimula nuestro pensamiento. "Interesante" es una tentación para seguir pensando. Constituye una promesa de excitación y de "interés".

Es fácil pensar en el "interés" en términos de múltiples pistas, incentivos, caminos y conexiones. Hay riqueza, y fertilidad, y otras posibilidades. Una persona interesante tiene un pasado digno de ser explorado o una riqueza de experiencias digna de ser transmitida. Una idea interesante tiene mucho que ofrecer. Se abre en múltiples direcciones, aunque no sea posible definir una en particular.

Una persona creativa necesita la clase de sensibilidad que permite vislumbrar el "interés" de un área.

"Creo que los bastones deberían tener forma de arco o de sable."

"Es una idea interesante."

"¿Por qué dice que es interesante? ¿Sólo porque es diferente?"

"Sólo en parte. Por otro lado, parece tan natural que los bastones sean rectos que un cambio podría aportar nuevas ideas."

"¿Por ejemplo?"

"Podrían hacerse más "elásticos". Además se podrían considerar de cuatro maneras distintas: con la parte convexa hacia adelante, hacia atrás, hacia adentro o hacia afuera. Se podrían analizar los beneficios de cada una de las cuatro formas."

"Debe tener verdaderas ventajas con respecto a los bastones rectos."

"Abordamos las diferencias. Trabajamos con ellas hasta elaborar las ventajas reales."

"Una curva, en sí misma, no tiene sentido."

"Con la parte convexa hacia afuera aumenta el espacio libre entre el bastón y las piernas, lo cual permitiría llevar un portafolios en la misma mano. Eso sí que es "interesante". No se puede llevar un bastón y un portafolios en la misma mano porque el bastón queda inclinado en el aire. Pero con una curva esto podría ser posible. No bastaría una curva leve. Tendría que ser como una especie de muesca para dar cabida al portafolios."

"¿Qué más?"

"Al estar sentado, el punto en contacto con el suelo quedaría justo debajo del asiento, lo cual no es posible con un bastón recto."

"¿Y para qué sirve eso?"

"Si se utiliza el bastón para ayudarse a levantarse, el punto de apoyo puede estar más próximo al centro de gravedad de quien lo utilice. Sería una ayuda."

"¿Qué más?"

"Si la curva del mango estuviera en un plano diferente al de la curva principal, el bastón nunca podría quedar plano en el suelo. De esta forma, sería mucho más fácil de levantar."

Lo importante no es que estas observaciones sean "interesantes" una vez formuladas. Existe una percepción del "interés" que lleva al pensador creativo a detenerse en un punto u observación para luego analizarlo y ver qué puede descubrir. Es la misma clase de sentimiento que puede experimentar un grupo de muchachos al encontrar una caverna: "Esta caverna parece interesante, explorémosla".

Debe existir cierto sentido de la curiosidad.

Pero, ¿por qué un punto resulta más interesante que otro?

La infrecuencia, el contraste o la diferencia contribuyen al "interés". Cuando es posible contrastar algo nuevo con algo habitual, existe interés. Inmediatamente intentamos ver qué puede surgir de esta diferencia. Dado que el punto de partida es diferente, esperamos, con justa razón, desembocar en un lugar diferente. Un canguro resulta inmediatamente interesante porque actúa de una forma diferente a la del caballo. *Constituye un hábito natural de la mente explorar cosas que son diferentes e inesperadas.* Uno de los principales propósitos de la estimulación del pensamiento lateral consiste en crear ideas que sean lo suficientemente inusitadas como para fomentar la exploración.

Puede ocurrir que surja alguna similitud con alguna otra cosa. Por ejemplo, el bastón curvo puede haber sugerido un brote, un arco, un bumerang, o una guadaña. Estas sugerencias añaden relaciones o densidad. Estas partes de la memoria se ven activadas, aun cuando no hayamos perseguido conscientemente las comparaciones.

Otra fuente de interés es la insinuación de un beneficio directo. Por ejemplo, un lápiz curvo puede sostenerse detrás de la oreja. El bastón curvo no ofrece inmediatamente este tipo de beneficio (al menos, a mi entender). El beneficio puede resultar inexistente, pero es suficiente para que nos detengamos en un punto "interesante".

Indicio o insinuación

La noción de "interesante" sugiere que existe un indicio o insinuación de lo que podremos encontrar si tan sólo nos detenemos a observar. Es una cuestión de sugerencia o sospecha. Puede que no tenga ninguna consecuencia. Sin embargo, el pensador creativo adiestrado es sensible a estos indicios y desea investigarlos. El pensador creativo adiestrado sabe que una vez perseguido el interés es muy poco probable que no se llegue a nada en absoluto. De vez en cuando, el pensador creativo puede verse obligado a admitir: "Esto tiene que ser interesante... pero no veo en qué sentido". Poder decir esto implica una experiencia creativa útil. Poder diferenciar los puntos de "interés" aun cuando no se persigan estos puntos. Este tipo de observación, en líneas generales, es la que aplican todos los detectives clásicos: "Eso sí que es interesante. No comprendo su importancia en este momento. Pero tendrá sentido a su debido tiempo, sin duda".

Exceso de indulgencia

¿Puede ocurrir que el pensador creativo muy sensible considere *todo* tan "interesante" que llegue a la confusión o la parálisis? El peligro existe. La clave consiste en ser capaz de perseguir un punto y luego cristalizar su "interés" en un concepto o punto de diferencia para luego continuar con otra cosa. Lamentablemente, no podemos ocuparnos sólo de los puntos más interesantes, porque los puntos más obviamente interesantes están, por definición, más próximos a nuestras ideas presentes y, por ello, es menos probable que puedan estimular nuevas ideas. Puede que no sea posible explorar todos los aspectos interesantes que surjan. No tiene importancia. Tampoco es posible utilizar todas las palabras existentes sin ton ni son.

DIFERENCIAS DE CONCEPTO

Quiero proponer un desafío a los lectores de esta *Carta*.
El desafío es el siguiente:
¿Cómo definirían un concepto?
A pesar de que somos capaces de reconocer los conceptos cuando los vemos, esto no resulta fácil. Un encasillamiento adecuado, un agrupamiento, una reunión con un propósito determinado, todo esto tiene cierto parecido con lo que es un concepto. En última instancia, un concepto está formado por otros conceptos, y así sucesivamente, hasta que nos topamos

con la experiencia en bruto. Quizá podríamos definirlo —más gráficamente— como una especie de ciudad con diferentes caminos de entrada y salida. Vemos la ciudad como el punto de convergencia de estos caminos. Por un lado su existencia depende de los caminos, pero también existe independientemente de ellos. Resulta conveniente hablar en términos de ciudades o intersecciones.

La forma más simple de describir o de comparar un concepto consiste en contrastarlo con otro concepto de su misma área.

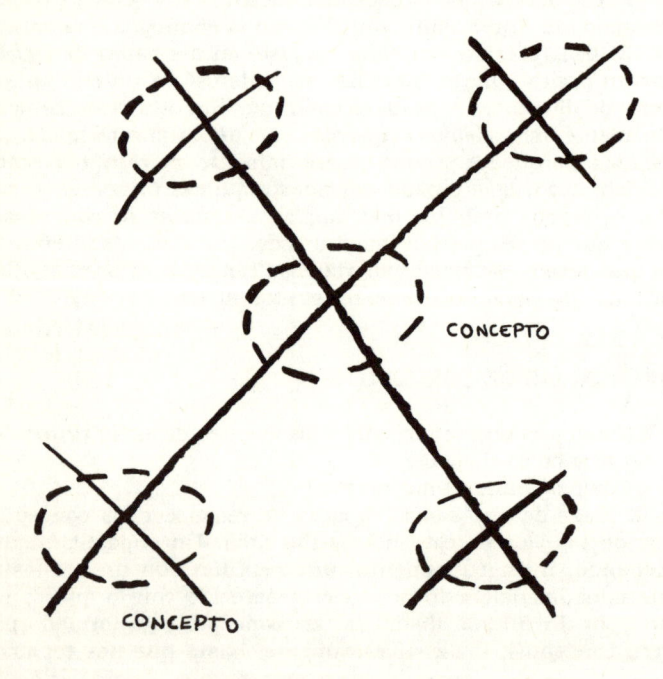

Hubo una época en el negocio de las comidas rápidas en que el "concepto operativo" era la velocidad. Con qué rapidez era posible servir a un cliente y liberarse de él. Cuanto más rapidez se utilizaba en el servicio, mayores eran las ganancias. Se calculaba todo hasta el último segundo. Cualquier demora significaba una pérdida comercial. El concepto consistía en "echar a los clientes del local cuanto antes".

Luego (en los Estados Unidos) el negocio de la comida rápida creció hasta que fueron muchos los que se dedicaban a la venta de este tipo de comidas. Y entonces ya no tenía que atenderse a tantos clientes.

De modo que el concepto cambió, prácticamente de la noche a la mañana.

No era necesario mantener al cliente *tanto tiempo como fuera posible*. La idea radicaba en tratar de que el cliente gastara más: un poco de queso, algún postre, otra bebida, quizás unos cigarrillos y así sucesivamente. Ya no se sabía con certeza si habría otro cliente para reemplazar al que se iba. De manera que el concepto se transformó en: "Esmérate para que el cliente no se vaya y trata de venderle el mayor número de cosas posible". El contraste entre ambos conceptos resulta obvio.

En el cuidado de la salud, el concepto de "tratamiento" puede contrastarse con el de "prevención". El concepto de adecuar el cuidado a las necesidades reales puede confrontarse con el concepto de "hospital". En el concepto de hospital, las personas enfermas acuden al hospital y permanecen allí hasta recuperarse totalmente. El precio de una cama de un hospital es sin duda muy elevado debido a todo el personal que se necesita para atender a los pacientes realmente enfermos. El concepto de "cuidados adecuados" implica que cuando el paciente se recupera lo suficiente, es trasladado a otro sitio donde el nivel de atención es menor que en el hospital, aunque sigue siendo adecuado. Esto permite que la costosa cama de hospital quede libre para otro paciente.

Cuando se introdujo el concepto de doble porción en las golosinas, se convirtió rápidamente en un éxito. Nadie sabe a ciencia cierta por qué: puede que pareciera suponer una mayor cantidad; que diera la alternativa de compartir; que el individuo se sintiera menos culpable al comer una cada vez, etc. El concepto de la doble porción puede contrastarse tanto con las golosinas unitarias como con la bolsa de golosinas (muchas unidades).

El concepto de la bonificación por kilometraje al pasajero regular puede oponerse al concepto de descuento normal. En el concepto de descuento, el comprador del pasaje se ahorra dinero. En esos otros programas, el usuario del pasaje acumula kilómetros para obtener un billete gratis. Existe otro aspecto que hay que tener en cuenta en este concepto, porque el pasajero fiel acumula kilómetros, mientras que en el método de descuento normal, no existe ningún premio especial por ser leal; cada pasaje se considera de forma separada.

El concepto de subasta difiere obviamente del de oferta cerrada. La oferta representa una estimación de posibilidad única, mientras que la subasta da lugar a una interacción continua. Ambos se diferencian de la venta a precio fijo.

Aunque pueden parecer similares en el uso que se les da, la tarjeta de crédito difiere bastante de la de compra. Con la tarjeta de crédito se carga un interés sobre el préstamo que el cliente aumenta con cada compra. El emisor de la tarjeta quiere que se mantenga pendiente la cantidad máxima de préstamo para cobrar los intereses.

En la tarjeta de compra no se cobran intereses, de modo que es importante que se pague el saldo completo todos los meses. En el primer caso, el concepto es el de un préstamo, y en el segundo, el de la comodidad. También es diferente el concepto de los cheques de viajeros.

Los conceptos pueden confrontarse en términos de la función o método operativo. También pueden compararse sus fines. ¿Cuál es el verdadero fin de apostar dinero? ¿Ganar o perder dinero? ¿O disfrutar de una experiencia excitante? ¿O ver cumplida la ansiada ilusión de ganar (en cuyo caso bastaría con el bingo)?

¿Cuál es el concepto de unas vacaciones? ¿El cambio de medio (tanto físico como psicológico)? ¿Una serie de experiencias nuevas? ¿Un descanso? ¿Algo que se desea con anticipación y de lo cual se habla retrospectivamente? ¿Cuál es el concepto de tomar el sol? Es fácil definir los aspectos físicos del concepto: el sol, la playa y el tiempo. Los aspectos funcionales son más difíciles. ¿Es una agradable sensación de no hacer nada? ¿Es sólo algo que se espera que haga la gente que va de vacaciones al mar? ¿Se trata de que la piel bronceada resulta atractiva? ¿Es una maravillosa razón para no tener que hacer otra cosa? Podríamos contrastar el concepto de "sentarse al sol" con el tipo de actividad de las vacaciones. ¿Son totalmente diferentes o el concepto básico es el mismo: el cambio y un pequeño nuevo mundo?

En la ciencia (como ya he escrito en estas *Cartas*) existen los "aglutinadores" y los "divisores". Los aglutinadores buscan las características comunes que aglutinan cosas diferentes. Los divisores buscan las diferencias que separan cosas aparentemente similares. En términos de capacidad práctica, ¿cuáles pueden resultar más útiles? Los divisores pueden encontrar nuevos mercados, nuevos segmentos de mercados y nuevas necesidades. Los aglutinadores son capaces de transferir la experiencia e idioma de un campo a otro. En general, los aglutinadores se desenvolverán mejor en las ciencias (percibiendo reglas y agrupaciones básicas) mientras que los divisores serán más proclives a realizar una mejor actuación en el mundo comercial, especialmente en un mercado saturado. Cuando las compañías tabacaleras comenzaron a establecer con seriedad las diferencias entre los hombres y las mujeres fumadores, lograron incrementar la cantidad de cigarrillos consumidos por las mujeres (para compensar el menor consumo por parte de los hombres). Un concepto que estimulaba a las mujeres a beber más cerveza favoreció ese mercado. Existe una gran diferencia entre el concepto de un trago "para una ocasión" y un trago "ocasional". El éxito del barril de vino surgió de su capacidad para combinar estos dos conceptos.

Los conceptos de propósitos múltiples no suelen dar resultado. Dan la impresión de tener que funcionar mejor, pero en la práctica carecen de la precisión de un concepto simple. Los coches para fines múltiples tienen menos éxito que los que parecen diseñados con un propósito específico pero pueden utilizarse con diversos fines.

Cuando analizamos un concepto o intentamos definirlo, puede resultar muy útil confrontarlo con conceptos paralelos. El método de enseñanza de la "discusión" puede confrontarse con el del "instrumento". El concepto que hay tras un periódico popular puede compararse con el que se encuentra detrás de un periódico serio.

¿Para qué preocuparse en descifrar un concepto si lo estamos utilizando sin problemas sin haberlo descifrado nunca? Hay razones que justifican actuar de forma intuitiva, por decirlo de alguna manera, cuando las cosas van bien. *Pero cuando*

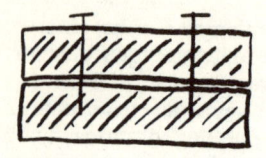

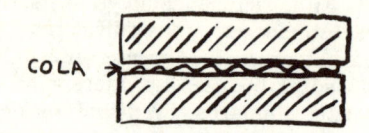

CONFRONTACIÓN DE CONCEPTOS

empiezan a ir mal, se hace muy difícil desprenderse del viejo concepto. También es difícil evaluar la nueva dirección que se nos propone si no nos damos cuenta de su novedad.

El lugar para pensar

¿Por qué es interesante esto?

Voy a proporcionar una serie de situaciones. Quiero que el lector tome cada situación por separado y, como ejercicio creativo, indique por qué es una "situación interesante". Algunas de las situaciones pueden parecer interesantes a primera vista. En cambio, con otras, el lector tendrá que hacer más de un esfuerzo para demostrar su "interés".

Puede hacer el ejercicio en un papel o mentalmente. A continuación, desarrollo un ejemplo para demostrar lo que pretendo.

Situación: Una paloma con un ala rota.

Interés: Podría ser más interesante si supiéramos dónde se encuentra la paloma. Supondremos que se encuentra en libertad y no en una jaula. ¿Cómo puede romperse un ala una paloma? ¿Puede una paloma romperse un ala chocando contra algo mientras vuela, quizás un cable telefónico en la oscuridad? Quizás alguien quiso coger el pájaro y éste escapó. ¿Para qué querría alguien atrapar al pájaro? Pudo haber sido un perro, un gato, o un zorro. ¿Pero cómo lograría escapar una paloma con el ala rota? Puede que la rescataran. ¿Es posible que otros pájaros

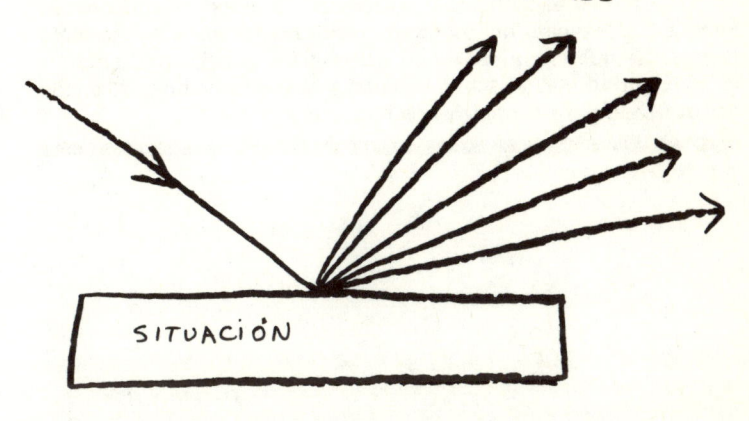

[Diagrama: flechas saliendo de una caja etiquetada "SITUACIÓN" hacia "INTERÉS"]

"espantaran" al atacante, como se sabe que hacen algunos? ¿Cómo consigue sobrevivir una paloma con un ala rota? ¿Cómo obtiene su alimento? Las palomas, ¿dependen de sus alas para procurarse el alimento o sólo lo obtienen del suelo? ¿El ala puede curarse sola? ¿Qué futuro tiene una paloma con un ala rota? ¿Cómo reaccionan las otras palomas? ¿Se dan cuenta? ¿Se preocupan? ¿Sería un acto de misericordia atraparla y matarla? Si usted fuera la paloma, ¿consideraría un acto de misericordia hacerlo?

Situación: Una piel de plátano sobre la acera.

Situación: Un Jumbo 747 casi vacío cruzando el Atlántico de noche.

Situación: Un teléfono que se activa por la voz.

Situación: Un seguro de vida cuya prima se reduce a medida que uno envejece.

Situación: Un vendedor de coches que es sordo.

A medida que vaya realizando los ejercicios, se dará cuenta de estar utilizando una amplia variedad de "marcos" de interés. Muchos de éstos ya se han mencionado en esta *Carta*. Puede, sin embargo, hallar otros marcos. Existen marcos de "explicación". Hay marcos para adelantar algo en el tiempo con el fin de observar lo que sucede.

En algunos aspectos, los marcos de "interés" resultan similares a la operación del modo de "movimiento" en el pensamieto lateral. La diferencia reside en que con el interés mantenemos la proximidad con el tema, mientras que el movimiento puede ser utilizado para desplazarnos hacia otra cosa.

17
El sabor de una idea

Identificar el "sabor de una idea" es un aspecto que resulta necesario realizar al final de una sesión creativa. Sin esta cosecha, se echaría todo a perder, menos el hecho de haber

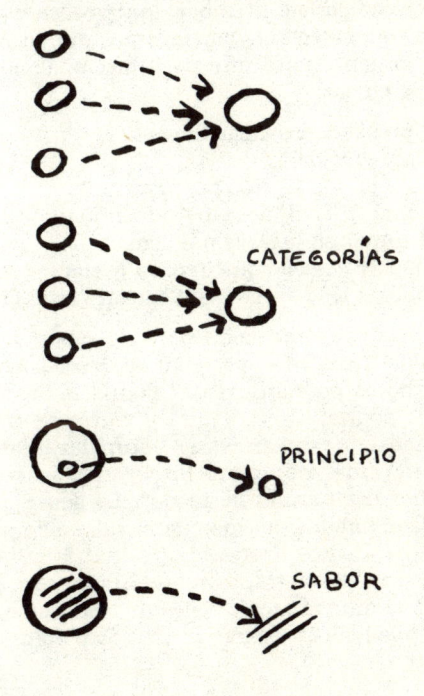

CATEGORÍAS

PRINCIPIO

SABOR

completado una idea. Suelo participar en ejercicio creativos y escuchar las ideas que se proponen. Luego escucho los comentarios de la etapa de resumen. Siempre me sorprende comprobar lo poco que se menciona el sabor de las ideas en estos resúmenes. Una idea, que puede parecer excitante en su proposición, resulta aburrida al ser resumida o comunicada. No se trata de que la idea en sí sea aburrida, sino de que a la esencia que puede extraerse de ella le falta sabor.

Existen catadores de vino, catadores de té y degustadores de queso. Existen mezcladores de tabaco y mezcladores de whisky. En todos los casos, el paladar o la nariz del experto resulta ser extremadamente sensible a los diferentes sabores y aromas. Un sabor puede ser tan sutil que a veces un olfato inexperto ni siquiera puede llegar a notarlo.

Con frecuencia, somos capaces de clasificar las ideas y agruparlas por categorías. El sabor de una idea es algo mucho más sutil que una categoría. Supongamos que la intención sea mentalizar a la gente para que no fume; podemos reunir las siguientes sugerencias:

- subir el precio de los cigarrillos
- limitar la publicidad
- dar a conocer sus afectos perniciosos
- disminuir la "fuerza" del tabaco (cantidad de nicotina)
- prohibir fumar en lugares públicos
- dar a conocer el gasto que implica fumar
- dar a conocer los aspectos antisociales (mal olor, etc.)

En todas estas sugerencias, existe el "sabor" de que fumar es una forma de "pecado" y, por ello, debe ser costoso y difícil. ¿Qué otros sabores podrían existir? Podría haber un sabor de "estupidez". Se podría sugerir (quizá a través de personajes de dibujos animados) que fumar es una estupidez total y que no es en modo alguno una costumbre inteligente o heroica. Podría existir un sabor de "pasado de moda". La gente que fuma no está al día. Tiene hábitos pasados de moda, como pueden tener trajes pasados de moda.

Tomemos una idea simple relacionada con el ocio. Por ejemplo: "Todo el mundo recibe 'vales de ocio' como parte de su sueldo. Estos pueden convertirse en tiempo o en dinero en efectivo".

Pueden detectarse los siguientes sabores:

Un sabor de "transacción", que permite que el ocio pueda canjearse por dinero en efectivo.

Un sabor de "opción", que permite a la persona decidir si desea traducir su ocio en tiempo o en comprar entretenimiento.

Un sabor de "derecho ganado", de manera que el ocio se transforma en algo que se gana específicamente a través del trabajo. Cualquier persona que trabaja tiene un saldo acreedor de ocio.

Un sabor de "concreto", de modo que el ocio tiende a ser algo definido y no sólo un espacio entre períodos de trabajo.

Un sabor de "límite" del ocio. Este no es gratis; se gana mediante un vale. Un sabor de "control". Cada fracción de la vida está organizada y controlada.

Un sabor de "contabilidad". Los vales se emiten, se utilizan y pueden contarse, de modo que el gasto puede medirse con precisión. Un sabor de "acumulación". Los vales pueden guardarse. No tienen que utilizarse todos de inmediato. De manera que los vales pueden acumularse y utilizarse todos juntos en unas largas vacaciones (aquí también entra en juego el sabor de opción).

Un sabor de "comercio". Los vales pueden comprarse o venderse y subastarse. Podrían establecerse mercados (esto es similar al sabor de transacción, pero orientado hacia las ganancias).

Un sabor de "valor". El ocio podría valorarse mucho más si realmente se pagara con vales. En vez de representar un tiempo "neutro" se transformaría en un tiempo "comprado".

Un sabor de "conflicto". ¿Quién ha decidido cuántos vales deben emitirse y cuánto cuestan?

En algunos casos, los "sabores" parecen ser principios. No existe una división clara entre un sabor y un principio. En general, los sabores son menos definidos que los principios. El sabor de "transacción" muy bien podría considerarse como un principio. El sabor de "valor" tiene más de sabor que de principio.

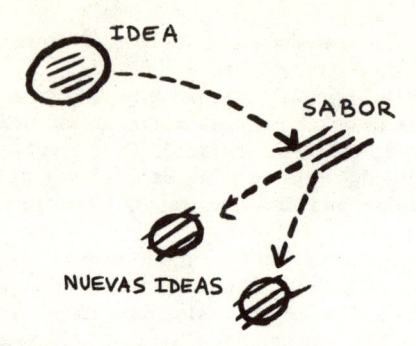

Antes y después

En el ejemplo del hábito de fumar, hemos visto cómo puede elegirse primero un sabor y luego encontrar ideas que contengan ese sabor. En el ejemplo del ocio hemos visto el análisis de una idea según sus diferentes sabores.

Queda aún otra posibilidad. Se trata de detectar un sabor en una idea particular para luego hacer el esfuerzo de reforzar ese sabor encontrando otra idea que tenga un sabor aún más pronunciado (el mismo sabor pero más fuerte). Por ejemplo, en el caso del ocio, podría reforzarse el sabor de "acumulación" con la noción de un "interés", de modo que los vales utilizados con posterioridad aumenten realmente su valor (una especie de plan de ahorro para el ocio). También podría sugerirse lo contrario: el concepto "Compre ahora, pague después".

En general, la utilización del sabor como un aspecto de las ideas respeta las reglas básicas de la creatividad. Puede que deseemos reconocer e identificar directamente un sabor para escapar de él.

"Todas estas ideas tienen el mismo sabor... ¿qué les parece si intentamos algo diferente?"

Hay ocasiones en las que quizá no nos demos cuenta de que ciertas ideas tienen el mismo sabor, a menos que prestemos a éste una atención directa.

"Veamos qué sabores tienen estas ideas".

Otras veces el sabor se utiliza para generar nuevas ideas, es decir, se utiliza como valor de movimiento, según hemos sugerido anteriormente. En este caso, se observa el sabor correspondiente a una idea con el propósito de elaborar otra mejor.

"Hay un poco del sabor que estamos buscando en esto; ¿podemos trabajar con ello? ¿Podemos encontrar una idea que refuerce aún más ese sabor?"

Así como algunas personas tienen la habilidad de identificar los sabores más sutiles de un vino, para otras es más fácil reconocer los diferentes sabores de una idea (una sola idea puede tener varios sabores). *Como cualquier degustación, la habilidad mejora con la práctica.*
Cuando buscamos principios, tratamos de identificar los principios más definidos de una idea. En el caso de los sabores, buscamos los sabores más sutiles. Nuestro objetivo es extraer tanto como nos sea posible de la idea.
Las palabras "matiz" e "indicio" también expresan el concepto de sabor.

"Esta idea tiene un matiz que indica su conocimiento del coste."
"Hay ciertos indicios de espectacularidad en esa oferta."

El hábito de buscar sabores nos anima a considerar no sólo la idea en forma directa sino los diferentes aspectos que ésta encierra. En lugar de limitarnos a mirar una flor, nos inclinamos para oler su perfume.

PREGUNTAS RELATIVAS A LA CREATIVIDAD

Pregunta: ¿Cómo se identifican y evalúan los diferentes caminos, enfoques y alternativas que surgen del ejercicio del pensamiento lateral?
Respuesta: Supongamos que necesita llegar a un destino determinado. Mira el mapa y analiza los caminos posibles. ¿Qué

hace para elegir el mejor? El procedimiento es muy similar. Depende de sus intereses. Puede preferir el camino más rápido. Puede que desee eludir el tráfico de las vacaciones. Puede que quiera conocer lugares donde nunca estuvo. Puede querer aprovechar la ocasión para visitar a un amigo. La experiencia y el conocimiento entran en juego en la selección.

Una vez creada la alternativa, no tiene importancia cómo se realiza la elección. Podemos aplicar criterios de juicio perfectamente lógicos. Estos pueden incluir: precio, dificultad, peligros, riesgos, utilización de canales conocidos, beneficios, motivación y muchos otros factores.

Con bastante frecuencia, las personas se resisten a salir en busca de alternativas porque así eluden el trabajo de tener que decidir entre ellas. Esto tiene cierto sentido si el resultado no despierta particularmente su interés (por ejemplo, un lugar para cruzar la calle). Si el resultado es importante, es absurdo decidirse por la primera posibilidad por miedo a tomar una decisión.

El propósito del pensamiento lateral es alcanzar un cierto tipo de penetración. Esto significa encontrar una forma de mirar las cosas que tenga un sentido inmediato (una vez encontrada).

También podemos utilizar una simple regla de descarte. Piense primero en el enfoque obvio o tradicional. Luego busque otras alternativas. Si éstas no resultan espontáneamente mejores que el primer enfoque, quédese con el primer enfoque. No obstante, si tiene tiempo y si las demás posibilidades son lo suficientemente "interesantes", quizá usted desee investigarlas durante más tiempo para ver si le parecen mejores después de un análisis más profundo.

No me convencen demasiado los falsos cálculos que asignan prioridades y probabilidades creadas de la nada a las que luego tratan como certezas matemáticas.

Un cálculo genuino puede incluir los costos reales, los tiempos y la necesidad de recursos. Algunas veces, es necesario un estudio de este tipo, pero esto no es lo mismo que asignar a las cosas valores como "importancia" y "comodidad".

Pregunta: ¿Hasta qué punto la experiencia favorece la creatividad?

Respuesta: Todo el mundo tiene historias que contar con

respecto a cómo los niños algunas veces aparecen con enfoques novedosos y originales para un problema. También podemos mencionar la historia del ama de casa que sugirió utilizar un sacapuntas para resolver el problema de afilar los carbones utilizados en una lámpara de electrodos de carbón. La inocencia tiene su valor. *Si no sabe cómo se hace una cosa, tendrá más probabilidades de que se le ocurra una idea original.* Con los niños, puede entrar en juego el factor añadido de la osadía, es decir, el deseo de tener ideas y de sugerirlas.

La experiencia en determinado campo significa que sabemos por qué algo no puede realizarse de cierta manera. Sabemos por qué una idea no puede funcionar. Podemos valernos de nuestra experiencia para destruir una idea que no nos gusta.

Muchas veces se da a entender que la experiencia en determinado campo más que una ventaja puede ser una desventaja.

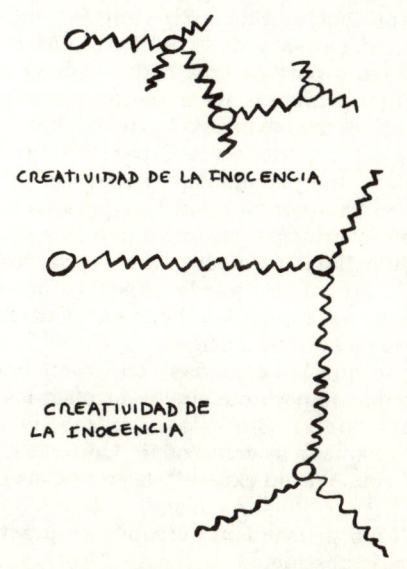

CREATIVIDAD DE LA INOCENCIA

CREATIVIDAD DE
LA INOCENCIA

No obstante, necesitamos conservar cierto sentido de la perspectiva. Siempre recordamos los casos en que la inocencia produce una solución, pero solemos restar importancia a aquellos en que se obtuvieron soluciones con una mezcla de experiencia y creatividad.

Cuanta más experiencia se tiene en un área, más difícil resulta ser creativo: porque se sabe muy bien cómo "deben" hacerse las cosas. Pero si, a pesar de esto, se consigue ser creativo, esta creatividad será mucho más efectiva.

La persona inocente puede encontrar con más facilidad un nuevo camino, pero será incapaz de llegar muy lejos por él porque su poca experiencia no puede ampliarle el camino. Si una persona con experiencia encuentra un nuevo camino, podrá desplazarse durante un largo trecho por ese camino.

Por consiguiente, la respuesta a esta pregunta es compleja. En primer lugar, depende del campo en que se encuentre. En el diseño y en la publicidad, la inocencia puede resultar una ventaja; en la ingeniería puede no ser tan ventajosa; en la política puede llegar a ser fatal. En segundo lugar, depende de cómo se utilice la experiencia. Una gran cantidad de experiencia usada de forma negativa y destructiva puede significar un formidable obstáculo para la creatividad. Por el contrario, la misma experiencia utilizada de manera constructiva puede proporcionar muchas más ayudas a la creatividad.

Una persona con experiencia es capaz de saber cuándo una idea es productiva; una persona sin experiencia puede tener la idea delante y no reconocer su valor. Una persona con experiencia puede coger un principio en bruto (o sabor de una idea) y encontrar de inmediato un medio para aplicar ese principio. Una persona con experiencia puede pensar en muchas alternativas. Una persona sin experiencia tiene que generar cada alternativa basándose en la especulación.

Es importante que las personas con experiencia comprendan que es aún más importante que desarrollen las habilidades del pensamiento lateral. Sin estas técnicas, su experiencia puede llegar a bloquear la creatividad. Con ellas, en cambio, podrán ampliar el uso de su experiencia en nuevas direcciones.

Pregunta: ¿Todo pensamiento creativo es práctico? ¿Puede resultar demasiado abstracto?

Respuesta: Existe el peligro de que el pensador creativo comience a pensar en la creatividad como fin en sí mismo. Cuando esto ocurre, el pensador se preocupa más por inventar una idea que tenga "valor creativo" que por proporcionar una idea que resulte útil. Las personas que se han hecho famosas por su creatividad necesitan ser conscientes de este riesgo. Quienes las rodean siempre esperarán de ellas una idea "creativa" exótica. El pensador siente que si ofrece una solución demasiado deslucida, desilusionará a los demás. Por otro lado, el pensador también empieza a experimentar el impulso estético de inventar una idea que sea tan sorprendente como efectiva. Y esto se convierte en la dirección que debe seguir. Aunque puede resultar útil practicar la creatividad de esta manera, cuando se trata de la creatividad aplicada, la posibilidad de ejecución de la solución debe ser prioritaria.

En cierta medida, nuestras expectativas de creatividad son falsas. Nos vemos inclinados a reconocer como creativas sólo las ideas exóticas y, como consecuencia, a condenar ciertas ideas por prácticas. La capacidad práctica y el exotismo se combinan en muy pocas ocasiones, pero sin embargo, la creatividad aplicada no debe limitarse a esas ocasiones.

En términos generales, es mejor tener ideas prácticas y arriesgar otras, aunque no nos parezcan muy creativas, que tener ideas creativas que nunca resultan prácticas. Si volvemos a considerar la analogía del camino, veremos que elegir una ruta exótica que no nos conduce a ninguna parte sólo puede ser divertido de vez en cuando.

Pregunta: Se supone que el pensamiento creativo resuelve problemas, pero ¿puede crear problemas?

Respuestas: Si existe una forma obvia y directa de hacer algo, pretender encontrar otras formas puede dar la impresión de estar creando un problema. Es lo mismo que cuando un político dice algo en un estilo muy directo y su audiencia se esfuerza durante horas para descifrar el significado oculto de lo que ha dicho. Siempre es posible especular intelectualmente sobre las cosas. La aplicación inadecuada de la creatividad puede transformar algo simple en una ardua tarea. La regla más sencilla consiste en pensar primero en la forma más obvia y luego detenerse a analizar si puede existir alguna manera mejor.

Pero esta pregunta también puede responderse de un modo completamente diferente. "Encontrar problemas" puede ser el rol legítimo de la creatividad. Buscar un área sensible a las ideas es un ejercicio de la búsqueda de problemas. Si únicamente reaccionamos ante los problemas que surgen solos, dejaremos pasar muchas oportunidades.

De vez en cuando, es necesario poner en tela de juicio las cosas que damos por sentadas y "crear un problema" a partir de ellas. Por ejemplo, podemos considerar la puerta de un automóvil. No existe ningún problema con las puertas de los automóviles. Funcionan perfectamente. Luego reflexionamos: "Damos por sentado que las puertas de los automóviles se abren, ¿es posible liberarse de esa idea?" De repente hemos creado un problema que necesita ser analizado. Supongamos que pensemos en alguna especie de mecanismo deslizante. Hemos creado otro problema: ¿cómo hacer funcionar un mecanismo deslizante que resulte práctico?

Si consideramos la "rutina" como lo opuesto al "problema", entonces el rol de la creatividad consiste en crear problemas. La dificultad es, en realidad, una dificultad lingüística. Estamos acostumbrados a la palabra "problema" en el sentido de dificultad, obstáculo o brecha. Preferimos no toparnos con estos problemas para poder continuar con lo que estemos tratando de hacer. *Los problemas creados por la creatividad son "problemas de oportunidades"*. No tenemos que pensar acerca de ellos, a menos que deseemos hacerlo. Las personas perfectamente felices con su rutina no necesitan tener problemas creativos.

Queda aún otro sentido en el que puede responderse a esta pregunta. Algunas veces, una idea creativa puede resolver de forma novedosa y efectiva una parte de la situación y alterar, al mismo tiempo, todas las demás partes del sistema: efectivamente el pensador ha creado problemas. Por ejemplo, una nueva idea relacionada con la eficiencia en una fábrica puede trastornar las líneas de demarcación y las prácticas establecidas. Surge el problema de resolver estas cuestiones. Quizás estos asuntos hubieran debido abordarse tarde o temprano. No obstante, en este momento representan problemas. Siempre conviene analizar el entorno para verificar que una idea creativa en ciertos aspectos no cree problemas en otros. Existe este riesgo en situaciones difíciles, cuando nos encontramos frente a sistemas rígidos estabilizados a lo largo del tiempo.

Pregunta: ¿Cuándo podemos hablar de inspiración?

Respuesta: La inspiración puede ser un punto inicial que conduce a una idea nueva y valiosa o puede ser un ataque de intuición. Cualquier estímulo puede actuar como disparador de la inspiración. Podría tratarse de un hecho o de una observación. Podría ser una manzana que cae sobre la cabeza de una persona.

Muchas de las técnicas deliberadas del pensamiento lateral son formas de provocar la inspiración, para no permanecer pasivo esperando que ésta llegue. Podríamos decir que la "inspiración" es la clase de pensamiento lateral que se produce de forma natural sin ningún esfuerzo especial por parte del pensador.

Usamos el término "inspiración" en un sentido amplio para referirnos a algo maravilloso y fuera de lo común. Esto es lo que se propone el pensamiento lateral. La inspiración puede producirse sin pensamiento lateral o durante el pensamiento lateral.

En lo que a fines prácticos se refiere, la "inspiración" no nos dice mucho. Indica que "se produce creatividad".

Quizá la inspiración sólo sea una especie de estado neurótico del cerebro. Quizá se produce cuando el funcionamiento químico del cerebro se aparta de la normalidad. Puede que el cerebro llegue a alcanzar un rendimiento alto con alguna de las múltiples drogas de generación interna. Todo esto tiene más que ver con el estado de creatividad que con cualquier otro aspecto de la creatividad.

El lugar para pensar

A continuación desarrollamos una parte de una sesión creativa imaginaria que tendría por objetivo convertir en más económicos los servicios postales.

"¿Por qué la gente espera que le lleven la correspondencia a sus hogares? ¿Por qué no va a buscarla ella misma?"

"Podría recogerse en el bar por la tarde. Los dueños del bar estarían encantados porque esto supondría más clientes para ellos. La gente iría a buscar la correspondencia y, de paso, se tomaría una copa."

"Se podría optar por la entrega a domicilio, pero pagando una tarifa mucho más alta."

"En lugar de hacerla más costosa, podría ser mucho menos frecuente. La correspondencia llegaría al bar y durante el fin de semana se repartiría la correspondencia no retirada. Habría entrega a domicilio una vez por semana. Si se deseara recibir la correspondencia antes, habría que ir a buscarla."

"Probablemente, cada uno se adaptaría a su propia frecuencia de recepción de correspondencia. Algunos irían todas las tardes. Otros irían a mitad de la semana y otros simplemente esperarían el reparto de correspondencia acumulada (parte de ella con un atraso de una semana)."

"¿Por qué el bar y no el supermercado o el quiosco de la esquina?"

"Porque el bar permanece abierto hasta tarde. Podría elegirse el lugar de entrega entre varias alternativas. El supermercado puede ser mejor para los que hacen la compra diariamente."

"Quizá quienes recibieran la correspondencia deberían pagar por ello."

"No se sabría si valdría la pena hasta después de haber pagado. A nadie le gustaría pagar para recibir una factura."

"Pero si alguien vive lejos del lugar en que deba retirarse correspondencia, no es justo que deba pagar más por preferir la entrega a domicilio."

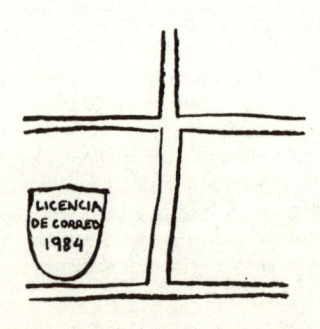

"Quizá podría haber licencias de 'receptores'. Deberían pegarse en la ventana los adhesivos que identificaran a los adquisidores de licencias 'para correspondencia a domicilio'. El cartero sólo entregaría la correspondencia en las casas con licencias. El resto tendría que ser recogida."

"Esto es similar a las primeras épocas de las brigadas de bomberos, cuando las organizaban las compañías de seguros. Si el edificio no tenía el 'disco' correspondiente, los bomberos no apagaban el incendio."

"Quizá nos estemos encaminando hacia unos servicios de correos muy costosos para las cartas que deben entregarse al día siguiente. Si esto les parece tan importante, a la gente no le importará pagar un precio elevado."

El ejercicio de pensamiento consiste en leer cuidadosamente las ideas propuestas y luego anotar algunos de los "sabores de ideas" que observe. Agrupe las ideas bajo diferentes sabores. Puede ocurrir, por supuesto, que una idea pertenezca a varias agrupaciones.

Tome una de las ideas separadamente y trate de extraer tantos sabores como encuentre en ella. Teniendo en cuenta estos diferentes sabores, trate de ver qué otras tienen el mismo sabor.

Verbalice los diferentes sabores y anote su verbalización. No basta con ser consciente de un sabor particular. Es necesario ser capaz de identificarlo y describirlo. Los catadores de vino llegan a utilizar un lenguaje muy poético cuando intentan describir los sabores que resultan obvios para su paladar y difíciles de expresar en palabras.

18
El gran dilema de la creatividad

Toda idea creativa más o menos valiosa siempre acaba resultando lógica.*

Esta afirmación da lugar al gran dilema de la creatividad. Si puede probarse que una idea es lógica, resulta lógico alegar que la idea podría haberse obtenido mediante el uso de la lógica. De modo que lo que se denomina creatividad, en realidad, sólo es la exigencia de una lógica mejor.

Me pregunto cuántos comprenderán la importancia de este dilema. Quizá deba explicarlo más claramente. *Somos capaces de reconocer como valiosa una idea creativa que no acabe resultando lógica.* Si la idea resulta lógica, aceptaremos la necesidad de una lógica más perfecta, pero no la necesidad de la creatividad.

Consideremos un viejo ejemplo que utilicé en uno de mis libros.

"Se suele decir que cuando se construye una fábrica a la orilla de un río, debería ser obligatorio que la entrada de agua de la fábrica se situara corriente abajo con respecto al desagüe. De esta manera, la fábrica sería la primera en obtener una muestra de la contaminación que provocara y se esmeraría más en la limpieza del efluente."

"Quizá no siempre resulte fácil de realizar en la práctica, pero es una idea sensata y perfectamente lógica. La lógica es sencilla: que la gente sufra sus propios errores. Parece una idea obvia. ¿Qué tiene de creativa?"

---

* El autor quiere decir que acaba resultando lógica no según su propia evolución, sino "contemplada desde la distancia". En este sentido utiliza la frase durante el resto del texto. [E.]

Veamos, la idea no resulta tan obvia, a menos que se observe desde una cierta distancia. Recuerdo haber discutido este asunto con la persona encargada del departamento del medio ambiente de uno de los principales estados de los Estados Unidos. Esta persona nunca había pensado en ello y lo consideró una idea valiosa. Si un individuo con este cargo nunca había recibido esta propuesta ello significa que no es una idea tan obvia. ¿Cómo se produjo la idea en la práctica?

"Po, la fábrica debería situarse corriente abajo respecto de sí misma." Esta fue la provocación deliberada. Fue una provocación del tipo "Punto de partida"; también del tipo "¿No estaría bien que...?" Pude haber dicho: "Po, ¿no estaría bien que la fábrica se situara corriente abajo respecto de sí misma?" De esta provocación surgió la idea.

Consideremos otro ejemplo muy difundido.

"El hombre entra en el ascensor y sube hasta el décimo piso; luego baja y vuelve a subir andando hasta el piso decimocuarto. ¿Por qué hace esto?"

La gente tiende a pasar en términos de ejercicio, ascensores averiados o alguna torre especial a la que no se accede por el ascensor, etc.

"La simple respuesta es que el individuo era enano y sólo llegaba hasta el botón del décimo piso."

"Es una respuesta muy lógica. Cualquier persona lógica la habría dado. La línea de razonamiento habría sido la siguiente: existen dos posibilidades: el hombre no quiere presionar el botón del decimocuarto piso, o quiere pero no puede. Podríamos luego analizar las razones por las que puede no querer apretarlo. Después nos centramos en las razones que pueden impedirle apretarlo. ¿Habría surgido en este punto la poca altura del hombre?"

Posiblemente. ¿Por qué, entonces, son tantas las personas que encuentran dificultades en este problema? La respuesta es que tienen la imagen de un hombre de estatura normal. Si el problema se hubiera planteado usando la palabra "persona", muy bien se podría haber pensado en un niño. Pero con la imagen de un hombre de estatura normal, todo el pensamiento lógico posterior gira alrededor de este ingrediente.

Como he repetido en varias ocasiones, la lógica es un instrumento al servicio de la percepción. La lógica tiene que disponer de conceptos y percepciones para trabajar. Si la solución creativa implica ignorar estos conceptos y percepciones básicas, la lógica difícilmente alcanzará la solución.

¿Cómo solucionar el dilema? ¿Cómo contestar a quien dice que, como todas las ideas creativas acaban siendo lógicas, lo único que se necesita es una lógica mejor, en lugar de creatividad?

Resulta muy difícil responder a este desafío sin analizar lo que hay detrás de las percepciones y de los sistemas de autoorganización. Es muy fácil decir: "Si resulta lógico, ¿entonces por qué no hay más gente que adivine la respuesta?" o "Si la lógica acaba siendo siempre tan simple, ¿por qué no adivinó usted la respuesta?" Es una reacción únicamente parcial. La verdadera respuesta debe surgir del estudio de la naturaleza de la percepción *a posteriori*. Y esto no resulta fácil en una conversación casual.

Por esta razón, en mis seminarios, me detengo bastante tiempo en el análisis directo del trasfondo del pensamiento creativo (lateral). La respuesta debe surgir de la lógica de este trasfondo.

En la percepción, observamos un sistema de información activo. Este difiere totalmente de los sistemas de información pasivos que utilizamos en la parte procesadora del pensamiento. Cuando hacemos una marca en un trozo de papel o en un disco magnético, utilizamos sistemas pasivos que preservan la información pasivamente. En un "sistema activo" existe un medio por el que la información entrante puede moverse y organizarse. De hecho, ésta se organiza en modelos. Describo este proceso detalladamente en mi libro *The mechanism of mind*. Los conceptos de los sistemas de información de autoorganización propuestos en este libro, en la actualidad, representan en gran medida la vanguardia de la tecnología de la información. (Neuroordenadores).

De manera que terminamos con un modelo que es una secuencia temporal de diferentes estados de activación de las células cerebrales. Podemos representarlo gráficamente como un "camino". Para explicarlo claramente, existen más probabilidades de que continuemos por el camino que de desviarnos de él. Este tipo de modelos perceptuales tiene un valor inmenso y, sin ellos, la vida no sería posible. Cuando cruzamos la calle, tomamos una taza de café o leemos, estamos activando modelos perceptuales.

¿Qué sucede cuando existe un modelo lateral? Las células nerviosas del cerebro tienen una arquitectura que hace que el modelo menos afirmado se reprima temporalmente y se obedezca el modelo principal. La razón por la que esto ocurre está explicada en *The mechanism of mind*. Gráficamente, podemos mostrar el camino lateral mediante una conexión muy estrecha que lo une al principal.

Si por casualidad, llegamos a adentrarnos en el camino lateral, podemos regresar fácilmente porque, contemplado desde el extremo más lejano, el camino no se ve estrecho en absoluto. Esto es lo que quiero demostrar en los diagramas.

Esta asimetría constituye la propia esencia del humor, como explico en muchos de mis libros. Con el humor, nos vemos de pronto desviados al camino lateral para luego acabar viendo la "lógica" del humor.

"¿Qué es noventa y nueve toc, noventa y nueve toc?"

"Un ciempiés con una pata de palo."

La mecánica del pensamiento lateral es muy similar a la mecánica del humor. Nos valemos de técnicas de provocación y movimiento para procurarnos una ayuda que nos permita aumentar nuestras posibilidades de llegar al camino lateral. Una vez logrado esto, "el camino lógico" puede acabar convirtiéndose en obvio.

Si nos desviáramos del camino lateral hasta un punto en que no fuera posible regresar al lugar de partida, estaríamos frente a una idea irreconocible. Nos sentiríamos confundidos. Para poder reconocer una idea como valiosa, tenemos que ver el camino de retorno que relaciona la idea con nuestros modelos de experiencia.

Es así como comenzamos a vislumbrar la solución del dilema.

Sólo podemos *reconocer* aquellas ideas creativas que acaban resultando lógicas.

Somos sencillamente incapaces de reconocer como valiosas otras ideas creativas. De modo que no se trata de que todas las ideas creativas acaban siendo lógicas, sino de que nuestro reconocimiento del valor se limita al reconocimiento del valor lógico. Consiguientemente, por definición, toda idea creativa valiosa acabará siendo también lógica.

Que estas ideas acaben siendo lógicas no significa en absoluto que pudiéramos haber llegado a la idea mediante el ejercicio de la lógica. La asimetría de los modelos significa que lo que acaba siendo visible no tiene por qué resultar en absoluto visible con anticipación. Cuando se gana una gran suma de dinero la primera vez que se apuesta en la ruleta, se puede hacer alarde de lo fácil que es ganar. Aquellos que conocen el funcionamiento del juego saben que haber ganado no es en modo alguno lo mismo que disponerse a ganar.

En última instancia, el dilema es así de simple. *Que algo acabe siendo obvio no significa que sea obvio de antemano.*

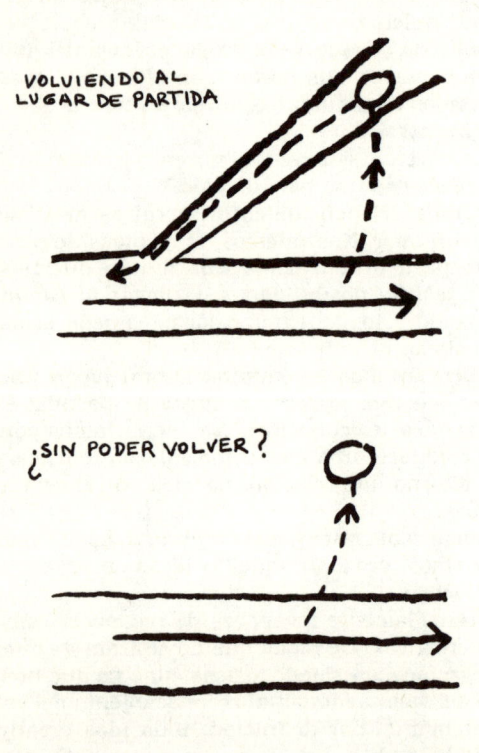

VOLVIENDO AL LUGAR DE PARTIDA

¿SIN PODER VOLVER?

Pero debemos ser más precisos. Se puede argumentar que con una perspectiva lógica completa y comprensiva debería ser posible obtener cualquier solución lógica existente. Llegamos entonces a la matemática de la combinación. Se puede jugar con todas las percepciones existentes en todas las combinaciones posibles para obtener un enfoque lógico. Pero estas percepciones, a su vez, están conformadas por otras percepciones. Estas, por su lado, están compuestas de otras... y así sucesivamente. No necesitamos ir muy lejos para comprender que la matemática de la combinación arroja pronto cifras astronómicas. También debemos comprender que no existe nada que sea una unidad de percepción que se pueda manipular a voluntad. Existen modelos de percepción con flujo de atención de modo que puede darse algo por sentado en cualquier percepción determinada sin que nosotros seamos conscientes de ello (hasta después de que haya sido demostrado).

Las personas están dispuestas a aceptar la creatividad cuando el valor final tiene una apreciación estética. En cambio, se muestran reticentes a aceptar la creatividad cuando su valor final ha de probarse lógicamente. Esto se debe a que no comprenden que un proceso provocativo pueda producir una solución lógica. Sin embargo, no tiene nada de misterioso. La "lógica" de los sistemas de modelos indica claramente por qué la provocación tiene tanto un lugar como un valor. La lógica de la asimetría explica por qué una idea puede acabar resultando lógica aunque anticipadamente fuera inaccesible a la lógica.

CREATIVIDAD DE LA ACCIÓN

Generalmente, se piensa que la creatividad tiene que ver con ideas y conceptos. Existen muchos conceptos brillantes que no llegan a llevarse a cabo. Con demasiada frecuencia, el pensador creativo considera que basta con tener la idea: la realización es tarea de otros.

Existen muchas razones que explican esto. Es posible que el pensamiento creativo tenga tantas ideas que le resulte difícil concentrarse suficientemente en una como para hacerla efectiva. El desafío que implica una idea nueva es más excitante que la realización de una idea conocida. También es posible que el pensador creativo se sienta más satisfecho pensando en términos de concepto en un terreno que su mente puede abarcar en su totalidad. Llevar una idea a la práctica requiere tiempo, energía y afrontar muchas complicaciones, incluyendo a otras personas. Quizás, simplemente, no exista la motivación. Puede suceder que el creativo se sienta motivado por el desafío de encontrar una solución creativa, pero que una vez encontrada, desaparezca el desafío.

No creo que se trate sencillamente de una división entre pensadores y hombres de acción. No creo que las personas creativas sean incapaces de llevar ideas a la práctica. Es más una cuestión de motivación. Quizá no les interese particularmente la complicación que supone convencer a otras personas. Para algunos, sin embargo, constituye una motivación. De hecho, incluso llegan a ser notablemente perseverantes.

Quiero extenderme aquí más sobre la aplicación directa de la creatividad en la práctica que sobre lo que pueda ser necesario hacer para llevar una idea a la práctica.

Estamos muy acostumbrados a la creatividad en sus aspectos relacionados con la resolución de problemas:

"Necesitamos un concepto que haga esto."

"Hasta ahora no existe forma conocida de hacer esto."

"¿Cómo se pueden bajar las tasas de interés sin disparar la inflación?"

"¿Cómo podemos aumentar el índice de empleo?"

Este es sólo un aspecto de la creatividad. Hay otro aspecto que resulta menos fascinante pero quizá más práctico.

"¿Hay una forma más simple de hacer esto?"

"Esta es la forma tradicional. ¿Pero hay una forma mejor?"

"¿Podemos hacer esto de una manera más cómoda?"

"Sabemos que podemos hacerlo, pero, ¿podemos hacerlo de una manera mucho mejor?"

"¿Podemos encontrar un concepto más eficiente?"

La necesidad de creatividad es menor porque cuando contamos con un concepto válido, podemos hacer lo que queremos hacer. Por otro lado, el riesgo es mucho menor. Somos libres de buscar una forma mejor. Si encontramos otra forma, podemos compararla con el método existente. Hasta podemos probarla. Si no nos gusta, no necesitamos utilizarla. *No existe razón alguna para que recurramos a la creatividad sólo en situaciones "desesperadas" en que no cabe otra salida.*

En el metro londinense, se deben comprar billetes para cada viaje. Existen abonos mensuales para los usuarios diarios, pero las personas que utilizan ese transporte de cuando en cuando necesariamente tienen que hacer cola para comprar un *ticket* o tener el cambio suficiente como para recurrir a una máquina automática. Si los billetes no estuvieran fechados, el billete comprado un día serviría para otro. Un pasajero que viajara a Heathrow podría comprar un billete de ida y vuelta para utilizarlo en su regreso. Vender billetes para cada viaje debe de ser el método más ineficiente del mundo.

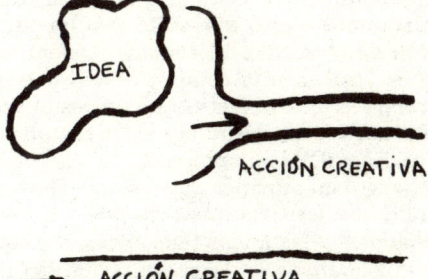

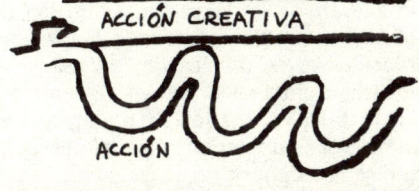

En los Estados Unidos se ha puesto en marcha una terminal que expenderá entradas de cine con la presentación de tarjetas de crédito. El usuario puede consultar automáticamente la cartelera y luego hacer su elección. Y enseguida conseguirá su entrada de cine.

También habrá videoclubs que dispongan de una pantalla en la que puede mostrarse la mercancía. Los catálogos se archivarán en discos de lectura láser. Las compras se realizarán utilizando tarjetas de crédito. ¿Tiene esto alguna ventaja con respecto a la compra postal de un catálogo? Podría ser un método más rápido, más cómodo, más adecuado para la compra espontánea y mejor forma de mostrar la mercancía (especialmente los artículos difíciles de apreciar en un local comercial, por ejemplo, una cortadora de césped en acción).

Es obvio que la tecnología electrónica cambiará muchas transacciones interpersonales, como sucedió con los cajeros automáticos en los bancos. Pero la creatividad no es sólo cuestión de usar la nueva tecnología. En lo que respecta a la máquina de vender entradas cinematográficas, en mi opinión, un sistema telefónico automático de información sería mucho más útil. Se marca un número para obtener información general sobre las películas que hay en cartelera. Luego se marcan otros números para obtener detalles sobre determinados films, determinado género o incluso sobre algún actor en particular. La terminal de entradas sólo resulta útil una vez tomada la decisión de ir al cine. El sistema telefónico de información convierte el cine en una compra casual más accesible. También se podría hacer que la factura de un restaurante constituya un vale por parte de la entrada cinematográfica, o hacer esto mismo con el *ticket* del aparcamiento.

Existe cierto peligro en suponer que los conceptos de acción tienen que depender o valerse de nueva tecnología. De no haber existido los ordenadores y las líneas telefónicas, creo que hubiésemos sido más imaginativos en la organización del transporte aéreo. Es probable que no hubiesen existido las reservas y que se hubiesen establecido varios niveles de tarifas, de modo que las personas dispuestas a pagar los precios más altos pudieran encontrar plaza a la hora deseada. El pasajero tendría un pasaje Londres-Nueva York "universal" y podría presentarse por la mañana para que se le asignara un vuelo.

El sistema de cola única en los bancos es un ejemplo claro del concepto de eficiencia. Todo el mundo hace la misma cola y el primero de la fila se dirige a la ventanilla desocupada. También sería interesante habilitar una ventanilla en la que hubiera que pagar por el servicio. Las personas que tuvieran prisa considerarían este gravamen como un precio justo por ahorrar tiempo. Los empresarios y comerciantes la utilizarían con la misma actitud que pueden asumir frente a una tarifa de taxi. La gente que espera en otras ventanillas sabría que siempre le queda la opción de poner fin a su impaciencia pagando un precio extra en la ventanilla de pago.

¿Qué pasos han de tomarse para lograr que algo suceda? ¿Cuáles son los mejores pasos? ¿Cuál es la secuencia adecuada que deben seguir estos pasos? El diseño de un curso de acción puede hacer uso de la creatividad. Quizás ésta consista sólo en establecer las alternativas posibles en cada punto. Puede que no existan conceptos propiamente "nuevos".

Quizá puedan anularse, combinarse o crearse algunos pasos. Puede suceder que la inserción de nuevos pasos llegue a fragmentar el mercado para abastecer diferentes compradores: por ejemplo, la venta de mobiliario sin terminar y de mobiliario terminado. La filmación de secretarias podría acortar el tiempo empleado en entrevistas. También podría contribuir a esto la creación de algún índice de "capacidad" que proporcionara una información más exhaustiva que la rapidez en mecanografía y dactilografía.

"¿Cuál es la manera más eficiente de cortar el césped?" Quizá haya que dar cierta forma el césped para hacerlo más fácil de cortar.

"¿Cuál es el mejor método de enviar una carta?" Enviar dos si el correo no es fiable. En cierta época era más barato enviar grandes cantidades de corresponcia a Australia desde Nueva Zelanda, que enviarla a la propia Australia.

¿Cómo puede la dirección recompensar a los trabajadores? ¿Con qué métodos se cuenta? ¿El dinero constituye el único método? ¿Es el mejor método?

¿Cómo puede la dirección mostrar su insatisfacción a los trabajadores? ¿Qué métodos pueden resultar efectivos sin causar resentimiento? ¿Cómo puede incentivarse la competitividad?

El factor humano

Lograr que las cosas lleguen a realizarse no necesariamente debe implicar a otras personas (robots, automatización), pero generalmente sucede de este modo. Los seres humanos no cambian con facilidad, se dejan impresionar brevemente por el "ingenio" de una idea: pasada la fascinación, la idea tiene que ofrecer una comodidad real. Las personas muestran un gran recelo y temor ante la posibilidad de que se las engañe, explote o estafe. Son holgazanas, otorgan gran valor a la comodidad.

Tienen diferentes gustos, necesidades y motivaciones. Están muy aferradas al pensamiento en categorías. Se dejan influir extremadamente por la moda, las novedades y demás. Se dice que cuesta el cuádruple conseguir un nuevo cliente que conservar uno que ya se tiene.

Las personas pueden decir una cosa y hacer otra. No sabemos ni siquiera lo suficiente sobre ellas como para poder estipular con cierta seguridad si una idea está destinada al fracaso o al éxito. Suele ser más fácil decir que una idea no resultará que decir lo contrario.

Para evitar el fraude con tarjetas de crédito, se podría incluir una foto del dueño en la tarjeta. Un método aún más simple sería que todos tuvieran un número de identidad tatuado en algún lugar de la mano. Esto dificultaría la utilización de tarjetas o cheques robados, ya que el número de la tarjeta o cheque tendría que coincidir con el número de identidad. La idea es efectiva, aunque nunca llegue a aceptarse. Tiene cierto matiz de identificación de campo de concentración, y da la impresión de que se está invadiendo la intimidad, en el sentido de que la gente no es ganado. La aceptación de la idea también se vería afectada por cuestiones tales como la forma de aplicación del tatuaje.

Si se hiciera por medio de una tira impregnada de tintura que sólo tuviera que dejarse en contacto con la mano durante toda la noche, sería más aceptable. Si el número no durara más de seis meses y luego se desvaneciera, también podría resultar aceptable. Si llevar esta identificación supusiera alguna ventaja muy importante, sería más fácil la aceptación de la idea.

Si se recompensa a los empleados con dinero extra, con el tiempo llegan a esperar ese dinero como parte de su salario. De modo que cuando la recompensa no está disponible, se quejan y se sienten engañados. Si se les premia con "bonos", que son trozos de papel con determinado valor que pueden intercambiarse por mercancías en los comercios, los trabajadores se sienten premiados y no se sienten defraudados cuando no ganan la recompensa.

Cuando se desarrollan ideas creativas que tienen que ver con las personas, resulta muy importante comprender que hay cosas que son iguales desde el punto de vista funcional o lógico y, sin embargo, pueden suscitar actitudes muy distintas. Si se elevan los precios de las matrículas escolares, los padres no mostrarán una gran oposición. En cambio, si se mantienen pero comienzan a cobrarse un montón de extras, los padres se quejarán. Las cantidades quizá sean las mismas. Pero una parece finita y la otra, ilimitada. Si se concede a la gente la posibilidad de proponer sus propias ideas, puede suceder que nunca llegue a aprovecharla. No obstante, apreciará que se le dé la oportunidad. La lógica de los seres humanos está muy relacionada con la seguridad, la apreciación, la anticipación y la solidaridad. El creador de ideas debe tener estas consideraciones en cuenta.

Cuando existen personas implicadas, el contexto en que se lanza una nueva idea tendrá un enorme efecto sobre su éxito o fracaso, independientemente del mérito de la idea en sí.

El lugar para pensar

Finalmente obvio

Es mi deseo continuar con el tema del primer artículo en esta *Carta*. Realmente estamos convencidos de que cualquier idea producto de la creatividad podría ser el producto de una lógica inteligente. En la actualidad, nos resulta obvio que dividir el total de las veinticuatro horas en divisiones iguales es una forma mucho más simple de medir el tiempo que tratar de dividir las horas de luz en unidades iguales y la noche en unidades iguales. Este concepto demoró la medición satisfactoria del tiempo durante muchos siglos. Dado que el día y la noche varían permanentemente de duración, salvo en el ecuador, la tarea se hace difícil desde el punto de vista técnico.

¿Por qué las civilizaciones americanas no inventaron la rueda o el arco? Con cierta perspectiva, las respuestas resultan obvias. Se dice que existían tabúes religiosos, porque el círculo representaba al dios Sol. El "cero" constituyó una invención de suma importancia en las matemáticas, pero tanto los griegos como los romanos tuvieron que arreglárselas sin él.

Hay infinidad de conceptos actualmente vigentes que serán considerados arcaicos y primitivos dentro de cien años. Uno de éstos puede ser el concepto de "dinero".

DÍA   NOCHE

DÍA Y NOCHE

CONCEPTO OBSOLETO

CONCEPTO DE LA
NUEVA TECNOLOGÍA

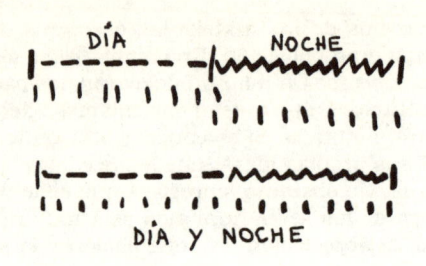

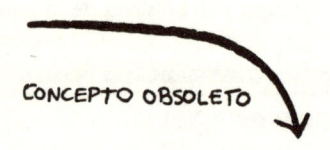

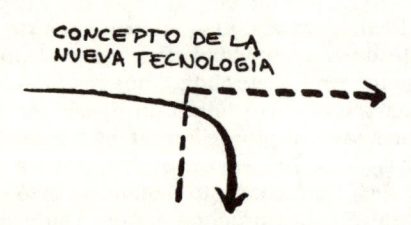

Podemos dividir esta tarea en dos partes.

En la primera parte, anote los conceptos que le parece que llegarán a considerarse obsoletos debido a la nueva forma de hacer o contemplar las cosas que ofrece la tecnología. Por ejemplo, la idea de "ir a trabajar" puede volverse obsoleta porque gran parte de los trabajos serán trabajos de información, y esto podrá realizarse en casa a través de ordenadores.

En la segunda parte, anote los conceptos que según usted llegarán a considerarse obsoletos *sin* tener en cuenta la nueva tecnología. Por ejemplo, el mismo reloj de agua que presentaba dificultades a la hora de medir el tiempo cuando se diferenciaba el día de la noche resultó perfectamente adecuado cuando se optó por la división integral de las veinticuatro horas. En otras palabras, piense en cambios de concepto que no dependan de la nueva tecnología. Por ejemplo, el matrimonio puede transformarse en un contrato de duración limitada.

Al hacer esto, no es necesario que sugiera un nuevo y maravilloso concepto para reemplazar al existente. Bastaría con que indicara la razón por la que le parece que el concepto actual resulta anticuado, arcaico, primitivo o demasiado dependiente de la continuidad como para subsistir.

Mire a su alrededor y seleccione los conceptos más obvios. Contémplelos con una actitud nueva. Imagínese que recorre un museo antropológico dentro de un centenar de años y lee algo acerca de ese extraño concepto. Le parecería tan extraño como nos parece en la actualidad el concepto de esclavitud.

El pensamiento no necesariamente debe ser una reacción frente a ciertos acontecimientos o una cuestión de resolver problemas. Un pensador debe ser capaz de tomar una cierta distancia y mirar objetivamente cosas que no sólo se dan por sentadas sino que se consideran elementales. Hacia fines del siglo pasado, se recomendó que se dispusiera el cierre de la oficina de patentes de los Estados Unidos porque ya se había inventado todo lo que había por inventar. Con mucha frecuencia pensamos exactamente de esta manera acerca de las peculiaridades de la sociedad y la civilización que actualmente damos por sentadas.

Desde el punto de vista histórico, un lapso de tiempo de cien años es apenas suficiente para este ejercicio. Considerando el cambio tecnológico y el pronunciado curso del cambio geométrico que parecemos atravesar en la actualidad, cien años deberían bastar.

19
El idioma de la creatividad

Hay cuatro cuartos de melón sobre una fuente durante un almuerzo al aire libre en un soleado jardín. Las moscas revolotean a su alrededor y uno de los invitados pasa la mayor parte del tiempo auyentándolas. Lo lógico sería que el melón estuviera tapado, pero no es así. Otro de los invitados da la vuelta a los cuartos de melón formando dos hemisferios, con la pulpa hacia la fuente, con lo que el melón queda protegido de las moscas. Este es el idioma de la creatividad.

¿La situación actual es satisfactoria?
¿Existe alguna otra forma de lograr el objetivo?
¿Cómo puede hacerse con un mínimo costo o esfuerzo?

Si se hubiera dispuesto de una, alguien habría ido a buscar una red contra insectos. Otra persona habría tratado de improvisarla o habría cubierto el melón con un trapo. La solución que se aplicó al final fue muy simple y eficaz.

Si analizamos el razonamiento utilizado, vale la pena observar que la solución aplicada *no fue* una solución general. Sólo era posible con cuartos de melón. Consideremos los siguientes puntos de partida:

"¿Qué puedo hacer para que las moscas no se acerquen al melón?"
"¿Qué puedo hacer para cubrir el melón?"
"¿Cómo puedo disponer el melón para que las moscas no se posen sobre él?

Que no se acerquen las moscas

Esto podría haber supuesto llevar el melón adentro o guardarlo en la nevera. Podría haber sido cuestión de apartar el melón de las moscas. También podría haber implicado matar las moscas con insecticida o a golpes. Esta premisa representa un planteamiento muy general del objetivo. Desde el punto de vista lógico, incluye las otras dos. Sin embargo, en la práctica, el perfecto árbol lógico que partiría de este objetivo general para luego proseguir con diferentes subsecciones (formas de evitar que se acerquen las moscas) no funciona. El punto de partida "que no se acerquen las moscas" tiende a desplazarse en dos direcciones:

deshacerse de las moscas
alejar el melón de las moscas

No quiero decir con esto que no sea posible partir de una necesidad general para luego considerar necesidades subalternas, como en un árbol lógico. Lo que estoy diciendo es que en la práctica tendemos a perseguir la realización de la necesidad general en vez de seguir el árbol lógico.

A menudo he defendido en mis libros el seguimiento del árbol lógico (por ejemplo, en el "método de trabajar a la inversa"). Puede parecer que en esta carta defiendo el método como teoría pero lo descalifico en la práctica. No es así. No caben dudas acerca de que el método funciona, pero en primer lugar debemos proponernos utilizarlo cautelosamente.

Si queremos usar el método del árbol lógico, es necesario que desarrollemos el árbol en sus diferentes partes *antes* de usar alguna de ellas. Esto significa que antes de ponernos a trabajar sobre la necesidad general de "que no se acerquen las moscas", debemos haber desarrollado el árbol lógico (por escrito o, al menos, verbalmente para nosotros mismos). Si en vez de hacer esto, nos ponemos a trabajar en la necesidad general, más tarde no podremos desplazarnos hacia las subsecciones lógicas.

Para lograr una creatividad de acción rápida, en contraposición a una estructura cuidadosa, resulta útil enumerar las necesidades generales y sus subsecciones como formas paralelas de abordar el problema, dejando de lado el hecho de que algunas de estas formas sean, desde el punto de vista lógico, sólo subdivisiones de un enfoque más general.

Hay que cubrir el melón

Este representaría un enfoque muy tradicional. El problema consiste en una posible contaminación por culpa de las moscas. Es necesario proteger algo de las moscas. Esto implica algún tipo de tapa. En primera instancia, podemos pensar en una tapa formal. Luego damos lugar a la improvisación. Podemos terminar poniendo una servilleta sobre el melón.

Si queremos ser prácticos, debemos terminar defendiendo este enfoque práctico. Esto se debe a que "los enfoques transferibles" son de mucha más fácil aplicación que los enfoques que sólo se adecuan a una determinada situación. *Al fin y al cabo, el propósito de la creatividad consiste en ser práctico y no exótico.*

La mente creativa está llena de una gran cantidad de necesidades y aplicaciones de fines generales. Este aspecto no es muy distinto de la mente del ingeniero, que está llena de "maneras de hacer las cosas". Cuando surge una necesidad, el ingeniero busca en su archivo de "formas y medios" y aparece con una respuesta contenida en su reserva mental. El dilema que surge es que cuanto más enriquecida esté nuestra mente a partir de estas "formas y medios" generales, menos probable será que se nos ocurran soluciones más adecuadas a ciertas situaciones particulares. Tampoco es probable que busquemos otra cosa. La actitud "esto es adecuado", "esto lo soluciona", anula la motivación de buscar algo mejor.

El dilema es un dilema real. El que se dedica a arreglar o reparar cosas desea poder empezar enseguida el siguiente trabajo. Necesita aplicar la solución general para pasar a otra cosa. Su tarea es la competencia y la realización del trabajo. El diseñador creativo tiene una motivación diferente. No está interesado en completar el trabajo rápidamente para seguir con otro. Está interesado en hacer algo mejor. Está interesado en el perfeccionamiento, lo cual implica innovación.

En este punto, la persona creativa puede optar entre una "solución creativa" y un "diseño creativo". Predomina la tentación de recurrir a la solución porque es más rápida y segura. Pero si siempre elegimos la solución, nunca obtendremos un diseño creativo.

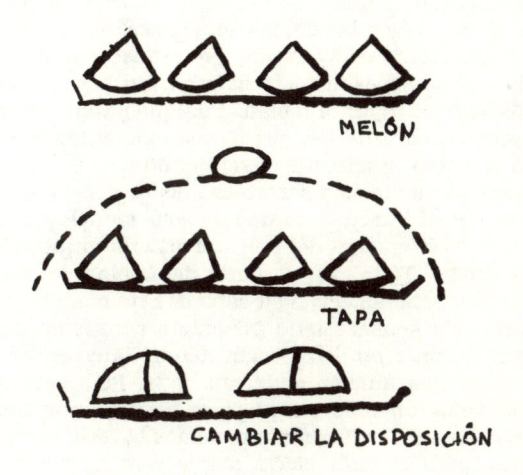

MELÓN

TAPA

CAMBIAR LA DISPOSICIÓN

Cambiemos la disposición del melón

La persona creativa puede haber experimentado una especie de "visión" de las tajadas de melón dispuestas de manera que la fruta volviera a quedar completa. Antes de cortar el melón, las moscas no tenían forma de acceder a su interior. Incluso es posible que se le ocurriera que quizá hubiese sido más sensato cortar el melón en el último momento... lo cual es cierto. Esta solución podía servir para otra ocasión, pero ya no podía aplicarse en ésta. ¿Podía volver a "montarse" el melón? Quizá le vinieron a la mente diferentes formas de hacerlo atándolo por la mitad. De ahí a darse cuenta de que no era necesario volver a "montar" el melón completo hay apenas un solo paso. Bastaba con unir sus mitades. Cada mitad debería ponerse boca abajo sobre la fuente, lo cual impediría que las moscas accedieran al interior de la fruta.

La virtud de esta solución es que resulta perfecta. El calificativo "perfecto" es en sí mismo perfecto: una forma simple de describir la solución de un problema que implica mucho más. Implica un planteamiento exacto, sin ningún tipo de adornos; implica economía de esfuerzos y una solución de bajo costo.

Comparemos el esfuerzo que exige la solución de los hemisferios con el que exigen las demás soluciones. No hay necesidad de llevarse el melón o de levantarse para buscar una tapa o un insecticida. No se necesita nada externo. No hay que ensuciar una servilleta para tapar el melón. Cualquier solución que sólo exige la recolocación de los elementos existentes tiende a la perfección en mayor grado que cualquier otra.

Sin embargo, me resisto a afirmar que los pensadores creativos siempre deben buscar este tipo de solución. Obviamente, es más difícil que la solución del enfoque general (aunque parezca finalmente obvia). Todo esto es parte del idioma de la creatividad, que puede haberse llevado a cabo de esta manera:

"La respuesta sensata sería ponerse a pensar en una tapa. Si no hay ninguna a mi disposición, tendré que pensar en algo que desempeñe las funciones de una tapa. Pero veamos si no existe una solución más simple que no implique tener que levantarme." En este razonamiento, vemos el reconocimiento de la vía obvia, pero además cierta disposición a invertir tiempo para pensar en una solución más simple. Ese lapso de tiempo puede ser bastante pequeño. Es interesante observar que la pereza que implica no querer levantarse puede haber sido un factor de motivación en este caso. Muchas veces sucede que una limitación —aun impuesta por uno mismo— puede estimular la creatividad. En este caso, la limitación consistió en "resolver el problema sin levantarse".

También es interesante observar que la utilización de una técnica premeditada del pensamiento lateral podría haber alcanzado la misma solución:

"Po, el melón vuelve a quedar entero."
"Po, el melón *se* protege de las moscas."

El ejemplo del melón es una historia real. También parece ser una historia muy trivial, sin embargo ilustra lo que yo denomino el "idioma" de la creatividad. Es decir, la forma real en que llega a utilizarse la creatividad en la vida diaria.

PARTE DE LA CULTURA

"Es curioso, siempre suponemos que el lubricante tiene que ser líquido. ¿Y si nos propusiéramos utilizar un gas?"

"¿Como cuál?"

"No lo sé todavía. Es sólo una idea."

"Si no sabes lo que usarías, cómo actuaría, cómo sería posible ni qué ventajas ofrecería, ¿qué sentido tiene tu observación?"

Esta conversación ilustra por qué la creatividad tiene que formar parte de la cultura de una organización.

La primera persona utiliza una provocación. Sin duda, utiliza el método clásico "de escape" que constituye una de las técnicas deliberadas del pensamiento lateral.

"Damos por sentado que los lubricantes son líquidos. Liberémonos de esa idea. Po, los líquidos son un gas."

La segunda persona no está familiarizada con el idioma de la provocación. Supone que se realiza una observación por alguna buena razón (o al menos, por alguna razón). Este es el enfoque científico y racional normal. Con la razón nos movemos de una posición a otra. Podemos tener hipótesis especulativas, pero tiene que haber alguna razón para la especulación. No es lícita la provocación completamente fortuita. Sin embargo, en el pensamiento lateral, no sólo es lícita sino realmente necesaria.

La definición de provocación es simple y clara:

"Puede que no haya una razón para decir algo hasta después de haberlo dicho."

De haberse producido en un medio en que el pensamiento lateral hubiera pasado a formar parte de la cultura del grupo, la observación habría sido tomada en el sentido que se le quiso dar: el de una provocación. El interlocutor inmediatamente se habría propuesto captar el "movimiento" de la provocación. ¿A qué conduce la idea? ¿Cuáles pueden ser las características especiales de un gas? ¿Cómo podría utilizarse un gas para la lubricación? ¿Podría un gas interactuar de alguna forma beneficiosa con los lubricantes ya existentes? ¿Podría una sustancia ser líquida sólo cuando fuera necesario y gaseosa en su desplazamiento? ¿Podría un gas bajo presión disolverse en el líquido y otorgarle ciertas cualidades? El propósito de toda provocación es dar lugar a estas digresiones del pensamiento. Las ideas que surjan a partir de ella puede que no tengan nada que ver con el gas, pero quizás emerjan de una vía del pensamiento abierta por la provocación del gas. Por ejemplo, podría existir un concepto de un lubricante mutante que cambiara de naturaleza o características según las exigencia o según alguna señal externa.

El propósito de la palabra "po", que inventé hace muchos años, es simbolizar la provocación.

"Po, las ruedas deberían ser cuadradas."
"Po, el agua corre cuesta arriba".
"Po, los aviones aterrizan boca arriba."
"Po, los lubricantes son gases."

Como es obvio, el símbolo po puede utilizarse para indicar algo que resulta totalmente ilógico (ruedas cuadrada) o algo que es meramente improbable. Entre ambos extremos existen diferentes grados de probabilidad.

Por supuesto que "po" no tiene ningún valor para quienes no saben lo que significa. Y se podría decir que el "po" no es necesario para quienes sí saben a qué se refiere. Existe cierta verdad en esto. No obstante, po actúa como un dispositivo activador incluso en las personas que comprenden perfectamente la naturaleza y propósito de la provocación. Para aquellas que no lo comprenden, la inserción del po —y la explicación subsiguiente— puede constituir una forma simple de explicar la provocación.

"Normalmente, se supone que las afirmaciones tienen que adecuarse a la realidad. Una provocación no tiene que adecuarse a la realidad. Una provocación puede ser totalmente ilógica, como "po, las ruedas deberían ser cuadradas". La palabra "po" precediendo una afirmación significa que ésta se presenta exclusivamente como provocación. Veamos qué es capaz de estimular esta idea. En lugar de juzgar la aseveración, distanciémonos de ella y observemos hacia dónde nos conduce." Así como una bandera blanca de tregua permite a una de las partes introducirse en el castillo, con el estandarte po puede permitirse que una afirmación entre en la mente en lugar de ser rechazada en el primer paso del discernimiento.

Debido a que la cultura y el clima son intangibles, tendemos a concederles menos atención y valor que a las cosas tangibles como el costo y la producción. Sin embargo, sabemos que la seguridad y la moral tienen efectos extraordinarios. Cuando los normandos se dispusieron a expandirse invadiendo Inglaterra y avanzando hasta llegar a Malta, lo hicieron impulsados por una explosión de seguridad energética. Cuando un laboratorio determinado experimenta un acierto tras otro durante un breve período de tiempo, también entra en juego una cuestión de moral y seguridad. Esto mismo ocurre en los períodos de la historia de un país en que se produce un florecimiento en la literatura, la pintura o la música (además del factor añadido de la masa crítica y el estímulo).

La cultura creativa es la que comprende la naturaleza y el valor de la creatividad. Existe una constante búsqueda de mejores maneras de hacer las cosas. Se parte de la premisa de que las ideas se generan, discuten y tratan con cuidado. Esto no significa que todas las ideas tengan posibilidades de ser aplicadas. Sería imposible. Cuando la idea no se lleva a la práctica, se especifica que no está lo suficientemente desarrollada, no es adecuada para el momento, no satisface las necesidades o no aporta los beneficios suficientes como para garantizar el cambio.

En algunas organizaciones, la creatividad se considera una aberración. Dado que implica riesgos e incertidumbre, estas compañías prefieren dejársela a otros. Si entonces la idea prospera, puede copiarse con el mínimo esfuerzo. Si se establece una tendencia, puede adoptarse esa tendencia. Este tipo de estrategia puede funcionar para ideas importantes, pero no sirve para la creatividad diaria. Nadie se interesará en mejorar la manera de hacer su trabajo si se desenvuelve en un medio en que las sugerencias implican "perturbación". Existen organizaciones cuya cultura insinúa que ciertas personas deben dedicarse a pensar y el resto a hacer lo que se les dice. En una cultura semejante, todo intento de alterar un procedimiento debe considerarse una rebelión.

Otras organizaciones realizan alabanzas de la creatividad porque perciben que se trata de algo valioso. Consideran suficiente esta aceptación superficial y cierto simulacro de acción. Se supone que la creatividad ha de producir ideas fantásticas. Todo lo que carece de este ingrediente se considera inconveniente. Esto resulta especialmente cierto en las organizaciones prósperas que saben que sus éxitos futuros dependen de la creatividad y, a la vez, les está yendo tan bien en el presente que todo cambio tiene que parecerles pernicioso.

Muchas organizaciones quieren verse "abrumadas" por la creatividad. Quieren que toda idea nueva sea tan espléndida que sus virtudes sean percibidas de inmediato por el mundo entero. Todo lo que no se ajuste a esto no vale la pena. *Si hay que demostrar que una nueva idea es valiosa, no se puede tomar su valor para justificar su utilización.*

No me interesa particularmente el nivel de aceptación de las nuevas ideas. No me importa demasiado que se acepten y lleven a la práctica sólo las ideas muy buenas. Por supuesto, debemos suponer que existe una forma de seleccionarlas. Sin este método, sólo se seleccionará una fracción de las ideas realmente buenas, ya que el resto requerirá una atención más esmerada o serán ideas cuyo valor no podrá predecirse sin experimentar con ellas. Aun así, estipular un procedimiento de selección riguroso no representa un problema importante.

Lo que resulta mucho más importante es la cultura que estimula a la gente a generar ideas. Lo importante es esta actitud productiva. Si las personas están predispuestas a tener ideas y a seguir teniéndolas, no tendrá importancia la selección estricta. Pero sí interesa el método de selección. Hay formas de rechazar una idea que aniquilan la motivación creativa y otras que realmente la estimulan.

La mayoría de las personas que no desean aplicar una sugerencia creativa intenta demostrar que la idea no funciona. Quieren mostrar que se trata de una mala idea, que el esfuerzo creativo ha producido algo inútil. Valiéndose de la etiqueta de "mala idea", cualquiera puede abstenerse de aplicarla o de prestarle mayor atención. Otras etiquetas que resultan igualmente útiles en este sentido son "idea loca" e "irrealizable". Otra etiqueta (mencionado en una carta anterior) es "lo mismo que...". Este método de rechazo es sumamente descorazonador.

El enfoque alternativo consiste en reconocer y fomentar la actitud creativa a la vez que se indica que los resultados son impracticables. Esto estimula al creativo a continuar experimentando e incluso a experimentar con más ahínco, en lugar de desilusionarse.

"Hay un aspecto de la idea que no comprendo, ¿me lo podría explicar?"

"Me doy cuenta de su funcionamiento, pero, ¿qué beneficios le parece que aportaría? ¿Cuán importantes serían estos beneficios?"

"Es una estupenda idea, pero no se adecua a nuestras circunstancias. Podría ser de utilidad para otros."

"Veo que ha utilizado un enfoque muy diferente. Podría conducirnos a muy buenas ideas en el futuro. Por el momento, me parece que la idea no justifica un cambio. Pero me gusta el enfoque."

"Es una buena idea y de presentarse problemas en ese área, sugeriría su puesta en marcha."

"Me gusta la idea como idea. Es efectiva y precisa. Pero el costo que implicaría el cambio no justifica su realización."

De esta manera, puede estimularse el *esfuerzo* dirigido hacia la creatividad sin tener que aceptar o utilizar los productos de la creatividad. Es un punto muy importante en la práctica. Si la única forma de fomentar la creatividad consiste en aplicar cada idea creativa, sin duda se convertirá en algo muy difícil. De modo que existe la necesidad de desarrollar una cultura que confiera a la generación de ideas un valor distinto al uso —e incluso a la utilidad— de las ideas. En esto puede radicar la esencia de la cultura creativa.

Las sugerencias suelen fracasar porque la recompensa se contempla como algo demasiado lejano. Cualquier idea que se proponga tiene que pasar por un cierto número de comités evaluadores y sólo si la idea termina siendo utilizada y supone un ahorro económico, recibirá su recompensa el creador. Puede llevar mucho tiempo y, por ello, muchas personas creen que nunca van a tener ese tipo de idea. Tiene mucho más sentido analizar todas las sugerencias mensualmente e invitar a una copa a todos los que los hayan realizado. Aunque esto puede suponer que se desperdicien muchas botellas en el eterno chiflado que siempre propone ideas locas, sigue siendo un precio muy bajo por la motivación creativa. Hay que recompensar el esfuerzo, no sólo el resultado. *Después de todo, la creatividad vale más como esfuerzo que como resultado.* Quizás esto sorprenda a algunos, pero estoy convencido de ello en lo que se refiere a la cultura corporativa. Es de suma importancia que existan personas con el deseo, la predisposición y el entusiasmo de tener ideas. Este tipo de clima proporciona la clase de motivación que pueden también proporcionar los "Círculos de Calidad". Proporciona interés por lo que se hace.

Comparemos esta cultura con la que se siente amenazada por la creatividad e insiste en que las ideas útiles terminan surgiendo sin la necesidad del fluctuante proceso de la creatividad.

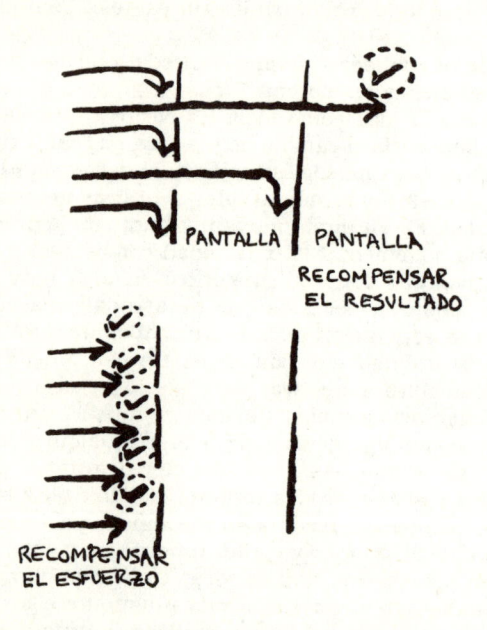

Yo desearía que las organizaciones enviaran funcionarios a los diferentes seminarios públicos que dirijo. Considero muy importante que personas con cierta responsabilidad comprendan lo que denomino la *lógica* de la creatividad. Entender esta lógica otorga a la creatividad el lugar que merece: el de ingrediente esencial de todo pensamiento, y no sólo el de lujo y patrimonio exclusivo de los artistas y departamentos de publicidad. La lógica del pensamiento lateral surge del comportamiento de la percepción que actúa como un sistema de información autoorganizativo. Un sistema de este tipo crea los modelos que permiten a la mente comprender el caos que la rodea y actuar de forma competente. No obstante, necesitamos un método para escapar de los modelos establecidos y abordar nuevos modelos. Esta es la lógica de la creatividad.

Sin embargo, es muy difícil para un individuo introducir este mensaje en una organización e instaurar, por cuenta propia, la cultura creativa. Para esto es necesario organizar un seminario en la compañía asegurando la asistencia de la mayor cantidad de personas que ocupen puestos de responsabilidad en la organización.

La creatividad es un idioma, un hábito, una inclinación y una cultura de grupo. De la cultura surge la confianza. Confianza en que se puede tener una idea y confianza en que ésta será escuchada. No hay nada más importante para la creatividad que la confianza.

El lugar para pensar

Mire a su alrededor. ¿Qué tipo de "cultura creativa" se respira donde usted trabaja?

¿Se estimula a la gente para que tenga ideas?

¿La gente trata de tener ideas?

¿La gente está dispuesta a discutir ideas?

¿Hay un interés consciente en las cuestiones que necesitan nuevas ideas?

¿Cómo son recibidas las ideas nuevas?

¿A quién suelen ocurrírsele ideas nuevas?

¿A quién se dirige cuando necesita discutir una idea?

¿Recuerda alguna idea específica que haya sido utilizada?

¿Qué clase de *status* tiene una "persona con ideas"?

¿Existe algún plan de sugerencias?

¿Alguna vez se reúne la gente específicamente para generar ideas?

¿Sabe usted en qué área sería de gran utilidad la aportación de nuevas ideas?

¿Es éste el tipo de área en que se necesita un flujo constante de ideas?

PARTE DE LA CULTURA

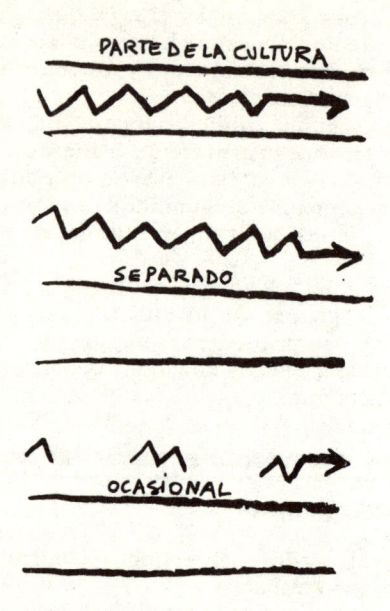

SEPARADO

OCASIONAL

¿Existe la sensación de que sólo la información puede generar nuevas ideas?
¿Qué nivel de aceptación de riesgos existe?
¿Hay alguna política respecto de las ideas?
¿Hay algún coordinador a quien se presenten las ideas?
¿Cuánto tiempo emplea usted en buscar ideas?
¿Cuál fue la última vez que tuvo una idea creativa?

Obviamente, una agencia de publicidad necesita más ideas que una compañía de ingeniería dedicada a la fabricación de cojinetes. En una agencia de publicidad, cada nueva idea representa una empresa en sí misma. La idea no descalifica lo que se viene haciendo. En el caso de la planta de ingeniería, una nueva sugerencia puede significar un cambio en el procedimiento vigente. Esto significa apartarse de lo conocido y establecido para abordar algo nuevo, lo que implica interrupción, ruptura y riesgo.

¿Cómo clasificaría la empresa en que trabaja lo que se refiere a su necesidad de ideas, en una escala de 1 a 10 en la que 10 supone una gran necesidad de ideas?

Como he aclarado repetidas veces en estas *Cartas*, la creatividad no sólo incluye los grandes inventos. También incluye las pequeñas mejoras cotidianas. Un pequeño cambio en el modo de hacer algo. La lucidez de darse cuenta de que no es necesario hacer las cosas siempre de la misma manera. Interpretar a fondo la nueva tecnología para poder sacarle mayor partido. También las relaciones humanas constituyen un terreno fértil para las nuevas ideas.

A menudo, la creatividad es más una actitud mental que una intención. Por ello, a muchos lectores puede resultarles difícil efectuar este ejercicio con plena conciencia de su situación particular. Pueden afirmar que nadie en su organización da gran importancia a la creatividad, y que, sin embargo, ésta tiene lugar. La experiencia me ha demostrado que hay que desconfiar de esta actitud. Suele significar que las personas tienen expectativas tan bajas con respecto a la creatividad que se juzga suficiente la idea ocasional (una cada tres años). En algunas organizaciones, se respira una atmósfera muy creativa, pero no se presta una atención formal a la creatividad. Esto sucede cuando hay un liderazgo muy creativo. Sin ese liderazgo, dudo que pueda surgir esta atmósfera.

20
Escape

No cabe duda de que los niños son capaces de idear soluciones muy originales para un problema determinado. Esto no sucede sólo porque sean listos y disfruten de nuestra tolerancia. En parte se debe a que son desinhibidos y carecen de un exceso de conocimiento sobre cómo funcionan las cosas y en parte porque tienden a pensar en conceptos funcionales.

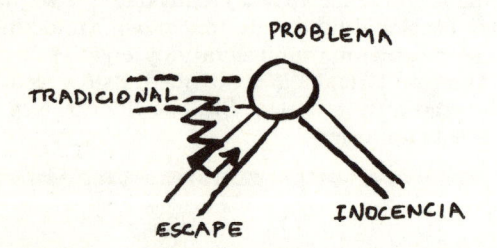

Sin embargo, la razón principal es que si desconocemos el enfoque establecido para abordar una situación, tendremos muy buenas posibilidades de que se nos ocurra un enfoque original. Esta es la creatividad de la "inocencia". Los adultos en sus propios campos, no tienen posibilidad alguna de alcanzar este tipo de creatividad. No se puede ser ignorante e inocente cuando uno no lo es. Un adulto sólo puede ser inocente en un campo del que sepa muy poco. Sin embargo, incluso eso es difícil, ya que los adultos son muy sensibles en lo que se refiere a parecer tontos y a mostrar su ignorancia. De todas maneras, si un adulto produce una idea inocente es probable que sea recibida con desprecio; cuando la misma idea la produzca un niño será sin duda más apreciada, porque a diferencia de lo que ocurre con los niños, la sabiduría del adulto siempre se da por supuesta.

En general, en el pensamiento lateral tenemos que valernos de la creatividad para "escapar". Y es aquí donde entra en juego la provocación y la palabra "po". Para eso existe el idioma del movimiento. Una de las técnicas generales del pensamiento lateral está aún más específicamente relacionada con el escape. A continuación me referiré a este aspecto del pensamiento lateral y a algunos aspectos del modo de "escape".

El centro de atención de las áreas generales

El tipo de "área general" con que podemos comenzar es la generación de algunas nuevas ideas de alimentos para el desayuno. Este constituye un típico centro de atención de las áreas generales. Sólo establecemos el área general y nuestra necesidad de ideas. No determinamos exactamente lo que queremos de las ideas. Al final, esperamos haber encontrado algunas nuevas ideas en esta área general.

"Dar por sentado"

La primera etapa del idioma del escape es "decir" de qué vamos a tratar de escapar. Hay varias maneras de hacer esto. Por ejemplo, uno de los métodos es el de la enumeración que incluye puntos como "ideas dominantes", "límites", etc. La técnica más fácil es el empleo de la frase "dar por sentado". ¿Qué damos por sentado en esta situación (o problema)? Parece muy simple, pero en la práctica es algo muy difícil. Resulta difícil darse cuenta de las cosas obvias que ni siquiera advertimos por su propia obviedad. No basta con tener una conciencia general de la situación global. No es suficiente suponer que esta conciencia general debe incluir automáticamente todos los aspectos de la situación. Resulta esencial identificar algunos aspectos y expresarlos verbalmente. Si hemos de escapar de algo, necesitamos saber de qué vamos a escapar.

Damos por sentado que tomamos *zumo de naranja como desayuno.*

Obsérvese que esto no es cierto para todos los desayunos. De hecho, fuera de los Estados Unidos, incluso puede ser bastante raro. De todas maneras, es un punto de partida válido, ya que mucha gente toma zumo de naranja en el desayuno.

El escape

La forma más simple de escape consiste simplemente en liberarse del concepto. De modo que podemos liberarnos de la idea del zumo de naranja en el desayuno. Podemos decir: "Po, no tomamos zumo de naranja en el desayuno". Esto podría conducirnos a pensar en otros momentos del día en que podríamos acostumbrarnos a tomar zumo de naranja. Pero no es éste el propósito del ejercicio, de modo que nos resistimos a la tentación.

Dado que el zumo de naranja es sólo uno de los complementos del desayuno —más que una parte intrínseca del concepto— abandonar la idea del zumo de naranja no representa una gran provocación. Muy bien podríamos encogernos de hombros y decir: "Pues no tomaremos zumo de naranja".

En este punto nos desplazamos hacia otra variación del idioma del escape. En vez de abandonar simplemente el concepto, lo alteramos. Conservamos una característica del concepto y buscamos una alternativa que también tenga esta característica. De manera que podemos conservar el carácter distintivo de "zumo" y abandonar la parte de "naranja". Esto nos lleva a considerar otros zumos que no sean de naranja. Podríamos pensar en zumo de tomate, de ciruela, de mango, de melón y muchos otros. En cada caso, podríamos detenernos a considerar la explotación comercial de cualquiera de estos zumos.

Obviamente, en el tipo de escape "alternativo" debemos mantener algo constante. De lo contrario podríamos decir cualquier cosa. Podríamos muy bien abandonar el zumo de naranja para sugerir calamares fritos o carne asada. Aunque estas sugerencias pueden tener un valor provocativo en sí mismas, corresponden más a la técnica de entrada al azar. Manteniendo constante la parte de "zumo de fruta", escapamos de la necesidad de que éste sea de naranja. Podríamos denominar a esto "escape parcial" para diferenciarlo del "escape total" en el que se abandona directamente el concepto.

ESCAPE TOTAL

ESCAPE PARCIAL

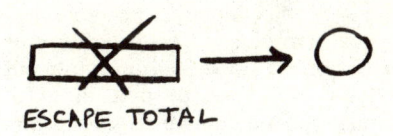

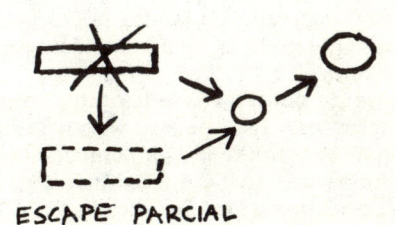

Podríamos intentar un enfoque diferente. Esta vez mantendremos el aspecto "líquido" y buscaremos líquidos alternativos al zumo de naranja. Podríamos beber un vaso de leche. ¿Qué le parece una sopa? ¿Una sopa como desayuno? Llegados a este punto tenemos una idea que podría resultar interesante. Pasamos a la siguiente etapa.

En la práctica, las etapas se suceden sin necesidad de pausa formal alguna, pero al ilustrar el procedimiento es conveniente dividirlo en etapas.

Movimiento, interés y beneficio

La provocación creada en este punto podría ser: "Po, tomamos sopa en el desayuno". Seguimos esta línea de pensamiento para investigar su valor de movimiento, su interés y su beneficio.

"Movimiento" es la forma clásica de utilizar una provocación. Usamos la provocación para abrir alguna línea de pensamiento y luego seguirla. Podemos terminar muy alejados de la provocación. Por ejemplo, la provocación mencionada podría conducir a la noción de un desayuno totalmente líquido. Como la sopa es salada, otra línea de pensamiento podría dirigirse hacia desayunos que no fueran dulces. Esto, por sí mismo, abriría una serie completa de sugerencias.

El "interés" y el "beneficio" están muy directamente relacionados con la provocación como idea en sí misma. En lugar de utilizar la provocación como puente hacia algo diferente, buscamos beneficios o intereses en la idea que se sugiere. ¿Qué tiene de interesante la idea de la sopa como desayuno? ¿Qué beneficio puede suponer?

Es interesante observar que los japoneses siempre toman sopa en el desayuno. Este podría ser un punto de promoción útil, ya que todo lo japonés se está poniendo de moda y existe la noción de que es un pueblo que se mantiene en buen estado físico y trabaja arduamente. Por otro lado, si toda una nación siempre ha tomado sopa en el desayuno, el hábito debe de tener sus beneficios.

Hay una especie de movimiento anticafeína porque se piensa que el exceso de cafeína es malo para la salud. Pero la gente quiere beber algo caliente cuando hace frío y tiene que enfrentarse al mundo exterior. De manera que una sopa caliente —sin nada que ver con la cafeína— podría convertirse en un hábito interesante.

Luego tenemos la moda de la salud y la dieta. Resulta fácil hacer todo tipo de sopas dietéticas que contengan las calorías mínimas y todas las vitaminas y minerales apropiados. La gente corre mucho y el aerobic provoca grandes cantidades de sudoración, lo que puede significar cierta necesidad de devolver al organismo parte del sodio perdido. Este es otro argumento en favor de la sopa. Se podría llegar a comercializar "la sopa de los deportistas".

Consolidación

Esta es la siguiente etapa. Se superpone con la etapa anterior. Tratamos de tomar lo conseguido hasta aquí y consolidarlo en una idea.

La idea parece ser la de promocionar una sopa para el desayuno. Hay muchas vías diferentes de promoción para un producto. Podemos considerar el enfoque japonés; luego el enfoque dieta/salud; el enfoque del "aerobic"; el enfoque "sin cafeína". Cada una de estas ideas puede desarrollarse más exhaustivamente. Incluso podríamos cambiarle el nombre de "sopa para el desayuno" por el de "bebida para el desayuno". En este caso especial, la idea se formó en la segunda etapa del procedimiento.

Una manera mejor

Esta es la etapa final. A estas alturas, tenemos la idea o concepto. Buscamos ahora una manera mejor de llevarlo a cabo. Esta etapa no es aplicable a todos los casos, porque la idea puede ser ya lo suficientemente valiosa por sí misma, como puede ocurrir en esta ocasión. De todos modos, podemos intentarlo. Tenemos la idea de comercializar una sopa para el desayuno con el fin de que llegue a ser un ingrediente esencial de todo desayuno. A estas alturas del razonamiento podemos comenzar a pensar en otro líquido que pueda convertirse en esencial para el desayuno.

¿Qué les parece un "líquido especial para cereales"? La mayoría de la gente añade leche o nata a los cereales. Quizá podríamos inventar un líquido especial que tuviera mejor sabor y fuera más beneficioso para la salud. Si obtuviéramos un líquido con estas cualidades, fomentaríamos la venta de cereales. Tendría una duración prolongada para que se pudiera adquirir una jarra grande que luego se conservara durante varios días. También podría presentar diferentes sabores, de manera que los distintos miembros de la familia pudieran elegir según sus propios gustos. Esto aumentaría las ventas. Por supuesto, todos los ingredientes serían "naturales".

Como resultado de este ejercicio, nos quedan dos ideas:

— la sopa como desayuno
— el líquido para cereales

Cualquiera de estas ideas podría desarrollarse con la perspectiva de poder convertirse en un negocio multimillonario.

Mi intención en este caso ha sido demostrar cómo puede funcionar la simple técnica del "escape". La técnica tiene muchos más aspectos dignos de ser desarrollados y me detendré en algunos de ellos a lo largo de estas *Cartas*. He tratado de ejemplificar cómo puede trabajar la mente de una persona creativa cuando se dispone a desarrollar algunas ideas en un área especializada.

¿ES SUFICIENTE LA EVOLUCIÓN DE LOS CONCEPTOS?

Los que no creen en la creatividad creen en la evolución de los conceptos. También se puede creer en ambos. Pero si no se cree en la creatividad, no queda otra salida que creer en la evolución de los conceptos.

Evolución de los conceptos significa que los conceptos evolucionan para satisfacer necesidades. Surge un concepto para satisfacer una necesidad particular y, cuando esta necesidad llega a ser lo suficientemente intensa, emerge un concepto. El concepto que emerge está formado por ingredientes y métodos disponibles en ese momento.

El siguiente paso consiste en que los conceptos se adaptan y adecuan a las necesidades y circunstancias siempre cambiantes. Esto implica que las presiones y necesidades adaptan el concepto a su gusto. Esto también implica que los conceptos son organismos vivientes que cambian y crecen.

El tercer elemento en la noción de evolución de los conceptos es el darwiniano, que consiste en la supervivencia del más dotado. Los conceptos emergen y sobrevive el mejor. Los conceptos cambian y los que no cambian sucumben.

Estos tres elementos conforman la noción de "evolución de los conceptos". Puede que sean pocas las personas capaces de explicar conscientemente una teoría de la evolución de los conceptos; sin embargo, la gran mayoría de la gente —en el mundo de los negocios y fuera de ellos— cree en ella de forma implícita. *Existe la creencia de que las necesidades crean los conceptos y que los conceptos se mantienen actualizados por medio de la adecuación y la competencia.*

Si nos ajustarámos a esta teoría, nunca habría ninguna necesidad de creatividad, ni de pensamiento lateral ni, sin duda, de ningún esfuerzo consciente de generar conceptos. Lo único que tendríamos que hacer sería esperar pasivamente a que los conceptos emergieran y se adaptaran. Que es precisamente lo que hacemos la mayoría de nosotros.

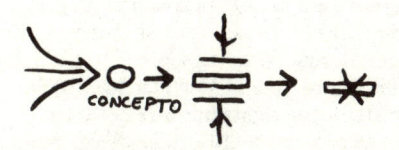

APARICIÓN   ADAPTACIÓN   SUPERVIVENCIA

En ciencia, se cree en la evolución constante de los conceptos. Las pruebas y los experimentos proporcionan el medio en el que emergen y se adaptan los conceptos. A veces, la presión de la evidencia es tan fuerte que nace un nuevo concepto. No sucede lo mismo en la historia. Con mucha frecuencia, el nuevo concepto requiere un salto conceptual y sólo al final puede verse como parte de la evolución.

Peligro

El hecho de creer en la evolución de los conceptos encierra un gran peligro: que implica una actitud pasiva. No hacemos nada porque creemos que no es necesario hacer nada: la evolución lo hará todo por nosotros. No sólo creemos que no necesitamos generar nuevos conceptos, sino que llegamos a convencernos de que cualquier intento de introducir una nueva idea debe de ser pernicioso, porque el curso natural de la evolución terminará introduciendo la idea silenciosamente, en el momento justo y sin esfuerzo alguno por nuestra parte.

De modo que existe el peligro de la pasividad y también cierta tendencia "anticreativa" que surge de esta pasividad. Por sí solos, estos peligros son muy graves. Pero debemos multiplicarlos por los peligros que surgen en el proceso mismo de la evolución.

La evolución no siempre es beneficiosa

Existe la noción de que la evolución siempre es beneficiosa. Creemos que si algo cambia para transformarse en algo diferente (sin la interferencia del hombre), lo nuevo debe significar una mejora con respecto a lo viejo. Esto no es necesariamente así. *Lo nuevo evoluciona a partir de lo que está sometido a la presión del cambio.* Eso es todo. En el mundo animal, cuando el cambio es indudablemente pernicioso, las especies pueden llegar a extinguirse. Si no es indudablemente pernicioso, pueden sobrevivir con una carga de atributos bastante innecesarios.

Podría ocurrir que los pájaros hembras eligieran machos con plumas brillantes. La cría sería ya la portadora de los genes para realizar esta selección. Con el tiempo, todos los pájaros machos llegarían a tener plumas brillantes. No existe una conexión ineludible entre las plumas brillantes y otras características importantes. De hecho, las plumas brillantes pueden hacer que los pájaros sean más visibles como presas. Así es como un capricho biológico puede encauzar la evolución en una dirección determinada.

En el caso de los animales, el medio es duro y competitivo. En el de los conceptos humanos, puede que no exista esta independencia del medio. El propio concepto puede definir el medio a través del cual se juzga el concepto. Esto explica el hecho de que, en la ciencia, una vieja idea pueda establecer el marco a través del cual se rechaza una nueva idea, hasta que, al cabo de unos años, la idea consigue imponerse. En cuestiones de creencias, el viejo concepto puede sobrevivir indefinidamente. *En los negocios, los hábitos del mercado pueden apoyar un viejo concepto más allá de su verdadero sabor.*

Lo único que podemos decir acerca de la evolución es que el siguiente paso no es negativo cuando se mira desde el medio presente. Paso a paso, un concepto anticuado puede conducirnos a grandes ineficiencias y errores.

La evolución es muy lenta

Si un concepto es adecuado y satisfactorio, sobrevive. Si es inadecuado, pero nos hemos adaptado a él y somos capaces de vivir con sus defectos, también perdura. Si un concepto es deficiente, pero no vemos una mejor alternativa inmediata, sobrevive de todos modos. Quizá, con mucho esfuerzo, podríamos encontrar un mejor concepto (pero debido al criterio de la evolución no realizamos este esfuerzo). Es más, si el sistema de discernimiento opera desde el interior del viejo concepto, una nueva propuesta puede juzgarse inoperante hasta que haya tenido la oportunidad de probar su valor (oportunidad que no tendrá).

Si los ingredientes se encuentran confortablemente encerrados en un viejo concepto, puede pasar mucho tiempo antes de que un nuevo concepto llegue a evolucionar. Cuando por fin evoluciona, miramos hacia atrás y comprendemos que podría haber surgido mucho antes.

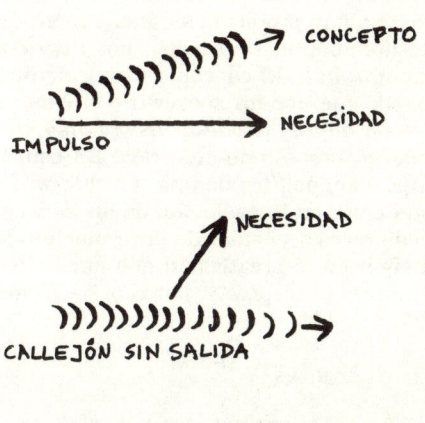

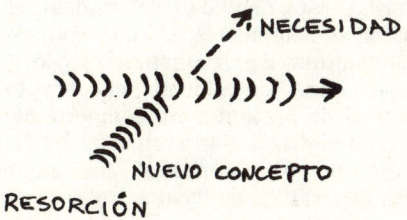

Los principios de la organización espontánea aseguran que una vez que se ha formado un modelo, acaba disolviendo otros modelos potenciales y evita su formación. Una vez establecido el concepto de "ganancia", con sus connotaciones de explotación capitalista, resulta mucho más difícil introducir el concepto de "valor añadido".

Aun aceptando que la evolución finalmente produce los conceptos necesarios, queda preguntarse cuánto tiempo tarda en hacerlo. El nuevo concepto, ¿nace tan pronto se hace posible? La respuesta tiene que ser un terminante "no".

Callejones sin salida

No hay garantía de que la evolución no acabe conduciéndonos a un callejón sin salida. Cuando la evolución avanza por un callejón sin salida, no sabe que no llegará a ninguna parte. Hasta el momento mismo en que se produce el descubrimiento, la evolución presupone que la dirección tomada es beneficiosa. Esto sucede tanto con las especies animales como con los conceptos. Con los animales, la especie se extingue. En el caso de los conceptos, no hay problema alguno, a menos que se trate de un concepto dominante. De ser así, nos negamos a admitir que la vía no tiene salida. El concepto simplemente va perdiendo eficiencia hasta que por fin sobreviene el caos. *Un callejón sin salida en modo alguno puede transformarse en un camino útil por medio de un proceso de evolución.* En esto ha radicado siempre la justificación política de una "revolución".

De modo que creer en la evolución de los conceptos necesariamente implica creer en el valor de la revolución. La alternativa consiste en creer en la creatividad que puede llevar hacia la generación de nuevos conceptos y, por ello, hacer innecesaria la revolución.

Circunstancias diferentes

En cierta forma, esta debilidad del modelo de la evolución incluye algunas otras debilidades. Un concepto evoluciona bajo un determinado conjunto de circunstancias y luego perdura. Si las circunstancias varían radicalmente, el concepto puede continuar, sin necesidad de presentar un comportamiento negativo. Un ejemplo de esto podría ser la evolución del concepto de los sindicatos. Se produjo en una época de gran explotación de los trabajadores. En general los sindicatos tuvieron tanto éxito que la situación cambió. Sin embargo, es posible que la estructura y cultura de los sindicatos no hayan cambiado.

También podemos mencionar como ejemplo la atención otorgada al análisis de las cantidades que se hizo necesario cuando los negocios se llevaban a cabo de forma primitiva. En ese momento, ese tipo de análisis era un concepto necesario. Pero una vez reestablecido el equilibrio, su perduración como concepto dominante puede resultar agobiante. Existen infinidad de ejemplos de situaciones en que se necesita un concepto determinado que perdura más allá de la necesidad, o por lo menos en una posición dominante. Un médico puede recetar un remedio para curar una enfermedad, pero una vez que ésta ha sido curada, no hay necesidad de continuar tomando ese remedio durante más tiempo.

Alteración de los conceptos

Una vez que aceptamos que la evolución no proporciona conceptos perfectos, podemos intentar escapar de los conceptos existentes. Algunas veces el escape puede ser total. Podemos cambiar de un concepto a otro diferente. En este momento me interesa hablar de un escape parcial en el que operamos con el mismo concepto pero, quizá, de una manera diferente.

Cuando emerge un concepto, la forma en que se lleve a cabo dependerá en gran medida de la tecnología con que se cuente en ese momento. De haberse dispuesto de la tecnología utilizada en las encuestas, de los teléfonos y de la televisión interactiva (de próxima aparición), el concepto de la democracia podría haber evolucionado de un modo diferente. Por esta razón, al examinar un concepto tratamos de comprender las circunstancias predominantes en el momento en que surgió. A partir de este análisis podemos darnos cuenta de que la función o propósito del concepto puede llevarse a cabo en el presente de una forma diferente. Este proceso es muy similar al difundido proceso de ingeniería denominado ingeniería de los valores. ¿Tenemos que seguir haciéndolo de este modo? ¿Sigue siendo esencial? Por ejemplo, quizá algo se esté realizando de determinada manera porque en el momento de su invención no existía un metal capaz de soportar temperaturas elevadas: es posible que ahora exista un metal con estas características.

El concepto básico del seguro es que las personas expuestas al riesgo paguen una prima y que quien sufra algún percance se vea compensado por estas primas. El concepto básico del seguro consiste en la idea de compartir un riesgo. Era parte intrínseca de este concepto que las personas expuestas al riesgo terminaran pagando las pérdidas. Sin embargo, el concepto general de Lloyds de Londres es que la gente que no está expuesta al riesgo puede, en última instancia, ser convocada para hacerse cargo de las pérdidas: es decir, los nombres que figuran en Lloyds no representan realmente a propietarios de barcos que pueden hundirse, no obstante lo cual pueden ser convocados para compensar al propietario de un barco perdido. Estos nombres, desde ahora, están expuestos a un riesgo, pero de una manera muy diferente. Eligen exponerse a un riesgo y son compensados por ello.

Esto es un ejemplo de cómo puede ser alterado un concepto básico.

No existe concepto inmune al desafío. Podemos mirar una rueda y desafiar el concepto de rueda. Podemos mirar un cheque y desafiar el concepto del dinero en efectivo. Lo importante consiste en que el desafío nunca es una crítica. El desafío es un desafío creativo.

Lo contrario de la evolución

En cierta forma, el desafío creativo es lo contrario a la evolución. En lugar de suponer que la evolución nos proporcionará los mejores conceptos posibles, suponemos lo contrario. Reconocemos que la evolución puede habernos proporcionado el concepto que tenemos frente a nosotros. Por las importantes deficiencias de la evolución, consideramos que es muy poco probable que el concepto haya tomado la mejor forma posible o pueda aprovechar la tecnología de la que se dispone en la actualidad. Por ello, desafiamos ese concepto para escapar de él, para sustituirlo por otro o para mejorarlo.

La pregunta que debe hacerse todo pensador es muy simple: ¿realmente pienso que la evolución es adecuada para la generación y desarrollo de los conceptos?

Comisión de ventas

¿Cuál es el concepto básico de la "comisión de ventas"? Suele ser parte del concepto básico que la recompensa sea proporcional al valor de la venta (desde el 1% hasta el 30%). Este parece ser un concepto bastante básico. ¿Cómo puede alterarse?

Una posibilidad consiste en desafiar la proporcionalidad. En lugar de que la comisión sea un porcentaje constante del valor de venta, este porcentaje puede comenzar siendo bastante bajo y luego incrementarse con cada venta. Supongamos que el vendedor comenzara con una comisión del dos por ciento y que a medida que se acercara a su rendimiento habitual aquélla aumentara progresivamente hasta llegar al diez por ciento; luego sufriera un aumento drástico al exceder el vendedor su propio rendimiento habitual y ascendiera a un 30 por ciento al duplicarse el rendimiento. Quizás el vendedor podría establecer sus propias escalas partiendo del criterio de que, por su rendimiento habitual, las ganancias totales fueran iguales a las anteriores, pero por las ventas que excedieran este límite pudiera percibir una comisión mucho mayor.

Otra posibilidad sería que la comisión estuviera relacionada con el rendimiento del grupo. Se aplicaría un índice si las ventas totales del grupo alcanzaran el objetivo y otro índice si esto no se lograra. Los índices también podrían basarse en el rendimiento comparativo dentro del grupo: el mejor vendedor tendría un índice A, el siguiente un índice B y el resto un índice C.

Otro tipo de desafío consistiría en permitir que la comisión no consistiera en dinero. Por ejemplo, un buen vendedor podría acumular "tiempo libre" en vez de dinero.

Otra idea puede partir de la idea de que, con cada venta, el vendedor (además de recibir su comisión normal) acceda a un billete de lotería para un gran premio. Cuantos más billetes acumulara más posibilidades tendría de ganar el premio.

A estas alturas debería resultar claro que la actitud de desafiar conceptos está directamente relacionada con la técnica de escape descrita en el artículo anterior. Es posible "escaparse" de cualquier aspecto del concepto normal. A pesar de que la técnica del escape tiene por finalidad la generación de nuevas ideas y de que el desafío de los conceptos pretende en cambio mejorar los conceptos existentes, se produce una superposición del tipo de pensamiento necesario. Los puntos de partida son bastante diferentes. En la técnica de escape formal, el punto de partida es el valor de provocación y la técnica de escape es una forma de lograr una provocación.

En el desafío de los conceptos, existe el convencimiento de que la evolución de los conceptos dista de ser perfecta y de que el desafío del concepto existente puede conducirnos a uno mejor.

El lugar para pensar

Con el título "El lugar para pensar" se agrupan breves ejercicios del pensamiento. La técnica del "escape" depende de manera importante de la capacidad que tenga el pensador para ser muy preciso con respecto a aquello de lo que escapa. Si nos valemos del simple enfoque de "dar por sentado", es necesario que verbalicemos muy claramente qué es lo que estamos dando por sentado. Consideramos los siguientes ejemplos:

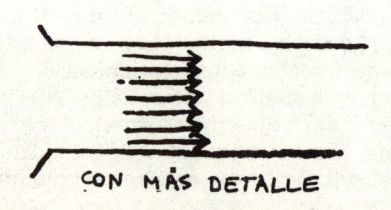

¿Qué damos por sentado respecto de un restaurante?
Que hay un *chef*.
Que es un lugar para comer.
Que tiene un menú.
Que hay mesas y sillas.
Que hay cubiertos y platos.

Hay una lista bastante obvia de cosas que damos por sentadas. Pero también es posible confeccionar una lista bastante más sutil.

El *chef* está empleado por el restaurante.
Todos los días trabaja el mismo *chef*.
Generalmente, los comensales no conocen al *chef*.
El precio de la comida es siempre el mismo.
Los camareros pertenecen al propio restaurante.
El comensal no elige al camarero.
Todas las mesas comparten el mismo decorado e igual ruido de fondo.
El comensal no puede elegir ni los cubiertos ni el plato.
Se supone que hay que pagar al final de la comida.
Cada mesa es una unidad separada.
La comida es servida o es el comensal quien ha de servirse de un mostrador.

Para la mayoría de cada uno de estos puntos "dados por sentados", existe un escape obvio que conduce a una nueva idea. Podría haber diferentes *chef* promocionados. Cada comensal podría llevar consigo su propio camarero o, al menos, elegir su camarero. Se podría escoger la vajilla, o bien podrían existir compañías que guardaran sus propias vajillas en un restaurante. La expectativa de que hay que pagar al final de la comida condujo, históricamente, a la intervención de la tarjeta "Diners Club" (dos ejecutivos publicitarios de Nueva York desafiaron la necesidad de pagar con dinero en efectivo).

Como ejercicio, tome alguno de los dos ejemplos que proporcionamos a continuación y escriba una lista de, por lo menos, quince cosas que damos por sentadas con respecto a cada uno de ellos.

Item 1: el volante de un automóvil
Item 2: un ascenso en el trabajo

Al hacer este ejercicio, evite la salida más simple, que consiste en anotar una larga enumeración de negaciones.

Partimos de la certeza de que un volante no es una langosta, ni una rana, ni un freno, ni una antena de radio, y así sucesivamente. Sin lugar a dudas, es imposible mencionar todo lo que una cosa no es. De modo que no tiene sentido enfocar el ejercicio desde ese punto de vista. En general, es mejor anotar las cosas de una manera positiva. Así, en lugar de decir "El volante no puede cambiarse de asiento", podríamos expresar lo mismo con "El volante suele estar situado en una posición fija respecto del automóvil". No es mi intención que se excluyan totalmente las negaciones, pero hay que tener cuidado y utilizarlas de una forma constructiva.

Probablemente el lector compruebe que el solo hecho de enumerar cosas que se dan por sentadas puede abrir automáticamente nuevas líneas de pensamiento y nuevas ideas. Pero éste no es el principal propósito del ejercicio.

21
Creatividad de fondo

Hay gente que cree que la creatividad es pura cuestión de disposición, ego y actitud. Esta forma de considerarla tiene dos consecuencias. La primera consiste en que intentamos identificar a las personas que parecen pensar y comportarse de manera creativa. La segunda es que pretendemos crear el medio adecuado para la estimulación de una actitud creativa.

La creación del medio correcto puede abarcar desde una cultura colectiva que acepta y aprecia nuevas ideas, hasta el microclima de una sesión dedicada a la sugerencia de ideas. Los que se valen de las notaciones del hemisferio izquierdo y derecho del cerebro dirían que existe la necesidad de crear un medio en que el pensamiento del hemisferio derecho pueda salir a la superficie en vez de permanecer dominado por las expectativas del hemisferio izquierdo.

Creo que estos enfoques tienen cierto mérito. Me inclino a defender una cultura colectiva que fomente las nuevas ideas y enfoques como expectativa y no sólo como obstáculo para la rutina. Estoy a favor de una cultura corporativa que vaya más allá del rol de mantenimiento de la administración.

Considero que el enfoque de la creatividad como "actitud" —y las diversas maneras formales de estimular estas actitudes— no es suficiente. Como seguramente saben los lectores de mis libros y quienes acuden a mis seminarios, defiendo un enfoque más estructurado en que puedan utilizarse instrumentos específicos del pensamiento de una forma deliberada. Estos instrumentos (como "po") están diseñados para operar en el universo "activo" y autoorganizador de la información de la percepción. Veo la "creatividad" como la modificación de conceptos y percepciones. Para evitar desacuerdos con los que tiene un punto de vista diferente respecto de la creatividad, introduje el término pensamiento lateral para referirme precisamente al cambio de modelos en un sistema proclive a fijar modelos. No es mi intención tratar estas cuestiones en este capítulo, pero sí deseo demostrar cómo el uso formal y premeditado del pensamiento lateral está muy relacionado con la creatividad de fondo.

"Deseo desarrollar nuevos conceptos en este a.s.i. (área sensible a las ideas) y utilizaré la técnica de entradas al azar" como intención abierta de usar el pensamiento lateral deliberado. Pero ¿qué sucede con el pensamiento lateral de fondo?

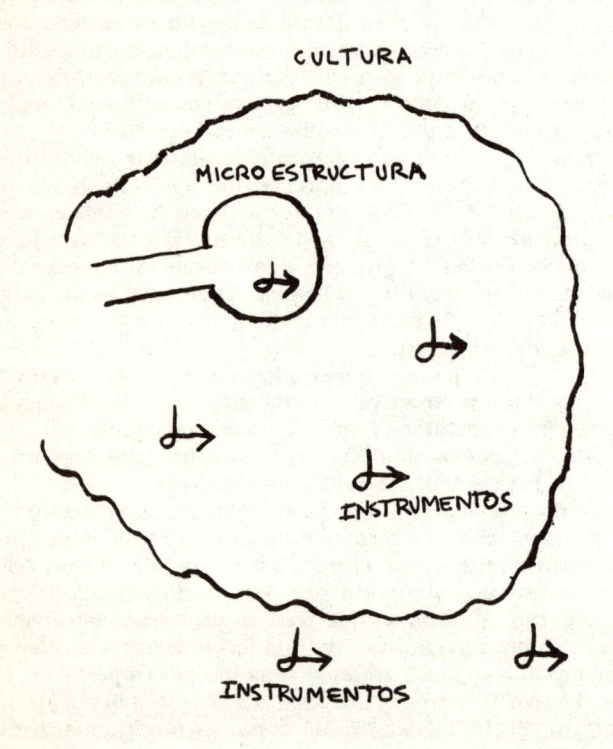

Continuidad

Las cosas se hacen de determinada manera porque una vez se consideró que ésa era la mejor alternativa y aún parece seguir siéndolo. ¿Es esto realmente así? Supongamos que al cabo de un esmerado análisis de una amplia gama de alternativas se haya elegido un determinado enfoque debido a que era realmente el mejor. Aun cuando esto fuera cierto, no existe ninguna razón para suponer que sigue siendo la mejor elección. Los cambios en las necesidades, las circunstancias y la tecnología pueden significar que en el presente existe una alternativa mejor (quizá una que, con justicia, fue rechazada en su momento).

Mucho más probable es que no existiera un concienzudo estudio de las alternativas, sino que se optara por la primera idea adecuada, y que ésta perdurara al no mostrarse jamás problemática ante nuestra forma de pensar inclinada solamente a la detección de problemas.

Si creemos en una teoría evolutiva de los conceptos, creeremos, como consecuencia, en lo siguiente:

"Una manera determinada de hacer algo es el producto de una evolución a través de repetidas presiones y necesidades, por lo que es probable que sea la mejor".

Si realmente creyéramos esto, la creatividad de fondo no tendría mucho sentido. Sólo orientaríamos nuestra creatividad hacia áreas obviamente inadecuadas o deficientes.

Lamentablemente, la evolución no es lineal y existen muchos callejones sin salida. La presión de los hechos puede, sin duda, modificar una idea básica, pero es improbable que la cambie por completo. Podemos terminar con una idea regular bien adaptada en lugar de producir una buena idea, pero tampoco es mi intención tratar el tema de la evolución de los conceptos en esta *Carta*.

En lo que deseo hacer hincapié es en que muchas cosas se realizan de determinada manera por la simple razón de que la continuidad constituye una poderosa motivación hacia la creatividad de fondo. Esta motivación permite a un pensador mirar un objeto y preguntarse: "¿Es ésta realmente la única forma de hacerlo?" Obsérvese que no he escrito: "¿Es ésta la *mejor* forma?" Si supusiéramos que es posible encontrar de inmediato una mejor manera, no habría creatividad sino modificación. La única forma en que podemos estar seguros de encontrar una mejor manera inmediata consiste simplemente en hacer desaparecer los defectos del método existente. La verdadera creatividad buscará un enfoque diferente. Quizás éste resulte ser mejor, pero es más probable que resulte peor en el examen final. El objetivo esencial consiste en encontrar un enfoque mejor. Pero posiblemente, éste sólo surja después de generar toda una serie de nuevos enfoques, muchos de los cuales tendrán que ser rechazados.

Beneficio

Otra motivación para la creatividad de fondo es creer en los beneficios. "Todas las ideas son similares. Cumplen determinados objetivos. Los beneficios adicionales no merecen ni la lucha, ni la discontinuidad ni el precio del cambio".

Obviamente, a un yo creativo le gusta ver cambios. Obviamente, a un yo creativo le gusta ver su idea puesta en práctica. Siempre resulta agradable "conseguir que las cosas sucedan". Pero los que tienen que llevar a la práctica el cambio y convivir con él no disponen de estos "beneficios del yo". De modo que son mucho más proclives a pensar que la creatividad puede conducir al cambio por el cambio. Por ello, es lógico que quieran saber cuáles son los beneficios reales.

La persona verdaderamente creativa debería también buscar los beneficios reales en lugar de la satisfacción personal (ésta es válida como motivación pero no como criterio de selección). De manera que existe la tendencia a creer que, aunque es posible producir una nueva idea —como ejercicio intelectual—, puede que no tenga demasiado sentido llevarla a la práctica.

La creatividad de fondo exige la convicción de que las ideas pueden suponer una verdadera contribución. La dirección de la contribución puede mostrarse en términos de simplicidad, economía, productividad, ahorro de tiempo, etc. Resulta útil para el pensador creativo acostumbrase a tener presente *alguna* de estas direcciones.

Esto debe ser más específico que la noción general de que puede producirse una "idea mejor".

El pensador creativo perfecto siempre debería estar esfor-

PSEUDO BENEFICIOS

BENEFICIOS REALES

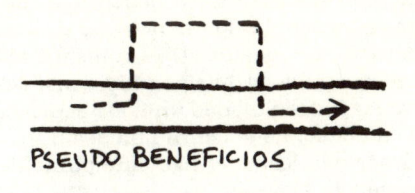

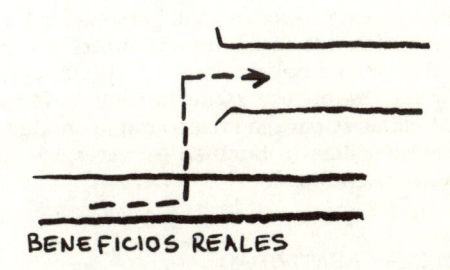

zándose por concebir una idea cuyos beneficios fueran lo suficientemente visibles y comunicables como para que quienes deben llevarla a cabo se sientan entusiasmados ante la perspectiva. En el diseño de un nuevo producto, su "capacidad publicitaria" constituye una característica fundamental. El valor percibido es aún más importante que el valor real. Lo mismo ocurre con la creatividad de fondo.

La posibilidad de comunicación de los beneficios que aporta una idea es aún más importante que los beneficios mismos.

Infinidad de personas me preguntan cómo deben afrontar la "venta" de una nueva idea. Admito que muchas veces es necesario vender una buena idea porque sus beneficios son a largo plazo y posiblemente no están de acuerdo con el pensamiento del momento. Sin embargo, en general, consideraría el medio en su totalidad —incluyendo a las personas que fueran a "comprar" la idea— como parte del proceso de diseño creativo. En otras palabras, la venta de la idea debe diseñarse, en primer lugar, en el propio interior de la idea.

En mis seminarios sobre búsqueda de oportunidades, hablo de "sensiblidad con respecto a los beneficios". Se trata de una actitud mental que percibe los beneficios de cualquier tipo y para cualquiera de las partes. De la misma manera en que algunas personas producen juicios muy sensibles, también es posible desarrollar la sensibilidad ante los beneficios.

La creatividad de fondo encierra muchos otros aspectos y mi intención es desarrollarlos en el siguiente punto de la *Carta*. Por ejemplo, un elemento clave es "qué hacer con las ideas generadas". La motivación para la creatividad de fondo depende en gran medida de este aspecto. ¿Las personas estarán dispuestas a continuar generando ideas aunque nunca se utilice ninguna? Es necesario que la respuesta sea "sí". ¿Cómo lograr esto de un modo práctico, entonces? ¿Qué tipo de estímulo estructural debe proporcionarse para la creatividad de fondo? ¿Resulta suficiente crear un clima, o también es necesario cierto adiestramiento de los individuos?

ELOGIO DE LA CREATIVIDAD

¿Quién puede oponerse a la creatividad? El término creatividad es lo suficientemente amplio como para implicar cambio y beneficio. Cualquier cosa nueva que valga la pena puede llamarse creatividad. Sin duda, puede sugerirse que, en algunas circunstancias, un estricto control de costes puede tener más valor que la creatividad. También se puede decir que algunos contables creativos terminan en la cárcel. La respuesta en todos estos casos consiste en aceptar que necesitamos eficiencia, capacidad para resolver problemas y motivación, que además necesitamos creatividad. La creatividad no reemplaza a ninguna otra cosa. Recíprocamente, ninguna otra cosa puede reemplazar a la creatividad (con la posible excepción de la actitud contenida en el "yo también" y la imitación).

De manera que resulta realmente fácil hablar de la necesidad de creatividad. ¿Luego qué sucede? Puede optarse por un adiestramiento en la producción de sugerencias o por alguna de las tecnologías paralelas, hasta que desaparece la disposición de ánimo que ha conducido a ello. Las grandes cosas que se esperaban no logran materializarse. La exhortación tiene una vida limitada. Todo el mundo está contento porque algo se ha conseguido respecto de la creatividad y, por lo tanto, ya es posible prestar atención a la siguiente moda: ¿la comunicación? ¿La motivación?

¿Haríamos lo mismo con respecto a la administración financiera? ¿Nos conformaríamos con *haber hecho algo al respecto* para continuar luego con otras cosas? ¿O insistiríamos hasta estar convencidos de habernos esmerado lo suficiente? Lamentablemente, aunque es posible reconocer una administración financiera deficiente, no podemos reconocer una creatividad insuficiente.

En una *Carta* anterior, he mencionado la "Trampa 22" de la creatividad. Dice lo siguiente: "Para maravillarme de una idea creativa, ésta debe ser pura y poco práctica. Si acaba resultando práctica y lógica asumiré que podría haberse llegado a ella sin creatividad".

Esto conduce a la incongruencia de que sólo creemos en la existencia de la creatividad cuando ésta produce mucha diversión y ningún valor. Llegamos entonces al serio problema del "dilema de la creatividad" del que ya me he ocupado en una *Carta* anterior.

La única manera de solucionar este dilema consiste en llegar a comprender claramente la *"lógica"* de la creatividad. Por esta razón, me detengo especialmente en este punto en mis seminarios. Aun así, muchas personas creen que comprender esta lógica es un lujo y que la creatividad puede trabajarse con una serie de actitudes y técnicas. Lo cual no es así.

Un vez comprendida la lógica de la creatividad, no nos queda otra alternativa que verla como parte fundamental y esencial de nuestro pensamiento. Por esta razón, en cierta oportunidad en que ofrecí una charla a 1300 doctores en filosofía en el 3M Research Department se comentó que ésta había tenido más efecto sobre su pensamiento (orientado hacia la investigación) que cualquier otra cosa que hubieran hecho hasta el momento. Cuando estas personas de elevado nivel técnico pudieron ver la "lógica" de la creatividad, ésta ya no los abandonó. Dejó de ser un lujo. Dejó de ser una deidad que debía ser alabada de vez en cuando.

Quizá la mejor forma de familiarizar a un gran número de personas de una organización con esta "lógica" de la creatividad sea a través de un seminario interno. Para quienes ya se sientan motivados, también puede resultar una ayuda leer un libro.

Dirigir un sermón a los fieles

Soy muy consciente de que mis seminarios, mis libros y esta *Carta*, sin duda, son ejemplos de sermones dirigidos a los fieles. Los que están lo suficientemente motivados como para interesarse en mi trabajo sobre el pensamiento lateral (y el pensamiento en general) ya están predispuestos a ser creativos. Otras personas no prestan la menor atención a los temas que me ocupan y están completamente convencidas de que sus hábitos de pensamientos son válidos y suficientes. Sólo me queda esperar que lo que escribo —ya sea en esta publicación o en otras—, lo que digo en mis seminarios, proporcione argumentos y aclaraciones que permitan a otras personas convencer a los que se sienten seguros de sí mismos.

Debo aclarar que la complacencia no es exclusiva de las personas no creativas. Muchas veces hablo con individuos que se consideran muy creativos sin demasiada justificación. Estas personas comprenden el valor de la creatividad y desean ser creativas. El contraste con quienes ni siquiera desean ser creativos es tan evidente que estos individuos "creativos" se contentan con su propia actitud. No tienen en cuenta que la creatividad implica mucho más de lo que pueden imaginar, ya que la expansión de la escala de posibilidades sólo reduciría su posición a lo largo de esta escala. La humildad no es una medida del talento sino de los horizontes.

Considerando estos dos aspectos de la complacencia, necesitamos desarrollar métodos que hagan recordar que la creatividad es importante y representa un desafío sin límites. Es un idioma que puede perfeccionarse cada vez más, pero respecto al cual nunca lograremos alcanzar una fluidez total.

Si queremos que alguien aprenda francés, podemos decirle que haga un curso intensivo de francés o enviarlo a Francia. Podríamos hacer lo mismo con respecto a la creatividad; de hecho, tengo la intención de estructurar un curso intensivo de este tipo en algún momento. Pero siempre estará presente el temor de que algo tan delimitado como un curso intensivo resulte apenas un juego bastante especializado que se juegue en determinadas circunstancias a las que en el fondo se vea confinado. Esto no sería de gran utilidad.

Me gustaría que la creatividad fuera útil en los tres niveles que suelo mencionar. En el nivel "de fondo", donde se encuentra parte de la actitud de pensamiento con que afrontamos todo: podría haber otra forma de hacer esto. En el nivel "de concentración", en el que se realiza un esfuerzo para hallar una alternativa creativa en un punto específico: necesitamos una nueva idea en este asunto. En el nivel "de instrumento", en el que el pensador utiliza una técnica premeditada apliquemos el método del "punto de apoyo" en este caso. Estos tres niveles cubren tanto el uso básico como el uso específico.

¿Cómo transmitir estos idiomas de la creatividad a las personas que no están interesadas en adquirirlos? Ya he mencionado el seminario interno como método posible. Esta

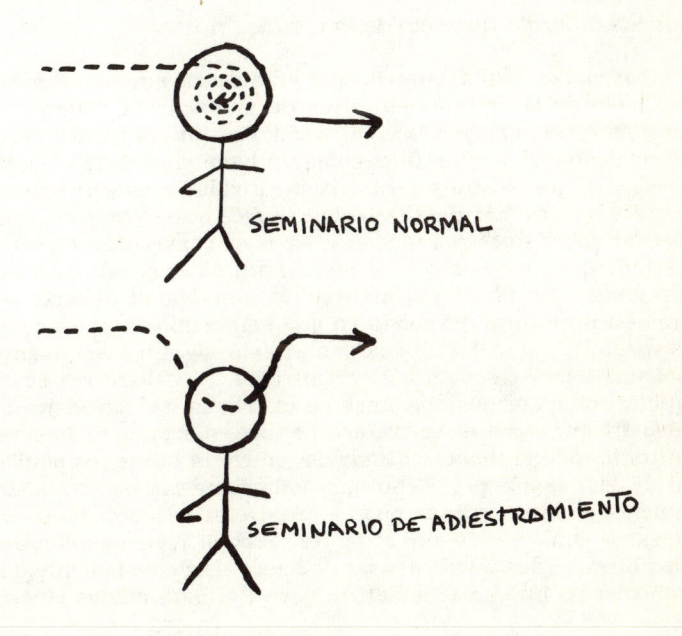

SEMINARIO NORMAL

SEMINARIO DE ADIESTRAMIENTO

Carta representa otra forma posible. Algunas organizaciones se aseguran de que sus ejecutivos estén siempre suscritos a algo. De esta manera se aseguran de que las personas con determinado nivel de responsabilidad estén permanentemente expuestas al idioma de la creatividad. Podemos compararlo más con una serie de viajes de corta duración a Francia que con un curso intensivo. Es esto lo que desearía que fuera la creatividad: una presencia continua en la vida de todo pensador. No debería ser una moda que va y viene, ni un centro de adelgazamiento del que uno entra y sale. Tampoco se trata de una caja de herramientas que se compra para ponerla junto a las otras herramientas que ya tenemos. Es necesario recordar esto a la gente porque son muy pocas las situaciones que presentan esta etiqueta: "Por favor, sea creativo en esto".

La creatividad es sin duda un lujo, en el sentido de que nunca nadie está obligado a ser creativo. Pero no es un lujo en el sentido de que podemos ignorarla sin problema alguno.

Menos alboroto respecto de la creatividad

En cierta forma querría que se armara menos alboroto respecto de la creatividad. Mientras subsista la magia y la mística con respecto a la creatividad, continuará contemplándosela como algo superfluo: como un buen vino en la comida. Preferiría que se considerara la creatividad como una parte seria y natural del pensamiento. Se dice que si tenemos que pensar sobre nuestros modales, éstos se convertirán en afectación. *Los modales son el modo natural de tratar a otras personas..* De la misma manera, la creatividad debería ser una parte natural del modo en que empezamos a pensar con respecto a algo. Paradójicamente, esto significa ser menos solemnes con respecto a la creatividad. El peligro reside en que si somos menos solemnes en este tema, se convertirá en algo trivial, como si se tratara de algo que pudiera hacerse durante todo el tiempo. El dilema, en cierta forma, es similar al de "dar nombres". Si no mencionamos a las personas con quienes nos hemos relacionado, nuestro interlocutor no podrá llegar a conocer los antecedentes. Pero si mencionamos los nombres, se nos puede acusar de hacer alarde de la gente que conocemos. En suma, preferiría que se armara menos alboroto acerca de la creatividad, pero que se le prestara más atención.

El lugar para pensar

Sobre paradas de autobús

Se invita al lector a seguir los pasos del siguiente ejercicio creativo y a observar qué otras derivaciones podría tomar su propio pensamiento. En cualquier ejercicio creativo, la mente del pensador toma una dirección determinada. Sin embargo, en muchos de los puntos conceptuales, podría haberse tomado un camino totalmente diferente.

El tema central era del tipo "área general": nuevos conceptos en el área general de "sistemas de autobuses". La técnica de pensamiento lateral que debía utilizarse era la de "entrada al azar" (por medio de una palabra al azar). La palabra se extrajo de un diccionario, eligiendo primero un número correspondiente a la página y luego un segundo número para estipular la posición de la palabra en esa página. La palabra resultó ser "piquete".

"Piquete" sugería un grupo de personas (si tomamos el sentido de piquete de huelga). Imaginamos entonces un grupo de personas en la parada del autobús.

Si hubiera más gente en determinada parada, es posible que el autobús prefieriera ésta a cualquier otra parada. Esto trae a la mente los problemas con los taxis en Tokio o Moscú. Los taxis vacíos pasan sin detenerse, hasta que el ilusionado pasajero aprende que debe levantar dos o tres dedos para indicar que está dispuesto a pagar el doble o el triple de la tarifa. La noción es que un grupo tendrá preferencia con respecto a un individuo (esto es ilegal). De alguna manera, las paradas más frecuentadas tendrían servicios más frecuentes. Una señal electrónica podría encenderse para indicar al conductor la cantidad de pasajeros que esperan. Es posible que entonces la gente acuda donde haya más personas, esperando que esa parada ofrezca mejores servicios.

Si la gente se concentrara en menor cantidad de paradas,

esto tendría cierto valor, ya que los autobuses deberían detenerse con menor frecuencia. El tiempo del viaje se acortaría y el tráfico se agilizaría.

¿Cómo se podría conseguir que la gente seleccionara sus paradas más cuidadosamente?

MÁS BARATO   MÁS CARO

Podría haber, quizá, paradas "baratas" y paradas "caras". Si se acude a una parada barata, se pagará menos que en una parada cara, independientemente de la distancia (incluso en sistemas de tarifa única).

Esto podría significar que la gente caminaría un poco hasta la parada barata en vez de esperar en la de mayor precio. Los que quisieran utilizar la parada menos frecuentada pagarían más por esa comodidad.

Es así como vemos surgir un principio relacionado con la comodidad, el precio y la eficiencia del sistema.

El trueque entre el precio y la comodidad es muy antiguo. Por supuesto, tiene sus inconvenientes. Por ejemplo, las personas de edad se verían obligadas a caminar demasiado para acudir a la parada (ya que podrían constituir el grupo más interesado en ahorrar dinero). Esto podría solucionarse con la existencia de pases diferenciales exentos de tarifas para los ciudadanos de mayor edad.

El principio general consiste en que, si colaboramos para que el sistema funcione mejor, podemos beneficiarnos de ese mejor funcionamiento. Luego es cuestión de crear formas prácticas para que la gente prefiera colaborar en un mejor funcionamiento del sistema y, al mismo tiempo, beneficiarse a sí misma.

Resulta interesante observar que hay momentos en los sistemas de transportes en que el "apiñamiento" supone una cierta ventaja mientras que hay otros en los que sólo representa una desventaja (viajes en las horas punta). Si se pudiera convencer a los pasajeros de avión para que se agruparan de manera que todos los vuelos estuvieran completos, las aerolíneas podrían ser más rentables. Si se les pudiera convencer para que no coincidieran todos al mismo tiempo, no se producirían las congestiones que en determinadas horas tienen lugar en aeropuertos como La Guardia, en Nueva York. ¿Debería ponerse en marcha un sistema de multas por utilizar ciertos servicios en las horas punta, o de "bonificaciones" por utilizarlos fuera de esos horarios? ¿Los sistemas deben adecuarse a las personas o las personas a los sistemas?

¿Y si el sistema de tarifas de transporte aquí sugerido no supusiera una mayor eficiencia, sino que se utilizara simplemente para aumentar las ganancias cobrándoles a los pasajeros su comodidad (después de todo, se paga más cuando se toma un taxi)?

22
Carbón, conflicto y conceptos*

No es mi intención analizar los motivos y la evolución del prolongado conflicto de los mineros en Gran Bretaña, aunque posiblemente sea un trabajo que valga la pena realizar, así como también el de decidir quién tiene la culpa y quién la razón. Lo que deseo hacer en esta *Carta* es explorar el "diseño" de los conceptos que son relevantes o que podrían llegar a ser relevantes.

Los conceptos tradicionales de *conflicto, lucha, victoria y derrota* establecen claramente el ánimo imperante. Podría muy bien decirse que el conflicto se eterniza porque ambas partes *se mantienen en un estado de victoria al que ninguna de las dos desea poner fin*. No me refiero a que ambas partes piensen que van a ganar. Se trata de que, en este momento, ambas partes se encuentran en un estado de victoria. El gobierno está ganando porque no da el brazo a torcer en su política y en sus intenciones económicas. Arthur Scargill y el sindicato ganan en el sentido de que la huelga continúa y un número sustancial de mineros respaldan su liderazgo: nadie los intimida. Ninguno de los dos dirigentes conseguirá ningún beneficio transigiendo. Esto trae a colación el problema que se suscita en los conflictos en que ninguna de las partes desea poner fin a la desavenencia, aunque ambas deseen haberla superado. Existe la evidente necesidad de establecer algún mecanismo externo o comisión que se haga cargo de la situación. Puede pensarse que Arthur Scargill tiene mucho que perder con la eternización de un conflicto que posiblemente termine con la vuelta al trabajo. Hasta cierto punto, esto puede que sea así, pero una vez superado ese punto (y posiblemente esto es lo que está pasando

* Escrito durante la huelga de mineros.

ahora), la resistencia representa un acto heroico. Se puede comparar con el capitán que se hunde con su barco o un general que se resiste a suspender un sitio prolongado. Las circunstancias y la "débil voluntad" de los seguidores preservarán el heroísmo del perdedor. La prolongación misma del conflicto ya significa una victoria indiscutible.

Esperar que unos cuantos mineros hagan frente a un gran número de dirigentes sindicales y se arriesguen a sufrir las consecuencias es una petición irracional respecto de acciones heroicas que muchos individuos no pueden realizar. La amenaza de intimidación debe de estar muy presente en las mentes de los mineros que, quizá, desean trabajar; intimidación en cuanto al presente y en cuanto a las futuras relaciones con sus compañeros. Aunque la protección policial y el despliegue de los medios de comunicación para cubrir las violentas confrontaciones pueden tener cierto valor para el gobierno desde el punto de vista de las relaciones públicas, tienen también un precio muy alto. Supongamos que los trabajadores pudieran apuntarse en una lista para volver al trabajo (por correo o telefónicamente), permaneciendo en sus hogares. Se guardarían sus sueldos en sobres sellados. Cuando más del 50 por ciento se hubiera apuntado para trabajar, los mineros deberían acudir al trabajo. De suceder esto, los sueldos guardados en sobres sellados deberían pagarse sin descuentos. De no suceder esto, los sueldos no se pagarían. Si el número no alcanzara el 50 por ciento, los sueldos no deberían entregarse, a menos que los hombres acudieran al trabajo (como en la actualidad). En cierta forma, esto constituiría una especie de votación nacional implícita.

Por otro lado, necesitamos examinar el concepto de una mina "no rentable". Es perfectamente cierto que el carbón no es lo mismo que el acero. No tiene ningún sentido producir acero de manera antieconómica sin ninguna esperanza de venderlo a precios antieconómicos. Pero el carbón es un recurso y el precio de reabrir una mina cerrada resulta prohibitivo. De modo que hay una razón de peso para producir carbón, aunque el costo de la producción sea más elevado de lo que sugiere la economía del momento. Los costos de la energía en el futuro son difíciles de predecir. Muy bien se puede pensar que lo que no es económico en la actualidad puede serlo en el futuro, si aumentan los precios del petróleo. Por ello, el concepto de "antieconómico" merece un tratamiento cuidadoso. Añadamos a esto la naturaleza particular de las comunidades mineras y el "cierre" de toda una comunidad, no sólo de una mina, y nos encontraremos frente a algo parecido al "caso especial" esgrimido desde siempre por los mineros en la defensa de sus derechos. ¿El reconocimiento de estos principios obligaría a expedir la especie de "cheque en blanco" que parece exigir Arthur Scargill con la excusa de que no existe nada parecido a una mina antieconómica? Probablemente podría establecerse alguna definición estadística de "antieconómico". Supongamos que estipuláramos que antieconómico significa que el costo de la producción se aparta en más de 1,75 desviaciones estándar del costo de producción medio (o alguna otra cifra). Como es obvio, la inversión en una mina tendría que ser computada y además relacionada con la inversión media.

Hace poco tiempo terminé un libro titulado *Design approach to Conflict Resolution*. El concepto básico consiste en que existen tres caminos. El primero es luchar/litigar/pugnar; el segundo, negociar/comprometerse; el tercero, el diseño. El punto de vista del diseño se basa en que un conflicto es una situación con diferentes percepciones, principios, necesidades y emociones, relacionada con la tarea de diseñar una salida. Después de todo, el diseño de un avión de combate es un proceso inmensamente complejo de negociaciones entre el peso, el costo, la maniobrabilidad, la resistencia, etc. Sin embargo, es posible realizarlo con el uso adecuado del idioma del diseño.

La cuestión reside en que el idioma del diseño parte de un punto completamente diferente al del idioma del conflicto.

En el idioma del conflicto, los participantes tratan de reducir el concepto a su *simplicidad de confrontación básica*. De esta forma, en el caso de los mineros, reducimos la cuestión al enfrentamiento entre el socialismo y el capitalismo. El principio socialista establece que los individuos tienen prioridad y que los subsidios para preservar empleos antieconómicos en las minas bien valen el esfuerzo, particularmente si consideramos el costo real y psicológico del desempleo y de la destrucción de comunidades. La perspectiva capitalista argumentaría que, aunque los individuos constituyen la principal preocupación, únicamente a través de los principios de la producción económica y competitiva se puede producir la riqueza que posibilita una mejora en el nivel de vida y la consecución de los servicios referentes al bienestar a los que todos tienen derecho. El capitalismo diría que tiene que existir un "flujo negativo de fondos" de trabajo para que se amortice la eventual inversión. El socialismo desconfía de este "flujo negativo de fondos" y cree que los beneficios finales no fluirán hacia quienes realizaron el trabajo. Cuando un conflicto se reduce a estos principios enfrentados, parece que sólo la victoria y la derrota pueden ofrecer una solución.

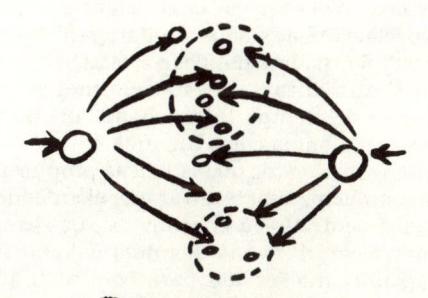

IDIOMA DEL CONFLICTO

IDIOMA DEL DISEÑO

El idioma del diseño toma la dirección precisamente opuesta. En lugar de reducir la cuestión al principio fundamental en conflicto, se produce un intento de complicar y enriquecer la situación de manera que de todo ello resulte un diseño.

Por ejemplo, la definición de una mina "antieconómica" puede enriquecerse y elaborarse para tener en cuenta un millar de factores. De hecho, podría ponerse término al conflicto mientras una comisión especial elabora esta definición.

Podemos imaginar que la NCB estaría en su derecho de cerrar una mina antieconómica siempre que se cumplieran ciertas condiciones. Estas incluirían proporcionar de inmediato otros medios de mantener viva la comunidad. De modo que podrían cerrarse las minas, pero no las comunidades.

También el sindicato podría tener el derecho de mantener abierta cualquier mina, siempre que se cumplieran ciertas condiciones. Por ejemplo, que el 25 por ciento del subsidio adicional exigido lo aportara el propio sindicato en cualquier forma que la agrupación desee.

La NCB podría mantener su posición como juez y jurado en la cuestión, pero debería estar formada tanto por gerentes como por representantes de la Unión que trabajaran dentro de un marco definido de responsabilidad social y económica.

Podría estipularse que, en una mina determinada, los mineros que trabajasen en ella pudieran votar a favor o en contra de su cierre. Votarían en circunstancias que ofrecieran condiciones especiales. Estas no se limitarían al simple subsidio de paro. Por ejemplo, podría notificarse el cierre con tres años de antelación y aumentarse sustancialmente los sueldos durante ese lapso de tiempo (quizá hasta un 50 por ciento) además de fijarse una suma como finiquito.

No es mi intención sugerir que las ideas propuestas ofrezcan una solución al conflicto, sino mostrar que el enfoque del diseño difiere del enfoque centrado en el conflicto. Por ejemplo, en este último, el señor Scargill y sus seguidores tendrían que ser derrotados y recibir una lección para confirmar un principio económico básico, además de político (los gobiernos son elegidos democráticamente y, por ello, operan autocráticamente). En el enfoque basado en el diseño, se reconoce el punto de vista del sindicato y puede ser necesario diseñar alguna "recompensa" para compensar a los mineros por las molestias económicas de la huelga. ¿Se trata de pacificación? No, se trata de un *diseño de la solución.* Es poco probable que esta "recompensa" compense de alguna manera las graves dificultades sufridas por los mineros y sus familias a causa de la huelga.

El interrogante clave consiste en que si la salida consiste en perseverar en un enfrentamiento con el conflicto concentrándonos en él, o si sería más apropiado aplicar el pensamiento basado en el diseño. Si la opción es esta última, es imprescindible que una agencia externa proporcione el marco de "pensamiento" adecuado para efectuar este cambio de modo. Cada una de las partes del conflicto está sometida a una posición de vencedora o perdedora de la que resulta prácticamente imposible escapar.

La fuerza, la determinación y la capacidad de liderazgo constituyen cualidades admirables. Y llegan a ser aún más poderosas cuando se ven matizadas por la imaginación del diseño.

EXPECTATIVA Y MOTIVACIÓN

En un seminario que dirigí poco tiempo atrás sobre "Oportunidades", hubo dos interesantes e importantes comentarios por parte de la audiencia. En un determinado momento, mencioné diferentes factores que influían en la búsqueda de oportunidades dentro de una corporación. Alguien dijo que había una sola cosa que importaba: la cultura corporativa. En última instancia, esto es cierto. Pero la cultura corporativa no es más que un resumen, un resumen de lo que podría haber sucedido históricamente. Por ejemplo, la empresa pudo haber sido ideada por un *empresario* creativo que estableciera rápidamente un cierto estilo de creatividad. Este *empresario* también pudo haber elegido ayudantes que compartieran esta actitud. A su vez, estos ejecutivos habrían de elegir a otros, en una especie de sucesión apostólica. Este tipo de sucesiones (también frecuentes en las universidades) se convierten en salvaguarda de la cultura existente, sea buena o mala. El efecto de esta continuidad es que una empresa puede disponer de una cultura "creativa" a pesar de que, en ese momento concreto, no exista ninguna razón lo suficientemente coherente como para indicar su procedencia. El resultado es que los analistas se fijan en la organización y elogian esta cultura intangible. Lo que nadie comprende es que este tipo de cultura no puede injertarse en cualquier momento en una organización. Estas culturas deben ir formándose con el tiempo a partir de una base histórica. Los ejecutivos que forman parte de estas organizaciones llegan a comprender el estilo de pensamiento que se espera de ellos. Llegan a conocer las reglas del juego y a jugar de acuerdo con estas reglas de modo eficiente.

El segundo comentario tuvo su origen en un ejecutivo perteneciente a una nueva división de Ericsson (la empresa electrónica sueca). Contó que el 10 por ciento de los empleados invertía el 10 por ciento de su tiempo en tareas creativas directas. Esto proporcionaba una estructura y expectativas muy tangibles. Aparentemente, las cosas eran de este modo desde que un miembro de la corporación asistió a otro de mis seminarios. Lo que quiero destacar es que, para poder introducir una cultura o producir un cambio cultural, es imprescindible que exista cierto *compromiso tangible*. La exhortación y la capacidad de liderazgo no bastan. Este tipo de empresas necesitan asegurarse de una manera tangible. Es

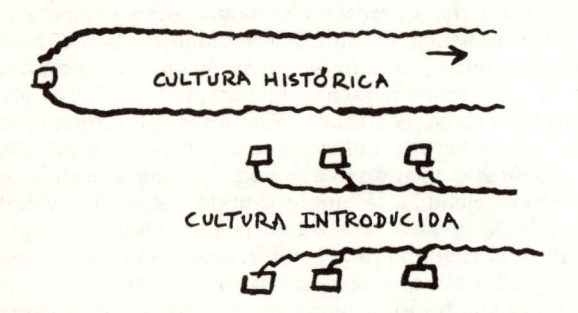

CULTURA HISTÓRICA →

CULTURA INTRODUCIDA

necesario reservar tiempo para la creatividad. Es necesario que haya cierta expectativa. Es necesario que se exijan ideas creativas a los individuos y debería ser totalmente lógico que éstos ofrecieran algún tipo de respuesta. No es realista exigir ideas creativas brillantes, pero sí que se realicen esfuerzos creativos y que se produzcan salidas creativas de algún tipo. Se puede presentar un problema a alguien y pedirle que piense en soluciones alternativas.

Como he dicho ya muchas veces en estas *Cartas*, es necesario dejar bien claro que la creatividad es *parte de las reglas de juego*. Las personas son muy capaces de poner en práctica las reglas del juego cuando perciben en qué consisten. De manera que si la creatividad forma parte de las reglas, acabará entrando en el juego. Con el tiempo, irán mejorando no sólo la seguridad y la habilidad, sino también el calibre de las ideas producidas.

¿Qué cambios se han realizado?
¿Qué cambios se están realizando?
¿Qué cambios es necesario realizar?
¿Qué áreas exigen un pensamiento creativo centralizado?

El cambio no siempre es cuestión de creatividad. Por ejemplo, puede suscitarse un cambio a partir de una nueva tecnología, o como respuesta a un cambio de precio. No obstante, el hecho de percibir la necesidad de un cambio junto con la posibilidad de efectuarlo es ya un motivo suficiente para la creatividad. El concepto de "cambio" resulta menos amenazador que el de "creatividad", a pesar de que todo esfuerzo consciente para lograr un cambio exige un pensamiento creativo.

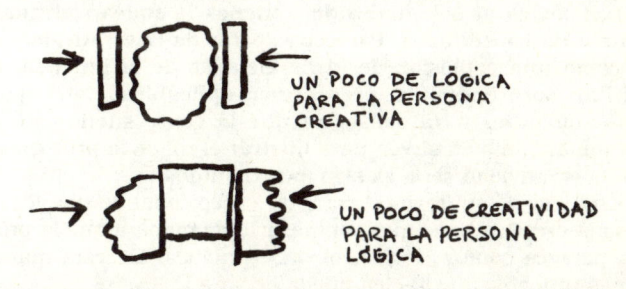

UN POCO DE LÓGICA PARA LA PERSONA CREATIVA

UN POCO DE CREATIVIDAD PARA LA PERSONA LÓGICA

El mérito de la creatividad no depende de la absoluta novedad de la nueva idea, sino de los nuevos beneficios que la idea aporta. La aplicación de una idea conocida para producir nuevos beneficios también forma parte de la creatividad. *El propósito de la creatividad es el beneficio, no la satisfacción del yo.*

La persona creativa

Es importante que diga que no estoy a favor de etiquetas como "gente creativa" o "elite creativa". Algunas personas son más creativas que otras, ya sea por talento o por motivación, o quizá porque han aprendido el tipo de técnicas acerca de las que yo escribo. De cualquier manera, no debería tratarse a estos individuos como si estuvieran rodeados de un halo especial. Considero que la creatividad —o mejor dicho—, "el pensamiento lateral"— es una parte básica del pensamiento de cada uno de nosotros.

Si se me diera a elegir entre añadir lógica y experiencia a una "persona creativa" y añadir un poco de creatividad a una persona poseedora de lógica y experiencia, muy posiblemente optaría por lo último.

Más adelante, en otra *Carta*, me centraré más en este tema. Por ahora, me interesa hablar de cómo se ve a sí misma la persona creativa y del rol que todo el mundo parece esperar que desempeñe.

Si la persona creativa aparece con algo que resulta simple e incluso lógico al ser analizado, quienes la rodean afirmarán sentirse desconcertados. Parecen esperar de la creatividad algo así como una explosión de ideas alejadas de la práctica, que resultan sorprendentes, pero nunca aplicables. Este tipo de ideas son útiles para conseguir que la gente sueñe con más asiduidad. También sirven para ilustrar el rol de la provocación. Pero la creatividad seria es algo muy distinto.

En lugar de subrayar el carácter excepcional de una idea, la persona creativa tiene que minimizarlo de manera que la propia idea parezca común, lógica, obvia y práctica. De esta manera, es más probable que la idea pueda llegar a aplicarse.

Esta estandarización de la idea creativa aporta otra ventaja: muchas personas que no confían en su "creatividad" apoyarán de manera natural este tipo de idea casi lógica.

Para ser sinceros, esta estandarización encierra un peligro: si las ideas resultan demasiado lógicas y razonables, al cabo de un tiempo puede surgir la sensación de que no es necesario hacer nada con respecto a la "creatividad" como tal, porque el flujo de nuevas ideas puede tener lugar sin ella. El dilema consiste en que, si no se considera la creatividad como algo especial, no se hará nada con respecto a ella (partiendo de que bastan los hábitos de pensamiento corrientes). Si la creatividad se contempla como algo *demasiado especial*, llegará a dudarse de su importancia y capacidad práctica.

El truco consiste en mantener el equilibrio justo. Es necesario que exista una mezcla de ideas con distinto nivel lógico y práctico con respecto a las de características más extremas. Las ideas más extravagantes siempre pueden tratarse más como "direcciones conceptuales" que como ideas acabadas. En otras palabras, más que un plan de acción, la idea proporciona una dirección hacia la cual resulte posible encaminarse.

Como ya he explicado muchas veces, la persona verdaderamente creativa puede desarrollar su pensamiento creativo internamente y luego expresar una idea final que parezca muy lógica.

Cómo rechazar ideas

Para que exista un buen clima creativo, debe estipularse una forma de rechazar ideas. Muchos se quejan de que, una vez que la creatividad se transforma en máxima incorporada, la verdad acerca del cambio de cultura queda desmentida por el hecho de que todas las nuevas ideas son rechazadas. Este es un punto difícil. De ninguna manera puede una organización llevar a la práctica todas las nuevas ideas propuestas. En muchos casos, estas ideas resultan inapropiadas y hasta impracticables. No obstante, existe la necesidad de que sigan fluyendo las ideas.

Es responsabilidad de la persona a cargo de la introducción de la cultura creativa dejar bien claro que la exhortación a la creatividad no implica que todas las ideas vayan a ser aplicadas. Debe existir admisión y reconocimiento de las ideas: esto es esencial. Pero además debe explicarse claramente que una idea no se llevará a la práctica a menos que se demuestren los beneficios puntuales que puede aportar. El hecho de que la idea sea novedosa es suficiente para que se repare en ella, pero no para aplicarla. Deben definirse con precisión los tipos de ideas *útiles* para que los creadores los tomen como objetivo (por ejemplo: ideas que tiendan a la disminución de costos y a la simplificación).

Esto excluye la difícil cuestión de las ideas que no aportan una disminución específica del costo pero que abren nuevas direcciones. Posiblemente sea necesario investigar y ensayar mucho más este tipo de ideas, pero el potencial puede ser inmenso. ¿Deben rechazarse, entonces?

Quizás, en un primer momento (al intentar la introducción de un clima creativo), no deban alentarse este tipo de ideas inconclusas. Una vez que el clima se haya afianzado, puede darse lugar a un número limitado de ellas. Todo innovador necesita comprender que el potencial que él percibe de su idea puede diferir en gran medida de la relación riesgo/recompensa percibida por otras personas.

Existe un punto que ya he mencionado anteriormente y en el que, sin duda, volveré a detenerme repetidas veces. Debe estimularse al innovador para que *venda beneficios, no novedades*. Esta premisa resulta aplicable en casi todas las situaciones que no tengan que ver con la publicidad. En publicidad, la novedad misma de una campaña puede llamar la atención hacia el producto y, por supuesto, hacia la propia agencia de publicidad. En todas las demás situaciones, lo que ha de interesar son los beneficios: ¿la idea puede funcionar? Si funciona, ¿cuáles serán los beneficios? El hecho de que sea novedosa jamás podrá sustituir a los beneficios. Si la novedad en sí conduce a los beneficios, perfecto, pero lo que tiene que lograrse son beneficios. Esta es una de las razones por las que muchos hábitos tradicionales del pensamiento creativo no funcionan tan bien en la práctica: proceden en su mayoría del ambiente de la publicidad creativa, que tiene necesidades que difieren de la mayoría de las demás situaciones.

Vender beneficios en lugar de novedad

Esto debería estar grabado en la mente de toda persona creativa. Sin duda se contrapone a la motivación creativa. Cualquier persona creativa quiere deslumbrar con algo novedoso, original, estimulante y sorprendente. Siempre medirá su éxito creativo precisamente en relación a este carácter de "nuevo" o "diferente".

En una *Carta* anterior, he realizado una distinción entre una creatividad en minúsculas y la creatividad en mayúsculas.

En la introducción de una cultura creativa colectiva, es necesario instituir la creatividad en minúsculas.

Muy pocas ideas creativas pueden ser objeto de aplicación. El espíritu creativo debería vanagloriarse de "haber creado un gran número de ideas nuevas" en cualquier tipo de asunto. Es ésta la medida del éxito obtenido. Es como guardar vino de buena calidad en la bodega. Sólo es posible consumir las botellas lentamente, una a una, pero siempre estaremos orgullosos de nuestra bodega.

Puede ocurrir que determinada idea creativa tenga valor en ciertas circunstancias y que todavía no se hayan producido estas circunstancias. La idea es buena, pero no puede aplicarse en el presente.

La persona que rechaza una nueva idea debe hacer hincapié en su carácter de "inapropiada". Este es un juicio conveniente, porque implica que la idea en sí puede ser buena pero inadecuada para el momento o para la empresa en cuestión.

El otro camino para rechazar una idea es transferir la responsabilidad al innovador:

"¿Me podría explicar exactamente cómo funcionaría esto?"

"¿Qué se debe hacer para perfeccionar esta idea?"

"¿Me puede precisar los beneficios?"

"¿Los beneficios podrán compensar el costo que acarrea el cambio para aplicar esta idea?"

Estas preguntas no deben formularse de forma negativa ("Demuéstreme que su idea tiene algo de bueno"), sino con un sincero ánimo de investigación ("Quiero convencerme de que su idea aportará beneficios; veamos si me puede ayudar en esto").

No se debe incurrir en exageraciones a favor o en contra de la creatividad. La clave está en asumir un serio compromiso de hacer algo al respecto. A partir de entonces, se inicia un proceso formativo lento y constante. Debemos resistirnos a la tentación de producir algo asombroso lo antes posible.

Es perfectamente plausible que una persona creativa diga: "Seguimos aplicando el viejo método, pero ahora conocemos varias posibilidades más. Algunas las estamos investigando. Hay otras que ya tenemos listas en caso de que surja la necesidad de un cambio". Un enriquecimiento de este tipo de mapa conceptual es ya valioso por sí mismo. Significa que estamos utilizando el viejo método por *propia elección* y no por no haber concebido nunca otra forma de hacer lo mismo.

El lugar para pensar

A continuación pretendo establecer las reglas de un sencillo juego de palabras para dos personas. No he visto este juego en ningún otro sitio, por lo que afirmaré haberlo inventado. Es muy posible que algún lector me escriba para decirme que el juego, en realidad, es antiguo y que es conocido en ciertos lugares. Se trata de un riesgo que corre todo inventor.

Quiero que los lectores observen el juego tal como lo imaginé. Pueden añadirse otras reglas o elementos que lo hagan más interesante.

Juego

El primer jugador escribe una palabra, por ejemplo: MONTAR.

El siguiente jugador puede elegir entre tres operaciones posibles:

1. Añadir o insertar una letra en cualquier lugar.
2. Suprimir una letra.
3. Cambiar la posición de cualquier letra.

Sólo puede efectuarse una de estas operaciones. *El resultado debe constituir una palabra en sí misma.*

Si el jugador no puede producir una nueva palabra de esta manera, puede llevarse a cabo una segunda o tercera operación (o más, de ser necesario). Una vez más, estas operaciones deben figurar en la lista de las tres elecciones posibles.

Por cada una de estas operaciones suplementarias hay que pagar, ya sea con puntos o con una suma prefijada.

Al finalizar el juego, se suman los puntos y el ganador será el que tenga menos. Si se juega con dinero, se procede a efectuar los cálculos pertinentes.

Ejemplo

Primer jugador:	MONTAR
Segundo jugador:	MONTA (suprime letra)
Primer jugador:	MONA (suprime letra)
Segundo jugador:	LONA (en realidad, son dos operaciones: suprime M, inserta L: una operación gratis y otra comprada)
Primer jugador:	LONCHA (añade letra)
Segundo jugador:	LONJA (dos operaciones: suprime CH, añade J; una gratis, otra paga)

(obsérvese que no es posible regresar a una palabra previamente usada de la misma forma)

Primer jugador:	LONA (suprime letra)
Segundo jugador:	LOA (suprime letra)
Primer jugador:	LOSA (añade letra)
Segundo jugador:	COSA (dos operaciones: suprime L y añade C; una es gratis y la otra paga)
Primer jugador:	OSA (suprime C)

La sustitución de una letra por otra tiene que contarse como dos operaciones; de lo contrario el juego resulta muy fácil.

El jugador habilidoso no se limitará a sobrevivir. Tratará, en cambio, de formar una palabra que resulte difícil de modificar, de manera que el contrincante tenga que "comprar" varias operaciones para poder seguir adelante.

El uso de plurales o el cambio de tiempo verbal facilita bastante las cosas, de modo que se podría pensar en excluir este tipo de cambios.

Otra sugerencia podría consistir en otorgar puntos "positivos" por añadir letras. Estos puntos positivos podrían anular los negativos. De esta manera, el cambio de RAMPA a TRAMPA significaría un punto a favor, mientras que de RAMPA a RAPA no aportaría ninguno.

23
¿Funciona el pensamiento lateral?

Quizá parezca extraño que, después de tantos años de escribir y trabajar sobre este tema, haga la pregunta del título. Pero ¿cómo se utiliza en la actualidad el pensamiento lateral?

En primer término, consideremos los juegos olímpicos de Los Angeles, en 1984. Constituyeron sin duda un fabuloso éxito administrativo. Creo que representaron un triunfo en casi todos los niveles. En lo que respecta a la administración, no queda ninguna duda. Todo fue sobre ruedas. La puesta en escena de los juegos olímpicos es un procedimiento costoso, y la ciudad o país anfitrión suele perder hasta 500 millones de dólares. En Los Angeles, la ciudad votó no gastar un centavo del dinero de los contribuyentes en las olimpíadas. Pero éstas arrojaron un superávit de 215 millones. Gran parte de los laureles de esta increíble proeza pertenecen al organizador, Peter Ueberroth. Por supuesto que tenía un equipo de personas muy capaces y bien motivadas que trabajaron con él, y todas ellas deben tener su participación en el éxito logrado. No obstante, fue Peter Ueberroth el elegido por la revista *Time* como "hombre del año" de los Estados Unidos por este logro. En la edición del 30 de septiembre de 1984 del *Washington Post*, hay una entrevista a Peter Ueberroth, en la que se le pregunta acerca del secreto de su éxito. Responde que éste se debió al pensamiento lateral.

Cuando se eligió a Peter Ueberroth para liderar el equipo organizador de las olimpíadas, su nombre me pareció vagamente familiar. Pero el Ueberroth que yo conocía había estado al frente de una agencia de viajes llamada "Ask Mr. Foster" ("Pregunte al señor Foster"). El Ueberroth de las olimpíadas resultó haber sido propietario de una agencia de viajes, de modo que escribí a Peter Ueberroth y le pregunté si era la persona que creía recordar. En efecto, era él.

Peter Ueberroth había asistido a una charla sobre pensamiento lateral de noventa minutos que me habían invitado a impartir en la Young Presidents Organization en su reunión de Boca Ratón (Florida), en 1975. Puede parecer entonces, que la influencia del pensamiento lateral sobre Peter Ueberroth fuera de sólo noventa minutos, nueve años antes de las Olimpíadas. Resulta inusitado que este hombre asombroso haya desarrollado sus habilidades en la técnica y las haya llevado a la práctica de una manera tan positiva. En la entrevista del *Washington Post* describe las técnicas clásicas de provocación del pensamiento lateral.

Uno de los conceptos más imaginativos de Peter Ueberroth fue que la antorcha olímpica cruzara el país de costa a costa transportada por diferentes corredores. Esto incrementó el tiempo de atención dispensado a los juegos olímpicos en la etapa de organización, además de colaborar en la obtención del patrocinio que hizo posible una diferencia tan importante.

Otros ejemplos

En Suecia, la compañía Pharmacia ha obtenido grandes logros en su sección de productos farmacéuticos y químicos. La semana pasada, informó sobre otro 24 por ciento de aumento en las ganancias correspondientes al año anterior. Hace unos años, Gunnar Wessman fue nombrado presidente ejecutivo. Desde hace mucho tiempo, Wessman está interesado en el pensamiento lateral. Trabajé con él en Perstorp AB y en Uddeholm AB. En Pharmacia encontró una empresa donde podía aplicar su talento en el pensamiento lateral. En tres años, aumentó las ganancias de la compañía en un factor de *diez*.

Gunnar Wessman me autorizó a citarlo por escrito. Afirma que *el pensamiento lateral fue un instrumento esencial para poder huir de las percepciones y conceptos del pasado y desarrollar otras nuevas.* En diferentes ocasiones y hasta el momento, he dirigido seminarios internos para unas 500 personas clave en la organización Pharmacia.

Michael Johnson, el presidente del banco de inversiones de Nueva York, Paine Webbe Blyth Eastman, es otro defensor del pensamiento lateral. Me contó que, después de haber asistido a una charla que me habían invitado a ofrecer en el Institut of Institutional Investors, en Bermuda, ocho años atrás, había continuado utilizando el pensamiento lateral en su trabajo diario.

El pensamiento lateral parece estar relacionado con todo tipo de éxitos. El conocido grupo The Eurhythmics, en un álbum que figuró durante meses en las listas de éxitos incluyó la inscripción: "Gracias a Edward de Bono". Aún no sé por qué.

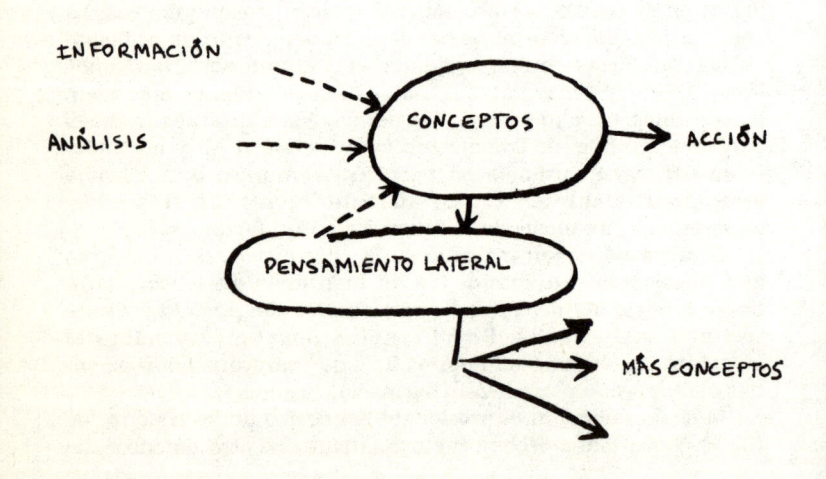

Existen infinidad de ejemplos de éxitos relacionados con el pensamiento lateral. Uno de éstos es el caso de la famosa productora cinematográfica australiana Pat Lovell. En cierta oportunidad me confesó que había dejado de ser presentadora de televisión para pasar a ser productora cinematográfica después de leer uno de mis libros. Me había entrevistado en la televisión australiana y, terminada la entrevista, decidió leer el libro. Siempre había deseado ser productora cinematográfica. Después de leer el libro simplemente se preguntó: "¿Por qué no?" Produjo *Picnic at Hanging Rock* que, en realidad, fue el comienzo de la cada vez más potente industria cinematográfica australiana internacional. También fue la productora de *Gallipoli*.

¿Por qué menciono estos datos en esta *Carta*? Se debe a que mis lectores son personas realmente interesadas en el pensamiento lateral. De vez en cuando, tratan de convencer a otros de que la parte conceptual del pensamiento es realmente importante, de que el análisis de las cifras no basta por sí mismo. Este convencimiento puede —y debe— realizarse en un nivel directo. Sin embargo, hay interlocutores que aceptarán el argumento en un nivel intelectual, pero luego lo dejarán a un lado como "algo de interés". Por esta razón, resultan útiles algunos ejemplos para demostrar cómo el uso directo del pensamiento lateral ha logrado buenos resultados.

UNA SENSACION DE VALOR Y BENEFICIO

Un taxista no conoce el camino. ¿Qué hace entonces? Utiliza su radio. Consulta el mapa. Pero más fácil que cualquiera de estas acciones sería preguntarle al pasajero: "¿Me podría indicar el camino?".

Muchas personas no llegarían nunca a esta conclusión porque no es lo suficientemente comprehensiva: muchos usuarios de taxis no tienen la menor idea de cómo llegar a su destino (por ejemplo, los usuarios de taxis en cualquier ciudad desconocida). Pero cuando utilizamos "movimiento" en una idea, jamás lo hacemos para ser comprehensivos. Algunos usuarios de taxis pueden, sin duda, conocer el camino. De hecho, los taxistas piden a menudo a los pasajeros que les indiquen el camino.

La pregunta es: ¿cuántos pensadores percibirían un valor en el hecho de que el taxista pida al pasajero indicaciones para llegar a destino? ¿Qué implica esto? Bueno, el pasajero tendría que conocer el camino. Tendría que ser un residente. Sólo los residentes podrían utilizar este tipo de taxis. Comenzamos a vislumbrar un cierto valor. Los residentes suelen tener problemas para encontrar taxis libres en la época de gran afluencia turística. De esta manera, podría haber un tipo de taxi reservado para los residentes. Nos imaginamos entonces a un no residente llamando un taxi de este tipo para luego darse cuenta de que el taxista desconoce el camino. Los no residentes tienen que saber que existe esta diferencia. Quizás estos taxis especiales podrían mostrar un signo de interrogación en su capota o ser de diferente color.

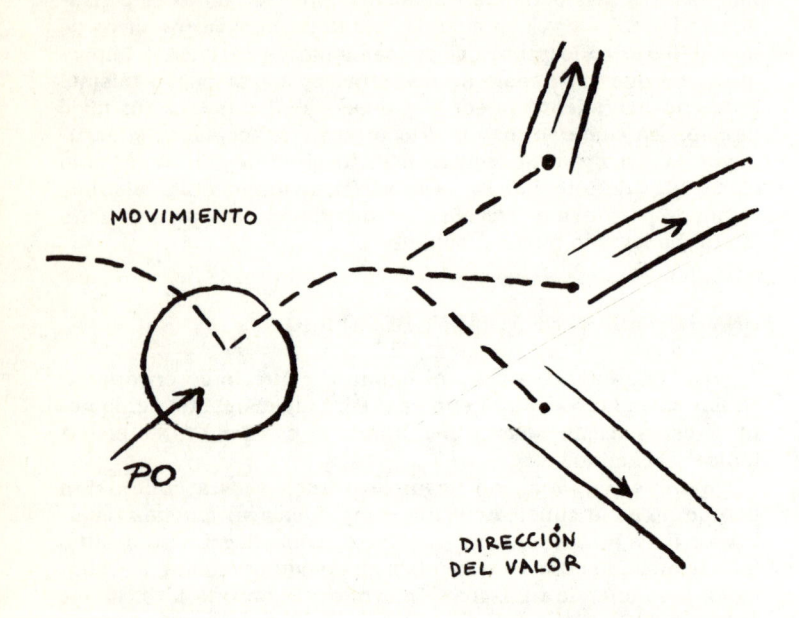

MOVIMIENTO

PO

DIRECCIÓN DEL VALOR

Vemos que existe un cierto valor en disponer de un doble sistema de taxis, ya que de este modo los residentes no siempre estarían compitiendo con las personas que están de paso por la ciudad. Donde mayor valor podría tener esta sugerencia sería en Londres, ya que los taxistas londinenses no pueden obtener su licencia hasta que no pasan un examen en el que se pone a prueba su conocimiento sobre calles, hoteles, restaurantes, monumentos, etc. Esto puede llevarles dieciocho meses. Dado que el aspirante no recibe paga alguna durante este período, no hay muchas personas dispuestas a hacer este trabajo. Con el sistema doble, el aspirante obtendría una paga desde el primer momento y continuaría obteniéndola durante su aprendizaje. De esta manera, existirían más personas que desearían ser taxistas y, con el tiempo, habría más taxistas con licencia. Por otro lado, el proceso de aprendizaje sería más atractivo.

Supongamos que la ciudad no sea Londres y que los conductores pueden obtener una licencia de taxista sin tener que pasar ningún examen. ¿Qué valor tiene la idea? Quizás los conductores experimentados podrían conducir taxis especialmente identificados... y cobrar una tarifa más elevada. Aunque no cobraran ninguna tarifa especial, podrían tener más trabajo. De ser presentada alguna queja, podrían perder su condición-identificación de "conocedores".

Si el residente conduce al taxista, muy bien podría conducir el taxi. Esto sugiere la existencia de coches disponibles que los residentes tomarían, conducirían hasta su destino y dejarían libres para otro conductor. Estos coches podrían tener un "guardián" que cobrara las tarifas y evitara los robos.

Llegados a este punto ya tenemos un concepto claro de un sistema de taxis pensado para los residentes. El taxi ya no está para proporcionar conocimiento acerca de las calles sino simplemente para proporcionar un automóvil sólo cuando se necesita; y lo interesante es que no hay que buscar aparcamiento. ¿Qué valor tiene este concepto? Si los residentes no llevaran sus automóviles al centro, habría una menor congestión de tráfico. De manera que un sistema de taxis especialmente pensado para residentes podría reducir los problemas de tráfico.

¿Cuál es el beneficio? ¿Quién disfruta del beneficio? ¿En qué circunstancias sería esto un beneficio? Estas son las preguntas utilizadas —consciente o inconscientemente— para averiguar el valor.

En este punto se nos presenta una dificultad. Una de las cosas que otorga una mala reputación a la creatividad es cierta aparente incapacidad para abordar el problema específico. Por ejemplo, trabajando para mejorar un paraguas, alguien descubre de repente que una de las formas propuestas tendría en realidad más valor como reflector fotográfico. ¿Debe perseguirse este valor? La respuesta no es fácil. No querría sugerir que las ideas que surgen fuera de contexto deban ser rechazadas. Muchas excelentes ideas surgieron fuera de contexto. No obstante, debe hacerse un esfuerzo para abordar el problema específico. ¿Esta sugerencia tiene algún valor en el campo de los paraguas?

En una reunión reciente con algunos jefes de policía, una de las áreas que se consideraron fue "la mejora de las relaciones entre la policía y los ciudadanos". Se estaba ensayando el método del escape, y "los uniformes de la policía" resultaron ser el elemento básico a partir del cual debía efectuarse el escape. Un escape podía ser "Po, la policía no lleva uniforme". Un escape parcial fue "Po, los policías llevan uniformes a medias". A partir de éste surgió la idea de una "chaqueta de policía" como única prenda del uniforme que se debía utilizar. Con esta chaqueta podía usarse cualquier tipo de camisa, pantalones, zapatos o sombrero. ¿Qué valor tendría esto? Los policías de civil tienen un aspecto siniestro y parecen estar siempre espiando a la gente, por lo cual una total ausencia de uniforme dista de ser "amigable". La chaqueta podría servir para otorgar cierta informalidad y confianza, sin dejar de identificar a la persona como policía. Podría representar una especie de posición intermedia entre la operación de la policía civil y la policía uniformada. En realidad, todos los policías podrían asumir este tipo de rol una o dos semanas al año. Aquí el valor no residiría en el rol mismo sino en el "adiestramiento" que recibiría la policía en el campo de las relaciones públicas mientras desempeñara el rol de uniforme de prenda única. En otras palabras, las sugerencias tendrían un valor doble: un tipo de policía que impone menor distancia y un método de adiestramiento más perfecto en relaciones públicas.

Para poder apreciar un valor es preciso cambiar la perspectiva: mirar las cosas desde diferentes puntos de vista. Cualquier cambio propuesto puede tener una variedad de efectos. Es muy probable que muchos de éstos resulten negativos, pero algunos serán positivos. Es bastante improbable que todos los efectos de un cambio resulten negativos. También debe recordarse que pueden existir muchos valores diferentes en una idea. Siempre necesitamos ir más allá del primer valor obvio, independientemente de lo dominante que éste sea.

Puede suceder que un valor que aparezca a partir de una sugerencia particular "despegue" luego por cuenta propia. Por ejemplo, otra de las preocupaciones de la policía tenía que ver con "aumentar la cantidad de policías con el fin de resultar más visibles para los ciudadanos". Se llevó a cabo una provocación del tipo "expresión de deseo": "Po, los policías podrían estar en dos sitios al mismo tiempo". Esto condujo a la idea de oficinas móviles para la policía, como camiones o furgonetas. De esta manera, los policías condenados a los trabajos de rutina tendrían su terminal de ordenador en el camión y podrían así continuar trabajando y permanecer visibles al mismo tiempo. De este concepto de "trabajo visible" podría surgir la idea de policías que pudieran trabajar en sus hogares con terminales de ordenador. Todo el mundo sabría que estos policías trabajarían en sus casas y, en este sentido, serían muy "visibles".

La habilidad de percibir el valor resulta una parte muy importante de la habilidad de generar pensamientos creativos. He visto a personas merodear alrededor de una buena idea, incapaces de seguir adelante porque no podían ver los diferentes valores implícitos en lo que ellos mismos acababan de proponer.

El lugar para pensar

Consideremos una anécdota de Gauss cuando era pequeño. Se cuenta que el maestro planteó a la clase un tedioso problema que debían resolver a fin de poder seguir leyendo una interesante novela. Consistía en sumar todos los números del 1 al 100. Para sorpresa —y desconcierto— del maestro, el joven Gauss proporcionó la respuesta (5050) al cabo de pocos segundos.

Se dice que Gauss calculó que el número que señalaba la mitad era el 50. El uno que sobraba en el número siguiente (51) podía entonces transferirse al uno "que faltaba" en el número inmediatamente inferior (49). El mismo argumento podía aplicarse para el 52 y el 48, el 53 y el 47. Finalmente, el 49 sería transferido del 99 al 1, dando ambos 50. El cálculo se reducía entonces a 100 x 50. La cifra transfería el 50 a la posición cero y dejaría 50 en su lugar. Esto daba 101 columnas de 50. Por consiguiente, 50 x 101 = 5050.

Otra forma de verlo (que prefiero utilizar en mis seminarios) consiste en añadir 1 al 100, 2 al 99, 3 al 98. Todas las veces el resultado es 101 ya que añadimos uno por un lado y sustraemos también uno por el otro. El resultado final es que tenemos 50 x 101, lo que da 5050.

La manera más simple de verlo, en realidad, es la visualización del razonamiento anterior. Imaginemos una escalera. Al subir el primer escalón trepamos una unidad. Al subir el segundo escalón, trepamos dos unidades; tres con el tercer escalón y así sucesivamente. Cuando llegamos al escalón número 100 hemos trepado 100 unidades. Podemos imaginar la escalera dibujada. Si ahora ponemos una escalera idéntica pero invertida sobre la primera obtendremos un rectángulo con 101 unidades de altura y 100 unidades de largo. Esto representa el doble de unidades necesarias, de manera que dividimos por dos y obtendremos el resultado 5050.

Estos procedimientos suponen variaciones del mismo concepto. No obstante, la percepción inicial es diferente.

La tarea que deseo encomendar al lector en este punto consiste en pedirle que imagine otras formas de abordar este problema.

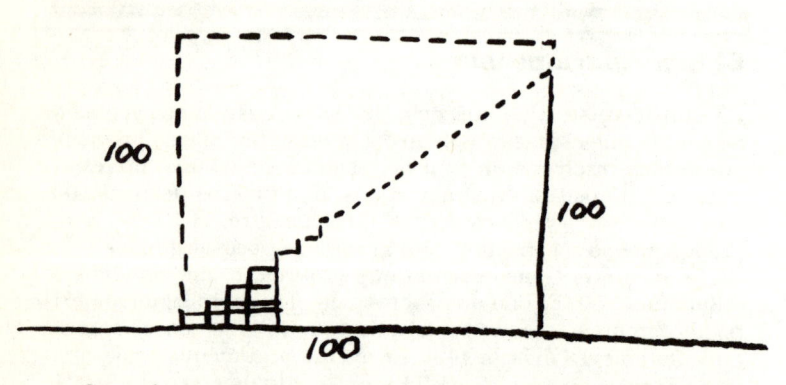

Como lector ya sabe que la respuesta será 50 x 101, puede trabajar en el sentido inverso a partir de este punto para pensar en percepciones que arrojen este resultado.

24
Si el gobierno no es culpable del desempleo, tendría que hacer mucho más al respecto

Esto parece paradójico. Sin duda, si el desempleo viene provocado por la política del gobierno, éste debe hacer algo para solucionarlo. Pero, en cambio, si no viene provocado por la política del gobierno, ¿por qué debe esforzarse éste para combatirlo? Este razonamiento es sencillo. Si el desempleo viene realmente provocado por la política gubernamental, lo único que necesita hacer el gobierno es defender esa política o cambiarla. Si el desempleo no viene provocado por la política del gobierno, éste no tiene control sobre aquél. Por consiguiente, el gobierno tiene que hacer un *esfuerzo aún mayor* para cambiar la situación.

Desde luego, es mucho lo que se está haciendo, pero no tanto como podría hacerse. En esta *Carta*, deseo señalar algunas otras medidas que podrían tomarse.

En una reciente reunión ministerial celebrada en Venecia, el secretario de comercio de los Estados Unidos, el señor Baldridge, reprendió a los europeos por su incapacidad con respecto a la creación de nuevos trabajos desde 1975. Señaló todas las inflexibilidades e inhibiciones del sistema.

Estas supuestas *causas* del desempleo son bien conocidas. Existe una excesiva regulación y protección de las industrias de servicios. No hay riesgo en las inversiones de capital; falta de incentivo para los empresarios. Todavía están vigentes ciertas reglamentaciones gremiales restrictivas. Existe falta de adiestramiento y falta de movilidad laboral. Los trabajadores no pueden mudarse cerca de sus trabajos porque no pueden vender sus casas para comprar otras. Los industriales no quieren emplear a más personal cuando se produce un cambio económico favorable debido a la dificultad y alto costo que implica deshacerse de él más tarde. Los subsidios de pago (pagos de transferencia) implican que en algunos casos no vale la pena aceptar un trabajo: lo que la persona recibirá trabajando es apenas superior a la cifra que obtiene sin hacerlo.

Luego hay otra serie de *causas* del desempleo. La cantidad de mujeres que desea trabajar es mayor que nunca. *En Gran Bretaña hay más puestos de los que nunca hubo y aun así los desempleados ascienden a tres millones.* El aumento de la automatización significa que se necesitan menos personas para hacer un trabajo: una excavadora puede reemplazar a mucha gente. La mayoría de las grandes organizaciones están invirtiendo grandes sumas de dinero en equipos que tienden a prescindir de las personas. Alrededor de un veinticinco por ciento de la gente trabaja en oficinas. Los equipos automatizadores de oficinas supondrán un gran impacto en el tema de la necesidad de personas. El elevado costo de los sueldos, parcialmente provocado por el aumento de las tarifas que se deben pagar por mejores servicios sociales y prestaciones médicas, hace que la industria sea menos competitiva con respecto a los países recientemente industrializados (PRIs). Solía decirse que una compañía automotríz coreana nunca podría producir coches al estilo italiano. Claro que puede: simplemente debe contratar a un diseñador italiano. Cualquier país recién industrializado puede comprar una planta de cerraduras de seguridad con los equipos más sofisticados de Occidente. Cualquiera que esté dispuesto a comprarla puede acceder a una maquinaria textil Sulzer. Me cuesta pensar en algo que se haga en Europa y no pueda hacerse de la misma manera, y más económicamente, en cualquier otra parte. Aunque excluiría algunas cosas como el *whisky* escocés (a pesar de que en cierta oportunidad un sucedáneo filipino ganó el premio al *whisky* escocés de mejor sabor).

Aunque estas cosas, en general, son muy sabidas y muchas veces ciertas, de vez en cuando surgen protestas con respecto a la falsedad de alguna de ellas. El centro bursátil y bancario de Londres hace alarde de la existencia de una importante cantidad de fondos para inversiones arriesgadas en el Reino Unido. Los capitales de riesgo son manejados por personas asalariadas, lo cual anula de inmediato cualquier tipo de riesgo. Sólo los capitalistas individuales pueden tener el sentido del riesgo asumido. En los Estados Unidos, la segunda generación de estos capitalistas ha hecho fortuna en el primer intento. El gobierno declara con frecuencia que está tratando de dar impulso a las iniciativas privadas y las pequeñas empresas. Cualquier pequeña empresa conoce la red de reglamentaciones que todavía existe. Peor aún: la imaginación del sistema impositivo británico (compañías del subsistema S, etc.) no tiene parangón en ninguna otra parte de Europa.

En pocas palabras, se habla mucho por hablar y los condicionamientos políticos son cada vez mayores.

¿Desaparecerán las causas? Quizá sí, quizá no. Me inclino más hacia el "no". Es mucho más fácil hablar que emprender una acción que se oponga a tantos intereses creados. *La decadencia de una nación se produce cuando el poder y la complejidad de los intereses creados implican que cualquier nueva idea represente un entorpecimiento para muchas más personas de las que pueden verse beneficiadas por ella.*

Después de tratar las *causas* del desempleo, ¿qué ideas nuevas puedo aportar? La lista de causas mencionadas es ampliamente conocida. Yo propondría que nos olvidáramos de las causas.

Nuestro método de pensamiento tradicional (y el utilizado por el gobierno y sus asesores) es simple: identifiquemos la causa, erradiquémosla y todo se arreglará.

Este es el idioma del médico: encontrar el mal, erradicarlo y el paciente se cura. También el del mecánico: hallar la causa del desperfecto, arreglarla y el automóvil vuelve a funcionar.

Es el idioma del que soluciona problemas.
No es el idioma del que diseña.

La Comisión de Países Europeos Occidentales (EEC Commission) y de cada gobierno en particular han demostrado una gran preocupación por solucionar el creciente problema del desempleo. Esto está muy bien y así debe ser. No me opongo en absoluto ni a esto ni a lo que se está haciendo. Pero representa la mitad de la aportación de pensamiento necesario. La otra mitad es el aspecto creativo del pensamiento.

El idioma creativo dice: dejemos las causas de lado, veamos qué se puede hacer al respecto.

Esto exige mucho pensamiento conceptual, creativo y lateral. No veo que ningún departamento gubernamental esté lo suficientemente equipado como para conseguir esto.

Haré entonces una proposición concreta. Sugiero que se organice una reunión internacional (europea) con el fin concreto de concentrar el pensamiento del diseño creativo en el problema del desempleo. Ofreceré los servicios de la SITO*; para la organización y el *enfoque creativo* de la reunión.

Pero, ¿a quién puede interesarle una proposición de esta naturaleza? Sin duda, no a los sindicatos. No creo que a los sindicatos les interese en absoluto el desempleo. ¿Por qué habría de interesarles? No están para eso. Su objetivo es obtener las mejores condiciones laborales para sus miembros. En realidad, les preocupa perder miembros que pasen a ser desempleados. Pero, una vez producida la pérdida, el interés de los sindicatos acaba desapareciendo. Son, en esencia, lógicos (en un sentido local). ¿Puede interesar a los gobiernos o partidos políticos? La respuesta tiene que ser "sí". ¿Es posible que se haga algo al respecto? La respuesta ha de ser "no". Ningún gobierno puede concebir que no esté haciendo en el presente todo lo que hay que hacer.

¿A qué nos referimos con diseñar nuevos conceptos? ¿Es verdad que el análisis de la información puede darnos todas la respuestas que necesitamos? La respuesta más breve es que la

---

* Son las siglas de Supranational Independent Thinking Organisation (Organización Supranacional del Pensamiento Independiente). Se trata de una corporación dedicada a fomentar el pensamiento más allá de las fronteras nacionales y políticas. El énfasis se pone en la creación de opciones adicionales y en la aplicación del método del diseño para solucionar los problemas (incluyendo la resolución del conflicto).

información no puede diseñar por sí misma los conceptos que necesitamos. Para eso necesitamos el pensamiento creativo.

Hace muchos años, propuse (en mi libro *Future Positive*) el concepto de "empaquetador de trabajo". Considero a ésta una profesión que requiere prudencia y habilidad. El trabajo no surge simplemente como una necesidad. Sólo los trabajos más crudos y obvios aparecen de esta manera. Los que invierten en una propiedad para luego explotarla son los más expertos en empaquetar. Construyen un paquete (con la tierra, las finanzas, los inquilinos, los beneficios municipales, etc.) que tenga sentido y ofrezca valor a todo lo que le rodea. La profesión de empaquetador de trabajo funcionaría de una manera similar a la misión de encontrar cosas que deban hacerse, encontrar valores por los que la gente esté dispuesta a pagar, y empaquetarlo todo en trabajo, retribución y valor. Puede que no sea fácil, pero debemos movernos en esta dirección.

El concepto de "desempleo voluntario" parece fraudulento y muy peligroso. La población trabajadora rechazará la existencia de un grupo de personas que prefieran no trabajar y recibir, no obstante, una paga (de la gente que sí trabaja). Este concepto liso y llano puede perfeccionarse para adquirir una forma aceptable. Quizá los desempleados voluntarios podrían verse obligados a aceptar un trabajo social o dirigido a la comunidad en compensación por los beneficios que reciben. Esto implica un buen trabajo de diseño, una vez establecida la dirección.

Luego existe una amplia gama de conceptos que surgen del concepto básico de la "economía marrón". Esta difiere bastante de la economía normal y, sin embargo, no es la ilegal economía "negra" (sumergida) (los taxistas y los pasteleros franceses no declaran el 52 por ciento de sus ingresos). La economía "marrón" es un nuevo tipo de economía con un intercambio de valores y servicios controlado por un dinero especial. Se trata de un enfoque que difiere bastante del enfoque del libre mercado y de la utilización de fondos públicos para activar obras públicas propia del sistema keynesiano.

Los nuevos tipos de organización industrial (como el "sistema trinidad") y los nuevos tipos de afán de lucro (como los beneficios por cabeza) representan sólo algunos de los conceptos que pueden explorarse.

En modo alguno pretendo proporcionar soluciones inmediatas en este volumen. Hay muchas direcciones conceptuales que pueden investigarse. Algunas pueden llegar a ser ideas prácticas de gran utilidad. Otras quizá resulten ideas que no puedan probarse porque son imposibles de evaluar. Otras direcciones conceptuales quizá terminen desvaneciéndose. Otras muy bien pueden desembocar en ideas tan cargadas de peligros políticos que jamás podrían ser objeto de consideración (y menos aún originarse en el pensamiento del gobierno). Todos éstos son aspectos normales del proceso de diseño creativo.

El interrogante final es éste: ¿realmente estamos convencidos de que la única solución del desempleo reside en identificar las causas y echarle la culpa a éstas?

En mi opinión, ésta es sólo la mitad de la respuesta. La otra mitad se encuentra en el diseño creativo conceptual.

Por esta razón propongo esta conferencia internacional sobre desempleo, poniendo siempre el énfasis en el diseño creativo.

SENTIDO DEL PROPÓSITO

Uno de los aspectos más importantes de la facultad de pensar es un pronunciado sentido del propósito. Las personas que saben lo que quieren producen un pensamiento mucho más efectivo que las que no tienen un rumbo fijo y esperan toparse con algo útil.

El sentido del propósito otorga un inmediato sentido de las prioridades.

El sentido del propósito facilita mucho las decisiones y elecciones. *Si sabe exactamente hacia dónde se dirige, le será mucho más fácil eludir los caminos que no le conducen hacia su meta.*

En el libro *Tactics: the art and science of success*, las entrevistas con empresarios y otras personas que han alcanzado el éxito mostraron en su totalidad este intenso sentido del propósito. Estas personas supieron siempre lo que trataban de hacer. Se podría decir que sus mentes se concentraron en un sólo propósito.

Así como el escalador tiene un objetivo muy claramente definido, también lo tiene la persona de éxito. El escalador ve el pico hacia el cual se encamina. Lo mismo sucede en la mente del empresario creativo. Algunas veces, puede haber dos objetivos, pero éstos deben ser paralelos. Cuando Peter Habeler conquistó el Everest por primera vez sin oxígeno, su compañero y él tenían el pico del Everest como objetivo. El segundo objetivo consistía en ver si era posible llegar a él sin oxígeno. Incluso puede que existiera un tercer objetivo "personal": ver hasta dónde eran capaces de llegar en su intento de vencer este desafío supremo.

Es el momento de presentar el dilema: si tenemos un sentido tan intenso del propósito, ¿qué hacemos con las oportunidades que van surgiendo a lo largo del camino? El empresario que tiene su mente concentrada en un objetivo, ¿reconoce una buena oportunidad cuando ésta se presenta? La respuesta es que probablemente no lo haga. Mucho depende, sin duda, de cómo haya establecido su objetivo. Un empresario que esté montando una compañía dedicada a los ordenadores puede que no reconozca una oportunidad en máquinas de escribir. Pero el inversor inmobiliario que está metido en negociaciones con respecto a algún proyecto importante puede muy bien reconocer y aprovechar alguna otra oportunidad que se le presente. El objetivo del inversor inmobiliario consiste en "reconocer y aprovechar los buenos negocios".

En el otro extremo se encuentra la persona que se dirige en tantas direcciones diferentes al mismo tiempo que no logra alcanzar el éxito en ninguna de ellas.

En este artículo, deseo centrarme más directamente en la relación entre el sentido del propósito y la creatividad. En este punto es donde el dilema se hace más profundo. Si nos limitamos a los caminos aceptados, nunca tendremos nuevas ideas. El único propósito de la sesión de "explosión imaginativa" es poder despegar en la dirección que se nos ocurra. De modo que si nos concentramos en la congestión del tráfico en las grandes ciudades, podemos terminar considerando el transporte en helicópteros. Este tipo de pensamiento estilo "dibujo animado" molesta mucho a algunas personas porque les parece lógico que el transporte masivo en helicópteros nunca puede resultar práctico. Lo denomino "pensamiento de dibujo animado" porque en una tira de dibujos animados se hace realidad cualquier cosa, por ilógica que sea, que el dibujante pueda llevar al papel.

¿Hasta qué punto el sentido del propósito debe incluir un sentido de la viabilidad? Al discutir sobre la congestión del tráfico en las grandes ciudades, ¿debemos incluir como parte del propósito alternativas *prácticas* ? Este es un punto difícil debido al peligro de limitar el pensamiento a monótonos enfoques ya conocidos.

Hay dos alternativas frente a este dilema.

La primera consiste en el uso definido de una provocación. En el pensamiento lateral, el concepto de "provocación" es premeditado y definido. Se nos permite utilizar una provocación temporal porque se sabe muy bien que la provocación sólo será utilizada por su valor de *movimiento*. Partiremos de la provocación para terminar en ideas útiles. La provocación es sólo una fase de transición. Nos valemos de la palabra inventada "po" para indicar la naturaleza definida de la provocación.

En las sesiones de "explosión imaginativa" alguien puede decir: "¿Por qué no utilizamos helicópteros?"

En una sesión de pensamiento lateral alguien diría: "Po, utilizamos helicópteros para transportar a la gente".

A primera vista, ambas proposiciones pueden parecer similares, pero en la práctica son diferentes. La mención de helicópteros en la sesión de "explosión imaginativa" simplemente revela esa idea. En el mundo de la publicidad, esto tendría un valor en sí mismo porque en este ámbito "el pensamiento de dibujo animado" no sólo resulta aceptable sino a menudo muy útil. Si algo puede mostrarse gráficamente, tiene validez. Debemos recordar que las sesiones de "explosión imaginativa" fueron diseñadas para el mundo de la publicidad. Prácticamente en cualquier otro mundo, esto no es así.

La utilización del "po" indica que la intromisión temporal de los helicópteros sólo tiene por finalidad activar diferentes ideas. De los helicópteros podemos obtener la idea de desplazarnos por encima de los tejados. Esto podría conducirnos al concepto de autopistas elevadas. Una vez obtenido este concepto, podemos considerarlo de forma separada. Las autopistas elevadas no tienen que desplazarse por los tejados (aunque en algunos tejados podría ser posible), sino que podrían consistir simplemente en otro nivel elevado sobre las autopistas existentes. Esto podría ser especialmente útil en el caso de los caminos con muchos cruces transversales. En lugar de pasos bajo nivel, podrían construirse pasos elevados.

Un helicóptero también puede dar la idea de un movimiento vertical. Esto puede llegar a sugerir la idea de subir a torres que nos den acceso a un transporte por cable a través de diferentes puntos (como si fueran ríos). El helicóptero también podría sugerir algún sistema de perspectiva aérea que pudiera alterar los semáforos y el flujo del tráfico según la vista aérea percibida sobre el estado de las carreteras.

Cuanto más intenso es el sentido del propósito final del pensamiento, más fácil resulta utilizar una provocación, porque el pensador sabe lo que desea obtener de ésta. Cuando ponemos el pie sobre una piedra para cruzar un arroyo, tenemos una idea muy clara de hacia dónde nos dirigimos: la orilla opuesta. No es cuestión de llegar a la piedra de paso y preguntarse: ¿y ahora qué?

¿Qué se hace con respecto a las ideas interesantes que surgen y que no tienen relación directa con la cuestión que nos llevamos entre manos? ¿Deben desecharse? No es necesario. Pueden anotarse en un papel para tenerlas en cuenta en otro momento.

Las personas creativas siempre temen que un objetivo demasiado definido acabe por limitarlos. Por ejemplo, en el problema de la congestión del tráfico, si quien especificó el problema hubiera dicho: "Quiero ideas para acelerar el tráfico en las carreteras", el pensador creativo se habría visto limitado a ese enfoque de la solución. Habría preferido seguramente la libertad de proponer formas para compartir el medio de transporte o mejorar el atractivo del transporte público. Personalmente, considero que uno de los mejores enfoques del problema consiste en tener un excelente, abundante y baratísimo sistema de taxis.

En ciertas oportunidades está bien que quien presenta el problema pida formas de lograr un deseo particular: cómo acelerar el tráfico en las carreteras. Al hablar de los diferentes niveles en estas *Ideas para profesionales* mencioné que existen tres niveles (puesta en marcha, caminos y destino). Pedir formas de acelerar el tráfico implica pedir alternativas del segundo nivel: formas de lograr esta aceleración.

En otros momentos, el sentido del propósito puede ser igualmente intenso, pero no exige una definición detallada. Podemos decir que queremos una forma práctica, económica, de fácil puesta en marcha, para solucionar la congestión del tráfico; si es posible, atractiva para todos los sectores. El pensador creativo puede tener presentes todas estas exigencias durante el ejercicio del pensamiento creativo.

Una vez que se tiene bien claro el sentido del propósito, podemos alejarnos cuanto queramos de él, porque al final ya haremos el esfuerzo para regresar a este propósito.

Como comentario final, diría que no existe ninguna contradicción entre el pensamiento creativo y un intenso sentido del propósito.

La ilustración más sencilla de esto es el *diseñador*. El diseñador debe tener un firme sentido del propósito. ¿Cómo podría, si no, estar seguro de que el diseño es el que buscaba?

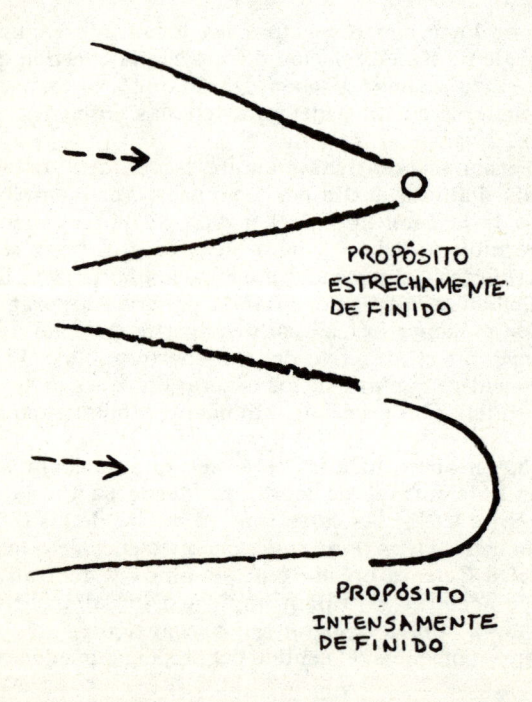

PROPÓSITO ESTRECHAMENTE DEFINIDO

PROPÓSITO INTENSAMENTE DEFINIDO

El lugar para pensar

Un amigo mío (Gordon Barton, el empresario australiano creador de IPEC y Sky-pac) me dijo que si se desea destacar se debe "dar mayor prioridad a los exámenes que a la educación". Quizás esta forma particular de expresar la idea ya se haya utilizado alguna vez y se trate de una cita ya conocida, pero lo cierto es que resulta tan contundente como cierta.

Hemos establecido los exámenes por razones muy prácticas. En las áreas profesionales, necesitamos los exámenes para evaluar el conocimiento profesional (médicos, abogados, arquitectos, etc.). En la escuela, nos valemos de los exámenes con el fin de motivar a los jóvenes para que trabajen, aunque también hay que decir que necesitamos un sistema de evaluación que no sea tan subjetivo como para resultar inútil.

Sin embargo, una vez establecidos, estos exámenes se transforman en un fin en sí mismos. El propósito de la escuela se transforma en aprobar estos exámenes porque representan el acceso al éxito futuro. El énfasis recae sobre las materias que se evalúan en los exámenes. Una buena cantidad de jóvenes británicos continúan aprendiendo latín porque ésta es una materia

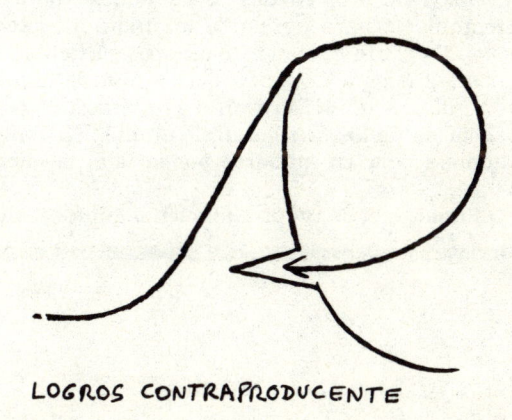

LOGROS CONTRAPRODUCENTE

absolutamente necesaria para el examen de ingreso en muchas escuelas públicas. Dada la existencia del examen, los alumnos lo aceptan y los profesores lo enseñan. No es fácil suprimir ese tipo de examen de un plumazo, a pesar de que puede haber materias mucho más importantes.

En Hungría, según creo, enseñan "teoría de los sistemas" en todas las fases de la educación. Esta me parece una idea muy sensata. Comprender cómo funcionan los sistemas ayuda a comprender cómo funciona el mundo. Y puede realizarse de una manera muy simple. También me gustaría que se enseñaran "habilidades del pensamiento" como materia obligatoria, ya que el pensamiento es una de las habilidades más importantes para la vida. Mientras no se transformen en materias de examen, puede que resulte muy difícil enseñarlas en el nivel de la escuela secundaria. Y mientras no se enseñen, es muy improbable que se transformen en materias de promoción.

Debe de haber muchas otras situaciones en las que algo que se establece para un determinado propósito termina desbaratando ese mismo propósito.

Quiero que los lectores piensen en este tipo de ejemplos y que me hagan saber qué piensan. Otro ejemplo clásico es el control de alquileres y la protección del arrendatario. Está diseñada para dar seguridad a los inquilinos. Sin embargo, termina socavando el mercado de alquileres. Esto, a su vez, hace que sea imposible encontrar propiedades de alquiler. De manera que algo que se estableció para ayudar a los inquilinos termina perjudicándolos. Es cierto que en este caso en particular ayuda a los inquilinos actuales a expensas de los futuros inquilinos, aun así los inquilinos no se atreven a mudarse por temor a perder los beneficios de los que gozan. Pero también son pocos los lugares adonde podrían mudarse por la falta de oferta de alquileres.

El concepto final es el de un procedimiento autodestructor.

25
¿Por qué los bancos son obsoletos?

La paradoja es que los bancos —tal como los conocemos— se están volviendo obsoletos rápidamente, a la vez que un nuevo tipo de "función bancaria" se está volviendo más importante que nunca. Sin embargo, los bancos, como tales, no ejercen ninguna influencia sobre estas funciones bancarias.

Probablemente, Sears Roebuck en los Estados Unidos haya realizado hasta el momento más operaciones bancarias que ningún otro banco en el mundo, en lo que respecta al crédito que extiende a sus clientes. Sears acaba de lanzar su propia tarjeta de crédito para acentuar su rol "bancario".

En enero de 1985, British Petroleum abrió su propio banco: BPFI (British Petroleum Finance International). Los activos financieros de 10.000 millones de libras de la BP situarían a este banco entre los 100 principales del mundo. La Dow Banking Corporation de Suiza fue fundada en 1965 por Dow Chemical de Estados Unidos para gestionar las ganancias acumuladas en ultramar. Este banco ha llegado a independizarse y, en la actualidad, opera como cualquier otro banco. ICI Finance plc existe como banco desde 1972. Volvo acaba de anunciar decisiones que podrían transformarla en una de las instituciones financieras más grandes de Suecia, con la creación de un banco de la compañía.

Obviamente las grandes corporaciones tienen enormes cantidades de dinero que manejar, deben hacer frente a sus propios requerimientos financieros y se ven expuestas también a fluctuaciones de la moneda. En sus áreas específicas (como el petróleo), sin duda pueden tener más pericia que cualquier banco ajeno a la empresa. En forma gradual, el grupo financiero va haciéndose cargo de más funciones bancarias. Finalmente ese grupo desea transformarse en un banco y un centro de lucro por derecho propio.

La moda de invertir en alta tecnología en cierto modo ha pasado, tras haberse comprobado que entraña demasiados riesgos. Actualmente en casi todos los países, existe la urgencia de invertir en "servicios financieros". La inversión de capital, el tiempo de explotación y el riesgo resultan muy bajos. Se obtienen buenos dividendos con esfuerzo, nuevos conceptos y la gente adecuada. Esta siempre puede ser contratada de otras instituciones con una mejor posición laboral y más dinero. A las instituciones existentes les resultaría imposible impedir este tipo de éxodo de personal. La facilidad que la electrónica confiere a las comunicaciones hace posible el funcionamiento de la profusa red de un grupo de servicios financieros. Fuera de las áreas controladas, no hay nada que puede hacer un banco que no pueda hacer —posiblemente con más competencia y entusiasmo— un nuevo y pujante grupo de servicios financieros. Un grupo de este tipo puede establecer una nueva identidad y no es coartado por sus conexiones pasadas.

En una época, el Bank of America era el principal operador bancario de Estados Unidos. Este banco se fundó para cuidar los ahorros de los inmigrantes italianos en California. Al principio, en realidad, se llamó Bank of Italy. Esta fuerte base de depositantes generaba buenas ganancias al Bank of America en la época en que los bancos tomaban los depósitos de sus clientes y los daban en préstamo, haciendo así una buena diferencia. En la actualidad todo esto ha desaparecido. Los depositantes en Estados Unidos (y progresivamente en cualquier otra parte) quieren intereses por el dinero que el banco les guarda. Los bancos compiten por los clientes ofreciendo mejores tasas de interés. Las cuentas con diferentes acuerdos de reintegro (*now* y *super-now*) pusieron término a los préstamos libres de intereses de los depositantes. En otros países en que los bancos aplican un convenio tácito en dichas cuestiones, el peligro aún no es tan grande. Pero todo llegará en su momento.

Si los bancos se ven obligados a comprar dinero caro para otorgar préstamos, su margen (diferencia entre el interés que ellos pagan y lo que cobran) se achica. Al generarse una mayor competencia por los mejores clientes, los márgenes bajan todavía más.

Pero lo cierto es que los mejores clientes (las grandes multinacionales) ya no necesitan de los bancos. Ellas constituyen sus propios bancos. Manejan sus propios asuntos y emiten sus propios certificados de depósito (250.000 millones de dólares en el mercado de valores de Estados Unidos).

Si los mejores clientes prescinden de los bancos, éstos se ven forzados a ocuparse de operaciones con mayor riesgo. Durante un tiempo, la respuesta pareció ser otorgar préstamos a otros países, pero la recesión industrial y la caída de los precios de las materias primas más la subida del dólar desvirtuaron totalmente el negocio. Paradójicamente, puede culparse tanto al aumento como a la caída de los precios del petróleo, del problema de la deuda del Tercer Mundo, lo cual no hace más que demostrar que, desde el punto de vista del rendimiento comercial, los prestamistas tienen que imponer la codicia sobre la prudencia (es decir, cada prestamista tiene razón individualmente pero no en conjunto).

Como los bancos se ven obligados a efectuar préstamos cada vez más arriesgados (Continental Illinois y otros bancos estadounidenses tuvieron problemas), seguramente se llegará a una situación de absurdo en que los bancos comprenderán que están arriesgándose cada vez más en nombre de sus prestamistas y con márgenes cada vez más reducidos.

Es así como el énfasis pasa a centralizarse en las "tarifas de operación" que siempre han sido la forma de pago de los bancos de inversión. En todas las renegociaciones de las deudas de los países del Tercer Mundo, a los bancos les fue muy bien con estas tarifas.

De modo que la tendencia es que todos los bancos se transformen en organismos que cobren tarifas por servicios. Comprenden tarifas por conveniencia, conocimiento especializado y por funciones de comunicación. Sin el elemento de depósito y riesgo, todas éstas son funciones que pueden ser llevadas a cabo por cualquiera.

El banco Chemical de Nueva York tiene un sistema de computación propio (llamado Pronto) con 37.000 suscriptores que pagan alrededor de 12 dólares por mes. En cualquier momento del día o de la noche, un suscriptor puede marcar un

LOS QUE
PRESTAN

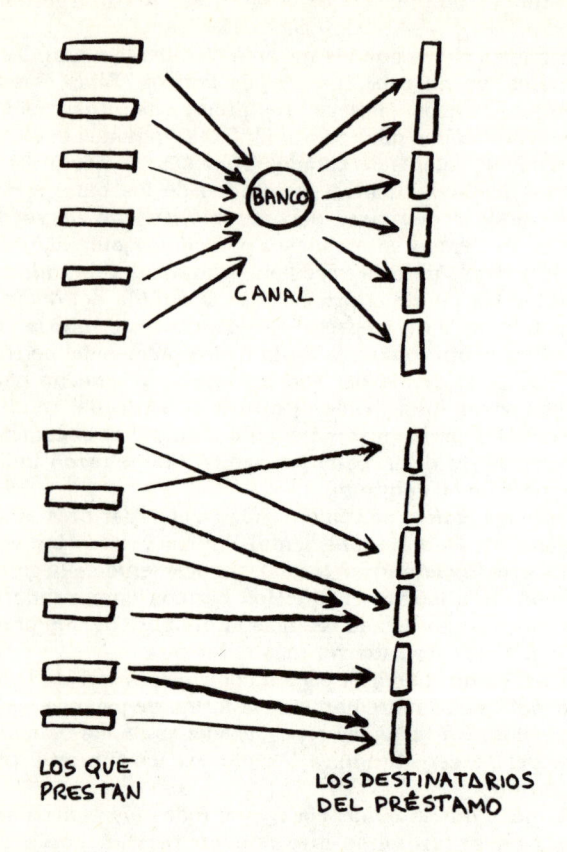

LOS DESTINATARIOS
DEL PRÉSTAMO

código de dieciséis dígitos y acceder a sus cuentas para efectuar las operaciones que desee. Este es un concepto de esencial conveniencia y total flexibilidad. Un consorcio de cuatro corporaciones importantes (incluyendo a AT & T) tiene intenciones de desarrollar este concepto.

Teóricamente, todos podrían llevar su propio banco en el bolsillo. La tecnología de "tarjetas inteligentes" hace esto posible. Una tarjeta inteligente es como una tarjeta de crédito plástica, pero con una serie de *chips*. En cierto modo es un microordenador. Insertando la tarjeta en una terminal podríamos transferir nuestro capital a determinado banco para uso nocturno. Si pueden solucionarse los problemas de seguridad y damnificación (no son insuperables), todo el mundo podrá llevar encima el documento necesario que constituyen los activos financieros. Puede argumentarse que esto aumentaría en vez de disminuir la necesidad de bancos. Habría que proveer infinidad de diferentes puntos (o modems telefónicos) donde introducir la tarjeta. Hasta el momento, las compañías telefónicas nos permiten llamar a quien queremos, de modo que puede no surgir la necesidad de "bancos" como tales para dotar de un mayor nivel de organización. Quizá cualquier individuo podría llamar a BP y prestarles dinero directamente. Creo que esto podría funcionar en ambas direcciones. Podemos analizar la necesidad de una mayor o menor cantidad de niveles organizativos intermedios.

Muchas de las cuestiones mencionadas en este artículo pueden considerarse más una promesa de nuevas oportunidades para los bancos que una limitación de su rol. En cierta medida, esto es cierto. Por ejemplo, el sistema de la tarjeta de crédito VISA tiene una red mucho más amplia que la tarjeta American Express (que es una tarjeta T & E).

El punto clave reside en que ninguna de estas nuevas funciones *debe* ser realizada por un banco *necesariamente*. Pueden ser efectuadas por cualquier organización con suficientes conceptos y confianza. *Deja de existir el derecho divino de los bancos.* En algunos países (como Canadá) los bancos cooperativos asumieron en gran parte la función prestamista de los bancos cuando los grupos de consumidores se agruparon para cubrir sus propios requerimientos prestatarios. En Inglaterra, las sociedades constructoras se hicieron cargo de la financiación de inmuebles (y también de algunas funciones de depósito). No hay razón que impida a algunas nuevas empresas cooperativas encargarse de estas nuevas funciones.

Considero que existen algunos conceptos y funciones muy específicos que sólo pueden ser llevados a cabo por bancos. Estos se relacionan con la tendencia de lo que podríamos denominar la nueva economía que, a mi juicio, se apoyará más en el idioma del "permiso para gastar" que en el viejo idioma capital de la riqueza transferible. No es éste ni el momento ni el lugar para explayarme sobre las complicaciones que encierran estos conceptos y espero poder hacerlo en el extenso margen que da un libro.

Considero que los bancos producen mucho pensamiento conceptual. Pero del tipo reactivo: pequeños pasos hacia adelante y reacciones frente a lo que alguien más está haciendo. Es un juego que consiste en alcanzar y adelantarse en alcanzar. Existe otro juego: hacer lo que hace alguien más pero hacerlo con más tesón. Durante un tiempo, estas estrategias resultan suficientes; pero de pronto fracasan. Es exactamente lo que sucedió en la industria automotriz estadounidense: se apoyó durante demasiado tiempo en el tesón.

¿CUÁNDO UNA IDEA NUEVA ES NUEVA?

Durante mucho tiempo una idea nueva puede ser una modificación o extensión de una vieja idea; pero de pronto surge como idea nueva.

Juan, el alma de la fiesta, se pone un sombrero gracioso. Sigue siendo Juan con un sombrero gracioso. Luego, se pone un poco de maquillaje y se enfunda en un disfraz. De pronto, se ha transformado en un payaso y "Juan" ha desaparecido. Se supone que ésta es la diferencia entre un actor cinematográfico y un actor teatral. En las películas, siempre el actor James Mason representa a algún personaje. En el escenario, el que está presente por derecho propio es el personaje: da la casualidad de que es Glenda Jackson la que provee el "cuerpo" alrededor del cual ha sido creado el personaje.

En una carta anterior me explayé sobre el problema de la frase destructora: "lo mismo que..." Este peligro surge cuando una idea nueva se parece en algo a una idea conocida y el interlocutor dice: "es lo mismo que lo que estamos haciendo..." ya expliqué que esta frase destructora es mucho más letal que un rechazo liso y llano porque un rechazo puede discutirse mostrando los beneficios de la nueva idea. Pero cuando se hace a un lado una idea nueva tildándola de "historia antigua", realmente queda descartada y cualquier discusión es una pérdida de tiempo.

En este artículo me refiero a algo diferente: al despegue de una nueva idea, a la determinación de una nueva dirección conceptual. La nueva idea tiene vida propia. Una vez que se separa de la vieja idea, adquiere identidad propia. Podríamos compararla a un brote que se separa y cae al suelo, echa raíces y se transforma en una planta nueva.

A continuación transcribo una conversación imaginaria centralizada en el tema de la violencia entre los espectadores de fútbol.

Se podrían poner cámaras de televisión giratorias que pudieran mostrar a las personas que utilizan la violencia.

Y si instalamos micrófonos escondidos en el hormigón de las terrazas para poder grabar conversaciones... Quizás, por medio de altavoces escondidos, se podría advertir a la gente que está siendo observada cuando ésta inicia la violencia. "El de sombrero amarillo, sabemos lo que intenta hacer".

¿Por qué ocultar estas cosas? Me gustaría que las cámaras de televisión estuvieran instaladas sobre postes, bien altas y visibles. El público debe ver las cámaras girando en su dirección. Sería como si un policía se diera vuelta para ver que está pasando. Es parte del efecto disuasivo.

Pero la gente podría reaccionar llamando la atención. Le gusta salir en la televisión. Podría verse incitada a hacer lío sólo para estar en pantalla. A decir verdad, me imagino dos grupos diferentes en extremos opuestos del área haciendo escándalo para ver cuál consigue la "atención" de la cámara.

¿Qué les parece una batería de reflectores dirigidos hacia el público en lugar de hacia la cancha? Cuando se encienden esos reflectores, significa que policías con teleobjetivos toman fotos de los espectadores. Como estas cámaras no se pueden ver, no hay engaño posible. Se ilumina toda una sección del público, de modo que los que están en ella saben que están bajo minuciosa observación. Recordemos la toma televisiva en Bruselas del hombre disparando la pistola. Se podría obtener una definición mucho mejor con cámaras o películas.

¿Qué les parece mezclar personal con ropas civiles entre el público con el propósito de obtener fotografías o simplemente notas mentales de quienes provocan los problemas?

Si fueran personas imposibles de identificar no tendrían ningún efecto disuasivo.

No podrían ser identificados pero se sabría de su presencia entre el público.

Y la idea de personas disuasivas visibles, que pudieran ser identificadas.

Terminarían convirtiéndose en blancos especiales de ataques. En realidad, exacerbarían la violencia.

¿Tenemos una persona disuasiva de la violencia visible que no sería atacada?

¿Podría ser uno de los violentos?

¿Algún tipo de líder, quizá?

De modo que de alguna manera hacemos responsable a uno de los líderes del comportamiento del grupo.

Esta es una dirección conceptual interesante.

¿Cómo hacemos que los líderes cooperen? ¿Cómo identificamos a los líderes? ¿De qué manera podrían colaborar?

Dejémoslo como una dirección conceptual por el momento.

En este breve intercambio de ideas podemos ver varios conceptos diferentes. Está presente el concepto de "visibilidad". Este sólo tiene sentido en el contexto del "anonimato" habitual de una multitud. Se sugieren formas de identificar a los individuos, de modo que deja de haber "anonimato". Si la gente sabe que esto es así, el método sirve para disuadir, o al menos disminuye la atracción del anonimato. Por consiguiente obtenemos el concepto de "disuasión". Luego el concepto de disuasión se agranda para incluir disuasión en determinado momento y lugar. Esto puede conseguirse con la cámara de televisión giratoria. También con las luces que se encienden, lo cual nos lleva hacia otro concepto. Se trata del concepto de la disuasión "en etapas". En otras palabras, hay dos etapas en la disuasión: el encendido de las luces, lo que significa que se está pontencialmente bajo vigilancia y luego, la posibilidad de estar presente en una telefoto. Esto podría conducir hacia una dirección conceptual independiente de disuasión por etapas o niveles de detección. Si bien se observa una serie de conceptos y direcciones de conceptos, personalmente seguiría incluyéndolos dentro de la noción general de remoción del anonimato, miedo a ser detectado y disuasión.

Luego la conversación se deriva hacia detectores humanos y la posibilidad de hacer responsables, de alguna manera, a los líderes del comportamiento de sus "seguidores". A pesar de que

DISCUSIÓN   NUEVA IDEA

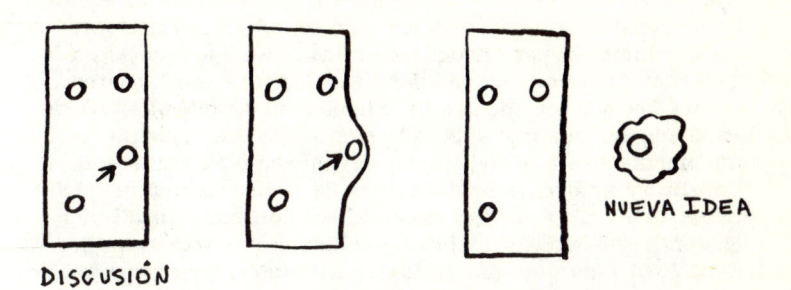

esto sigue perteneciendo a la dirección general de la disuasión, se transforma en una nueva dirección conceptual por derecho propio. Podemos entonces proceder a examinar el rol de los líderes. No se trata de examinar el rol de los líderes en un grupo o su responsabilidad en la provocación de la violencia. Esto implicaría una dirección conceptual diferente. *La dirección conceptual específica es el rol de los líderes en "estar encargado" y ser responsable del comportamiento del grupo en el estadio.* Puede muy bien suceder que no surja ninguna manera de hacer esto (una idea podría consistir en dar a estos líderes entradas gratis para distribuir y luego reducir o quitar este privilegio según el comportamiento).

Cuando emerge una nueva idea o dirección conceptual, ¿es sensato seguirla? Si nos dejamos llevar por cualquier nuevo concepto, quizá nunca lleguemos a concentrarnos demasiado en un área particular. Es un peligro muy serio y a esto se debe, en parte, la mala reputación que llegaron a tener en muchos ámbitos las sesiones de *brainstorming* sugerencia de ideas. Si se persigue cualquier idea nueva, el propósito parece ser distraerse de permanecer con una idea durante el tiempo suficiente. Por otro lado, *el único propósito de la exploración creativa y el idioma del "movimiento" consiste en usar ideas como piedras de apoyo para acceder a nuevas ideas.*

Resulta difícil establecer reglas rígidas para este comportamiento. Es más una cuestión de experiencia. Cuando se tiene la impresión de que determinada área ha recibido una atención razonable (como el concepto de disuasión en la conversación), es posible desplazarse y seguir la nueva dirección. De lo contrario, debe tomarse nota de la nueva dirección (la dirección conceptual de utilizar líderes para disuadir y controlar el comportamiento) para poder continuar prestando atención a la presente área conceptual. Más tarde podrá reorientarse el interés hacia el área de la que se tomó nota. La dificultad reside en que la persona que sugirió la nueva dirección insistirá constantemente en tratar de llevar el pensamiento en esa dirección. Constituye una parte importante de la *disciplina creativa* reconocer una nueva e interesante dirección conceptual y, no obstante esto, prestar atención creativa a otra área con prioridad. *Está bien que nos sintamos estimulados por nuestras ideas, pero sin perder nunca el control de su manejo.*

Si dejamos que una idea se transforme en una nueva idea demasiado pronto, nos arriesgamos a perder la contribución de esa idea. Por ejemplo, si partimos tras la función del "liderazgo" de los delincuentes de los estadios, quizá logremos una interesante (y probablemente repetitiva) discusión sociológica sobre líderes, pero nos habremos apartado del "efecto disuasivo" de los líderes. Por ende, no sólo debemos permanecer conscientes de que se ha establecido una nueva dirección conceptual, sino de que —por el momento— debemos tratarla en el marco de la dirección conceptual existente.

Como sabrán los lectores de esta publicación, una de las formas de obtener movimiento es "centralizarse en la diferencia". Esto significa prestar atención a los puntos de diferencia entre la provocación y la idea conocida. De una manera similar, podemos centralizarnos en la diferencia entre una nueva idea emergente y la idea de la cual ésta emerge. Por ejemplo, la sugerencia de que en un automóvil debería haber ruedas de freno que estuvieran separadas de las ruedas de desplazamiento abre toda una dirección conceptual nueva de mecanismos específicos de frenado. Estos mecanismos podrían incluir ruedas especiales, pastillas, y hasta cohetes de inversión. En el curso de esta discusión, podría surgir el concepto de contar con ruedas "sin frenos" especiales de manera que si se trabaran todas las ruedas con frenos, éstas pudieran dotar de estabilidad direccional. Podrían ser ruedas de dirección solamente que descendieran a su posición siempre que se aplicaran violentamente los frenos. Esta idea puede pasar a tener existencia independiente. Se transforma en una manera diferente de tratar el resbalamiento y la pérdida de control (en contraste con el actual sistema intermitente de frenado).

Imaginemos que estamos mirando colores de tela. Se nos muestra una amplia gama de "rojos". Pronto nos damos cuenta de que si bien puede decirse que determinado color es un tipo de "rojo", realmente éste prácticamente constituye un color diferente: como un carmesí, escarlata, granate o burdeos. Cuando generamos ideas necesitamos tener el mismo tipo de sensibilidad.

Lo esencial después de reconocer el brote de una nueva idea es ser capaz de concentrarnos directamente en ella. La nueva idea pasa a transformarse en el centro de atención y los "suburbios" de otras ideas irradian de ella. De hecho, no difiere del surgimiento de un suburbio determinado como una ciudad por derecho propio.

Como suelo repetir a menudo, uno de los mayores problemas en la etapa habitual de la exposición de ideas de cualquier sesión creativa es que el expositor tiende a agrupar diferentes ideas bajo un mismo título, sea por pereza o cierto sentido de prolijidad lógica. Este constituye un error serio que cercena drásticamente el valor de la sesión creativa. Podemos poner algo bajo un título general, pero no podemos volver a sacarlo con sus características originales.

El lugar para pensar

Esta *Carta*, como la mayoría de mis publicaciones, contiene diagramas. Cualquiera que me haya visto dar una charla o conferencia sabe que hago uso del proyector en todo momento para ilustrar ideas o procesos.

A algunas personas les gustan los diagramas y a otras las irritan tremendamente. Algunas personas sienten que completan el mensaje del texto; otras sienten que lo desvirtúan.

Por cierto, yo diría que al explicar un tema abstracto como el pensamiento, los diagramas resultan muy útiles, especialmente cuando los diagramas son dinámicos y espontáneos como los que hace posible el proyector elevado. Reconozco

RIESGO

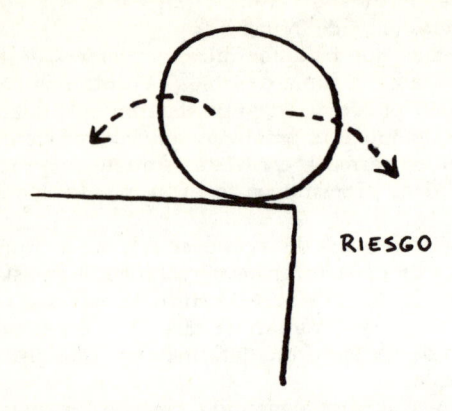

perfectamente que los diagramas estáticos no son en absoluto tan efectivos.

Los diagramas tienen diferentes roles. Podemos mencionar los diagramas explicativos que pueden tender a ser muy complicados y bastante confusos, en los cuales el autor intenta incluir todo su mensaje. El resultado puede ser una confusión porque si bien el autor sabe cómo fue articulado, esto no significa que el espectador sabrá cómo descifrar la información.

Prefiero lo que denomino diagramas "perceptibles". Esto significa que ilustran o refuerzan el texto proporcionando una imagen visual que se corresponde con el mensaje del texto. Con frecuencia, resulta más fácil mostrar un proceso en un dibujo que con palabras. Las palabras pueden utilizarse para describir el dibujo. De esta manera, podemos guardar en nuestra memoria un simple dibujo en lugar de una ristra de palabras.

En algunos casos es especialmente útil valerse de un diagrama.

1. Al cotejar diferentes efectos.
2. Al mostrar el desarrollo de un proceso en etapas.
3. Para mostrar relaciones complejas.

La tarea de pensamiento que voy a encomendar a mis lectores esta vez consiste en imaginar una forma de mostrar el "riesgo" en forma visual. La ilustración que aquí se ofrece es muy cruda y no muestra los aspectos más importantes del riesgo. El lector puede utilizar esta ilustración como punto de partida o generar otra diferente.

Quiero que considere —e ilustre— tres tipos de riesgo:

1. El riesgo de los banqueros: esto significa que, en realidad, no debe haber ningún riesgo. Debe existir un respaldo adecuado y la capacidad garantizada de devolver el dinero (después de todo no es el dinero del banco).

2. Riesgo de la inversión: en este caso un inversor arriesga su dinero, puede ser una empresa nueva o en la bolsa de comercio. Existe la posibilidad de ganar, pero también un definido riesgo de perder dinero (si la empresa fracasa o las acciones bajan).

3. Riesgo en Broadway: en este caso el inversor sabe que la situación es tremendamente especulativa; sabe que nueve de cada diez empresas fracasarán, pero que la que triunfe lo hará de una manera que compensará todas las pérdidas.

Piense en cómo contrastar estos tipos de riesgos a través de un diagrama.

Tenga en cuenta que las leyendas del diagrama deben ser muy breves.

26
¿Qué es lo que realmente queremos?

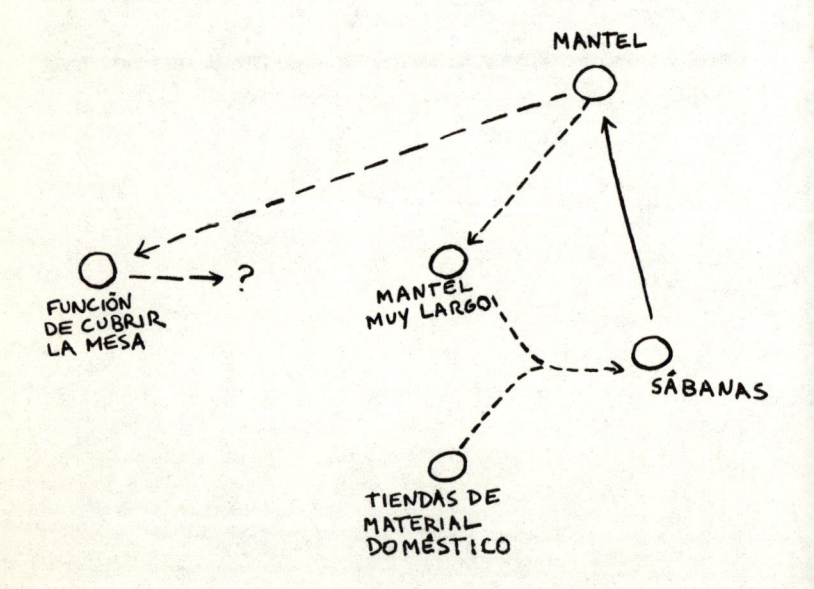

Estaba haciendo compras con mi esposa en Malta. Buscábamos un mantel que cubriera una larga mesa que sería utilizada en una cena al aire libre. Probamos en una serie de comercios. Ninguno tenía mantel del tamaño que buscábamos. Los únicos manteles que había eran pequeños y muy costosos. En una tienda vimos algo que parecía un mantel pero que resultó ser una sábana. De pronto, nos dimos cuenta de que una sábana cumpliría la función adecuada. Resultó que las sábanas eran mucho más económicas y venían por pares. En todas partes había sábanas y teníamos una amplia variedad de diseños para elegir. La pregunta interesante es: ¿por qué resultó tan difícil pensar en sábanas al principio? Analizándolo, resultó obvio.

En mi primer libro (*The Use of Lateral Thinking*), hablo de un sendero oscuro que llevaba a la casa de campo que tenía cerca de Cambridge. Había que salir marcha atrás por ese camino, que carecía en absoluto de iluminación. En esa época, eran pocos los coches con luces de retroceso. Lo que me sorprendía era que a nadie se le ocurría usar las luces intermitentes como iluminación. Cumplían muy bien la función. Pero los intermitentes no estaban archivados en la mente como "luces".

En un conocido experimento psicológico se pidió a un número de personas que construyeran algún circuito eléctrico simple. A la mayoría le resultó escaso el alambre para completar el circuito. Unos pocos se dieron cuenta de que el extremo metálico del destornillador que se les había suministrado podía incorporarse como parte del circuito final.

En una oportunidad estaba en Nueva York terminando de concretar algunos contratos. Había garabateado mis comentarios en lápiz sobre el margen. Como estos puntos fueron aceptados, tenía que borrar las notas escritas en lápiz e insertarlas en tinta para dejar el contrato listo para firmar. No tenía ninguna goma de borrar a mano y los comercios estaban cerrados porque era domingo. De pronto, me di cuenta de que los zapatos que tenía en la maleta tenían tacón de goma. Este resultó una excelente goma de borrar y los contratos quedaron listos.

Se podría decir que normalmente buscamos "cosas" para obtener una función específica de ella y que deberíamos en realidad buscar la "función" directamente. Pero esto no siempre funcionaría. De haber buscado una "función borradora", podría haber pensado en un pedazo de pan, pero no en mis zapatos. Fue precisamente porque buscaba "un pedazo de goma" por lo que se me ocurrió pensar en el tacón del zapato. Del mismo modo, en la historia de las luces intermitentes no buscaba sólo "iluminación", sino luces del automóvil que pudieran utilizarse para este fin. Con el mantel, no buscaba una "función para cubrir la mesa" sino algo que pudiera confundirse con un mantel. De hecho, fue justamente esta confusión lo que me llevó a comprar sábanas.

Como suele ocurrir, la explicación posterior de lo que pensamos que sucede no siempre es correcta. En estos ejemplos en particular, no creo que haya habido un retroceso a la "función" básica que se estaba buscando. Me inclino a pensar que hubo un paso lateral en dirección a algo relacionado a lo que se buscaba. Una vez efectuado este paso, la conveniencia funcional se hizo obvia. Lo que yo buscaba era "una especie de mantel" o una "especie de luz" más que las funciones en sí.

En la segunda guerra mundial se contaba que el departamento de tecnología auxiliar recibió la orden de diseñar un medidor de profundidad que pudiera usarse desde un bote de goma desde submarinos cerca de la costa de Normandía para poder medir la profundidad de los pasos de acceso. El proyecto estaba bastante avanzado cuando alguien hizo la observación de que las mareas eran tan altas en esa área que un reconocimiento aéreo con la marea bien baja revelaría los contornos de acceso. Esto fue lo que se hizo.

En este caso en particular la pregunta "¿qué estamos tratando de hacer en realidad?" habría llevado a este tipo de respuesta.

No me opongo a la técnica, o hábito, de tratar de volver a la necesidad básica o función deseada. De hecho, considero que este proceso es muy útil. Sin embargo, creo que puede resultar positivo volver por etapas:

Quiero un mantel
Quiero una especie de mantel
Quiero una función que cubra una mesa
Quiero una función que cubra una superficie
Quiero un corte amplio de tela
Quiero un pedazo grande de cualquier tela bonita

A pesar de esto, sigo teniendo la sensación de que el mejor enfoque podría haber sido: "¿Qué trozos grandes de tela se utilizan en el hogar?" Esto nos habría conducido rápidamente a sábanas, colchas, cortinas y alfombras. Hay que tener en cuenta que estuve buscando en comercios de artículos para el hogar, de modo que estos negocios abundaban.

Esta elección de "marco de búsqueda" es sumamente importante en el pensamiento creativo. Si es demasiado específico, nos veremos limitados. Si resulta demasiado amplio, puede costarnos arrancar.

Tenía el automóvil estacionado en el aeropuerto y quedó cubierto de nieve. La cerradura se había congelado y no podía introducir la llave. Supuestamente hay que calentar la llave con fósforos o con un encendedor. No tenía ninguna de las dos cosas y, de todas maneras, con el viento que había era difícil mantener una llama encendida. Pero lo que sí tenía era una botella de brandy adquirida en el *free shop*. Vertí un poco sobre la cerradura. Esta se descongeló y pude entrar en el auto y encender el motor. En este caso, hubo una pregunta de función básica: "¿Cómo puedo descongelar algo?"

Un enorme aparato vibraba tanto que resultaba imposible continuar los experimentos. Los ingenieros sugirieron fijar las patas de la mesa con hormigón. Finalmente, una simple esponja de baño con un peso de un kilo puesta sobre el aparato anuló la vibración interrumpiendo la resonancia. Aquí la pregunta se dirigió simplemente a encontrar un medio para llegar a un fin: "¿Cómo se detienen las vibraciones?"

Siempre resulta fácil definir la pregunta que deberíamos haber preguntado en retrospectiva. Este tipo de análisis siempre me pareció espurio. Lo mejor que podemos hacer es contar con un repertorio de preguntas que podemos hacernos. Como sugerí anteriormente, éstas han de cubrir un espectro que abarque desde una necesidad de un determinado objeto a una necesidad de una función general. A mi juicio, referirse de inmediato a la necesidad subyacente más básica no siempre es el mejor enfoque.

PLACER EN LO NEGATIVO

"Podría subirme sobre esa mesa para cambiar la lamparita".

"Esa mesa no aguantará tu peso. De todas maneras, no creo que el problema esté en la lamparita; creo que está en el interruptor."

La predicción del futuro admite múltiples opiniones divergentes.

"Pienso que este aumento de la violencia entre los jóvenes se debe, simplemente, al aburrimiento. Quieren un poco de aventura momentánea, un poco de adrenalina momentánea."

"No estoy de acuerdo. Pienso que la violencia se debe a las frustraciones por el desempleo y la falta de esperanza."

Es natural que exista desacuerdo en la formulación de hipótesis y explicación acerca de las cosas. Por esta razón, contamos con el método científico y diferentes formas de pruebas estadísticas. En los tribunales, una de las partes busca "probar" un caso y la otra demostrar que las "pruebas" no son tales.

ES ASÍ
NO, NO ES ASÍ

En algunos otros sistemas, el descuerdo se apoya en terreno más firme. Por ejemplo: 4 + 5 no suman 11. La palabra "recibir" no se escribe "recivir". Los automóviles no andan por la derecha en Inglaterra.

En este tipo de sistemas es mucho más fácil verificar si algo es incorrecto porque tenemos algunas cosas estipuladas de determinada manera. De todos modos, podemos verificar las respuestas de muchas formas diferentes. Por ejemplo:

"Esta pintura de ninguna manera puede ser de Rafael, porque estas vestimentas comenzaron a utilizarse cien años después de su muerte".

"Esto no puede ser intoxicación de salmonella por los alimentos que comió, ya que ese tipo de envenenamiento por ingestión tarda mucho más en manifestarse.

En este caso el desacuerdo se basa en referencias a evidencias sobre hechos. Hay personas que establecieron hechos acerca de la historia de la vestimenta y del comportamiento de diferentes tipos de venenos en las comidas.

Consideremos otros ejemplos:

"Hay un poco de tierra en la superficie de la mesa de vidrio. ¿Podrías quitarla con un trapo húmedo?"

"Tienes una infección de garganta producida por estreptococos y te administraré un poco de penicilina para eliminarla".

"Debemos hacer pública esta corrupción en la policía para ponerle coto".

En estos casos se halla implícita la existencia de un fallo, un defecto. Las cosas no son como deberían ser. Debemos eliminar el fallo y poner las cosas bien. Debemos corregir errores.

Ahora consideremos los siguientes juicios:

"Ese diseño es muy rígido y austero para una silla. Parece una silla de escuela, hasta una silla de prisión. No se adecua en absoluto a una sala."

"Ese diseño es muy cargado y rebuscado para una silla. Es pretencioso y bastante horrible. No tiene elegancia".

En estos casos, el crítico compara lo que es con lo que él considera que deberían ser las cosas. El crítico es libre de cambiar su ideal de comparación en cualquier momento. Si la silla ofrecida es simple, el ideal es menos simple. Si la silla ofrecida es elaborada, el ideal es más simple.

Evidentemente, el uso del negativo abarca un amplio espectro. Este fluctúa desde el uso permisible (diferencia de opinión) y el uso lógico (especialmente en los sistemas construidos) hasta lo que algunas veces es uso deshonesto. Lo que me interesa en este momento no es tanto la filosofía de lo negativo como el comportamiento implícito en su utilización.

En una oportunidad cometí un error en un problema de una serie que preparé para la revista *The Telegraph*. Recuerdo que se trataba de un descuido en la redacción. Un gran número de personas me escribió para señalarme el error. Sus cartas dejaban traslucir un gran júbilo. En cierta forma, es comprensible. No esperamos toparnos con este tipo de error y nos fascina encontrarlo. También entra en juego aquello de que si alguien encuentra un error, debe de ser superior a la persona que incurrió en él.

Hay gente más que dispuesta a escudriñar cada frase de una discusión con el fin de encontrar un punto de error: no tanto un punto de desacuerdo como un verdadero punto de error. Si no existe ningún error verdadero se señala que algo es meramente una suposición y no puede utilizarse como base de nada. Resulta tedioso discutir con personas con esta tendencia.

Hay personas que tienen una actitud diametralmente opuesta: escuchan con atención lo que se les dice y luego esperan para ver a qué conclusión se llega. Si la conclusión parece apoyarse en algún error o suposición anterior, simplemente lo señalan. Suele suceder que se obtiene una conclusión sensata aún cuando uno de los puntos que la sustentan es, en realidad, imperfecto.

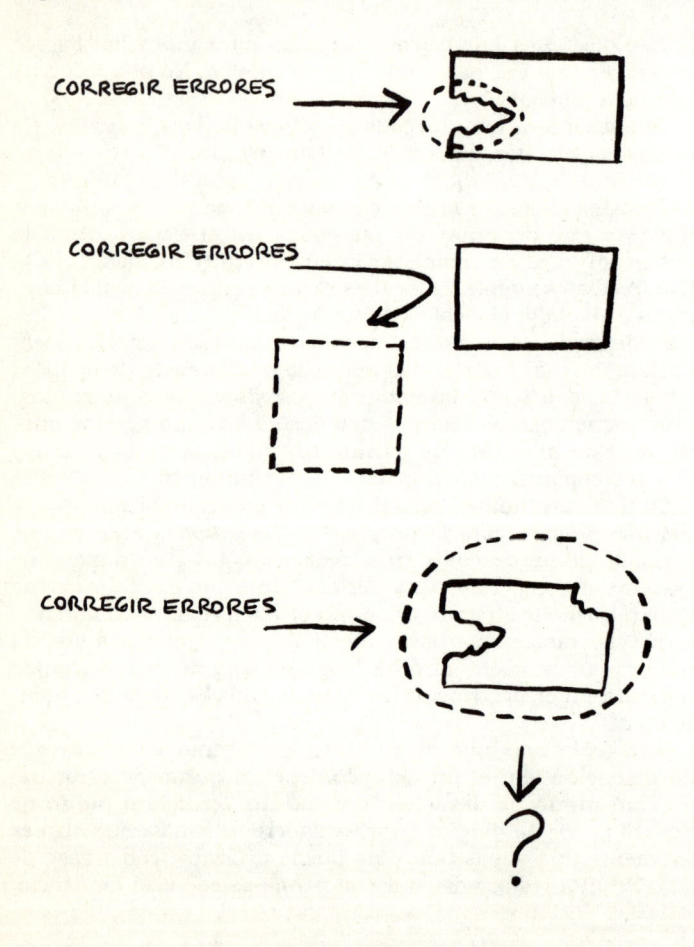

Algunas personas se sienten sumamente desconcertadas por lo que perciben como un error. En mi opinión, esto no sólo tiene que ver con la lógica defectuosa del error. La respuesta es demasiado emocional como para reducirse a esto. Existe algo en la mecánica cerebral que hace que un error resulte distintivamente molesto. En algunos experimentos clásicos, Jerome Bruner mostró que cuando se insertaba en un mazo de naipes un ocho de "corazones" negros, la gente experimentaba desasosiego al toparse con la carta anómala.

La detección de errores es una necesidad. Por cierto, son necesarias las personas empeñadas en encontrar pruebas para las cosas. Pero éste es sólo un aspecto del pensamiento. Necesitamos ir más allá del pensamiento crítico para desarrollar habilidades del pensamiento creativo y constructivo.

Una noción del desarrollo sostiene que si nos limitamos a corregir los errores, las cosas mejorarán cada vez más. No encuentro a esto demasiado sentido. Parece sugerir que existe cierta naturaleza intrínseca en las cosas que es buena a menos que esté contaminada por el error. Lo único que hay que hacer es corregir el error. El modelo es el de la mesa de vidrio con tierra o la persona con dolor de garganta. Si detenemos la polución, el mundo será un sitio mejor. Si eliminamos la pobreza, la gente será más feliz. Si solucionamos el hambre, la gente no morirá de inanición. Si vencemos las enfermedades, las personas vivirán más y mejor. Si nos deshacemos de los políticos incompetentes y deshonestos, el país irá mejor. Es fácil darse cuenta de lo convincente que puede resultar este argumento. No obstante, muestra una línea de pensamiento muy limitada. Si determinado país tiene un mal gobierno, condenamos a ese gobierno para solucionar este fallo o error. El gobierno presente puede fracasar y ser reemplazado por uno aún peor. No es asunto nuestro. Con el tiempo, terminaremos condenando también al nuevo gobierno. Si nos empeñamos en quitar el error, ¿estamos seguros de que las cosas terminarán necesariamente bien?

La validez de este argumento cobra fuerza frente a la imposibilidad del argumento opuesto. ¿Debemos perdonar y soportar la deshonestidad, la incompetencia y la brutalidad? Aun cuando sepamos que las cosas empeorarán, no podemos abstenernos de atacar lo que está mal.

"Esto está mal para los responsables. Te pedimos que lo corrijas." En cierto modo, es un voto de confianza del error. Creemos que pueden anular el error y corregir las cosas. Si alguien nos dice que nuestra casa está sucia, seguramente, nosotros podremos limpiarla. ¿Por qué habría de hacerlo alguna otra persona en nuestro lugar? El rol de nuestro prójimo se limita a señalar la suciedad.

Es fácil simplificar la condena e incluirla en una frase popular. Esta resulta autojustificativa: si algo está mal, debe ser condenado. No puede discutirse.

No voy a extenderme en consideraciones sobre hasta qué punto la condena alimenta las energías del odio, la agresión y la ira. Quizá nos agrade tener algo que odiar porque esto nos hace sentir virtuosos y compensa instantáneamente las deficiencias personales que percibimos en nosotros. Estoy convencido de que este enfoque de la negatividad tiene mucho de verdad. Lo que más me interesa es el aspecto intelectual de la negatividad. ¿Creemos realmente que el pensamiento constructivo no es asunto nuestro sino de alguien más? ¿Realmente creemos que los sistemas son intrínsecamente buenos y que haciendo desaparecer los fallos permitiremos que florezca esta bondad y perfección? ¿Realmente estamos convencidos de que la corrección de los defectos es la presión fundamental que actúa en la mejora del diseño? Tengo la impresión de que lamentablemente nos creemos esto en gran parte, si no en su totalidad.

Lo que me parece muy extraño es la alta estima que concedemos a la negatividad y al modo de pensamiento argumental. Estoy de acuerdo con que el argumento algunas veces fuerza la exploración de una cuestión. Pero si es exploración lo que buscamos, existen métodos mucho más efectivos. Quizá nos agrada la seguridad de una línea argumental depurada de todo error. Sin embargo, sabemos que la lógica nunca puede demostrar más que lo que arrojan las percepciones, los valores y el contexto.

Quizás se trata simplemente de que todo el énfasis de la educación recae en la evitación del error. A excepción de unas pocas áreas (como la de los ensayos), la evitación del error constituye una estrategia suficiente. No obstante, sigue intrigándome el "placer" manifiesto de la negatividad.

El lugar para pensar

La geometría de Euclides parece contener una lógica eterna. Mucho tiempo después, alguien hizo la observación de que la geometría de Euclides sólo era aplicable al "universo" particular de una superficie plana. Por ejemplo, en una superficie esférica, los ángulos de un triángulo suman más de 180 grados. Imaginemos un globo que representa la tierra. Si elegimos dos líneas de longitud cualesquiera (a excepción de las que son exactamente opuestas), se formará un triángulo con el vértice en el polo norte y la base en el ecuador. Como las líneas cortan el ecuador en ángulo recto, la suma de los ángulos de base ya da 180 grados, sin contar el ángulo del vértice.

Para ilustrar la importancia de los diferentes "universos", algunas veces, me valgo de la siguiente secuencia:

12	6
8	4
4	7

Luego solicito a la audiencia que explique la lógica de esta secuencia. Primero, todos tienden a pensar en términos de matemáticas. Luego, piensan en términos de la ortografía de los números. En realidad, la secuencia sólo puede resolverse en Italia. La palabra correspondiente a 12 (dodici) tiene seis letras; la palabra correspondiente a 8 tiene cuatro letras (otto) y la que corresponde a 4 (quattro) siete. Ningún razonamiento del universo del "inglés" bastaría para resolver este problema. Lo que quiero señalar es que si estamos pensando en un universo equivocado, es posible que no comprendamos algo que resulta lógico, y hasta obvio, en el universo correspondiente.

Otro ejemplo que utilizo es el de los tres hombres, cada uno de los cuales tiene un pedazo de madera en la mano. Los tres sueltan la madera. En el primer caso la madera cae hacia abajo. En el segundo caso, se eleva hacia arriba. En el tercero, permanece exactamente en el mismo lugar. El primer caso es fácil de comprender. Pero el segundo y el tercero parecen extraños e increíbles. Sin embargo, cuando explico el universo particular de cada caso, lo que parecía extraño se vuelve lógico y obvio.

En el primer caso, el hombre está parado sobre la superficie de la tierra, de modo que la madera cae.

En el segundo caso, el hombre está parado sumergido en el agua, de manera que la madera flota hacia arriba.

En el tercero, el hombre se encuentra en una nave espacial con gravedad cero. Es así como el bloque permanece en su lugar.

Un cambio de universo es más que un mero cambio de circunstancias. Un cambio de universo significa una serie diferente de reglas de comportamiento, mientras que un cambio de circunstancias puede producirse aun sin un cambio de las reglas básicas.

El desafío y ejercicio de pensamiento específico consiste en inventar formas de ilustrar lo que implica un cambio de universo.

27
Carta abierta a Reagan y Gorbachov
Tema: Reunión cumbre de noviembre de 1985

Caballeros:

Cuando se reúnan en Ginebra el 19 de noviembre, ambos estarán asistidos por equipos de personas brillantes y experimentadas que dirigirán la lógica de sus análisis a los objetivos y valores de cada una de sus posiciones, y de la reunión en sí. Sin embargo, habrá una seria deficiencia en el pensamiento. Quizá, por primera vez en la historia, podamos demostrar por qué el análisis lógico no puede nunca bastar para generar los nuevos conceptos y percepciones que tanto se necesitan.

¿Seguirían ustedes a un navegante que no comprendiera exhaustivamente los métodos de navegación? ¿Emplearían a un chofer que no supiera usar la marcha atrás?

A los matemáticos les llevó dos mil años darse cuenta de que la bella lógica de la geometría de Euclides sólo era aplicable al "universo" de una superficie plana. Cuando se está dentro de un universo determinado, la suficiencia e integridad de las reglas prácticamente impiden que se conciba su limitación a ese universo en particular.

Ha llegado el momento en que quizá tengamos que aceptar que nuestra lógica tradicional (tanto verbal como matemática) no es más que una forma particular de "lógica-objeto" basada en universos de información "pasivos". Todos los sistemas de información que utilizamos en la vida diaria o en ordenadores son pasivos. Cuando se hace una marca en un papel o en un disco de ordenador, tanto la superficie como la marca permanecen pasivos. Tenemos que aportar un pensador o un procesador para manipular esas marcas de acuerdo con algunas reglas. Esta es la lógica-objeto que genera símbolos y lenguaje; juicio, categorías e identidades y la ley de la contradicción. Esta es la lógica que tan bien nos ha servido en el mundo técnico porque es allí donde tratamos con objetos. En los asuntos humanos, podemos continuar atribuyendo nuestros fallos a la esencia inmutable de la naturaleza humana (codicia y agresión), o bien podemos examinar el fallo de nuestro pensamiento: no haber comprendido que la percepción humana opera en un universo de información "activo" que resulta totalmente diferente al universo pasivo de la lógica-objeto.

Sabemos que en los universos de información "activos", la información y las superficies registradoras interactúan para dar inclinaciones, circularidades, patrones y asimetrías. Esto representa la propia base de la percepción (y también por qué un dedo toma la forma de dedo). La lógica-perceptiva es totalmente diferente a la lógica-objeto: en vez de categoría, hay flujo y contexto; en vez de juicio, hay movimiento; no se aplica la ley de contradicciones, etcétera. El humor constituye un excelente modelo de la lógica perceptiva y el hecho de que ésta sea rechazada por filósofos y lógicos tradicionales sólo confirma que se limitan a la lógica objeto de los universos de información pasivos.

Los problemas y conflictos del mundo no han cedido al análisis lógico; necesitamos nuevos conceptos, nuevas percepciones y nuevos enfoques. Para acceder a éstos, hacen falta nuevos tipos de pensamiento basados en la lógica perceptual. El increíble éxito de los Juegos Olímpicos de 1984 proveyó un concreto ejemplo de la efectividad de este tipo de pensamiento. En una entrevista (*Washington Post*, 30 de septiembre de 1984), el organizador explicó cómo había utilizado las técnicas del pensamiento lateral (técnicas generadoras de conceptos basadas en la lógica perceptual diseñadas por mí algunos años antes) para generar los nuevos enfoques y conceptos que dieran tanto éxito a los juegos. ¿Acaso estoy sugiriendo que el enfoque conceptual creativo podría actuar de la misma manera en los asuntos internacionales? Sí. Sin duda, se trata de algo imposible de lograr por medio del análisis lógico por sí mismo.

Llegamos entonces al terrible dilema de la creatividad. Todas las ideas creativas valiosas siempre serán lógicas en retrospectiva; de lo contrario, jamás podríamos reconocer su valor. De modo que insistimos en que estas ideas deben ser accesibles a una lógica mejor. Por lo tanto, en un sistema de información pasivo, la creatividad es, sin duda, un lujo. Pero en un sistema de información activo, esta pespectiva pierde todo valor. La asimetría de patrones significa que una idea sólo puede ser lógicamente obvia después de haber sido pensada.

Para los políticos, siempre ha sido estrategia de pensamiento suficiente defender las ideas que sostienen. La generación de nuevos conceptos nunca constituyó una prioridad. Por eso los equipos involucrados en la reunión cumbre no tomarán estas consideraciones en cuenta.

Bastante pernicioso es ya que nuestros sistemas lógicos tradicionales resulten inadecuados para resolver problemas; pero en muchos casos, además, las polarizaciones de la lógica-objeto han ayudado a crear el problema.

Hay un segundo nivel en que la reunión cumbre será deficiente. El choque entre argumento y negociación esteriliza la percepción. Por ejemplo, partidos opositores nunca pueden aceptar el "flujo negativo de capital" de una posición que, en última instancia, conduce a una salida satisfactoria para ambas partes. La negociación se basa en la lógica-objeto: el diseño se vale de la lógica perceptiva. Por eso debe haber un rol formal de tercera parte si el modo de diseño ha de reemplazar el modo de conflicto.

Lo que quiero significar con esto es que la confianza en el análisis lógico y el argumento es necesariamente inadecuado y, en consecuencia, la reunión cumbre está destinada a un relativo fracaso. Soy consciente de que el verdadero propósito de la reunión es la acción que toma lugar (y todo el teatro que surgirá de ella). Sé que no existe una necesidad real de que se produzca un serio pensamiento constructivo en Ginebra. Pero lo expuesto en esta carta no sólo es aplicable a esta reunión cumbre sino a la futura relación entre las superpotencias y el futuro del mundo. Propongo que no persistamos en confinarnos en la arrogancia de nuestra lógica limitada que sostiene que no puede haber otras alternativas más allá de las que vemos en este momento.

Como sugerencia constructiva, propondría un Consejo permanente conformado por representantes de Estados Unidos y la U.R.S.S. que se compusiese de tres subconsejos funcionales: un consejo adversario, antagonista y negociador (parecido al que tenemos en la actualidad), un consejo constructivo dedicado al trabajo conjunto sobre cuestiones de interés mutuo previamente acordadas (que también existe en la actualidad bajo formas diferentes) y un consejo específicamente creativo que diseñara nuevos conceptos y enfoques para transferir cuestiones del consejo adversario al constructivo.

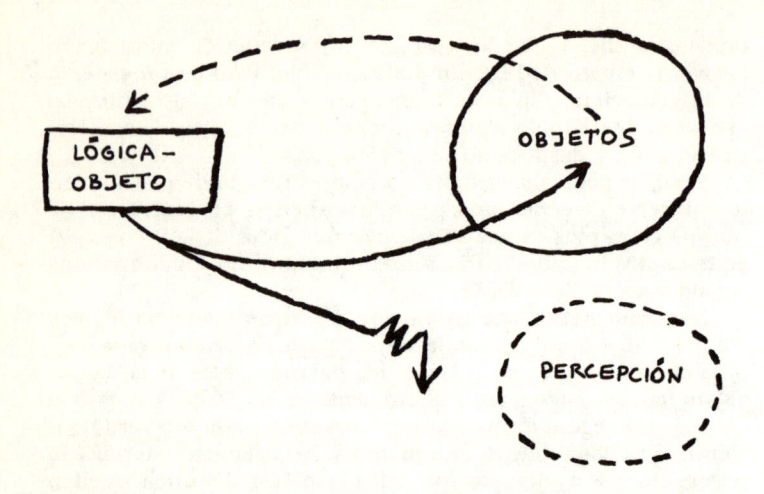

Este año Estados Unidos gastará 246.000 millones de dólares en defensa. El mundo gastará más de 1000 millones de dólares en armamentos. En este marco —incluida la vulnerabilidad de la mutua política disuasoria tendiente a imponer estrategias de manera sutil— debería de tener sentido analizar más detenidamente la propia naturaleza de nuestro pensamiento, en lugar de limitarnos a estudiar aquello sobre lo que pensamos. No tenemos nada que perder, a excepción de nuestra equivocada arrogancia. Los nuevos conceptos terminarán siendo valorados con nuestra moneda corriente.

Sucede que nuestros métodos tradicionales de lógica son definitivamente inadecuados por sí mismos, independientemente de la pericia con que se apliquen.

LECCIONES DE UNA HISTORIA

Los que han asistido a alguno de mis seminarios, reconocerán la historia que relataré a continuación. La uso con frecuencia porque resume muy nítidamente la esencia del pensamiento lateral. En una oportunidad, hasta fui acusado de robar mi propia historia. Jim Slater había mencionado la historia en su libro *Return to Go* atribuyéndomela. Uno de los concurrentes al seminario había leído la historia, sin reparar en la aclaración que me mencionaba como autor de la historia, y me acusó de adjudicármela como propia.

La historia trata sobre los campeonatos de tenis de Wimbledon. Había 131 jugadores anotados para *singles* masculinos. Lamentablemente, llueve durante la primera semana de manera que el organizador tiene que tratar de organizar todos los partidos en la segunda semana. Como es natural, quiere buscar la mínima cantidad de partidos que necesitan jugarse. ¿Cuál es la cantidad mínima? Pueden quedar jugadores desparejados en la primera vuelta y hasta en la segunda.

De esto trata la historia, problema o enigma por resolver. Comenzamos por visualizar la estructura de un torneo eliminatorio normal. Dos jugadores se enfrentan y el ganador juega con otro ganador y así sucesivamente hasta que surja un campeón final. Podríamos probar suerte adivinando cuántos partidos tendría que haber en la primera vuelta para luego seguir trabajando. Pero también podríamos trabajar en sentido contrario diciendo que habrá dos jugadores en el partido final, cuatro en las semifinales, ocho en los cuartos de finales, luego 16, 32, 64 y 128. O podríamos encararlo por partidos en lugar de jugadores: un partido, dos partidos, cuatro partidos... Luego, simplemente sumamos los partidos. ¿Pero qué sucede con los tres jugadores sobrantes? ¿Cómo entran en el sistema?

Hasta este momento hay dos lecciones que aprender. La primera es que parece útil visualizar la estructura de la situación, ya que nos marca un camino. La segunda lección consiste en que la idea de trabajar "en sentido inverso" a partir del ganador —en lugar de "hacia adelante" a partir de los jugadores— parece prometedora. Comprendido esto, hasta es posible que nos felicitemos por haber encontrado un enfoque inteligente. Sospecho que muchas de las personas que asisten a un seminario de pensamiento lateral piensan que el truco consiste en optar por trabajar en sentido inverso. Sin duda, este enfoque parece alentador.

Lo antedicho da lugar a una cuestión interesante. Una vez que cambiamos de enfoque, ¿cuánto debemos insistir en hacerlo funcionar antes de optar por un tercero? Sospecho que esto depende de lo eficaz que parezca el nuevo enfoque a primera vista. Si no parece en absoluto prometedor, creo que corremos bastante peligro de trabarnos con este nuevo enfoque. De hecho, hasta puede irnos mucho peor que si no hubiéramos pensado en él. En estos asuntos, la mente no es todo lo inconstante que debería ser.

En realidad, a esta altura, el problema no es verdaderamente difícil. Según parece, nos sobran tres jugadores (131 menos 128), de modo que tenemos que eliminarlos. La única forma de hacer esto es a través de un partido de tenis. Por lo tanto, tres de los 128 tienen que participar en la eliminación de los tres sobrantes. Consiguientemente, hay seis jugadores que participarán en la primera vuelta y el resto será derivado a la segunda vuelta. Los tres ganadores se unen a los 125 derivados y de esta manera tenemos 128 listos para jugar en la segunda vuelta. Luego sumamos todos los partidos: 3 + 24 + 32, etcétera.

No es que esto sea algo difícil de hacer, pero hay una forma mucho más fácil de solucionar el problema. Es aquí donde entra en juego el pensamiento lateral.

Obviamente, el propósito de un torneo de tenis es producir un ganador. Por ende, un torneo es una máquina de producir ganadores. De modo que es muy natural seguir las etapas necesarias para producir un ganador. Es esto lo que hacemos cuando visualizamos la tabla de jugadores y procedemos a trabajar con ella como he hecho hasta ahora.

El enfoque del pensamiento lateral consiste en escapar de la gran importancia del ganador. En cambio, desplazamos nuestra atención hacia los perdedores. Quiero recalcar que esto es totalmente arbitrario. *Lo hacemos porque queremos*. De hecho, ésta es una de las principales razones por la que utilizo esta historia. Este cambio de atención es caprichoso. Es una especie de provocación. No podemos justificarlo. La única justificación posible sería que hemos intentado otros enfoques que fracasaron (pero esto no es así).

La esencia de una provocación es que no es necesario que haya una razón para hacer algo hasta después de que haya sido hecho. Quiero detenerme en este punto. En nuestras estructuras lógicas tradicionales, cada paso debe derivarse, de alguna manera, del paso anterior. El paso debe tener sentido. Si el paso no tuviera sentido, abriría la posibilidad de un comportamiento totalmente caprichoso. La respuesta es que existe lógica aun en el comportamiento caprichoso, una vez adentro de un sistema diseñador. La lógica de un sistema diseñador difiere mucho de nuestra lógica normal. Entonces, ¿podría el pensador interrumpir su trabajo para ir a recoger margaritas (como comportamiento caprichoso?).

La respuesta es que probablemente podría hacerlo, siempre que estuviera tratando de relacionar el hecho de recoger margaritas con el problema.

Desviamos, entonces, la atención a los perdedores. ¿Puede un torneo ser una máquina de producir perdedores? Sin duda, se producen muchos perdedores. ¿Cuántos? La respuesta es fácil ya que hay sólo un ganador. Tenemos, entonces, 130 perdedores.

Procedemos entonces a analizar cómo se produce cada perdedor. Podemos establecer que "un perdedor es producido por un partido productor de un perdedor". Apenas vale la pena expresar una tautología de esta naturaleza. Pero en el pensamiento, *sin duda vale la pena expresar* las tautologías. Este es un punto muy importante y una de las principales razones por las que decidí escribir esta *Carta*.

En el pensamiento, necesitamos fijar un marcador y luego mirar alrededor desde esta nueva posición. Una afirmación sirve de marcador. Sin este marcador habríamos pasado por alto el punto en que se hace visible un nuevo rumbo. De manera que habiendo dicho algo innecesario (los perdedores son producidos por partidos productores de perdedores) llegamos a la conclusión de que debe haber 130 partidos productores de perdedores. Puede parecer que esto no nos aporta nada demasiado nuevo. Pero no es así. A continuación procedemos a sumar los otros partidos a estos 130 partidos productores de perdedores. Nos detenemos a considerar los otros tipos de partidos. No existen. Absolutamente todos los partidos son partidos productores de perdedores (no hay empate en el tenis). De pronto nos damos cuenta de que tenemos la respuesta. La cantidad mínima de partidos es 130.

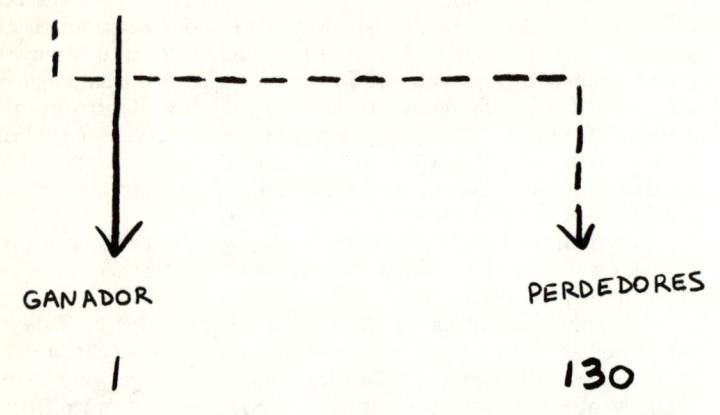

```
GANADOR            PERDEDORES
   1                  130
```

Resulta sorprendente que esta respuesta desconcierte a muchas personas que de inmediato se empeñan en probar que es incorrecta. Hace muchos años incluí este problema en un artículo que escribí para la revista de IBM *Think*. Recibí un montón de cartas diciendo que debía de estar equivocado. Una de las cartas que expresaba mayor indignación había sido escrita por un oficial de la marina estadounidense (hasta se publicó una carta del editor que expresaba que éste pensaba que el corresponsal tenía razón). De ninguna manera pienso que esto pueda ser posible.

¿Cómo se puede probar que este sencillo enfoque realmente provee la respuesta correcta? Podríamos valernos del método de la lógica tradicional de *reductio ad absurdum*. Si un jugador pierde en la primera vuelta de un torneo, ¿es concebible que el organizador le pida que vuelva a jugar "para cuadrar las parejas"? Esto sería muy bonito, pero todo el mundo sabe que nunca puede suceder. Podemos intentar otro enfoque. ¿Acaso es factible un titular en los periódicos que anuncie: "Becker gana la final de Wimbledon después de haber perdido frente a Connors en la segunda vuelta"? Es igualmente absurdo. Un perdedor queda eliminado y a cada perdedor corresponde un partido que lo eliminó. Tampoco puede haber partidos que no arrojen un perdedor. Por lo tanto, la cantidad de perdedores debe ser igual a la cantidad de partidos.

Todo esto parece muy simple en retrospectiva. Las soluciones excelentes siempre son obvias en retrospectiva: ésta es la esencia del dilema creativo que describimos anteriormente.

¿Y el individuo que partió a recoger margaritas? Su línea de pensamiento puede ser la siguiente. Las margaritas se recogen una a una. Cuantas más recojo, menos quedan. Los jugadores son eliminados en un torneo de a uno. Al final sólo queda uno. Se han eliminado 130, por consiguiente deben jugarse 130 partidos. Esto no resulta demasiado satisfactorio porque vuelvo al enfoque que utilicé anteriormente. Una entrada fortuita nos hará regresar a un enfoque posible, pero puede hacer aparecer un enfoque que no hemos estado utilizando. En este caso, no corresponde que nos valgamos de la entrada fortuita porque ya contamos con un enfoque útil. ¿Podría el hecho de recoger margaritas haber conducido a este enfoque en una persona que no hubiera sabido cómo resolver el problema? Posiblemente, pero no hay forma de asegurarlo.

Esta historia en particular confirma que suele ser útil cambiar de un punto de abordaje a un problema a otro. No siempre es fácil encontrar un punto de abordaje diferente. En este caso, el cambio de ganador a perdedores parece bastante fácil. Sin embargo, también podríamos haber desplazado nuestra atención a los espectadores, lo cual no habría aportado ninguna ayuda.

¿Se reduce entonces a una cuestión de errar o acertar, o prueba y error? Cuando tomamos un nuevo punto de abordaje o probamos un nuevo enfoque no podemos estar seguros de que será útil. Por otro lado, las posibilidades de éxito son mucho mayores que con el probar suerte tradicionalmente interpretado porque cada enfoque se transforma, en realidad, en un enfoque lógico. En retrospectiva, no nos damos cuenta de por qué es más lógico comenzar con el ganador que con los perdedores. Tendemos a olvidarnos de que nuestro punto de abordaje tradicional suele ser arbitrario en sí mismo (los ganadores son más importantes que los perdedores).

¿Podemos extraer alguna otra lección de esta sencilla historia? Veamos, la respuesta rápida (considerando a los perdedores) no nos dirá cuántos partidos deben realizarse en cada vuelta y no nos dará la estructura del campeonato. Esto podría ser información extra o podría haber sido, en realidad, parte del requerimiento original. De manera que es importante saber exactamente qué es lo que se busca. Se podría utilizar la cifra total de 130 partidos y trabajar en sentido inverso. Veríamos que en la "primera" vuelta sólo se utilizarían 127 partidos. Esto implicaría que quedarían tres partidos más. De modo que sería necesaria una vuelta preliminar de tres partidos.

La historia de la ciencia está llena de medidas "arbitrarias" o injustificadas. Esto no ha de sorprendernos porque los pasos lógicos dentro de una estructura particular se dan muy rápidamente. Puede llevar años que se dé el paso injustificado, porque nadie se siente justificado en el hecho de darlo.

Nuestra percepción está tan esquematizada que quizá sólo los pasos injustificados puedan llegar a revelar nuevos esquemas.

El lugar para pensar

En los Estados Unidos existe la tendencia a transformar los sustantivos en verbos. A algunas personas les parece una costumbre desagradable. ¿Pero lo es realmente? En algunos casos, la expresión utilizada resulta mucho más precisa.

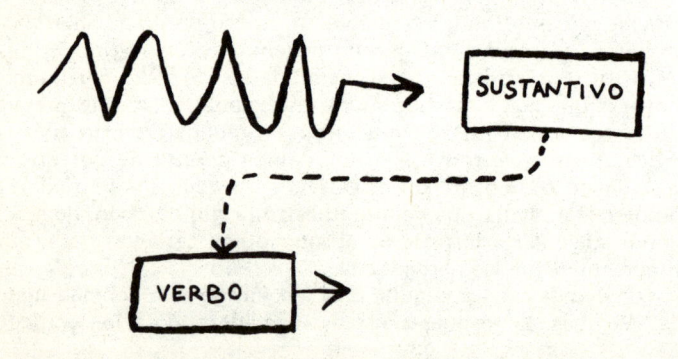

El proceso de transformar los sustantivos en verbos tiene una conveniencia tan obvia que se ha estado produciendo en todo momento.

Debo confesar que estoy a favor de la evolución de la lengua, siempre que ésta se produzca paulatinamente. ¿Por qué habríamos de imaginar que las palabras que teníamos antes de que hubiera compañías de transporte aéreo pueden aún bastarnos? Nos resultarán suficientes en un nivel descriptivo (de la misma manera en que la expresión "camino de hierro" describe al ferrocarril), pero nuevas palabras pueden resultar mucho más convenientes.

28
Cómo introducir la creatividad en una organización

Con frecuencia, personas que participan en mis seminarios me preguntan cómo tienen que hacer para introducir el pensamiento lateral/creativo en sus organizaciones. Acuden al seminario con expectativas y cierto interés en el tema. Al finalizar el seminario, comprenden la importancia del pensamiento lateral como uno de los modos de pensamiento clave y desean introducirlo en sus compañías. ¿Qué pueden hacer?

Esta pregunta se puede contestar desde el punto de vista de lo ideal y desde el punto de vista práctico.

Idealmente, debería haber interés, entusiasmo y liderazgo desde los niveles más altos, en realidad desde el propio presidente ejecutivo. Según mi experiencia, los mejores resultados siempre se obtienen cuando el presidente personalmente marca el rumbo. Esto ha sucedido en empresas como Ciba-Geigy, General Foods y Pharmacia (Suecia). Tanto en éstos como en otros casos, el presidente tomó conciencia de que cierta noción del idioma y principios del pensamiento lateral era esencial como parte de la cultura corporativa. La expectativa no fue que todo el mundo se pusiera a aplicar deliberadamente técnicas del pensamiento lateral para generar nuevas ideas, sino que los ejecutivos comprendieran la naturaleza del pensamiento lateral y su importancia como parte de su equipo de pensamiento. Se esperaba que su actitud hacia el cambio, la innovación y la buena disposición para encontrar nuevas y mejores formas de hacer las cosas se vería motivada por cierta exposición al pensamiento lateral.

Por lo tanto, la presentación del pensamiento lateral en una organización normalmente se realiza a través de un seminario interno sobre pensamiento lateral. En general, éste tiene un día de duración. No se establecen límites en la cantidad de personas presentes. Comúnmente, la cantidad de personas que asisten varía de 70 a 150. Lo que es importante es que acudan todas las personas que ocupan puestos de responsabilidad. En una oportunidad, me solicitaron que diera un seminario de este tipo a los directivos de KLM. Todos estuvieron presentes, incluyendo a los tres directores ejecutivos (sistema troika). El propósito de estos seminarios es dar a todos simultáneamente un lenguaje común y un idioma común que pase a formar parte de la cultura. A éste luego le seguirán otros seminarios de un día de duración para los diferentes departamentos: investigación, comercialización, finanzas, producción, etcétera. Muy a menudo se agrega además un seminario para el personal directivo en el exterior (que puede acoplarse a alguna reunión anual).

No me canso de insistir en que el pensamiento lateral no constituye ninguna habilidad mágica o exótica, sino una parte normal y necesaria del pensamiento. Sin duda, difiere del pensamiento común (en algunos aspectos hasta parece oponerse a éste), pero es una habilidad que puede aprenderse. El pensamiento lateral es esencial para la parte perceptiva del pensamiento si tenemos la intención de escapar de los patrones y acortar camino desviándonos de ellos. El pensamiento lateral no es un lujo. Por eso resulta esencial que toda la dirección de una empresa (idealmente, de todo el personal) se someta a él en alguna medida.

Algunas veces el seminario es mucho más intensivo. Por ejemplo, el banco Seafirst, de Seattle, organizó tres cursos de dos días para todos sus ejecutivos del sector de operaciones. En este caso, trabajé más intensivamente con grupos más pequeños.

Lamentablemente, los miembros de la dirección de una empresa muestran, con frecuencia, desinterés en el pensamiento lateral. Aún hay altos ejecutivos que están firmemente convencidos de que eficiencia y resolución de problemas es todo lo que requiere una organización. Para ellos, el pensamiento lateral es un lujo y algo demasiado vago. Esta perspectiva anticuada de cómo llevar adelante una empresa puede funcionar cuando existe una dominación del mercado o cuando ese sector particular sigue en desarrollo. Pero donde hay competencia, esta actitud complaciente sólo puede conducir al desastre.

En mi experiencia laboral he encontrado una extraña paradoja. Las organizaciones que más necesitan el aporte del pensamiento lateral son las menos interesadas. Me refiero a organizaciones con serios problemas. Parece que los ejecutivos de estas organizaciones tienen que adjudicar la culpa de las dificultades a fuerzas exteriores como el cambio en el mercado, subsidios a la competencia, tipos de cambio, interferencia del gobierno, intransigencia laboral, etcétera. Si llegaran a admitir que una mejora en su forma de pensar podría cambiar las cosas, estarían en dificultades, porque parte de la culpa caería sobre ellos. En contraposición, las compañías más eficaces (como IBM) siempre han estado interesadas en el pensamiento lateral. Las compañías florecientes consideran que ocupan el lugar que ocupan porque continuamente desarrollan nuevas habilidades y están siempre a la búsqueda de nuevas posibilidades.

Este nuevo seminario introductorio sería, entonces, una forma de presentar el idioma del pensamiento lateral en una corporación. ¿Qué clase de estructura debe seguir a esto?

Estoy convencido de que, en el futuro, todas las corporaciones tendrán que tratar los conceptos con mucha seriedad. Como no me canso de repetir, existe la necesidad de que se cree un departamento de Investigación y Desarrollo de conceptos que sea tratado con la misma seriedad que se confiere a nuestros departamentos actuales de Investigación y Desarrollo de áreas técnicas. Pero no debemos cometer el error de pensar que la investigación y desarrollo de conceptos se realiza perfectamente en el departamento de investigación técnica. No es así: el estilo de pensamiento y orientación es muy diferente.

La noción de que los conceptos surgen del aire, simplemente, o que basta tomar ideas prestadas u optar por la emulación resulta, como es obvio, inadecuada. Jamás llegaríamos a abordar ninguna otra parte de las necesidades de una compañía librándonos a la suerte.

Además de esta estructura de Investigación y Desarrollo de conceptos, me gustaría ver designado un "gerente de conceptos". Esta persona asumiría la responsabilidad de la conducción de esta área de revisión de conceptos y cambio de conceptos. Esta sería la persona que más adelante se haría responsable de introducir el pensamiento lateral y técnicas de desarrollo relativas a su utilización. El pensamiento lateral representa, sin lugar a dudas, una herramienta clave en el desarrollo de los conceptos.

Soy consciente de que llevará algún tiempo a las corporaciones comprender la importancia de un departamento de Investigación y Desarrollo de conceptos. De modo que esta forma de introducción del pensamiento lateral no resulta demasiado práctica por el momento. Por lo tanto, desde una perspectiva totalmente diferente, analizaremos a continuación algunas formas sencillas y prácticas de introducir el pensamiento lateral.

De todas maneras se trata de un enfoque de entrenamiento lento. Uno de los principales dilemas del pensamiento lateral es que, para poder ver su lógica y valor, es necesario exponerse primero a él en un seminario. Desafortunadamente, sólo los que ya están interesados hacen el esfuerzo de acudir a estos seminarios. Los que más los necesitan nunca tienen la oportunidad de ver cuánto los necesitan. Esto representa un dilema serio. Permanentemente veo que me dirijo a la gente equivocada.

Debe de haber alguna forma de poner en evidencia la necesidad del pensamiento lateral antes de que sea demasiado tarde. A continuación, expondré una sencilla forma de hacerlo.

La lista de prioridades

Si se le pide a un ejecutivo que anote diez problemas es muy probable que no le cueste hacerlo. De hecho, el ejecutivo tenderá a extender la lista a veinte. Los ejecutivos son conscientes de los problemas porque éstos los afectan. Los problemas representan un dolor. Como reconocen ese dolor, tratan de liberarse de él.

Pero pidamos a un ejecutivo que anote algunas "áreas de oportunidades" (áreas que pueden beneficiarse con otro pensamiento o mejores ideas) y en general, les resultará muy difícil pensar siquiera en un ejemplo. Sin embargo, es obvio que no todo se realiza de la mejor manera posible. También es obvio que algunas nuevas ideas mejorarían drásticamente algunos puntos. No obstante, no hay nada en el entrenamiento, experiencia o especificación laboral de un ejecutivo que requiera que éste busque estas áreas de oportunidades.

Considero que todos los ejecutivos, independientemente de

la organización a la que pertenezcan, deberían tener una bien conocida "lista de prioridades" de áreas específicas que necesitan mejores ideas. Esta lista puede distribuirse, cambiarse y actualizarse. Una vez que ésta existe, se crea la clara necesidad del pensamiento lateral. ¿De qué otra manera se pueden obtener mejores ideas?

En primer paso será, entonces, encontrar un departamento constructivo y cooperativo. Se trabaja con ese departamento para que produzca una "lista de prioridades". Luego se envía una copia de esta lista al siguiente departamento cooperativo. Luego se envían copias de ambas listas al siguiente y así sucesivamente. Finalmente, se abordan las áreas más resistentes. Pero hay que hacerles saber que otros departamentos fueron capaces de escribir listas de prioridades. ¿Cómo no van a ser ellos capaces de hacer lo mismo?

Una vez obtenidas estas listas de prioridades, se puede proceder a confeccionar una sola lista maestra para toda la organización.

Con las listas de prioridades se formula la siguiente pregunta: ¿de dónde procederán las nuevas ideas? No caben dudas de que las áreas productoras de estas listas no son áreas entregadas al pensamiento convencional.

El siguiente paso consiste en dar estas listas a individuos creativos o grupos generadores de ideas. Pero estos grupos necesitarán un entrenamiento en técnicas de pensamiento lateral. En realidad, todos necesitan este entrenamiento.

Podemos decir entonces que primero se demuestra la necesidad del pensamiento lateral y luego se procede a efectuar un entrenamiento en este método. El enfoque de la lista de prioridades es tanto sólido como práctico. Demuestra a una organización que existen áreas que necesitan mejores ideas.

ÁREAS DE ATENCIÓN

Las cosas simples son las más difíciles de enseñar. Todo el mundo supone que, porque algo es simple, debe saberlo o hacerlo. El maestro no puede hacer mucho más que explicar la cuestión ni puede detenerse en el tema como podría hacerlo de tratarse de algo más complejo. Los alumnos se aburren e irritan

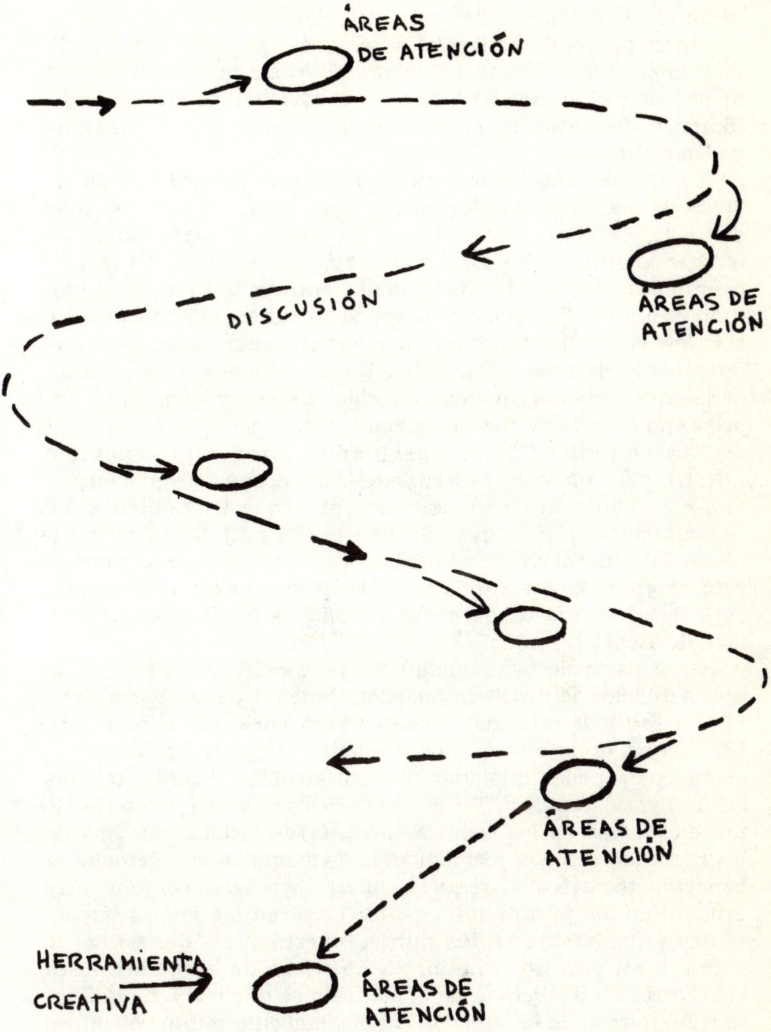
ÁREAS
DE ATENCIÓN
ÁREAS DE
ATENCIÓN
DISCUSIÓN
ÁREAS DE
ATENCIÓN
HERRAMIENTA
CREATIVA
ÁREAS DE
ATENCIÓN

si el maestro insiste demasiado sobre un tema sencillo. Por esta razón es tan difícil enseñar cosas simples.

En el pensamiento lateral, el área de atención es sin duda muy importante. Constituye el vínculo entre nuestra habilidad de pensar y el mundo real. El área de atención determina exactamente dónde aplicamos nuestra habilidad y técnicas de pensamiento.

La experiencia me muestra que la certera designación de áreas de atención representa, sin lugar a dudas, la parte más débil del pensamiento creativo. Le sigue la ineficiencia en recoger los frutos. No son éstas las partes exóticas del pensamiento lateral (como Po, movimiento, entrada fortuita, etcétera). Ambos puntos (atención y cosecha) resultan engañosamente simples. Por cierto, son tan obvios que parece no tener demasiado sentido detenerse en ellos. Todos sabemos que cuando pensamos debemos pensar en algo. Es obvio que existe un propósito en la actividad de pensar.

Nos contentamos con asignar un propósito general a nuestro pensamiento. Sin embargo, la certera designación de áreas de atención constituye una poderosa herramienta del pensamiento en sí misma. Si bien puede muy bien haber un propósito general del pensamiento (la forma en que definimos éste es en sí importante), también puede haber una amplia variedad de áreas de atención específicas implicadas en esta área de atención general.

Gran parte de la habilidad del pensamiento deliberado es una habilidad de dirigir la atención. Muchas de las herramientas no son más que instrumentos para encauzar la atención. Las formas de anotación son maneras de poner las ideas por escrito para poder trasladar nuestra atención y concentrarnos en una cosa tras otra. En las lecciones de Pensamiento CoRT, tan difundidas en las escuelas de Estados Unidos, muchas de las herramientas son herramientas de atención. Por ejemplo, la conocida técnica PMI requiere que el pensador se concentre primero en los puntos principales, luego en los menos importantes y finalmente en los puntos interesantes. Cada uno de éstos, a su vez, se transforma en áreas de atención. Esta concentración deliberada de la atención se diferencia de la fluctuación normal de la atención del pensamiento punto por punto en que nuestro flujo de pensamiento simplemente se desplaza por las vías principales de una idea a otra. En la lección C y S, se incita al alumno a concentrarse en las consecuencias inmediatas de una acción, a mediano y a largo plazo.

La habilidad de diseñar una área de atención es muy similar a la de formular una pregunta, porque una pregunta es también un instrumento de atención. Prefiero el término más amplio "área de atención" al término "pregunta" porque el área de atención suele ser más un requerimiento que una pregunta. Por ejemplo, podría decir: "Necesito algunas nuevas ideas en el área de picaportes".

Durante una discusión o un flujo de pensamiento, es difícil detenerse para diseñar una área de atención. Sin embargo, es muy útil poder hacerlo. Diseñar áreas de atención antes de comenzar a pensar o después de terminar de pensar es menos difícil... y menos útil.

Imaginemos una discusión sobre la evaluación de la efectividad de un curso de pensamiento creativo.

"Podríamos simplemente evaluar la producción de ideas útiles.

¿A qué nos referimos con "ideas útiles"?

Ideas cuya efectividad puede demostrarse.

Poder aplicar una idea puede llevar mucho tiempo y esfuerzo. Por otra parte, la idea puede ser buena, pero quizá nadie quiere probarla.

(definamos una nueva área de atención, como: "formas de probar el valor de una idea sin probarla")

Quizá podríamos evaluar el aumento en alternativas u opciones. Podríamos contar el número de nuevos enfoques que se hayan producido.

Una cantidad puede no decir demasiado. Algunos enfoques pueden ser frívolos o carentes de valor. Suprimir el criterio de practicidad no es lo mismo que creatividad.

(definamos una nueva área de atención: "formas de distinguir entre ideas que son generadas pero no son nunca propuestas (suprimidas) e ideas que nunca fueron generadas")

Quizá, podríamos evaluar el comportamiento de la gente. Su reacción a nuevas ideas. Su disposición a considerar la posibilidad de otras alternativas.

(nueva área de atención: "formas de medir la sensación de un pensador respecto de si puede haber o no otras alternativas")

¿Qué es más importante, la buena disposición para aplicar un esfuerzo creativo o el resultado de ese esfuerzo?

Los resultados pueden ocurrir sólo ocasionalmente, pero el uso del esfuerzo puede estar presente en todo momento. Sin ese esfuerzo quizá no haya nunca resultados.

(nueva área de atención: "necesidad de algún indicador que muestre que una persona está realizando un verdadero esfuerzo creativo")

Los resultados reales deben importar en algún momento.

Con el tiempo, pero no necesariamente en cualquier momento en el tiempo.

Debe haber pruebas de las "ideas creativas".

La habilidad de enfrentar creativamente una situación puede hacer que a un pensador se le ocurra una idea perfectamente lógica. La percepción puede ser creativa y la idea bastante lógica. Idealmente, nos gustaría comparar este rendimiento con el de alguien más en la misma situación.

(nueva área de atención: "¿se podría diseñar alguna especie de sistema duplicado como en el bridge duplicado en que dos equipos juegan con manos idénticas?")

¿Es suficiente con que la gente sienta que se ha vuelto más creativa?

Probablemente no.

(nueva área de atención: "una forma de comprobar si la sensación de ser creativo realmente se corresponde con el rendimiento creativo. ¿Qué es lo que hace que una persona se sienta creativa?")

Veamos cómo evaluamos otras cosas.

En esta breve conversación observamos la designación de seis nuevas áreas de atención. Cada una de éstas puede ser abordada deliberadamente con una herramienta del pensamiento lateral.

Elijamos el área de atención: "un indicador que muestre que la persona está realizando un verdadero esfuerzo creativo"

Aplicamos la técnica del punto de apoyo: "Po, una persona se pone roja cuando realiza un verdadero esfuerzo creativo."

Inmediatamente pensamos en alguna posible respuesta psicológica. Se supone que un detector de mentiras nos delata cuando mentimos. Quizá el mismo instrumento podría tener una respuesta característica para el esfuerzo creativo. Podría producirse un titubeo característico o un espaciamiento de palabras cuando una persona trata de pensar en otra cosa, incluso mientras habla. Quizá, la excitación de la posible creatividad daría una respuesta galvánica de la piel. Se dice que los ojos se mueven hacia la izquierda cuando se usa el hemisferio derecho del cerebro (¿o era al revés?).

Ponerse rojo sugiere sonrojarse. Sonrojarse implica perturbación (en general se tiene miedo de algo que puede estar por suceder). ¿A qué estado natural podría relacionarse el esfuerzo creativo? ¿La curiosidad o la anticipación tienen un efecto visible?

Ponerse rojo sugiere ira y la característica tensión de los músculos del cuello. ¿El esfuerzo creativo da una postura característica del cuello?

Este ejercicio da lugar a muchas otras preguntas. Cada una de éstas puede, a su vez, transformarse en una nueva área de atención. Por ejemplo: "una forma de evaluar la postura del cuello en las personas que están siendo creativas".

Diseñar un área de atención es como ampliar una parte de la escena con una lente. Por el momento, nos olvidamos del resto de la escena y hasta del sentido del área en ese contexto. Simplemente nos concentramos en el área en sí.

Como práctica creativa, resulta muy útil tener una conversación normal sobre un tema y luego designar una cantidad determinada de áreas de atención. Elija una de ellas y repita el ejercicio.

El lugar para pensar

¿Alguna vez pensó el lector en las limitaciones más obvias de nuestros hábitos de pensamiento? Una de mis favoritas es lo que denomino la "curva de sal" y es posible que la haya mencionado en una edición anterior de esta carta.

Nada de sal en la comida es horrible. Un poco de sal está bien. A algunas personas puede gustarles un poco más. Más sal todavía, es terrible.

La "curva Laffer" de la economía de Reagan indica lo mismo. Si se insiste en aumentar los impuestos posiblemente lo que se logre sea una disminución de la recaudación. Lo mismo ocurrió con los precios de los cines. Como el público disminuyó, los precios aumentaron para mantener los ingresos, pero este aumento redujo la cantidad de espectadores de manera que el beneficio total comenzó a bajar.

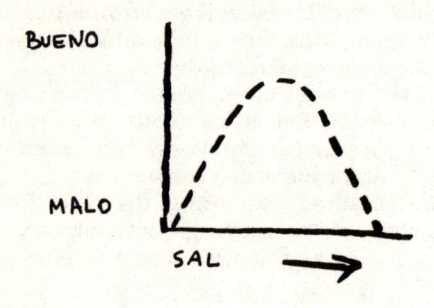

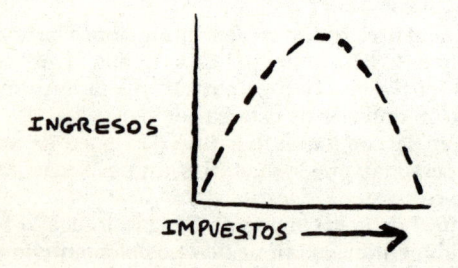

La dificultad básica reside en que en nuestro simple sistema de categorías tenemos casilleros, pero éstos no son eficientes en lo que a cantidades respecta. Para que sea fácil de entender, este sistema nos basta cuando se trata de cuestiones que están dentro de nuestra experiencia. Por ejemplo, no es difícil creer que si bien el helado es bueno, mucho helado puede indisponer a una persona. Tenemos un código simple que dice que los excesos de lo que sea (quizá hasta de honestidad) son malos. Pero esta regla práctica no abarca cuestiones ajenas a nuestra experiencia directa ni cuestiones en que el cambio de bueno a malo está muy por debajo de los niveles de "exceso".

Lo mismo ocurre en el sentido contrario. Si algo es malo en determinado nivel, suponemos que debe de ser siempre malo. Por ejemplo, muchos creen que memorizar excesivamente en la escuela entorpece el pensamiento y el aprendizaje. De manera que memorizar es "algo malo". Sin embargo, existen algunos temas, como las tablas de multiplicación, que deben ser memorizadas.

Usamos frases como "dentro de ciertos límites" o "hasta cierto punto". Pero, aun cuando las utilizamos, somos conscientes de lo débiles que son. "La inflexibilidad de la policía es algo bueno... hasta cierto punto". ¿Pero cuál es ese punto?

Son muy pocas las discusiones basadas en inconsistencias lógicas. Con más frecuencia se basan en diferentes percepciones, diferentes bases de datos, diferentes sistemas de valores y consideran diferentes aspectos de la misma cosa. Este problema de la "curva de sal" representa un tema clásico para una discusión. Una de las partes discute antes de la inflexión de la curva y la otra después de la inflexión.

Este es mi ejemplo favorito de la inconsistencia de nuestro sistema normal de pensamiento "basado en casilleros". Es posible que el lector tenga sus propios ejemplos favoritos o quizá ejemplos propios sobre esta limitación en particular.

Quizá la solución más simple para esta dificultad sea eludir las etiquetas como "bueno" o "malo" y limitarse a afrontar determinados conjuntos de circunstancias. En este caso necesitamos ser más cuidadosos al definir las circunstancias. Ya no podemos poner una etiqueta a algo y esperar que esa etiqueta tenga vigencia bajo todas las circunstancias. Por razones prácticas y éticas, quizá necesitemos tratar algunas cosas como absolutos (aun cuando no lo sean), pero podemos limitar este tipo de conducta del pensamiento.

29
¿Qué espera que la creatividad haga por usted?

He formulado esta pregunta al comienzo de algunos seminarios sobre pensamiento creativo. A continuación, ofrezco una muestra de las respuestas recibidas, además de algunos comentarios.

Debo advertir que en estos seminarios en particular se exigió a la gente asistir. Si la asistencia hubiera sido libre, quizá la audiencia habría tenido una mayor motivación o un diferente concepto de la creatividad.

"Darme una nueva perspectiva de mi trabajo, en otras palabras, sacarme de la rutina de hacer mi trabajo de determinada manera sólo porque resulta cómodo y anda bien."

"Quisiera que la creatividad me liberara de las limitaciones de mi trabajo actual. Desearía que me ayudara a inyectar un nuevo entusiasmo hacia mi trabajo."

"Me gustaría aprender las habilidades del pensamiento creativo para poder ser más innovador en el trabajo y enseñar al personal a mi cargo cómo aplicar estas habilidades para enriquecer sus trabajos."

"1. Hacer que el trabajo que tenemos que hacer sea más fácil.
2. Encontrar cosas para hacer que resulten más excitantes y motivadoras."

El aspecto interesante de estos comentarios es el uso "motivador" de la creatividad. Sugieren que las habilidades creativas pueden renovar el interés de un trabajo porque habría, con ellas, alguna esperanza de mejorarlo o de hacer las cosas de una manera diferente. Se cumplan o no estas expectativas, seguirán teniendo valor como esperanza. Según mi experiencia laboral, con frecuencia se desestima este importante aspecto del pensamiento propio de la creatividad. Los directivos buscan soluciones a los problemas y se preocupan menos por los efectos motivadores de este tipo de pensamiento. Esto no deja de sorprender, porque uno de los principales beneficios de los Círculos de Calidad es que promueven el interés de los trabajadores en lo que hacen, independientemente de los cambios reales que puedan surgir como resultado del trabajo de los Círculos.

"Ayudarme a mirar más allá de lo que 'siempre hemos hecho', no necesariamente para mejorar la productividad y demás como se nos pide que hagamos todo el tiempo, sino para identificar otras opciones que podrían resultar igualmente positivas. Ampliar mis opciones."

"Que me permita ser capaz de pensar en otras formas de hacer las cosas. 'Mejorar'."

"1. Desarrollar una mejor manera de hacer las cosas que se hacen de la misma forma desde hace años.

2. Nuevas formas de utilizar productos para aumentar la productividad.

3. Diferentes ideas para motivar a la gente."

"Abrir la mente hacia otras formas de hacer las cosas 'que siempre se hicieron de la misma manera'." Proporcionarme un método de convencer a los demás para que acepten los cambios que implican un adelanto en lugar de trabajar a desgano."

En estos comentarios del énfasis recae sobre una "mejor" forma de hacer cosas que se "están haciendo de determinada manera desde hace años". Se percibe la noción subyacente de que, si hace años que las cosas se hacen de determinada manera, ahora debe de haber una forma mejor de hacerlas. Esto puede parecer obvio pero, de ninguna manera, es universal. Demasiado a menudo se impone la idea opuesta de que si una cosa se hace de una manera desde hace años, debe de ser porque a través del tiempo, demostró ser la mejor opción, por consiguiente, todo intento de modificarla podría ser peligroso.

"Que me dé nuevos puntos de vista para problemas que no tienen solución."

"Que enriquezca mi forma de abordar la resolución de problemas identificando enfoques establecidos y mejorando la habilidad para utilizar métodos nuevos. Que mejore la productividad y eficiencia en mi área de trabajo."

"Me gustaría que el pensamiento lateral me permitiera evaluar problemas y determinar las mejores soluciones posibles: poner las cosas en su lugar de la mejor forma posible."

"Expandir mi perspectiva total para poder tener una visión completa del campo de problemas. Esto permitirá la producción de un campo de soluciones más preciso (puntual)."

"Que libere mi mente de toda experiencia pasada. Que me permita ver los problemas tal cual son y no comparados con problemas similares anteriores. En base a esta perspectiva, poder proporcionar las soluciones para los problemas reales y no para los síntomas."

En estos casos se subraya la resolución de problemas. Se observa cierta dificultad con la palabra "problema". Con demasiada frecuencia se la utiliza para denotar cualquier tipo de actividad del pensamiento con un punto final deseado. Esto abarca todo pensamiento que tiene un propósito determinado. Sin embargo, el término "problema" acaba siendo utilizado en el estrecho sentido de una desviación de la norma, un dolor o pena, una dificultad que debe suprimirse. Una de las grandes dificultades con el pensamiento gerencial reside en que éste está demasiado orientado a los problemas. Este tipo de pensamiento entorpece pensar en términos de oportunidades. Sucede entonces que las áreas que no son consideradas problemas tienden a permanecer al margen de todo pensamiento. El resultado puede ser un desvío permanente de lo que es potencialmente posible. De esto inferimos la importancia de reafirmar que el propósito del pensamiento creativo no se limita a "la resolución de problemas". Necesitamos firmemente establecer otros tipos de pensamiento en la mente de las personas, como "el pensamiento orientado a las oportunidades" o "el pensamiento orientado al diseño".

"Que destrabe la energía mental que sé existe dentro de mí con el fin de poder organizar a mi gente para que sea más eficiente y efectiva."

"Que mejore mi habilidad de dirigir personas y proyectos en mi trabajo."

"Me gustaría ser más creativo para que la gente a mi cargo y yo pudiéramos ser más productivos (aumentar la productividad corporativa) y también tener más tiempo para disfrutar de la calidad de vida."

"Mejorar la habilidad para trabajar con otras personas para abordar temas clave, de manera realista.

Ahorrar tiempo y esfuerzo cuando abordo situaciones críticas.

Mejorar la calidad de los individuos."

"Acceder al pensamiento creativo para motivar a la gente a mi cargo."

En estos casos, el énfasis recae en el pensamiento creativo como elemento de apoyo en la habilidad de liderazgo. Más que en el hecho de que el líder pueda ser más creativo que los demás, el énfasis parece estar en que el líder desarrolle formas creativas de tratar a las personas. También aparece el uso de la creatividad para motivar a la gente (mencionado anteriormente).

Puede bastar con que el líder muestre interés en la creatividad y la fomente. Puede no ser necesario que el líder sea especialmente bueno en este respecto.

"Que me provea las herramientas para aumentar la productividad en mi departamento."

"Desearía que la creatividad me hiciera una persona más productiva."

Este énfasis en la "productividad" refleja una tendencia hacia la productividad en una organización de servicios determinada. Como término de sentido general, "productividad" es bastante seguro, ya que parece incluir la mayoría de las cosas que se espera de un ejecutivo. Sin duda, representa un objetivo legítimo del pensamiento lateral. No obstante, de la creatividad puede esperarse mucho más. Es como decir que queremos que la creatividad "nos haga mejores personas".

"Revalorizar mi trayectoria laboral. He aprendido algo de pensamiento lateral de mis hijos, que están libres de la corrupción de la experiencia."

"Querría que la creatividad aumentara mi capacidad remunerativa en por lo menos el triple en dos años, sin exigir más de 12 horas diarias de trabajo."

"Que me diera medios para cumplir cualquier objetivo personal, laboral o financiero y que además me permitiera obtener más satisfacción."

En estas expresiones de deseo, el énfasis es puesto en el desarrollo personal y en los objetivos personales. La creatividad es considerada una habilidad para la vida que puede llegar a cambiar la propia vida y no simplemente como la productividad de la corporación para la que se trabaja. Esto da lugar a un punto interesante. ¿El pensamiento creativo es simplemente una herramienta empresarial utilizada para necesidades empresariales específicas? ¿O debe primero adquirirse la habilidad en el pensamiento creativo como "habilidad personal" para luego utilizarse en asuntos de la empresa? ¿Es el pensamiento creativo un conjunto de técnicas que pueden utilizarse como cualquier otra técnica laboral para un propósito práctico o constituye un cambio en el pensador mismo? En mi opinión, es ambas cosas. Me gusta hacer hincapié en que las herramientas del pensamiento lateral pueden utilizarse de una manera directa y deliberada. Sin embargo, el uso real de estas herramientas conlleva ciertas actitudes; el comportamiento creativo surge como consecuencia. Es exactamente lo contrario a lo que suele suponerse: si una persona se hace creativa, será capaz de producir pensamiento creativo. Según mi opinión, se aprende a producir pensamiento creativo (lateral) y, con seguridad, se llega a ser una persona creativa.

"Me gustaría que la creatividad destrabara mis procesos de pensamiento normales que en la actualidad tienden a detenerse en el por qué las cosas no pueden hacerse de una manera diferente; me gustaría ser un pensador libre."

BUZONES DE SUGERENCIAS

Muchas corporaciones han tenido buzones y planes de sugerencias durante mucho tiempo. Algunas veces resultan y otras veces no. Cuando una idea sugerida resulta útil y ahorra dinero se estila recompensar a la persona que propuso la idea. Lo normal es que esa persona reciba alrededor del 10 por ciento del ahorro logrado en el primer año.

Con frecuencia, el plan de sugerencias se transforma en un canal de quejas. Las quejas pueden aparecer disfrazadas de sugerencias ("¿por qué no instalamos más máquinas de café?" obviamente es una queja disfrazada de que no hay suficientes máquinas). La existencia del plan de sugerencias y la existencia de quejas establece una engañosa correspondencia entre ambas cosas. Si todos pudiéramos generar ideas con la misma facilidad con que generamos quejas, el mundo sería sin duda un lugar creativo. En muchos planes de sugerencias, la gerencia está obligada a responder a la sugerencia rápidamente. Esto es muy bien recibido por el generador de la queja, a quien le agrada saber que la queja ha sido recibida y que quizá se haga algo al respecto.

El hecho de que los planes de sugerencias se usen con tanta frecuencia para las quejas puede sugerir que el canal de quejas normal no funciona como debiera. Una forma de solucionar esto sería instalar un mejor sistema de quejas. Hasta podría haber un sistema telefónico especial en que el individuo pudiera levantar el tubo y depositar su queja en un grabador.

A pesar de todo no veo ningún problema en que se utilice el

sistema de sugerencias para las quejas. El problema estaría en que este sistema se usara sólo para las quejas.

Una de las mayores debilidades de los planes de sugerencias es la idea de que éstos se utilizan para importantes ideas que harán ahorrar dinero a la compañía y beneficiarán al generador con una recompensa. La mayoría de las personas comunes y corrientes no creen que ellas pueden tener este tipo de idea con mayúsculas, de manera que consideran que los casilleros de sugerencias no son para ellas.

Necesitamos escapar de esta noción de "idea excelente". Necesitamos escapar de la noción de que los buzones de sugerencias son sólo para un tipo de idea.

En los buzones de correspondencia suele haber una abertura para correo certificado y otro para correspondencia simple; o correspondencia local y para el exterior. De modo que podemos imaginar un buzón para sugerencias con varias bocas.

Cada boca es para un tipo diferente de idea. Podría haber buzones totalmente diferentes, de diferentes colores. Podría haber un solo buzón, pero tiras de papel de diferentes colores. No es necesario que se haga diferenciación, pero el depositante de la idea establece en la parte superior qué tipo de idea (de una selección dada) está depositando.

¿Qué tipo de ideas podrían incluirse?

Quejas: podría muy bien haber quejas, rotuladas claramente como quejas. Claro que existe un espectro que abarca desde las quejas legítimas hasta las protestas por cualquier cosa. Es difícil imaginar una forma de hacer la discriminación de antemano que no sea, quizá, poner un precio a las quejas o pedir que sean firmadas por más de una persona (transformándolas en una especie de minipetición). Hasta se podría establecer una simple división entre quejas importantes y quejas menores. El depositante de la queja se vería obligado a decidir la categoría que corresponde a ésta. Con este método hasta se podría desalentar la presentación de muchas quejas menores.

Areas de atención: en mi opinión, ésta es una posibilidad muy importante. Son pocas las personas a quienes se les pueden ocurrir ideas que realmente valen la pena. Sin embargo, la mayoría puede identificar áreas de atención (así como puede

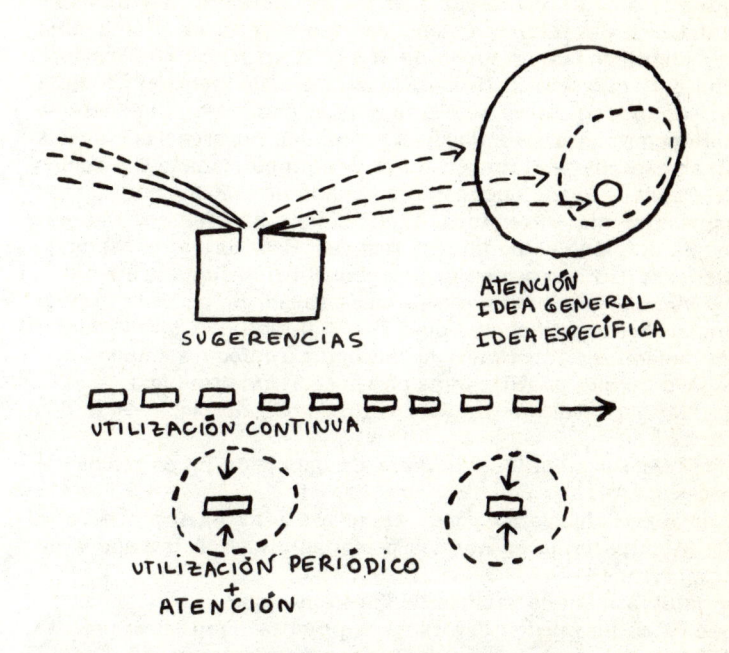

[Figura: SUGERENCIAS → ATENCIÓN / IDEA GENERAL / IDEA ESPECÍFICA; UTILIZACIÓN CONTINUA; UTILIZACIÓN PERIÓDICO + ATENCIÓN]

quejarse). Por lo tanto, debe contemplarse la posibilidad de que se depositen en el buzón sugerencias con respecto a "áreas de atención". Estas sugerencias tendrían el siguiente sentido: "ésta es una área con problemas y realmente necesitamos hacer algo al respecto". También podrían significar: "ésta es una área en que con una mejor forma de hacer las cosas realmente conseguiríamos excelentes resultados". Podrían simplemente implicar: esta área se beneficiaría con una mayor atención que la que está recibiendo". El propósito de estas sugerencias no es dar una solución o una idea para producir una mejora. Su contribución consiste en encauzar la atención hacia determinadas áreas, en identificarlas como áreas de atención. Considero ésta una parte muy importante del proceso de pensamiento. Necesitamos saber en qué concentrar nuestro pensamiento. Con mucha frecuencia, las gerencias no se dan cuenta de cuáles pueden ser las principales áreas de atención. Alguien que trabaje en ese nivel es quien tiene que identificar el área. Una vez identificadas las áreas de atención se puede confeccionar una lista que será distribuida como "lista de atención". Esta, a su vez, puede utilizarse de diferentes maneras. Puede usarse para estimular a los individuos a producir sugerencias en estas áreas específicas. También puede ser proporcionada a Círculos de Calidad. Puede entregarse a grupos de pensamiento lateral especialmente entrenados. Hasta puede hacerse circular por medio de planillas de tareas creativas. Esta forma de captar la atención podría representar una contribución sumamente útil.

Ideas generales: éstas son ideas vagas. No se trata de una sugerencia específica que puede ser aplicada. Las ideas generales pueden ser direcciones de conceptos o enfoques amplios.

"Podríamos guardar estas piezas en algún otro lugar."

"Me gustaría que hubiera algún modo de pegar estas dos piezas."

"Tengo la vaga idea de que esta operación no es realmente necesaria."

"Quería algo para colorear las piezas antes de armarlas."

"Alguna forma en que las personas pudieran trabajar a su propio ritmo."

Muy a menudo huimos de las ideas vagas porque sabemos que éstas no pueden llevarse a la práctica. Pero en el proceso creativo, las ideas vagas cumplen una función muy útil. Encauzan la mente en una determinada dirección. Hasta puede suceder que la persona que deposita la idea sea incapaz de seguir desarrollándola, pero que otra que recibe la idea sepa exactamente cómo puede realizarse. Por consiguiente, la ventaja de dar cabida a las ideas vagas reside en que permite a las personas proponer sugerencias, aun cuando no tengan el conocimiento técnico necesario para utilizar esas ideas.

Ideas específicas: éstas son las ideas tradicionales que pueden llevarse a la práctica. Una idea específica puede requerir un desarrollo más exhaustivo, pero es lo suficientemente concreta como para ser desarrollada y aplicada.

Considero que ampliar el espectro del plan de sugerencias de manera que éste cubra todos estos tipos de propuestas tendrá un efecto motivador y los trabajadores se sentirán más comprometidos. El buzón de sugerencias se verá como una parte más integral del lugar de trabajo en lugar de como algo reservado sólo para los muy brillantes. Puede argumentarse que, en la actualidad, muchas de estas funciones son desempeñadas por Círculos de Calidad. Puede ser, pero creo que el carácter personal especial del buzón le confiere un valor único. Necesitamos construir sobre este valor.

Tiempo y atención

Si se cuenta con el buzón de sugerencias en todo momento, éste tiende a caer en el olvido. Para que se le dé mayor atención, puede ser mejor poner el buzón a disposición sólo durante períodos de tiempo cortos y definidos. De esta manera, es posible promocionar mucho el buzón durante estos breves períodos (en cierta forma, esto no es posible si el buzón se deja permanentemente).

Otra forma de hacer esto es dejar el buzón a disposición todo el tiempo, dedicando determinados períodos a temas específicos (como hacen los hoteles en sus restaurantes con las semanas mejicanas o provenzales). Durante una semana, entonces, el tema podría ser: ideas que ahorren costos. Más adelante —después de un lapso adecuado— el tema podría ser: ideas que ahorren tiempo. Otro tema podría ser: ideas que hagan el lugar de trabajo más atractivo. Hay infinidad de temas que pueden proponerse. Cada tema tendría su propia campaña publicitaria. De hecho, para cada tema podría seleccionarse un director de campaña entre los empleados. Se asignaría un presupuesto para el tema y el director de campaña y su equipo lo utilizarían como desearan.

Recompensas

Esta siempre es la parte más débil de todo plan de sugerencias. Las grandes ideas que, en última instancia, hicieran ahorrar un montón de dinero a la compañía, podrían tener recompensas bastante buenas. Pero son pocas las personas que creen que puede ocurrírseles este tipo de idea. De modo que ni siquiera tratan de pensar creativamente. Como directamente no lo intentan, las ideas creativas no emergen. Es mucho mejor motivar a todos a que piensen creativamente. De esta manera es mucho más fácil que emerjan ideas útiles: algunas importantes y otras no tan importantes.

Además, la recompensa debe ser inmediata. No tiene que ser cuestión de esperar meses para que el primer comité de selección analice la idea y luego esperar que haga lo mismo el segundo comité para que la puesta en práctica se realice años más tarde. La psicología nos ha enseñado que, si lo que queremos es estimular un comportamiento, la recompensa debe hacerse efectiva con mucha rapidez. Sin embargo, no es necesario que ésta sea sustancial. Con frecuencia, lo único que quieren como recompensa las personas creativas es el reconocimiento y la certeza de que alguien está considerando su idea.

Un plan sencillo puede consistir en invitar a una copa —una vez al mes o más espaciadamente— a todas las personas que se preocuparon por depositar una idea en el buzón de sugerencias. No se haría discriminación por la calidad de las ideas. Otra forma puede ser publicar en el periódico de la compañía una lista de todos los nombres de quienes colaboraron con ideas. Este tipo de recompensa basada en el simple reconocimiento puede representar un gran cambio en lo que a motivación se refiere; y sin embargo, su costo es muy bajo y no interfiere con otros sistemas de recompensa.

Como repetí anteriormente, es importante que no sólo se recompense el éxito creativo, sino el esfuerzo creativo. Si hay esfuerzo, el éxito terminará sobreviniendo.

En mi opinión, también debe considerarse la posibilidad de extender la recompensa, de modo que no sólo la reciba el generador de la idea. Por ejemplo, parte de la recompensa debería destinarse a los compañeros de trabajo del generador de la idea; no sólo porque ellos pueden haber contribuido, sino por el efecto motivador que tendría esta actitud.

En cualquier grupo de trabajo, la "persona que tiene las ideas" suele ser reconocida fácilmente por las personas que la rodean. Todos saben a quién acudir cuando se requieren sugerencias o nuevas ideas. Todos saben quién escuchará las nuevas ideas. Saben quién es el que prueba continuamente nuevas ideas. En un estudio que se realizó en los laboratorios de General Electric, todos los diagramas sociométricos señalaban a la misma persona como la "persona que tiene las ideas" del grupo. Si el grupo de trabajo también se beneficiara con una idea acertada, quienes lo conforman se verían motivados a alentar a la "persona que tiene las ideas" en la producción y desarrollo de ideas. Sin duda, empujarían a esa persona a tener ideas.

De la misma manera, las personas involucradas en la utilización de la idea también tendrían que compartir la recompensa. Después de todo, también desempeñan un papel crucial. Si quienes deben utilizar una idea supieran que van a participar de la recompensa, quizá se esmerarían más en hacer que la idea resultara y quizá estarían mejor dispuestos a probar nuevas ideas. Sin este estímulo, la prueba de una nueva idea es tanto una lucha como un riesgo.

Nunca hay que pensar que estas ideas con respecto a una extensión de las recompensas implicarían un gran gasto en planes de sugerencias. La cantidad real de dinero sería muy pequeña. Pero el efecto que esto tendría en la motivación para el trabajo y en la actitud creativa general podría ser inmensa. Así como los Círculos de Calidad actúan como motivadores tanto como generadores de cambios reales, también los planes de sugerencias tendrían que ser vistos como motivadores.

El lugar para pensar

En una oportunidad, hablaba yo con alguien que estaba a punto de celebrar una fiesta para juntar a un grupo de personas que no se conocían entre sí. Le pregunté si pensaba dar a cada invitado una reseña sobre los otros invitados para que todos tuvieran algún tipo de elemento de partida. Durante la conversación hablamos de "etiquetas".

Obviamente, existen las etiquetas que las personas adjudican a otras personas, pero también existen las etiquetas que nos adjudicamos a nosotros mismos (o que esperamos que otros nos adjudiquen).

Supongamos que en esta fiesta cada uno pudiera elegir una etiqueta para sí mismo, ¿qué etiqueta elegiría? ¿Tendría que ser una elección libre de manera que un invitado pudiera elegir cualquier etiqueta, o tendría que limitarse la elección para que el invitado se viera obligado a encasillarse en categorías bien definidas?

Con el sistema de elección abierta, es posible que fuera necesario dar unas cuantas "pistas" para indicar lo que se solicita. De lo contrario, algunos invitados podrían escribir miniensayos mientras que otros podrían simplemente dar su número de seguridad social.

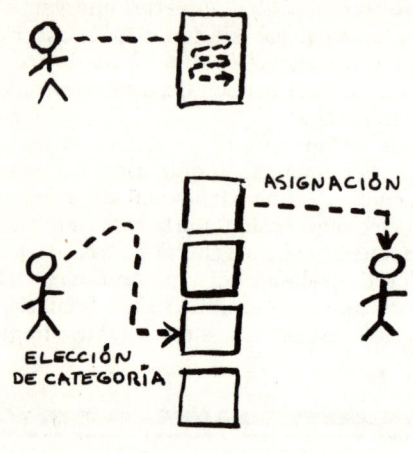

DISTRIBUCIÓN AL AZAR

Consideremos la idea de las categorías definidas. Supongamos que hubiera unas pocas categorías bien definidas, ¿qué categorías serían? Cada lector puede detenerse a pensar en este punto. Si tuviera que haber sólo cuatro categorías, ¿cuáles tendrían que ser? En aquella conversación, las cuatro categorías que surgieron fueron las siguientes:

"Me gusta hablar": esto podría implicar a alguien que estuviera buscando una audiencia. Podría implicar a alguien que no quisiera perder tiempo compitiendo con otro conversador. Simplemente podría implicar a alguien a quien le agradara hablar. ¿Realmente alguien elegiría esta etiqueta?

"Me gusta escuchar": posiblemente, éste sería el más popular porque parece el más aceptable socialmente, ya que implica cierta humildad. Escuchar también es una ocupación perezosa y no hay necesidad de hacer un esfuerzo obvio (aunque escuchar en serio implica una gran actividad). Sin embargo, una vez que elegimos esta etiqueta, nos imponemos ciertas limitaciones. ¿Qué sucede si dos personas con esta etiqueta terminan conversando?

"Soy más de lo que se ve" (o algo que implique lo mismo). Probablemente, la mayoría de la gente piensa esto de sí misma. Piensa que puede ser fascinante si tan sólo quienes la rodean se tomaran el trabajo de ahondar lo suficiente en ella. No obstante, la etiqueta encierra cierta presunción. La presunción de que hay, sin duda, tesoros al final de la búsqueda. Quizá, tendría que ser la anfitriona quien adjudicara los distintivos en vez de dejar elegir a los invitados.

Los distintivos obvios se terminaron con éste. Existe la necesidad de un cuarto. Este surgió como contraposición del último sugerido.

"Simplemente tengo buena apariencia": la idea es que realmente hay menos de lo que se ve. En cierta forma, es una categoría extraña porque por un lado implica la humildad de reconocer que no hay tesoros escondidos, pero por otro lado afirma que la apariencia superficial es buena.

Es un interesante ejercicio especular qué podría suceder de aplicarse este método de esquelas: primero si los invitados son los que las eligen; segundo si es la anfitriona quien las adjudica. Una tercera posibilidad sería que la anfitriona repartiera los distintivos al azar. ¿Cómo haría la gente para tratar de adaptarse a ellos?

Otro ejercicio consiste en diseñar una nueva serie de distintivos.

30
Disciplina, estructura y control

El formato de las lecciones para el pensamiento CoRT que diseñé para usar en las escuelas (y que en la actualidad lo utilizan varios millones de escolares diariamente) permite un tiempo de 3-4 minutos por ejercicio para pensar. La razón original de esto es que quería que los alumnos utilizaran la herramienta del pensamiento, que era tema de esa lección en particular, en tantos ejercicios como fuera posible. De esta manera, la herramienta permanecería constante mientras que los ejercicios cambiarían. Esto constituye lo que denomino el método de "herramientas". Se consigue habilidad en el uso de la herramienta, que luego puede utilizarse directamente en otras situaciones. Este difiere del método de discusión por el que se discute determinado tema y se espera que el pensamiento utilizado en esa discusión de alguna manera conduzca a nuevas situaciones. Lamentablemente, el efecto de transferencia resulta mínimo, ya que la atención del pensador no se concentra en los procesos del pensamiento, sino en el contenido de la discusión.

Resumiendo, en las lecciones CoRT, el tiempo para pensar correspondiente a cada ejercicio tenía que ser breve para poder incluir varios ejercicios en una lección. Al principio, los maestros odiaban el método. No comprendían cómo era posible pensar con efectividad en sólo unos pocos minutos. Estaban acostumbrados a largas discusiones durante las cuales el maestro formulaba preguntas y trataba que los alumnos infirieran la "respuesta correcta". Tampoco a los propios alumnos les gustaba el tiempo escaso porque si el tema era interesante tenían mucho que decir y les disgustaba ser interrumpidos pasados los minutos reglamentarios. Debe recordarse que en todas estas lecciones, los estudiantes trabajaban en grupos. Si bien 3-4 minutos puede ser un tiempo bastante largo para el pensamiento individual, no lo es en un grupo en que cada persona tiene que comunicar a los demás sus ideas.

Los alumnos se adaptaron muy rápidamente. Comprobaron que podían pensar y hablar mucho en sólo pocos minutos. Una vez que se les decía que tenían poco tiempo, procedían a concentrarse en proponer las ideas que se les habían ocurrido. No perdían el tiempo en discusiones. Todas las ideas recibían la misma atención. De esta manera se enriquecía el campo de la idea y se armaba el "mapa perceptual". No había necesidad de discutir, ya que no se hacían objeciones. Se comprendía que

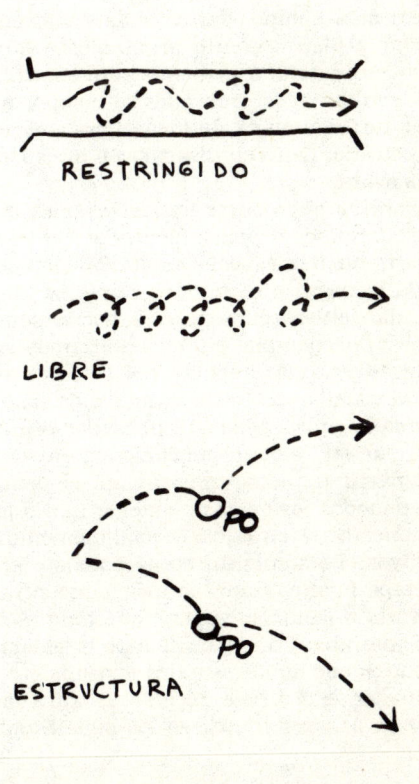

RESTRINGIDO

LIBRE

ESTRUCTURA

algunas ideas eran más realistas y más valiosas que otras, pero ese tipo de juicios podía ser considerado más tarde. La primera tarea consistía en pensar en las ideas y proponerlas. Cuando leemos los registros de estas sesiones, sorprende ver cuánto se puede pensar en un período tan corto.

También los adultos se dan cuenta de que pueden tener un rendimiento similar. Tan pronto dejan de lado el modo discursivo y cambian al modo "de producción", su pensamiento se acelera.

De esta manera, algo que comenzó como una mera conveniencia práctica se ha transformado en una parte clave del método de enseñanza. Si los estudiantes tienen poco tiempo se concentran mucho más directamente en lo que tienen que hacer. Si tienen más tiempo, dan vueltas y conversan, sin dar demasiado lugar al pensamiento propiamente dicho. Cuando enseño pensamiento lateral a personas adultas, utilizo el mismo método. A los adultos acostumbrados al comportamiento libre de las sesiones de sugerencia de ideas (*brainstorming*) esto les parece raro y extraño. Quieren divagar con la esperanza de que alguna idea los asalte.

A diferencia de lo que ocurre en las sesiones de sugerencia de ideas, (*brainstorming*) el pensamiento lateral es muy estructurado. Hay herramientas específicas que pueden ser aplicadas. Dentro de cada herramienta, pueden darse pasos específicos. Cada paso se da deliberadamente. La herramienta se aplica deliberadamente. Por ejemplo, cuando utilizamos la técnica del "escape" se descifra algún aspecto del tema en cuestión. Es decir, se intenta escapar de esto (dejándolo de lado o cambiándolo). Así se crea la provocación. El pensador utiliza, entonces, la provocación por su valor de movimiento. Buscando obtener movimiento a partir de esta provocación, el pensador puede transitar cuatro modos formales de obtener movimiento: extraer un principio; concetrarse en la diferencia; momento a momento; aspectos positivos. La siguiente etapa consiste en consolidar una idea. La etapa final es tomar la idea y encontrar una mejor manera de llevarla a cabo. Se supone que todo esto debe tener lugar en 4 a 5 minutos. Con la técnica de la palabra casual, el tiempo permitido puede limitarse a dos minutos.

La disciplina de este breve período asegura que los estudiantes se limiten a hacer lo que se les pide. Simplemente, no hay tiempo para dar vueltas. Esta habilidad de concentrarnos en lo que nos proponemos hacer constituye en sí misma una parte importante de la "disciplina" del pensamiento lateral. El pensador lateral debería ser capaz de encauzar su mente hacia cualquier tema, aplicar cualquier herramienta y obtener una conclusión, con la intencionalidad y el control que implica probar puntería con un arma.

La primera reacción de la gente que cree que la propia base del pensamiento lateral ha de carecer de limitaciones es horrorizarse. La estructura y disciplina rígida de las herramientas y el breve lapso permitido parecen oponerse directamente a la noción de pensamiento "libre" ilimitado.

Existe la creencia de que todos rebosamos en talento creativo y que somos privados de él por la disciplina de la educación, por nuestra necesidad de adecuarnos al medio y nuestro temor de cometer errores. Si tan sólo pudiéramos suprimir estas inhibiciones —reza la teoría— todos seríamos increíblemente creativos.

No estoy seguro de que esta teoría sea cierta. Si logramos suprimir la mayoría de nuestras inhibiciones, lograremos un comportamiento más libre así como también un tipo de creatividad superficial en cuanto habrá desaparecido el temor de ser diferente. Pero no creo que esto baste para producir buenas ideas creativas. Puede producir ideas súbitas y un tanto locas, pero no las ideas contundentes que resultan totalmente lógicas en retrospectiva.

Estoy de acuerdo con que necesitamos liberarnos de nuestras inhibiciones; que necesitamos superar el miedo de equivocarnos; que necesitamos dejar de lado los patrones de la experiencia. Pero en lugar de la vaga e imprecisa noción de "libertad", prefiero herramientas más duras. El concepto de Po y la provocación no sólo nos permiten escapar de los carriles corrientes, sino que nos permiten crear deliberadamente conceptos que nunca antes existieron en nuestra experiencia (y a menudo nunca podrían existir). El concepto de "movimiento" en contraposición al de "juicio" nos proporciona los medios para tratar las ideas y provocaciones de una manera totalmente diferente a la habitual. Son éstas las poderosas herramientas que nos dan acceso a la libertad. Sin herramientas, la libertad es sólo un deseo. En algunas oportunidades necesitamos poderosas tenazas para romper el enrejado y escapar. Las actitudes por sí solas resultan demasiado débiles como instrumento.

La conocida provocación "Po, los automóviles tienen ruedas cuadradas" nos obliga a desarrollar nuevos conceptos. La noción general de que no tenemos que sentirnos limitados por la forma redonda habitual de las ruedas es muy débil.

Pero si contamos con estas herramientas, tenemos que utilizarlas con efectividad. Deben ser utilizadas de una manera intencional y disciplinada. Por esta razón, es necesario tener estructura y disciplina. Las huidas de las prisiones suelen ser procedimientos muy disciplinados y perfectamente cronometrados. No es sólo cuestión de crear alboroto gritando "libertad".

Sé que esto suena muy paradójico, casi como colorear por números. Sin embargo, una vez que el pensador se familiariza con las técnicas, se produce una fantástica sensación de libertad. El pensador que comprende el concepto de la provocación y el de movimiento sabe que es capaz de formular o recibir la provocación que sea y desarrollar ésta hacia una idea útil. Ya no valen los límites de la racionalidad o la experiencia en el momento de realizar los experimentos del pensamiento que se utilizan en el pensamiento lateral. Al principio, hace falta mucho coraje para usar adecuadamente el Po. Finalmente este coraje es reemplazado por la seguridad.

Consideramos la provocación del tipo inverso: "Po, el mejor vendedor debería ser castigado". Esto se contrapone tanto a la experiencia normal y al buen sentido común normal que nos sentimos incómodos con sólo decirlo. No obstante, el pensador lateral seguro inmediatamente comenzaría a utilizar esta provocación por su valor de movimiento. ¿Quién castigaría al vendedor? Quizá los colegas que estuvieran celosos de su éxito o celosos de los niveles por él establecidos. Esto conduce a la noción de alguna consideración grupal. Quizá el grupo debería buscar limitar al supervendedor. Quizá deberían buscar ponerse a su nivel. Podríamos entonces desarrollar una idea en que cada vendedor recompensara al mejor vendedor según la diferencia en rendimiento entre el mejor y el peor vendedor. Podría lograrse así una mayor motivación para alcanzar mejores niveles. Otra idea podría consistir en que el mejor vendedor sólo recibiera su recompensa si se observa un aumento en el rendimiento promedio. Esto podría motivar a ese vendedor a entrenar y ayudar a sus colegas. El pensador lateral seguro que sabe que, finalmente, las ideas comenzarán a tener sentido.

Otro aspecto a tener en cuenta es la disciplina del área de atención. Existe la necesidad de ser preciso con respecto al punto de atención del pensamiento y el propósito del pensamiento. Hasta la simple generación de alternativas se transforma en una herramienta poderosa cuando existe una ajustada definición del "tercer punto". Cuando sabemos exactamente a dónde vamos a buscar alternativas y la función de estas alternativas, podemos generar nuevas ideas. Divagar sin rumbo con apenas una confusa idea de lo que estamos tratando de hacer tiene poco poder generador.

Como siempre, cometemos el error de incurrir en los "opuestos". Si la rigidez nos priva de imaginación, la libertad tiene que hacernos imaginativos. Si una mala lógica lleva a un pensamiento infructuoso, una buena lógica ha de llevarnos a pensamientos positivos. En ninguno de los dos casos la opción opuesta resulta cierta. ¿Si ser rico hace a alguien infeliz, ser pobre lo hace feliz?

Conozco a personas que por naturaleza son muy creativas. También han adquirido gran habilidad en la utilización de los métodos y actitudes del pensamiento lateral. Sin embargo, estas personas me aseguran que siguen obteniendo los mejores resultados cuando utilizan las técnicas del pensamiento lateral de una manera intencional y disciplinada. A mí me ocurre lo mismo. Las nuevas ideas que realmente me sorprenden son las que surgen de esta manera.

¿PENSAMIENTO LIBRE?

¿Existe realmente el pensamiento libre?

Muchas personas en el mundo de la educación creen que toda la actividad del pensamiento tiene una gran dependencia respecto del campo o "dominio" particular. De modo que existe el pensamiento sobre historia, el pensamiento sobre física y el pensamiento sobre los negocios. Las personas que sostienen este punto de vista piensan que lo que se puede aprender no son las "habilidades del pensamiento" como tales, sino únicamente la utilización práctica del idioma del pensamiento que se ha desarrollado dentro de un campo determinado.

Seguramente, no hace falta aclarar a quienes conocen mi trabajo que no creo en este pensamiento específico de dominios. Creo que hay habilidades del pensamiento que pueden aprenderse como tales para luego ser utilizadas en cualquier dominio. Por esta razón, me he dedicado a la enseñanza directa del pensamiento en las escuelas como parte del currículum. Esto ha sido emulado en muchos países. Los escolares toman clases de "pensamiento" como tal.

A mí me resulta claro que las habilidades del pensamiento tales como el uso de la provocación y el movimiento en el pensamiento lateral pueden aplicarse a cualquier campo, así como también las matemáticas son aplicables a cualquier campo. No existe un tipo de ingrediente diferente cuando abordamos la historia. Estoy seguro de que hay muchas habilidades generales más de las que suponemos. En esta área del desarrollo de las habilidades del pensamiento, siento que hay mucho que descubrir y mucho por hacer.

¿Si creo que el pensamiento es libre?

La respuesta es que no. Creo que el pensamiento está limitado de muchas maneras.

Circunstancia y rol

El rol particular que desempeña una persona, o la circunstancia en que ha de hallarse a esa persona, puede restringir seriamente el pensamiento (o al menos el pensamiento que puede hacerse visible). Hay cosas que un político simplemente no puede decir, independientemente del grado de veracidad que tengan. Por ejemplo, se cree que Sir Keith Joseph, un político muy respetado, arruinó irreparablemente su carrera cuando en uno de sus discursos pareció dar a entender que se estaba multiplicando el tipo inadecuado de personas. De sus palabras se inferia que los profesionales mejor formados y las personas que habían recibido una educación superior estaban teniendo cada vez menos hijos (posiblemente debido al alto costo de la educación o a cierta preferencia hacia los bienes materiales), mientras que los menos capacitados continuaban engendrando familias numerosas. En efecto, las estadísticas mostraban que el índice de natalidad AB era considerablemente inferior al índice de natalidad DE. Este análisis produjo una fuerte reacción adversa y fue condenado por elitista. Para un político, la verdad nunca es una excusa lo suficientemente válida. Un político siempre tiene que estar atento a la prensa, a los valores y sentimientos de mayor preponderancia, a los votantes potenciales y especialmente a las etiquetas encapsuladas que pueden perseguir a un político de por vida. Por ejemplo, la señora Thatcher nunca pudo escapar de la etiqueta de "arrebatadora de leche" que se ganó cuando, como Ministra de Educación, suprimió la ración de leche gratis en las escuelas. Este fue el origen de su imagen de persona dura e implacable.

En Estados Unidos, los políticos tienen que ser sumamente cuidadosos en lo que dicen con respecto al Medio Oriente o Irlanda. Hay sectores importantes de votantes judíos e irlandeses. No es sólo cuestión de números sino también de poder: poder de organización, poder para reunir contribuciones para la campaña, poder en el control de los medios.

Nada de esto es culpa de los políticos como tampoco representa una debilidad de parte de ellos. Se los hace entrar en un juego y deben jugarlo respetando las reglas existentes. La democracia sufre limitaciones y ésta es una de ellas. En líneas generales, creemos que las virtudes exceden las limitaciones. Tampoco podemos diseñar un sistema mejor, ya que no caben dudas de que la dictadura es mucho peor.

Los políticos se encuentran encerrados entre su sensibilidad política y sus puntos vulnerables.

También están atrapados en escalas temporales. En Estados Unidos, el presidente tiene alrededor de un año y medio de verdadera gestión gubernamental. Lleva un año recuperarse de la elección y ordenar las cosas. Un año y medio antes de la siguiente elección la campaña vuelve a empezar, lo que implica desviar la atención a cuestiones relativas a la campaña. También implica postergar o evitar temas que podrían representar riesgos para la elección y alguna campaña proselitista para asistir a los estados o segmentos de la población que más ayuda necesiten. Vivimos en un mundo real y éstas son las realidades. Si esto implica posponer una reunión cumbre de superpotencias hasta después de las elecciones de mitad del período, esta postergación es necesaria aun cuando haya urgencia de realizar dicha reunión (desde el punto de vista del desarme).

Exactamente por todas estas razones fundé la organización SITO. El nombre SITO es la sigla de Supranational Independent Thinking Organization (Organización del Pensamiento Independiente Supranacional). La idea es que esta organización ha de ser capaz de desarrollar un pensamiento neutral, objetivo y creativo, libre de toda limitación política que afecte el pensamiento político tanto a nivel nacional como internacional. Algunas veces SITO podrá aportar ideas originales y opciones alternativas no consideradas hasta ese momento. SITO estará en una mejor posición para hacer esto porque aplicará el pensamiento lateral y otras técnicas del pensamiento, en lugar de incurrir en discusiones. Pero aun cuando SITO no produjera nunca una idea original, persistirá la necesidad de una organización de este tipo. SITO podría servir como canal para presentar ideas conocidas cuyo desarrollo no prosperó antes por los riesgos que hubiera acarreado a cualquier político que se hubiera comprometido a desarrollarlas.

Aun si la idea fuera conocida y pudiera ser presentada, podría convenir canalizarla a través de SITO. Por ejemplo, cualquier propuesta estadounidense sería considerada por la URSS como un movimiento estratégico o publicitario (y viceversa). Por lo tanto, sería rechazada. En el mejor de los casos, la aceptación de la idea sería vista como señal de debilidad. En cambio, si la misma idea fuera presentada por SITO, podría ser juzgada según los méritos reales que ésta tuviera.

De manera que en los tres niveles se observa una urgente necesidad de algo similar a SITO, ya que los políticos simplemente no son libres de tener las ideas que pueden ser necesarias para la futura supervivencia del mundo.

Repertorio de idiomas

Ningún pensador puede ir más allá del repertorio de idiomas y posibilidades que tiene.

Consideremos esas hazañas en que miles de piezas de dominó se colocan de tal manera que cuando la primer pieza se cae, todas las piezas van cayéndose una tras otra hasta que no queda ninguna en pie. Aunque esto parece simple, encierra un interesante idioma. Coincide perfectamente con la forma en que los nervios del cuerpo humano transportan mensajes. Sin embargo, difiere de la manera en que transporta energía una tubería de agua o un cable eléctrico. En la tubería, la presión aplicada en uno de los extremos impulsa el agua a través de la cañería. En el otro extremo hay una salida de flujo, o quizá sólo presión (como en un sistema hidráulico). En el caso de la electricidad, la diferencia de potencial a través del sistema determina la transferencia de energía. Nada de esto ocurre con los nervios. Cada pequeña sección tiene su propia fuente de energía. La actividad de la sección anterior activa la liberación de energía de la siguiente sección y así sucesivamente. Es exactamente lo mismo que sucede con las piezas de dominó. Cada pieza entrega energía al caer. Esto a su vez altera el equilibrio (provoca la actividad) de la pieza siguiente que tiene su propia energía para caer. Lo que se transmite es más un efecto activador o desestabilizador que energía real.

LIMITADO

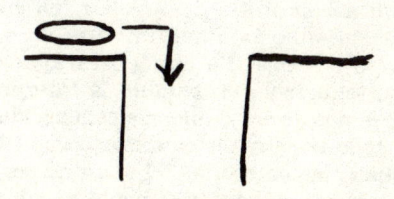

AUSENCIA DE CONCEPTOS

Es precisamente esta diferencia en el idioma la responsable de que a las personas dedicadas a la computación les haya costado comprender el cerebro humano y diseñar ordenadores pensantes. Por fin comienzan a prestar atención al comportamiento de los sistemas autoorganizados. Describí este comportamiento hace muchos años, en 1969, en mi libro *The Mechanism of Mind* (publicado por Penguin Books).

Una persona versada en lógica, lingüística, matemática, computación o ciencias de la información muy difícilmente habrá desarrollado los conceptos del pensamiento lateral. Esto se debe a que la noción de información en estos sistemas es totalmente diferente. Se suele sostener que se ha producido una comunicación o una transferencia de información si el sistema receptor registra lo que ha enviado el sistema transmisor. Si queremos escribir nuestro nombre en un trozo de papel, nos sentiríamos muy frustrados si el papel nos mostrara un nombre diferente como resultado de nuestros esfuerzos.

Pero en el mundo biológico, la palabra "información" tiene un significado distinto. A excepción del sistema de los genes, hay poca transferencia de información como tal. Podemos hablar, en cambio, de activación. Un sistema tiene un "efecto" sobre otro. El resultado de este efecto depende de muchas cosas: del estado de la energía del sistema afectado, de su historia remota, de su historia inmediata y de todas las demás influencias que actúan en ese momento (obstructores, aceleradores, controles de entrada, etcétera). El efecto recibido, por lo tanto, puede ser bastante incierto. En verdad, en un sistema de este tipo podemos tratar de escribir nuestro nombre en un papel pero lo que escribimos siempre se leerá "María".

En pocas palabras, es un universo diferente y un idioma diferente. No es sólo mi conocimiento sobre medicina y sistemas biológicos lo que me permitió desarrollar los conceptos del pensamiento lateral, sino también mi falta de conocimiento sobre ordenadores y lógica. No es fácil escapar de nuestros idiomas básicos; tendemos, en cambio, a interpretar nuevos fenómenos en términos de estos idiomas establecidos.

Por ejemplo, todo nuestro sistema lógico que es el punto de partida del lenguaje, las categorías, el ser o no ser, la ley de la contradicción, etcétera, se basa realmente en un determinado idioma de información. Tanto es así que este sistema ha resultado muy útil en lo relativo a cuestiones técnicas, pero de ninguna manera sirve cuando se trata de cuestiones humanas donde tenemos sistemas inestables y complejos circuitos de realimentación.

Lo que quiero recalcar con este ejemplo es que los idiomas de nuestras especialidades restringen seriamente nuestro pensamiento. Algunas veces sucede que no tenemos en nuestro repertorio el concepto necesario. Otras veces, los conceptos firmemente establecidos nos impiden usar conceptos diferentes.

¿Es ésta una forma de decir que no podemos pensar más allá de nuestra experiencia? Si bien lo es, también hay otros aspectos que merecen consideración. Pocos de nosotros han ido a la luna, sin embargo, basándonos en las pruebas indirectas, podemos aceptar el aspecto que tiene la superficie lunar. De manera que podemos complementar nuestra limitada experiencia escuchando a otros y aceptando lo que se dice, aun cuando tengamos nuestras dudas con respecto a algo. Pero si no tenemos en nuestro repertorio ciertos idiomas organizadores, no nos es posible comprender ni llegar a aceptar la experiencia que depende de estos idiomas. Si desconocemos que el acertijo 12/6, 8/4, 4/7 se sitúa en Italia, jamás lograremos resolver la relación entre cada una de las cifras de estos pares. Si estamos en el universo equivocado, simplemente, jamás comprenderemos lo que sólo puede comprenderse en un universo diferente.

Consiguientemente, la conclusión es que podemos ser libres para pensar, pero de ninguna manera somos libres en nuestro pensamiento.

El lugar para pensar

Con frecuencia me siento muy frustrado por las limitaciones del lenguaje. No caben dudas de que las diferentes lenguas abordan las cosas de una manera diferente. Por ejemplo, una lengua puede no hacer una distinción y otra hacerla. El español tiene dos formas útiles de referirse al "is" inglés: una forma permanente que podría referirse al nombre, nacionalidad, carácter y otros aspectos que siempre estarán presentes en la persona, en suma, a la identidad, y otra completamente diferente para el tipo de "is" que simplemente describe una situación temporal en el espacio y el tiempo. El inglés no establece la distinción. El equivalente más cercano en inglés es la expresión en la lengua franca comercial utilizada en Oriente (papúa de Nueva Guinea) o "bilong" que puede implicar pertenecer a un medio determinado. Pero tampoco es un equivalente demasiado válido.

ES ----- ES
----- ES

ESTÁ - POR EL MOMENTO

El término francés "informatique" tiene una precisión que no logra la expresión inglesa "information technology" y el significado de estos vocablos tampoco es exactamente el mismo.

En inglés existe la imperiosa necesidad de una nueva palabra que reemplace a la expresión "el modo en que vemos las cosas". "Perception" es la palabra que más se acerca a este significado, pero tiene sugerencias de percepción visual y sugerencias psicológicas.

Algunas veces resulta difícil pensar en determinadas cosas a menos que exista una palabra particular que encierre en sí una situación.

En inglés existe la imperiosa necesidad de un sólo término

que cubra el concepto de "esto funciona bien de acuerdo con su naturaleza". El comportamiento puede no ser el deseado, pero no podemos culpar a esa cosa por funcionar según su naturaleza. Tampoco debemos abrigar demasiadas esperanzas de que se produzca un cambio. En otras palabras, necesitamos distinguir si el comportamiento deriva directamente de la naturaleza del sistema o si se trata de una opción y, por ende, admite alteración. Por ejemplo, no tiene sentido culpar a un político por comportarse como un político o a un banquero por comportarse como un banquero.

La mención de políticos sugiere otra área en que necesitamos con urgencia una nueva palabra. Necesitamos un término que defina "ruidos públicos necesarios", Algo sucede y un político hace una declaración. Todos los que lo escuchan saben que lo que está diciendo puede no guardar demasiada relación con lo que realmente se piensa sobre la cuestión. Lo dice para consumo público. Es, en realidad, un ruido público necesario. Si tuviéramos una palabra adecuada para definir esto, podríamos simplemente encogernos de hombros y decir que sólo se trata de un ruido público necesario. Una vez establecido el uso de este vocablo, los políticos tendrían que tener más cuidado con sus observaciones para que éstas no fueran desestimadas con este vocablo.

Es exactamente esto último lo que sucede con el término "publicidad". Pensamos que la publicidad resulta ultrajante. Sin embargo seguimos leyendo publicidad y hasta respondiendo a ella. No obstante, si leemos algo ultrajante, simplemente lo desechamos con la expresión "es sólo publicidad".

Otra palabra conveniente sería la que abarcara la frase: "Quisiera establecer adónde estamos en este preciso momento". Claro que esta idea puede transmitirse en una palabra como "resumir", pero el significado que tengo en mente es más amplio. Podría aplicarse antes de una reunión y no sólo durante el transcurso de una reunión. "¿En qué estamos?" o "¿Qué nos ha traído aquí?"

Puede haber otras situaciones que a juicio del lector, requieran contención de una manera más específica.

Indice analítico

Acción, creatividad de, 254
Actitud negativa, 94
Alternativas, niveles de, 82
Area sensible a las ideas (a.s.i.), 49
Areas de atención, 381
Areas generales, centro de atención de las, 184

Bancos: ¿por qué son obsoletos?, 342
Buzones de sugerencias, 392

Carbón, conflicto y conceptos, 307
Carta abierta a Reagan y Gorbachov, 366
Conceptos de función, 151
Conceptos de valor, 156
Conceptos nuevos: ¿evolución o creación?, 164
Creatividad: cómo introducirla en una organización, 377
Creatividad de acción, 254
Creatividad de fondo, 294
Creatividad, el gran dilema de la, 249
Creatividad, el idioma de la, 263
Creatividad, ensalzamiento de la, 299
Creatividad, preguntas relativas a la, 240
Creatividad: ¿qué espera que haga por usted?, 389
¿Cuál sería la diferencia?, 119
¿Cuándo una idea nueva es nueva?, 347
Cultura, parte de la, 267

Democracia, un nuevo concepto de la, 19
Desempleo: si el gobierno no es culpable, tendría que hacer mucho más al respecto, 330
Diferencias de concepto, 229
Disciplina, estructura y control, 403

Efecto del borde, 63
Ejercicio de ensayo, 188
Ensalzamiento de la creatividad, 299
¿Es suficiente la evolución de los conceptos?, 282
¿Es suficiente la solución de problemas?, 46
Escape, 277
Estado de satisfacción, 75
Estilos de proyecto, 87
Evaluación, 122
Evolución de los conceptos: ¿es suficiente?, 282
Expectativa y motivación, 312
Explosión imaginativa: sus peligros, 169

Fondo, creatividad de, 294
Función, conceptos de, 151

¿Funciona el pensamiento lateral?, 244
Futuro del pensamiento, 135

Herramienta, 102
Horror a lo simple, 11

Idea, sabor de una, 236
Imaginación, límites de la, 217
Información, pensamiento e, 35
Información, sobrecarga de, 38
Interesante..., 225
Introducción de la creatividad en una organización, 377
Intuición, presentimiento e instinto, 139

Lecciones de una historia, 370
Límites de la imaginación, 217
Lo mismo que..., 211
Los peligros de la explosión imaginativa, 169

Negativa, actitud, 94
Niveles de alternativas, 82
Nuevas direcciones, 201
Nuevo concepto de la democracia, 19

Observación de pájaros como espejo, 27

Parte de la cultura, 267
Pensamiento e información, 35
Pensamiento, el futuro del, 135
Pensamiento lateral: ¿funciona?, 321

¿Pensamiento libre?, 408
Pensar lentamente, 71
Pensar, tiempo para, 58
Placer en lo negativo, 359
PMI (Plus, Minus, Interesante), 105
¿Por qué los bancos son obsoletos?, 342
Preguntas relativas a la creatividad, 240
Propósito, sentido del, 335

¿Qué es lo que realmente queremos?, 355
¿Qué espera que la creatividad haga por usted?, 389

Razonamiento, un ocho en, 197
Reagan y Gorbachov, carta abierta a, 366
Reflexiones acerca del pensamiento sobre el pensamiento, 23
Reglas del juego, 98

Satisfacción, estado de, 75
SITO (Supra-national Independent Thinking Organisation), 139
Solución de problemas: ¿es suficiente?, 46

Un ocho en razonamiento, 197

Valor, conceptos de, 156
Valor y beneficio, una sensación de, 323